LUSTIGES HOLZ Spielzeug SELBST GEMACHT

20 Nachziehtiere, die laufen, rollen und watscheln

Leopold Stocker Verlag
Graz – Stuttgart

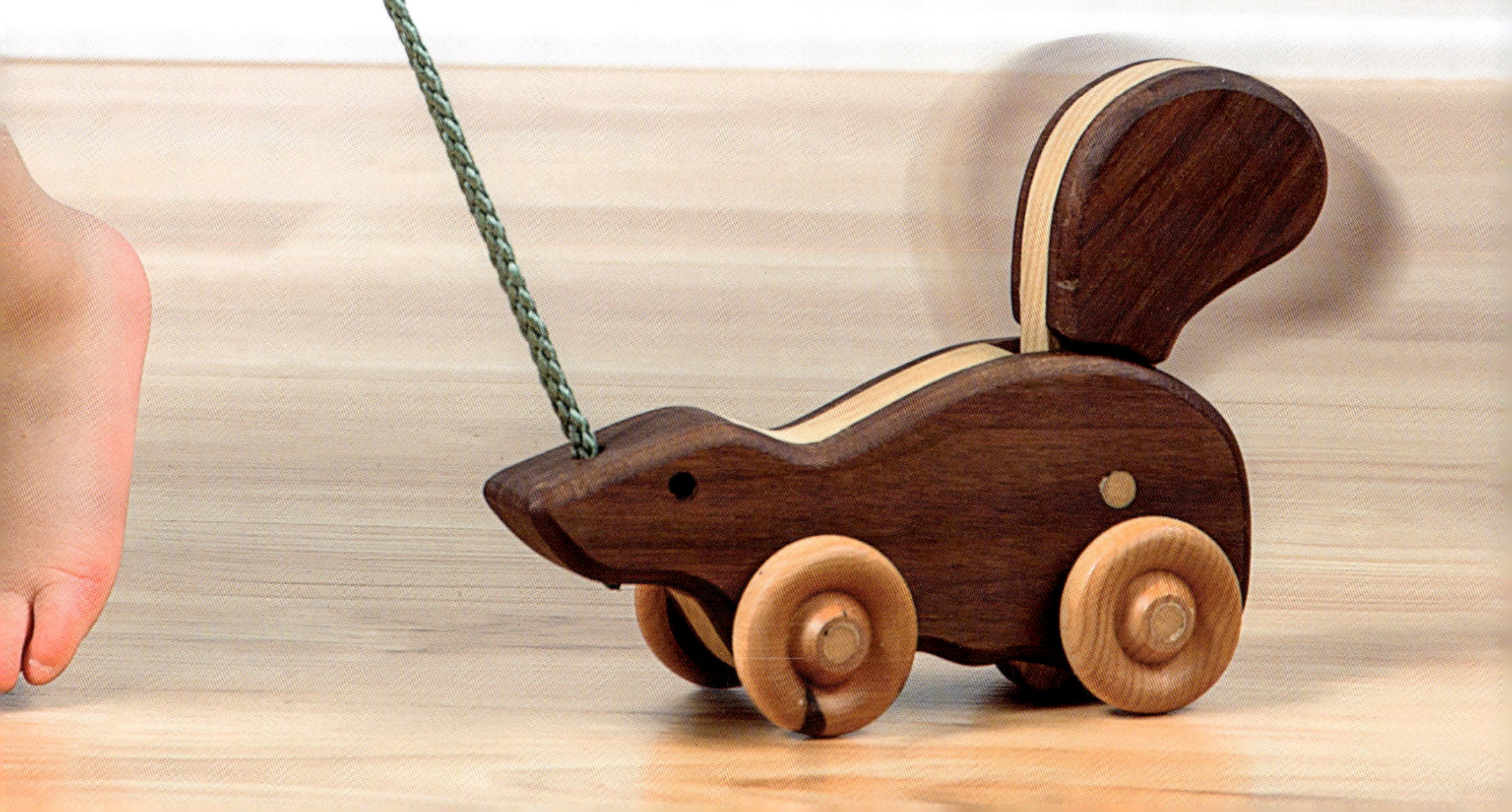

Inhalt

LUSTIGES

HOLZ Spielzeug

SELBST GEMACHT

20 Nachziehtiere, die laufen, rollen und watscheln

stv

Für meine Söhne Travers und Leif, die mich immer daran erinnern, was Liebe ist.

UMSCHLAGGESTALTUNG: DSR Werbeagentur Rypka GmbH, 8143 Dobl, www.rypka.at

UMSCHLAGFOTOS: Scott Kriner

TITEL DER ENGLISCHEN ORIGINALAUSGABE: David Wakefield: Animated Animal Toys in Wood. 20 Projects that Walk, Wobble & Roll. ISBN: 978-1-56523-844-2. © 2014 by David Wakefield and Fox Chapel Publishing Company, Inc., East Petersburg, PA.

Aus dem Englischen ins Deutsche übertragen von Dr. Claudia Tancsits

Bibliografische Information der Deutschen Nationalbibliothek
Die Deutsche Nationalbibliothek verzeichnet diese Publikation in der Deutschen Nationalbibliografie; detaillierte bibliografische Daten sind im Internet unter http://dnb.d-nb.de abrufbar.

Hinweis: Dieses Buch wurde auf chlorfrei gebleichtem Papier gedruckt. Die zum Schutz vor Verschmutzung verwendete Einschweißfolie ist aus Polyethylen chlor- und schwefelfrei hergestellt. Diese umweltfreundliche Folie verhält sich grundwasserneutral, ist voll recyclingfähig und verbrennt in Müllverbrennungsanlagen völlig ungiftig.

Auf Wunsch senden wir Ihnen gerne kostenlos unser Verlagsverzeichnis zu:
Leopold Stocker Verlag GmbH
Hofgasse 5/Postfach 438
A-8011 Graz
Tel.: +43 (0)316/82 16 36
Fax: +43 (0)316/83 56 12
E-Mail: stocker-verlag@stocker-verlag.com
www.stocker-verlag.com

ISBN 978-3-7020-1759-0

Layout: DSR Werbeagentur Rypka GmbH, 8143 Dobl

Gesamtherstellung: GPS Group P.E., Slowenien

Sicherheitshinweis
Das Arbeiten mit Holz und anderen Materialien birgt die Gefahr von Verletzungen und Schäden in sich. Es kann keine Gewähr dafür übernommen werden, dass die in diesem Buch gezeigten Arbeiten von jedermann gefahrlos ausgeführt werden können. Der Verlag und der Autor lehnen jede Haftung für Verletzungen, Verluste oder Schäden ab, die in wie immer gearteter Art und Weise auf den Inhalt dieses Buches oder den Gebrauch der für die vorgestellten Projekte benötigten Arbeitsgeräte durch die Leserin/den Leser zurückzuführen sind. Der Verlag sowie der Autor legen allen Leserinnen und Lesern dringend nahe, erst dann eine Projektarbeit in Angriff zu nehmen, wenn sie sich über den richtigen Umgang mit allen dazu benötigten Arbeitsgeräten im Klaren sind.

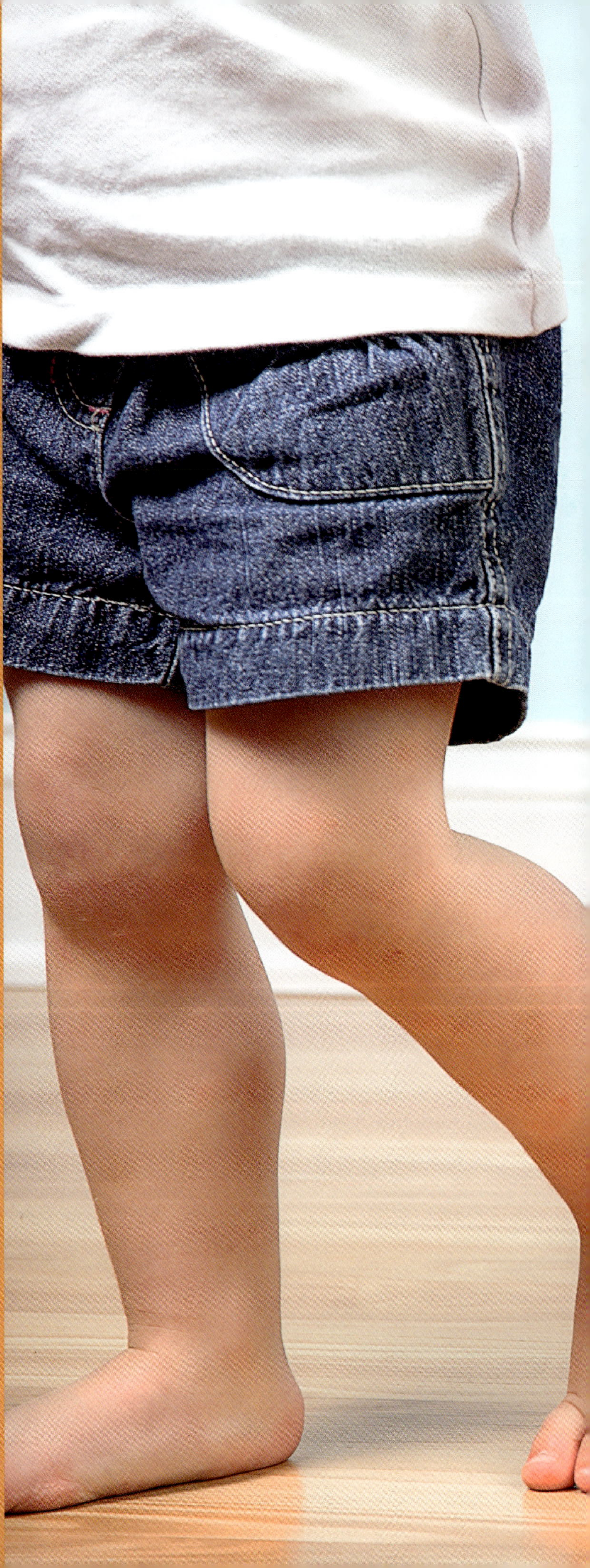

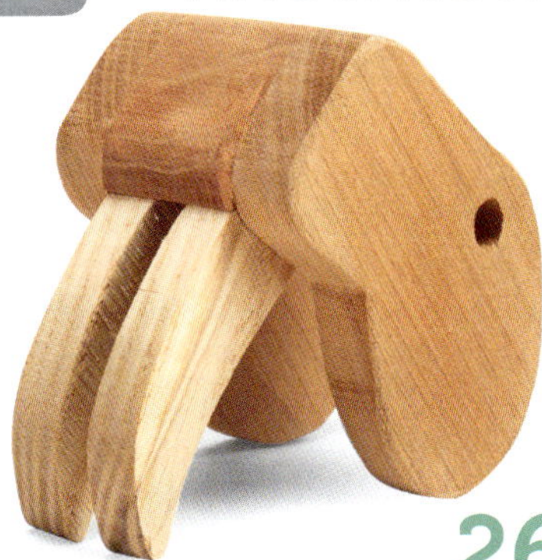

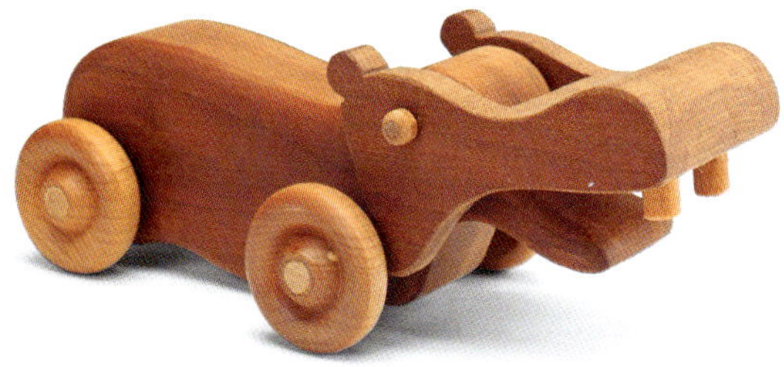

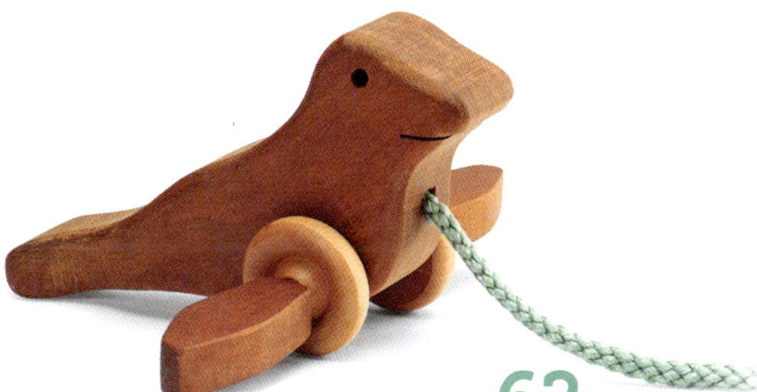

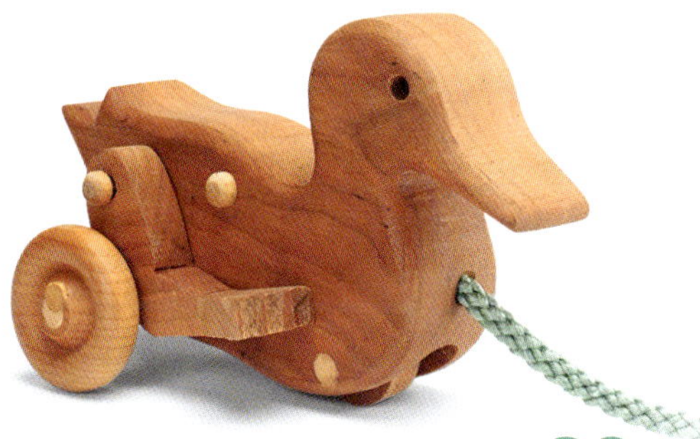

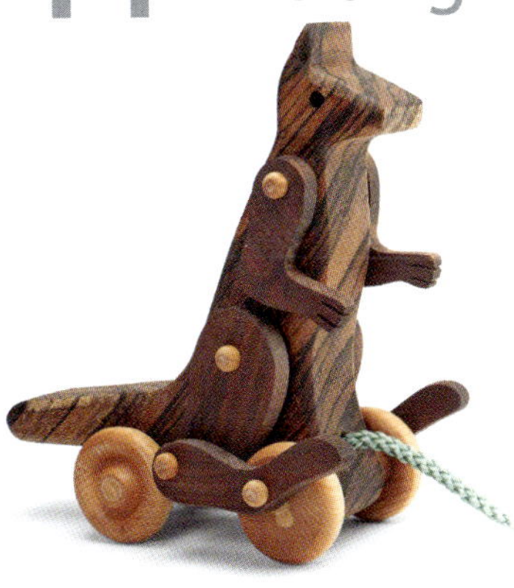

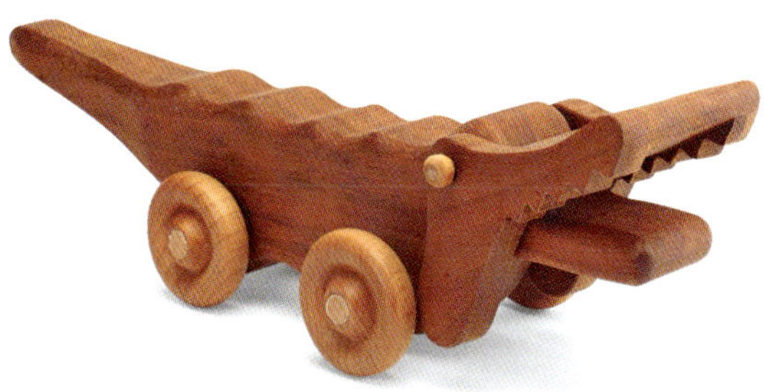

Inhalt

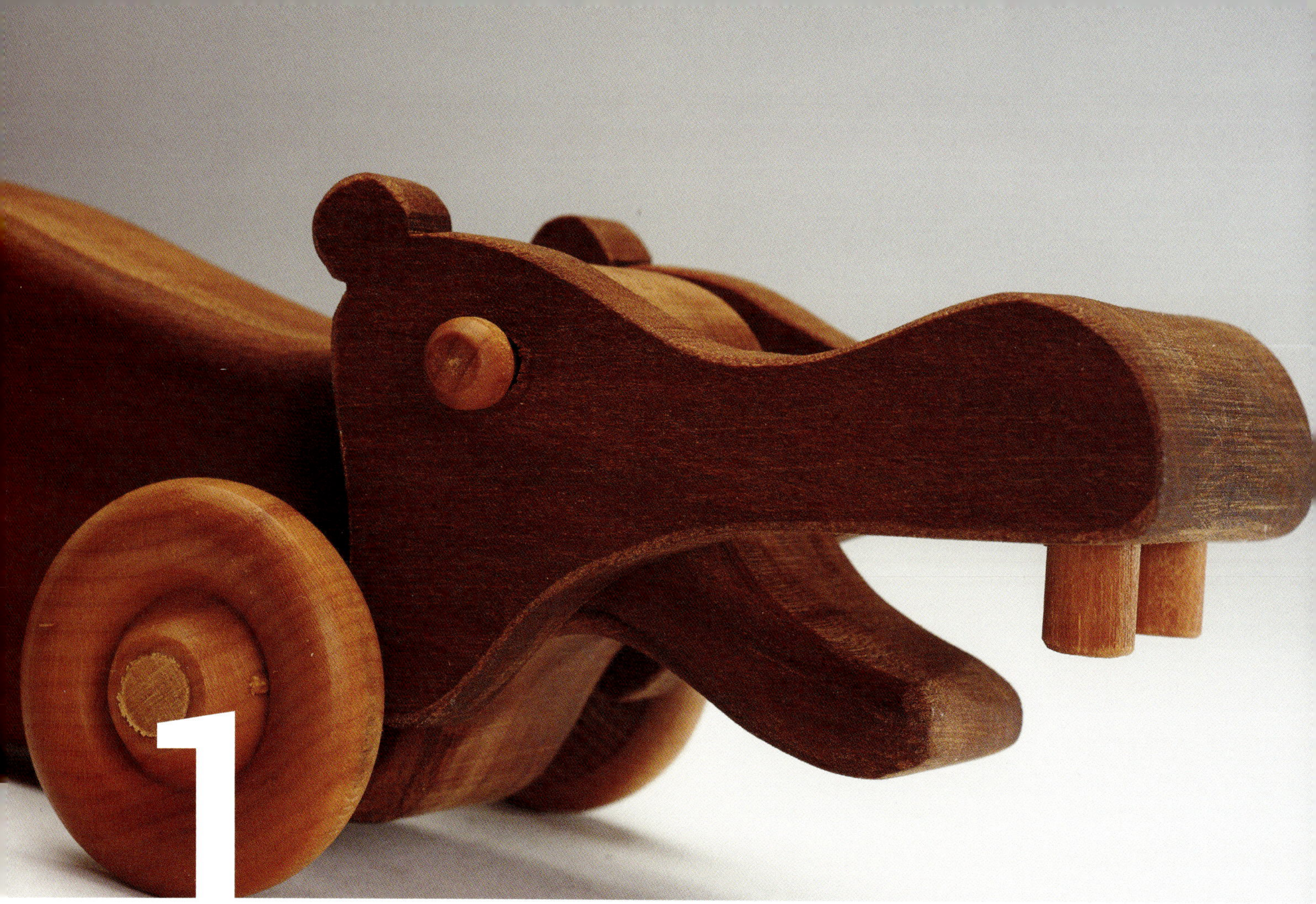

1

Bewegliches Spielzeug entwerfen

Die Spielsachen in diesem Buch habe ich zu Ihrem Vergnügen entworfen. Ich hoffe, dass Sie Freude daran finden, sie nachzubauen und in Ihrem Familien- und Freundeskreis zu verschenken. Den meisten meiner Leser und Leserinnen wird das genügen. Manche werden sich jedoch zu eigenen Entwürfen anregen lassen, für einige von ihnen könnte das Herstellen selbst entworfener Spielsachen sogar zum Beruf werden.

Wenn Sie – beruflich oder hobbymäßig – Spielzeug entwerfen, werden Sie sehr bald erkennen, wie wichtig ein wirklich guter Entwurf ist. Jeder kann sich Holz und Werkzeuge kaufen, aber nicht jeder kann einen guten Entwurf für ein Holzspielzeug erstellen. Ich kann Ihnen keine allgemeingültige Anleitung für Ihre eigenen Entwürfe geben. Ich kann Ihnen jedoch gerne zeigen, wie ich einen Entwurf umsetze.

Alle meine Entwürfe in diesem Buch unterliegen dem Urheberrecht. Niemand darf sie zu dem Zweck nachbauen, sie zu verkaufen oder sonst einen Gewinn damit zu erzielen. Sie als Leser und Leserinnen dürfen sie zu Ihrem eigenen Vergnügen oder zum Verschenken nachbauen. Verkaufen darf man das Spielzeug aber nur mit meiner Genehmigung – das gilt auch bei einem Verkauf für einen karitativen Zweck.

Ein Tipp für Profis und alle, die es noch werden wollen: Wenn Ihnen ein Entwurf gelingt, der sich gut verkauft, empfehle ich Ihnen unbedingt, Ihr geistiges Eigentum schützen zu lassen! Die Gebühr, die Sie dafür zahlen müssen, ist eine gute Investition. Im Anhang finden Sie die notwendigen Kontaktadressen.

Ein Entwurf entsteht

Wie kommt man also zu einer zündenden Idee für einen Entwurf? Sehen Sie sich einmal um und überlegen Sie: Gibt es ein Tier, das Sie besonders mögen?

Wenn Sie ein Tier gewählt haben, denken Sie an seine typischen Merkmale, seine charakteristischen Bewegungen. Welche davon können Sie einfangen und wiedergeben? Darin besteht die besondere Geschicklichkeit, auf die es bei Spielzeug-Entwürfen ankommt: charakteristische Merkmale durch Umrisse und Bewegungen abzubilden.

Ein Beispiel: Nehmen wir an, Sie mögen Schmetterlinge. Was gefällt uns an einem Schmetterling, was spricht uns an? Als Erstes wohl die Form und Farbe der Flügel, dann die flatternde Bewegung. Auf diese beiden Elemente werden Sie sich konzentrieren. Ein weiteres Beispiel: Bei einem Specht z. B. denken die meisten Menschen zuerst an den Kopf mit dem langen Schnabel, der sich vor- und zurückbewegt. Beim Buntspecht kommen die typischen Farben Weiß, Schwarz und Rot hinzu. Es liegt also nahe, diese beiden Merkmale in Ihrem Entwurf unterzubringen. Wie arbeiten Sie den Entwurf nun aus? Ich gehe als Erstes ins Internet auf „Google Images". In fünf Minuten kann ich zwanzig Seitenansichten von einem Buntspecht abrufen. Ich fange immer mit einem Umriss an, bei dem alle Merkmale zu sehen sind, die ich wiedergeben will. Der Umriss sollte entweder halbwegs naturgetreu sein oder die typischen Merkmale des Tieres durch Übertreibung betonen. Beim Frosch (Seite 50) sind das die abwärts gerichteten Mundwinkel und die hervortretenden Augen, beim Hund (Seite 138) die große Nase und die Schlappohren. Ich beschäftige mich stundenlang mit einem Umriss, bis ich glaube, das Wesen, den „Charakter" des Tieres, eingefangen zu haben.

Und jetzt ein bisschen Bewegung!

Wenn Sie einen groben Umriss erarbeitet haben, überlegen Sie, welche Art der Bewegung zu dem Tier passt. Es gibt verschiedene Methoden, wie Sie einem Spielzeug durch Bewegung Leben einhauchen können.

Rollende Räder

Am leichtesten ist ein Spielzeug zu entwerfen, das sich auf Rädern rollen lässt. Es kann so ziemlich jedem Gegenstand oder Lebewesen nachempfunden sein. Sie können einen beliebigen Umriss aussägen und Räder anbringen – und schon haben Sie ein einfaches bewegtes Spielzeug.

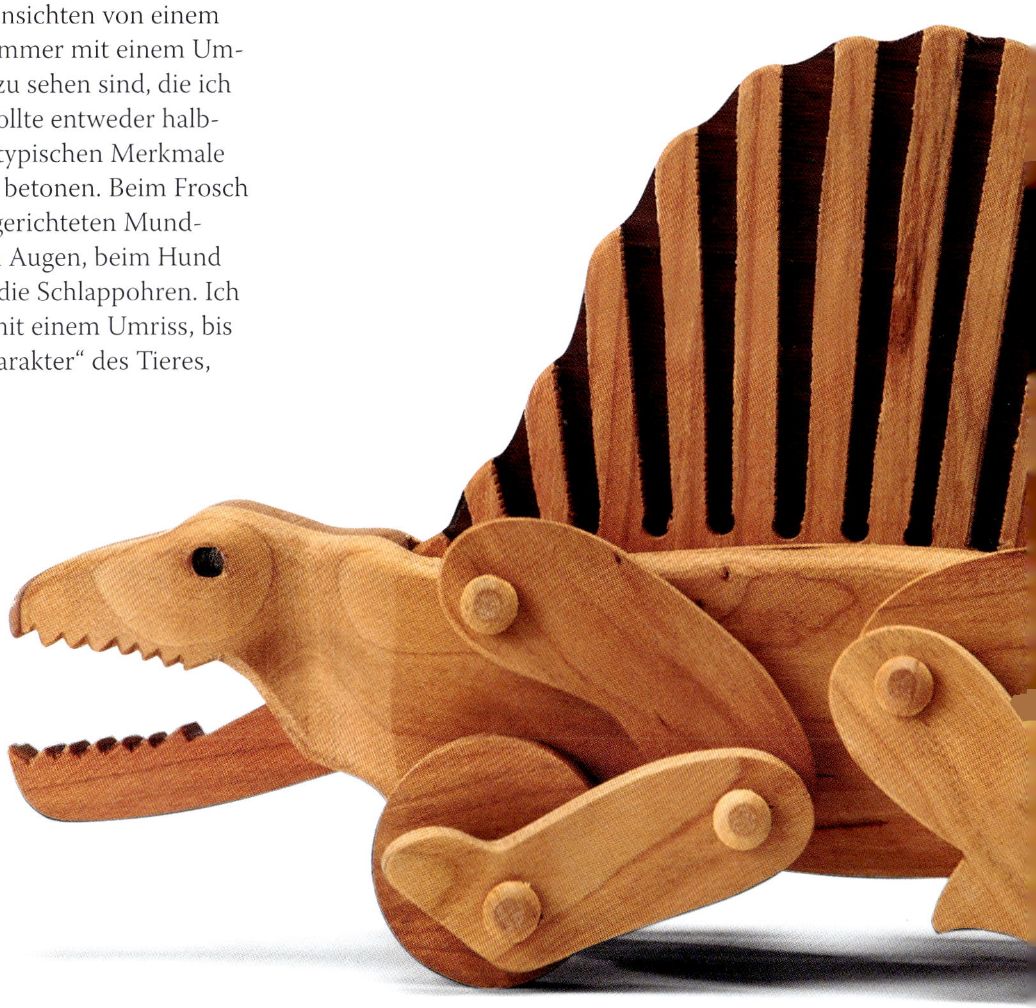

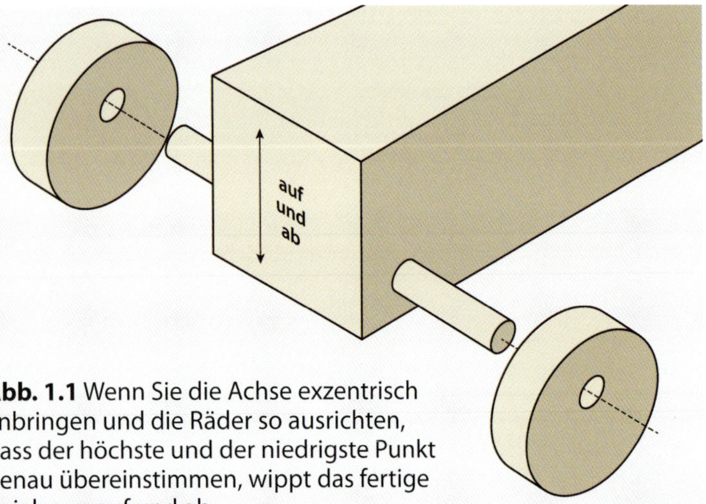

Abb. 1.1 Wenn Sie die Achse exzentrisch anbringen und die Räder so ausrichten, dass der höchste und der niedrigste Punkt genau übereinstimmen, wippt das fertige Spielzeug auf und ab.

Deckungsgleiche exzentrische Räder

Um ein simples Räderspielzeug ganz leicht abzuändern, können Sie exzentrische Räderachsen anbringen: Verdübeln Sie die Achslöcher in der Mitte der Räder und bringen Sie neue Achslöcher etwas außerhalb der Mittelpunkte an. Wenn Sie die Räder an der Achse festleimen und dabei genau gleich ausrichten, sodass entweder beide Räder nach oben oder beide nach unten zeigen, bewegt sich das Spielzeug auf und ab, wenn es gezogen wird. So erhalten Sie eine wippende oder hüpfende Figur (Abb. 1.1).

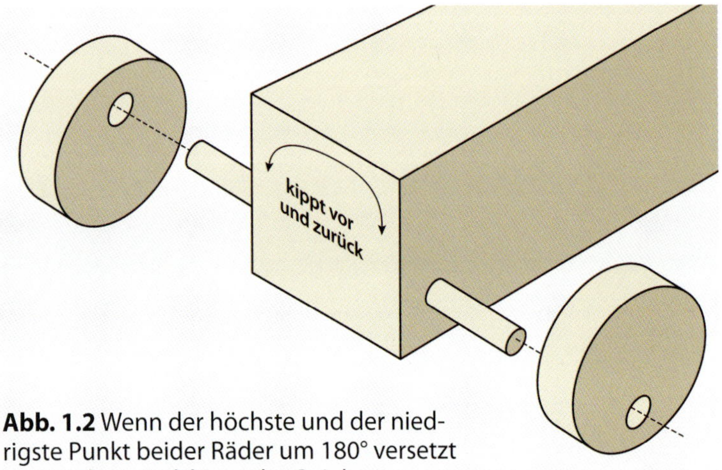

Abb. 1.2 Wenn der höchste und der niedrigste Punkt beider Räder um 180° versetzt angeordnet sind, kippt das Spielzeug vor und zurück.

Versetzte exzentrische Räder

Auch hier kommen exzentrische Räder zum Einsatz, von denen jedoch eines nach oben und eines nach unten ausgerichtet ist. Das Spielzeug kippt zuerst zur einen und dann zur anderen Seite, es wackelt oder watschelt (Abb. 1.2). Der Seehund (Seite 62) und die Ente (Seite 68) sind nach diesem Prinzip gefertigt. Manchmal muss bei einem solchen Spielzeug ein zusätzliches Rad in der Mitte angebracht werden.

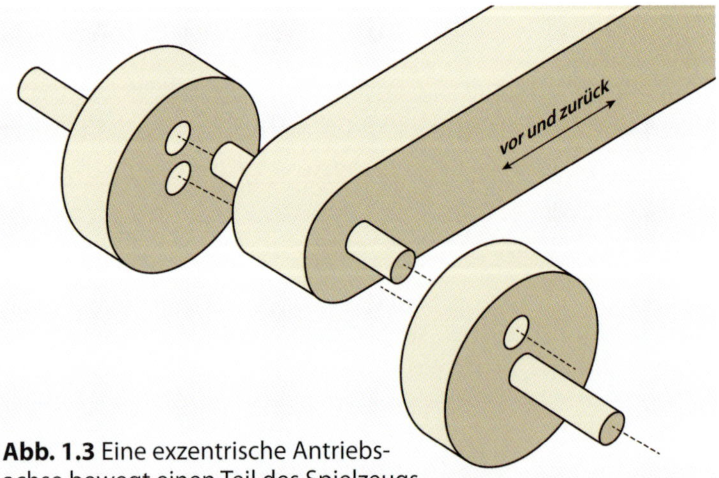

Abb. 1.3 Eine exzentrische Antriebsachse bewegt einen Teil des Spielzeugs vor und zurück oder auf und ab.

Vorlagen © David Wakefield

Exzentrische Antriebsachse

Dieser Spielzeugtyp rollt gleichmäßig geradeaus, während die Antriebsachse einen beweglichen Teil anhebt oder anschiebt. Die Schildkröte auf Seite 126 ist ein gutes Beispiel dafür. Im Inneren solcher Spielzeuge befindet sich meist eine Aussparung für die Antriebsachse (Abb. 1.3).

Kopfdübel an der Außenseite des Rades

Diese Konstruktion ist eine gute Lösung, wenn Sie ein Spielzeug mit beweglichen Teilen – zum Beispiel ein Tier mit beweglichen Beinen – herstellen wollen. Ich habe sie für den Hund (Seite 138) und den Frosch (Seite 50) verwendet. Meist ist der bewegliche Teil am Kopf des Dübels befestigt (Abb. 1.4). Vorsicht: Der bewegliche Teil muss eine vollständige Drehung machen können, ohne den Boden oder einen anderen Teil des Spielzeugs zu berühren.

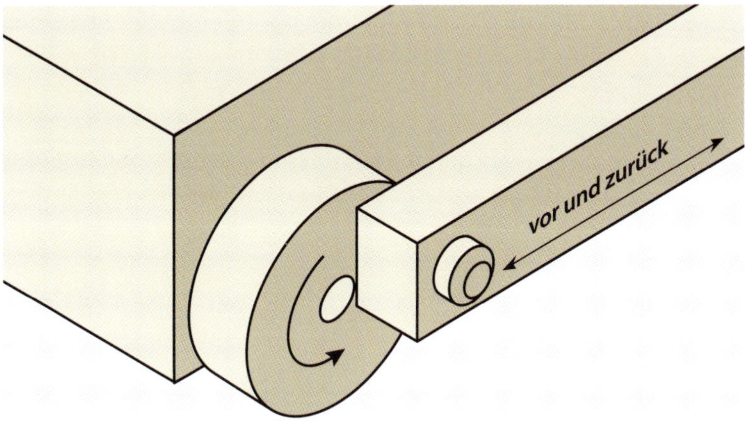

Abb. 1.4 Ein Teil, der mit einem Kopfdübel an der Außenseite des Rades befestigt ist, lässt sich vor und zurück bewegen.

Dübel an der Innenseite des Rades

Bei dieser Variante ist der Dübel oft verdeckt; der verborgene, geheimnisvolle Mechanismus macht das Spielzeug noch interessanter (Abb. 1.5). Der Hummer (Seite 114) ist ein anschauliches Beispiel: Der Abstand zwischen dem Angelpunkt am beweglichen Teil und der Kante, die angeschoben wird, spielt eine wichtige Rolle. Der Dübel muss den beweglichen Teil ohne zu große Kraftanstrengung anheben können; je leichter der bewegliche Teil ist, desto besser. Er darf sich aber nicht so stark bewegen, dass er nicht mehr in die Ausgangsposition zurückfällt!

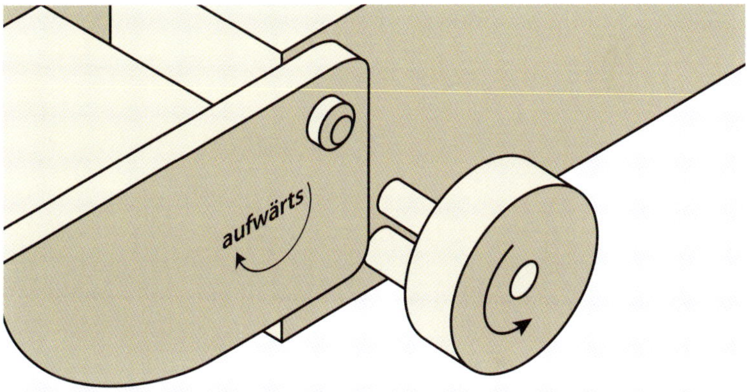

Abb. 1.5 Mit einem Dübel an der Innenseite eines Rades kann ein Teil des Spielzeugs angehoben werden. Wenn der Dübel sich mit dem Rad weiterdreht, fällt der Teil in die Ausgangsposition zurück.

Einfache Nocke

Eine Nocke an der Achse hebt bestimmte Teile an und lässt sie wieder fallen (z. B. beim Biber, Seite 56). Dazu muss meist mit einem Nutenschneider oder einem Stemmeisen eine Nut an der Unterseite des Spielzeugs angebracht werden (Abb. 1.6). Die Nocke ist ein exzentrisches Rad, das den Boden nicht berührt. Schneiden Sie das Rad mit einer Lochsäge aus, verdübeln Sie das Achsloch und bohren Sie ein neues, exzentrisches Loch. Die Nocke kann je nach Bedarf eine beliebige Stärke haben. Befestigen Sie sie mit einem 3-mm-Dübel an der Achse, damit sie nicht frei rotiert.

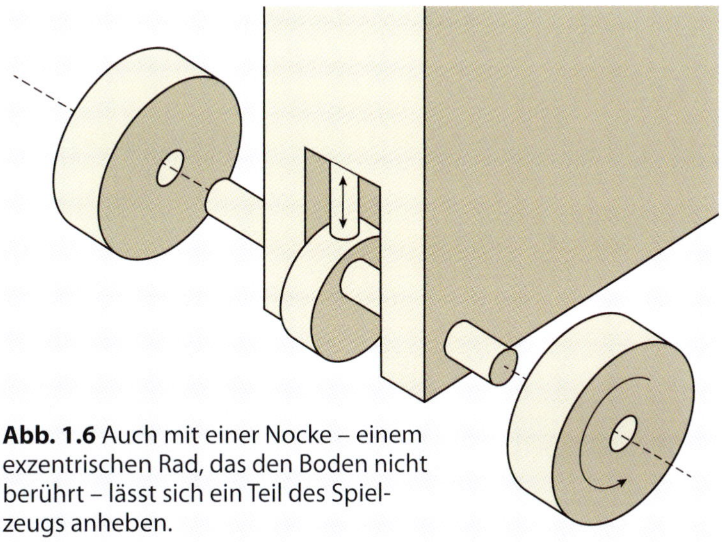

Abb. 1.6 Auch mit einer Nocke – einem exzentrischen Rad, das den Boden nicht berührt – lässt sich ein Teil des Spielzeugs anheben.

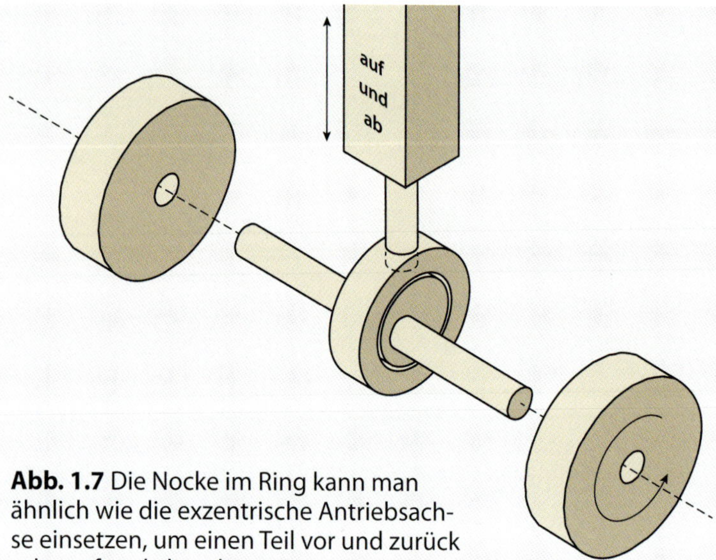

Abb. 1.7 Die Nocke im Ring kann man ähnlich wie die exzentrische Antriebsachse einsetzen, um einen Teil vor und zurück oder auf und ab zu bewegen.

Vorlagen © David Wakefield

Nocke im Ring

Diese Kombination aus Nocke und exzentrischer Antriebsachse erzeugt die gleiche Bewegung wie eine einfache Nocke und vermeidet zugleich viele Nachteile beider Konstruktionen. Die „Nocke im Ring" braucht weniger Platz als die exzentrische Achse; anders als bei der einfachen Nocke wird der Teil ganz ohne Hilfe der Schwerkraft bewegt (Abb. 1.7). Der Außendurchmesser des Ringes sollte um 1,6 cm größer sein als die Nocke. Bohren Sie in die Mitte des Ringes ein Loch, das um 2 mm größer ist als die Nocke. Nun bohren Sie ein exzentrisches Achsloch in die Nocke. Halten Sie den Ring senkrecht zur Standbohrmaschine und bohren Sie ein Loch in die Außenfläche, sodass Sie den beweglichen Teil am Ring befestigen können. In den meisten Fällen muss die Achse an der Nocke festgeleimt werden, wenn sich der Ring und die anderen Teile schon in der endgültigen Position befinden. Dadurch wird es unmöglich, die Nocke mit einem Dübel an der Achse zu befestigen. Um ein Abrutschen oder Durchdrehen zu vermeiden, drücken Sie mit einer Zange Leimrillen in die Oberfläche der Achse.

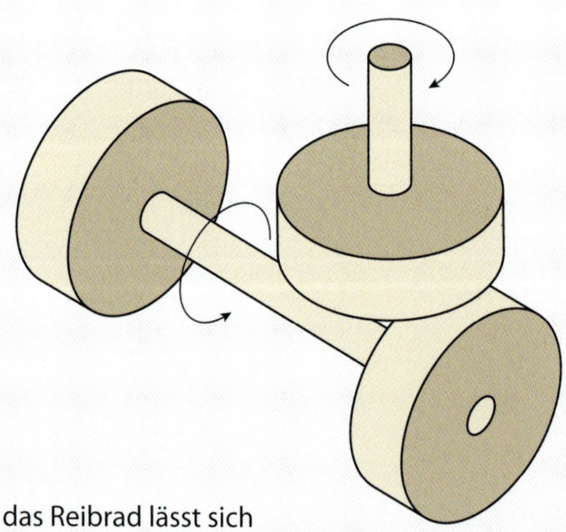

Abb. 1.8 Auch das Reibrad lässt sich vielfältig einsetzen.

Vorlagen © David Wakefield

Ein Rad dreht das andere

Wenn Sie ein Rad oberhalb eines anderen und senkrecht dazu anbringen, sodass sie einander berühren, wird die Bewegung eines Rades auf das andere übertragen. Dabei kann sich die Drehrichtung ändern.

Nocke mit Gabel

Mit einer Gabel, die etwas größer ist als die Nocke, können Sie einen Teil vor- und zurückbewegen. Er rotiert dabei um einen Drehpunkt (Abb. 1.9). Je näher die Gabel sich am Drehpunkt befindet, desto mehr Bewegung wird erzeugt.

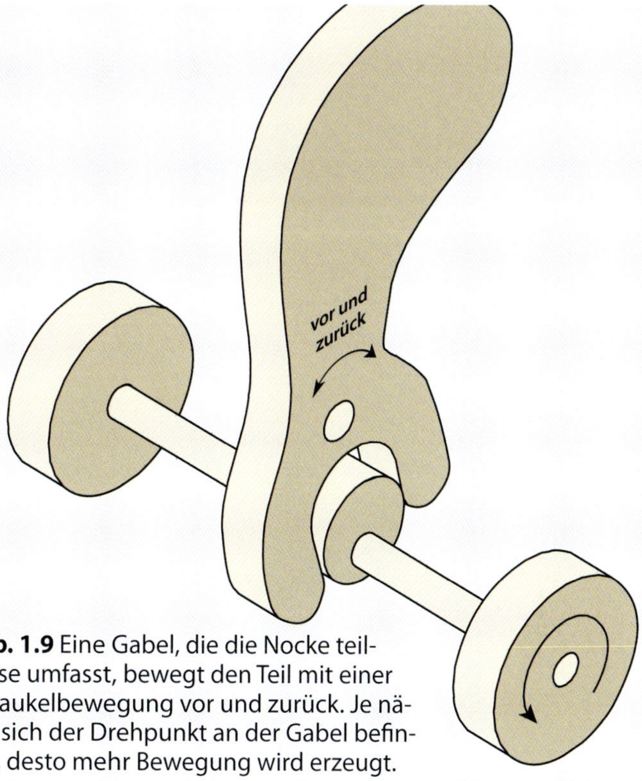

Abb. 1.9 Eine Gabel, die die Nocke teilweise umfasst, bewegt den Teil mit einer Schaukelbewegung vor und zurück. Je näher sich der Drehpunkt an der Gabel befindet, desto mehr Bewegung wird erzeugt.

Vorlagen © David Wakefield

Es kann losgehen!

Damit habe ich Ihnen alle Bewegungsmechanismen vorgestellt, die ich im Laufe meiner Tätigkeit als Spielzeugmacher entwickelt habe. Bestimmt gibt es noch etliche Möglichkeiten, ein Spielzeug zu bewegen, auf die ich nicht gekommen bin. Die beschriebenen Varianten kann man in vielfältiger Weise kombinieren und verblüffende Effekte erzielen. Ein anschauliches Beispiel ist der Frosch (Seite 50). Die exzentrischen Räder heben den Körper an; an den Rädern sind auch die Füße befestigt, die die Beine aufwärts und abwärts ziehen. Das Ergebnis: Der Frosch hüpft! Auch beim Hund (Seite 138) sind die Pfoten mit Kopfdübeln an den Rädern befestigt. Die Pfoten schieben andere Teile an; dadurch werden die Ohren und die Nase bewegt. Der Spielspaß liegt zu einem großen Teil darin, herauszufinden, wie und wo die verschiedenen Bewegungen entstehen und wie sie miteinander zusammenhängen. Und der Spaß am Entwerfen und Bauen dieser Wunderwerke besteht darin, die einfachen Konstruktionselemente zu kombinieren, sodass genau die gewünschte, typische Bewegung entsteht.

Mit diesen Elementen können und sollen Sie nach Herzenslust experimentieren. Lassen Sie sich nicht entmutigen, wenn es nicht gleich nach Wunsch funktioniert. Sie werden das eine oder andere Mal von vorn anfangen müssen. Aber die Mühe lohnt sich – warten Sie nur, bis das erste fertige Spielzeug durchs Zimmer rollt und wie ferngesteuert allerlei Bewegungen vollführt.

Mit jedem fertigen Projekt schenken Sie sich selbst und anderen ein bisschen Spaß – und davon kann die Welt nicht genug bekommen! Viel Erfolg!

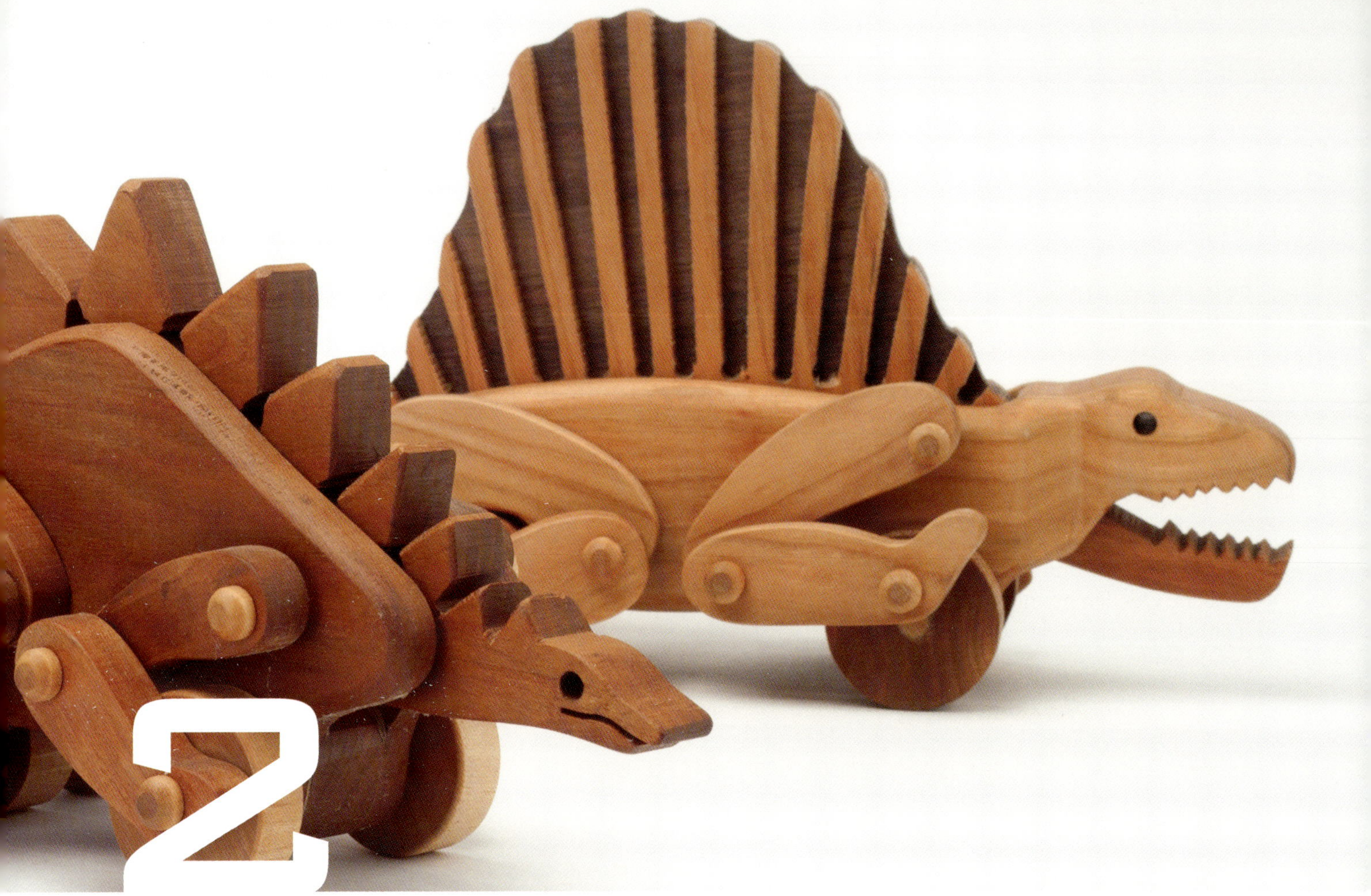

2 Material und Werkzeug

Als ich vor etlichen Jahren begann, Spielzeug herzustellen, bezog ich mein Holz von einer Firma, die einen Trockenofen betrieb. Alles, was ich sonst brauchte, kaufte ich in einem nahegelegenen Baumarkt. Ich zahlte äußerst hohe Preise und bekam dafür höchstens mittelmäßiges Material und Werkzeug.

Damit begann eine lange, beharrliche Suche nach günstigeren Preisen, besserer Qualität und leichterer Zugänglichkeit, die schließlich Erfolg hatte. Ich wechselte zuerst zu einem Solarofen-Betreiber in meiner Gegend, wo ich das Holz günstiger bekam. Danach arbeitete ich eine Zeitlang mit Holz aus nahen Sägewerken, das ich selbst an der Luft trocknete. Heute „ernte" ich das Holz auf meinem eigenen Grund, transportiere es zu einem kleinen Lohnsägebetrieb und trockne das fertig gesägte Holz in meinem eigenen Trockenofen.

Was das übrige Material und das Werkzeug betrifft, war die Suche nach den besten Anbietern noch langwieriger und weitverzweigter.

Für alle, die Holzspielzeug bauen wollen, habe ich eine Liste von Bezugsquellen zusammengestellt, die Sie im Anhang finden. Ich hoffe, Ihnen damit Zeit und Geld zu sparen und Ihnen eine Starthilfe für Ihre eigene Suche nach optimalen Bezugsquellen zu geben.

Natürlich kann ich nicht mit Sicherheit behaupten, dass meine Bezugsquellen die beste Qualität zu den günstigsten Preisen anbieten. Ich kann nur sagen, dass ich im Laufe meiner langjährigen, gründlichen Suche dort die höchste Qualität zum günstigsten Preis erhalten habe. Es kommen jedoch immer neue Produkte auf den Markt und neue Firmen bieten ihre Dienste an. Wenn Sie mit einem anderen Händler zufrieden sind oder ein anderes Werkzeug den von Ihnen gewünschten Zweck besser erfüllt, dann bleiben Sie dabei.

Nicht alle meine Bezugsquellen sind für alle meine Leser geeignet. Für eine geringe Stückzahl macht es keinen Sinn, wenn Sie einen Baum fällen und das Holz selbst trocknen. Sie sind besser beraten, wenn Sie in einem Holzlager ein paar Bretter kaufen oder – noch besser – Holzreste verarbeiten, die von anderen Projekten übriggeblieben sind. Die Puristen unter Ihnen werden vielleicht alle Teile, auch die Räder, selbst machen wollen, sodass Sie außer Holz und Leim kein Material kaufen müssen. Allen, die sich diesen Zeit- und Arbeitsaufwand ersparen wollen, kann ich verlässliche Quellen nennen, wo Sie Räder in guter Qualität bekommen.

Holz auswählen

Für die meisten Projekte empfehle ich Hartholz in guter Qualität. Grundsätzlich habe ich nichts gegen Weichholz. Es ist als Bauholz, für den Möbelbau, für Leisten und für viele andere Zwecke hervorragend geeignet, leicht erhältlich und relativ preisgünstig. Für Kinderspielzeug ist es aber aus mehreren Gründen ungeeignet. Erstens splittert es leicht und stellt daher für Kinder ein Verletzungsrisiko dar. Zweitens ist es nicht strapazierfähig genug. Wenn Sie in stundenlanger Arbeit ein Spielzeug bauen, werden Sie nicht erfreut sein, wenn es zerbricht, sobald das Kind es einmal fallen lässt. Drittens ist Weichholz so harzreich, dass Schleifpapier und Schleifbänder sehr schnell verkleben. Und schließlich sieht ein Spielzeug aus Hartholz viel schöner aus als eines aus Weichholz. Auch wenn Sie ein Spielzeug aus Kiefern-, Tannen- oder Fichtenholz mit immer feinerem Schleifpapier bis zur Körnung 400 abschleifen, ist doch der Glanz und die Maserung beim fertigen Stück nicht annähernd so schön wie bei Hartholz.

Welche Hartholzarten sind geeignet? Hier sind mehrere Faktoren ausschlaggebend. Bei einem Spielzeug mit beweglichen Teilen spielt das Gewicht eine große Rolle (Abb. 2.1).

Zum Beispiel sollten Sie die Scheren des Hummers (Seite 114) nicht aus Eiche oder Ahorn herstellen, weil sie sich dann nur schwer anheben lassen.

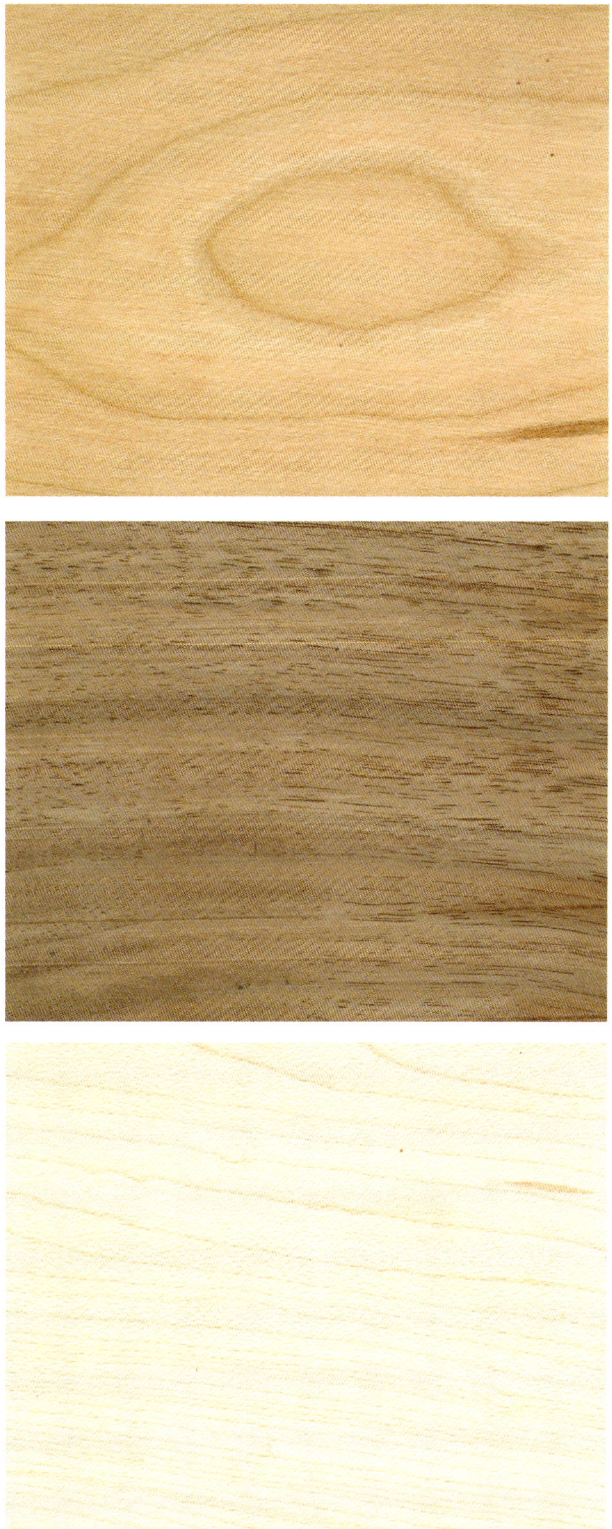

Spielsachen aus Harthölzern wie Kirsche (oben), Walnuss (Mitte) oder Ahorn (unten) sind robust und halten der Beanspruchung beim Spielen ohne Weiteres stand.

Harthölzer im Vergleich: Gewicht und Härte

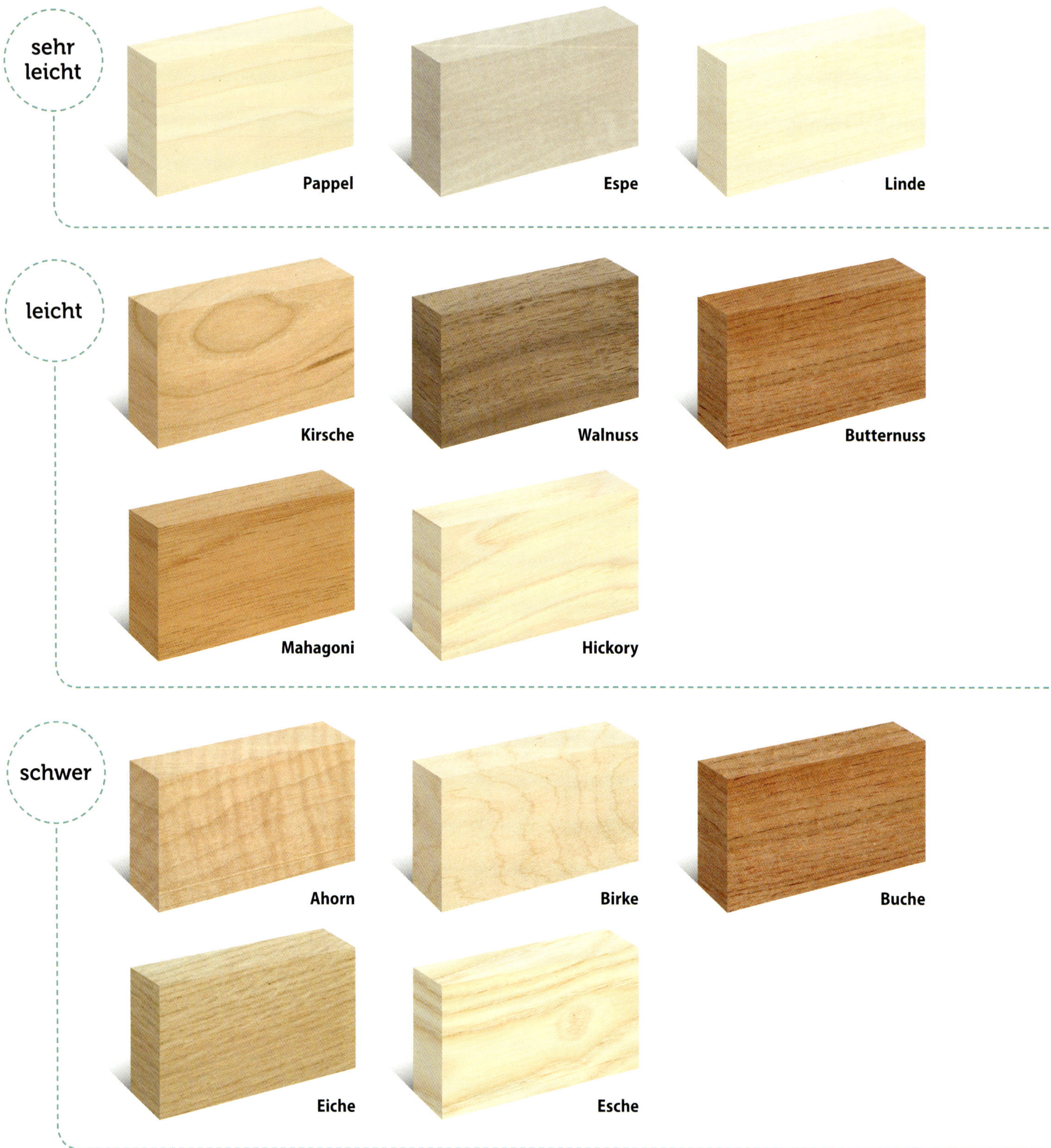

Abb. 2.1 Ein Blick auf die Tabelle zeigt: Kirsche und Walnuss sind die einzigen gängigen Harthölzer, die sowohl leicht als auch hart (robust) sind. Dadurch sind diese beiden Holzarten für Spielzeug am besten geeignet. Kirschenholz ist mir lieber, weil es etwas robuster ist. Außerdem ist Walnuss-Holzstaub stark toxisch und reizt insbesondere die Nasennebenhöhlen.

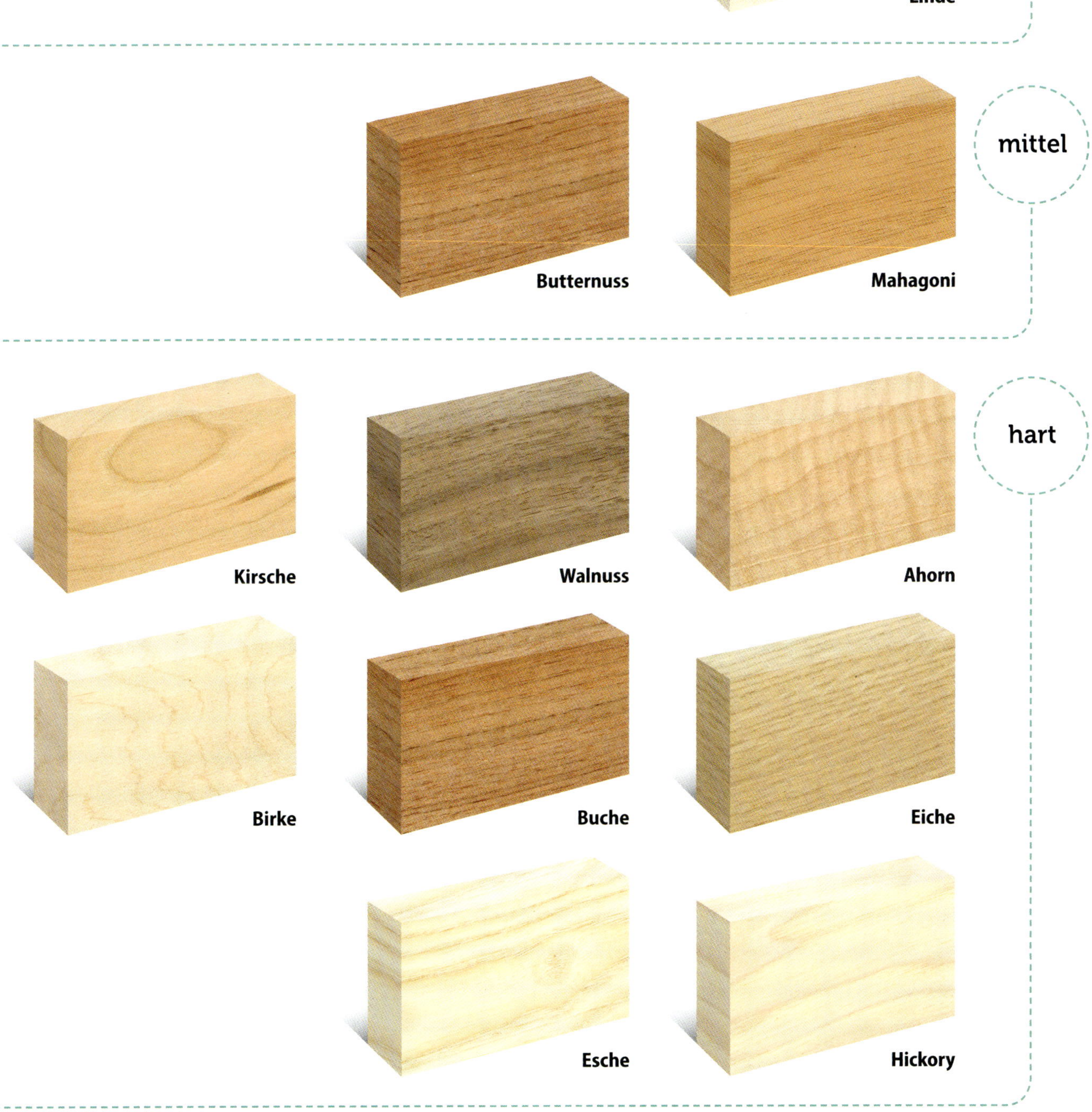

Für den Körper des Hummers können Sie diese schwereren Hölzer durchaus nehmen. Das Spielzeug wird dadurch stabilisiert und kann mehr Schwungkraft aufbauen, sodass die Zangen leichter angehoben werden können. Beim Frosch (Seite 50) sollten Sie für den Körper kein schweres Holz wie Milchorangenbaum (Osagedorn) verwenden, weil das exzentrische Rad ihn sonst kaum anheben kann. Für die Beine ist diese Holzart aber durchaus geeignet, denn sie sind im Vergleich zum Körper so leicht, dass ihre Beweglichkeit nicht eingeschränkt wird.

Das Gewicht muss bei jedem Spielzeug und bei jedem einzelnen Teil berücksichtigt werden. Die Daumenregel lautet: Für Teile, die angehoben werden, ist leichtes Holz am besten geeignet. Für den rollenden oder unbeweglichen Korpus können Sie auch schwereres Holz verwenden. Bedenken Sie jedoch: Je schwerer das Holz, desto schwieriger wird die Handhabung für das Kind.

Paradoxerweise muss der Korpus, der aus einem schwereren Holz bestehen kann, nicht so robust sein wie andere Teile. Der Panzer der Schildkröte (Seite 126) könnte zum Beispiel aus schweren, robusten Hölzern wie Eiche oder Hickory gefertigt werden, aber auch aus Mahagoni oder Pappel, die leichter und nicht ganz so robust sind. Hier kommt es auf Ihren Geschmack und auf die Verfügbarkeit des Holzes an.

Die dünneren Teile müssen jedoch aus robusten Holzarten bestehen, besonders, wenn sich ein Bohrloch in der Nähe einer Kante befindet. Die Füße des Frosches (Seite 50) und der Kopf des Nilpferds (Seite 44) sind Beispiele dafür.

Wichtig: Vielleicht haben Sie Tropenhölzer in Ihrer Werkstatt, die sich für Spielsachen optisch sehr gut eignen würden. Bei vielen dunklen Tropenhölzern, wie Zebrano oder Bubinga, ist das Harz toxisch. Wenn das Spielzeug für ein kleines Kind gedacht ist, das es in den Mund stecken könnte, kommen diese Hölzer **nicht** in Frage! Und wenn Sie öfter solche toxischen Hölzer verarbeiten, kann der feine Sägestaub Atemwegsprobleme, Hautausschläge und Augenreizungen hervorrufen. Tragen Sie bei der Arbeit Schutzbrille, Gesichtsmaske und Schutzkleidung.

Welches Holz ist also für Spielzeug am besten geeignet? Eindeutig Kirsche. Dieses Holz ist relativ leicht, aber robust, lässt sich leicht abschleifen und sieht mit dem richtigen Finish wunderschön aus.

Manchmal verwende ich auch Walnuss- und Pappelholz. Diese Holzarten sind nicht ganz so robust wie Kirsche, man kann sie aber für alle Teile verwenden, die nicht zu dünn sind. Sie lassen sich auch optisch gut mit Kirschholz kombinieren.

Holz: Woher nehmen?

Wenn Sie kein geeignetes Material unter Ihren Holzvorräten haben, werden Sie vielleicht in einem Holzlager oder in einem Baumarkt in Ihrer Nähe fündig. Wer beruflich Spielzeug herstellen will, braucht jedenfalls eine zuverlässige Bezugsquelle für halbwegs preisgünstige Harthölzer. Ihre Wahl wird davon abhängen, welche Hölzer bei Ihnen gängig sind, wie viel Spielzeug Sie bauen wollen, welchen Preis Sie zahlen wollen und können und so fort.

Der Spielzeugbau hat einen Vorteil: Sie können gleich loslegen, ohne große Summen für das Material ausgeben zu müssen. Wer schon über eine gut ausgestattete Werkstatt verfügt, kann die meisten Spielsachen in diesem Buch aus Holzresten von anderen Projekten herstellen. Wenn Sie auch keine Hartholzreste in der Stärke von 5,1 cm haben, können Sie mehrere dünnere Bretter zu einem Rohling zusammenleimen (lamellieren). Hier können Sie Ihrer Fantasie freien Lauf lassen. Aus verschiedenfarbigen Hölzern kann ein gestreifter Rohling entstehen. (Ein gestreiftes Nilpferd? Ja, warum nicht?) Weniger robuste Holzarten können Sie sandwichartig mit zwei Schichten aus robustem Holz einschließen. Sie können den Entwurf auch zu den vorhandenen Holzresten passend abändern. Zum Beispiel lässt sich der Frosch (Seite 50) auch aus einem ca. 3,2 cm starken Rohling herstellen, wenn Sie die Länge der Achsen anpassen.

Sie haben noch keine Hartholzvorräte angesammelt? Auch durch Recycling lässt sich geeignetes Holz gewinnen. Ausrangierte, kaputte Möbel, die in manchen Haushalten im Abstellraum herumstehen, bestehen oft aus schönem Hartholz, manche sogar aus Mahagoni. Auch Paletten und Transportkisten, die in vielen Betrieben weggeworfen werden, können aus Hartholz bestehen. Firmen, die aus Asien importieren, haben manchmal Kisten aus ganz ungewöhnlichen fremdländischen Hölzern abzugeben.

Auch alte, abbruchreife Scheunen und ähnliche Gebäude, die manchmal „zur Selbstabtragung verschenkt“ werden, können sich als Quelle für günstiges

Recyclingholz erweisen. Beim Abtragen eines alten hölzernen Maisspeichers stellte ich fest, dass die Eckpfosten aus Walnuss, die diagonalen Balken und Verstrebungen aus Kirsche und der Rest des Gebäudes aus amerikanischer Weißeiche waren. Bevor Sie sich aber diese anstrengende, aufwändige Arbeit antun, vergewissern Sie sich, ob das Holz nicht voller Sprünge oder Vermorschungen ist oder unter der Oberfläche die Reste unzähliger abgerosteter Nägel verborgen sind. Ihre Mühe zahlt sich nur aus, wenn Sie auch genügend verwendbares Holz „ernten" können.

Wichtig: Bei Recyclingholz müssen Sie unbedingt alle Nägel, Schrauben und Klammern sorgfältig entfernen. Ein einziger Nagel kann ein großes Stück aus dem Messer einer Hobelmaschine herausbrechen, eine Bandsäge stumpf machen oder eine Säge mit Karbidzähnen komplett ruinieren. Noch ein Hinweis: Manche Holzarten, wie z. B. amerikanische Weißeiche, werden mit den Jahren äußerst hart. Bei der Arbeit mit diesen Hölzern nützen sich Messer, Sägeblätter und andere Werkzeuge stark ab. Ich persönlich finde trotzdem, dass die Schönheit des alten, luftgetrockneten Holzes die zusätzliche Mühe wert ist.

Wenn sich in Ihrer Nähe eine Tischlerei oder ein anderer holzverarbeitender Betrieb befindet, besteht die Chance, dass Sie dort verwendbare Holzreste bekommen. Bestimmt fallen Ihnen noch andere solche Bezugsquellen ein, wo Sie Hartholzreste billig oder sogar umsonst bekommen können.

Vielleicht haben Sie jedoch keine Zeit für eine langwierige Suche nach Holzresten oder Recyclingholz? Nun, die meisten Holzlager bieten zumindest eine begrenzte Auswahl an Harthölzern an, obwohl sie wenig nachgefragt werden. Die Preise sind meist hoch. Beim Bau von Spielsachen kommt man jedoch mit ein paar Brettern recht lange aus. Auch im Internet bekommen Sie Harthölzer – auch Tropenhölzer; ich kaufe bei Woodcraft (siehe Anhang). Auch hier sind die Kosten hoch, besonders, wenn Sie die Versandkosten einrechnen.

Größere Holzmengen kaufen

Wer Spielzeug in größerer Zahl herstellen will, braucht große Mengen von halbwegs preisgünstigem Holz. Dafür gibt es zwei Möglichkeiten. Wo es bewirtschaftete Laubwälder gibt, findet man im Umkreis auch **Holzhandlungen.** Sie werden etwa 1 Festmeter bestellen müssen, um den optimalen Einkaufspreis verrechnet zu bekommen.

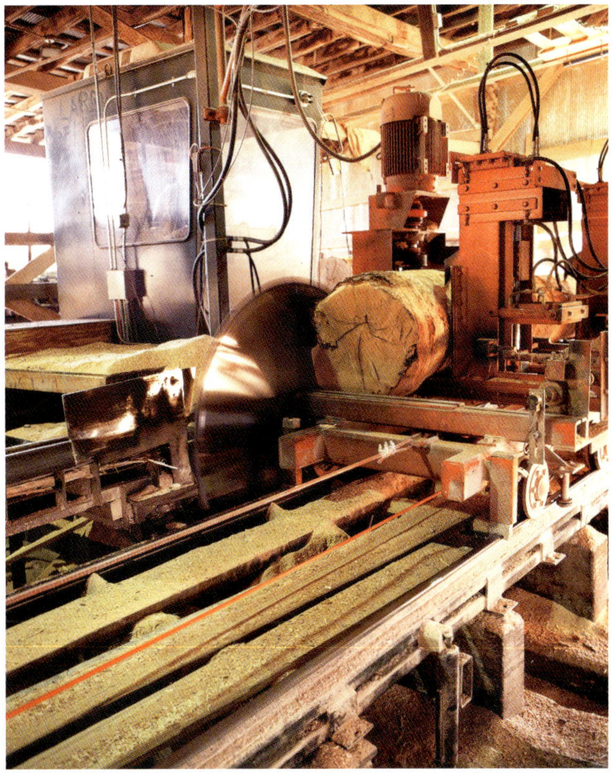

Wenn es in Ihrer Nähe ein Sägewerk gibt, erkundigen Sie sich nach Brettern (ca. 2,5 cm stark) und Pfosten aus Hartholz. Mit ein bisschen Glück können Sie hier zu günstigen Preisen kaufen.

Bei den meisten Holzhandlungen kann man das gekaufte Holz gegen ein geringes Entgelt auf die gewünschte Dicke hobeln lassen.

Sie können sich auch direkt an ein **Sägewerk** wenden. Auch dort werden außer Holz meist Dienstleistungen, wie Hobeln, Auftrennen, Ofentrocknen usw., angeboten. In ländlichen, waldreichen Gegenden gibt es meist auch kleine Lohnsägebetriebe. Sehen Sie im Telefonbuch oder im Internet nach! In solchen Betrieben sowie in Palettensägewerken bleibt manchmal Walnuss- oder Kirschholz übrig, für das es keinen etablierten Markt gibt, sodass es nicht hochpreisig verkauft werden kann. Hier können Sie das eine oder andere Schnäppchen machen.

Sägewerke sortieren hochwertiges Hartholz nach Güteklassen, wobei niedrige Güteklassen von der Möbelindustrie nicht nachgefragt werden. Sie brauchen zwar auch eine gute Holzqualität. Trotzdem können Sie Güteklasse 3 nehmen und um die Astlöcher herumschneiden.

Manchmal lässt sich ein Astloch auch in den Entwurf integrieren. Das Spielzeug kann dadurch sogar einen individuellen Charakter bekommen. Die geringere Stabilität, die das Astloch verursacht und die bei Möbeln ein Problem ist, macht beim Spielzeug nichts aus.

Ofentrocknen: Vielleicht haben Sie eine Möglichkeit, Grünholz (frisch gefälltes Holz) zu bekommen, und überlegen nun, es ofentrocknen zu lassen. Die Vor- und Nachteile der Ofentrocknung sind schnell erklärt.

Vorteil Nummer eins: Während die Lufttrocknung von Grünholz mindestens ein Jahr dauert, genügen bei Ofentrocknung zwei Wochen. Obwohl die meisten Trockenofenbetreiber nur ihr eigenes Holz trocknen, könnten Sie durchaus einen finden, der Ihr Holz zum Trocknen übernimmt. Damit können Sie schon ein paar Wochen nach der Schlägerung zu arbeiten beginnen.

Ein weiterer Vorteil: Der Feuchtigkeitsgehalt wird noch etwas stärker reduziert als beim Lufttrocknen, weil das gebundene Wasser (das sich in den Zellwänden befindet) ausgetrocknet wird. Aber: Ofengetrocknetes Holz ist deshalb hygroskopisch, d. h., es zieht Wasser an, auch wenn es sich in Ihrer Werkstatt befindet. Als Gegenmaßnahme können Sie die Hirnholzenden versiegeln und das Holz in einem besonders trockenen Raum, zum Beispiel am Dachboden, lagern. Der Raum soll aber auch nicht zu heiß sein, sonst können sich an den Enden der Bretter Trockenrisse bilden! Ofengetrocknetes Holz enthält nämlich immer noch ca. 7 % Feuchtigkeit, die durch zu große Hitze zu schnell verdunstet. Wenn Sie jedoch zwischen einem feuchten oder einem heißen Lagerraum wählen müssen, ist der heiße Raum immer noch besser. Durch Feuchtigkeitsschwankungen können am Holz größere Schäden entstehen als durch Temperaturschwankungen. Sie können die Luftfeuchtigkeit in Ihrer Werkstatt auch mit einem Lufttrockner niedrig halten.

Die Ofentrocknung hat aber auch drei eindeutige Nachteile. Ofengetrocknetes Holz ist spröder. Viele „Holzbegeisterte" verwenden überhaupt nur luftgetrocknetes Holz, weil es eine natürliche Elastizität mitbringt, die beim Ofentrocknen verlorengeht. Zu schnelles Trocknen kann zu Rissen an der Oberfläche oder zur so genannten Verschalung führen. Schließlich kann sich auch die Farbe geringfügig ändern, besonders bei Walnuss.

Lufttrocknen: Der Vorteil beim Lufttrocknen liegt darin, dass Sie es selbst machen können – praktisch zum Nulltarif. Sie müssen nur ein Trockengestell bauen und das Holz vom Sägewerk nach Hause transportieren (lassen), sonst fallen keine Kosten an. Sie werden feststellen, dass Grünholz vom Sägewerk viel billiger ist als getrocknetes Holz vom Trockenofen oder aus dem Holzhandel. In manchen Fällen kann der Unterschied mehrere Euro betragen. Die Schwankungsbreite ist je nach Region und Holzart beträchtlich, Sie sparen aber jedenfalls eine Menge Geld.

Auch das Lufttrocknen hat drei Nachteile. Der erste ist der Platzbedarf: 1 Festmeter Holz ergibt einen Stapel von 122 x 244 x 76 cm. Zweitens vergeht etwa ein Jahr, bis ein 2,5 cm dickes Brett trocknet. Bei einem 5 cm dicken Brett vergehen 2 ¼ Jahre, bei einem 7,5 cm starken Brett 4 bis 5 Jahre.

Drittens wird dem Holz nicht so viel Feuchtigkeit entzogen wie bei der Ofentrocknung und das Holz ist weniger formstabil. Meiner Meinung nach fällt dieser Nachteil bei Spielzeug jedoch nicht ins Gewicht. Die Holzteile sind meist so klein dimensioniert, dass von einem „Arbeiten" des Holzes (Ausdehnen, Zusammenziehen) nicht gesprochen werden kann. Die entstehenden inneren Spannungen lösen sich bald wieder und bauen sich nicht so stark auf, dass das Holz springt. Meiner Erfahrung nach verlangsamt ein Anstrich mit Weißöl das Eindringen von Wasser, sodass es zu keinem so raschen Ansteigen des Feuchtigkeitsgehaltes kommt, dass Sprünge entstehen.

Dübelstangen

Die Dübelstangen, die der hobbymäßige Spielzeugmacher braucht, sind in den meisten Baumärkten erhältlich. Bei Qualität und Preis gibt es himmelweite Unterschiede – sehen Sie sich um und vergleichen Sie! Dübelstangen aus Weichholz sind verwendbar – aber jene aus Harthölzern, wie Buche, sind weitaus besser! Wenn Ihr Daumennagel einen tiefen Abdruck im Holz hinterlässt, handelt es sich wahrscheinlich um ein importiertes Tropenholz.

Wenn Sie große Mengen von Spielzeug bauen wollen, lohnt es sich, Dübelstangen bei einer der Herstellerfirmen zu kaufen. Ich kaufe bei craftparts.com (siehe Anhang – dort bekomme ich robuste, exakt dimensionierte Ware mit fachgerecht geglätteter Oberfläche).

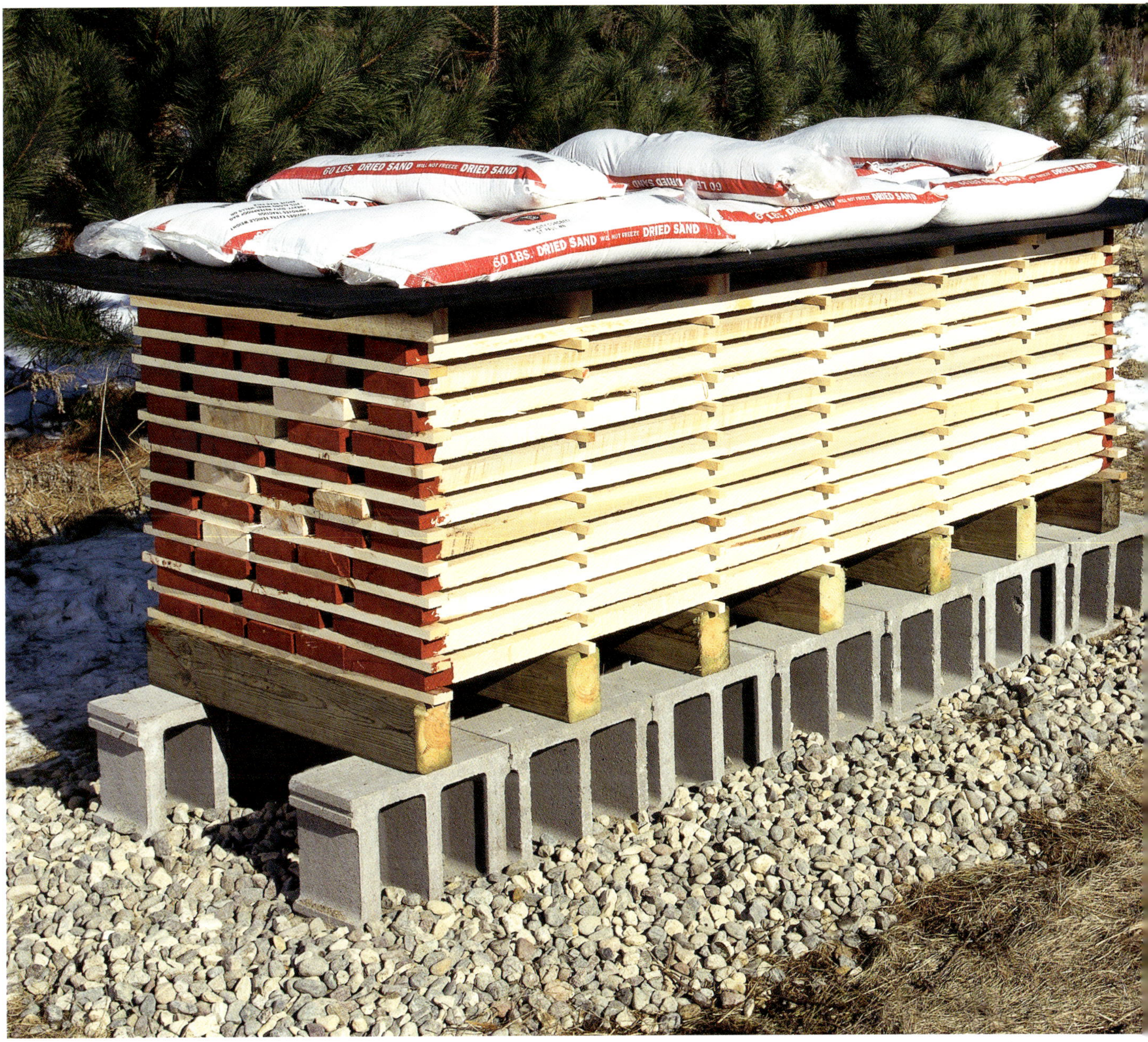

Wer Spielzeug in großen Stückzahlen herstellen möchte, braucht entsprechend viel Holz. Am billigsten kommen Sie weg, wenn Sie im Freien ein Gestell zum Trocknen von Grünholz bauen. Eine Überdachung hält den Regen ab.

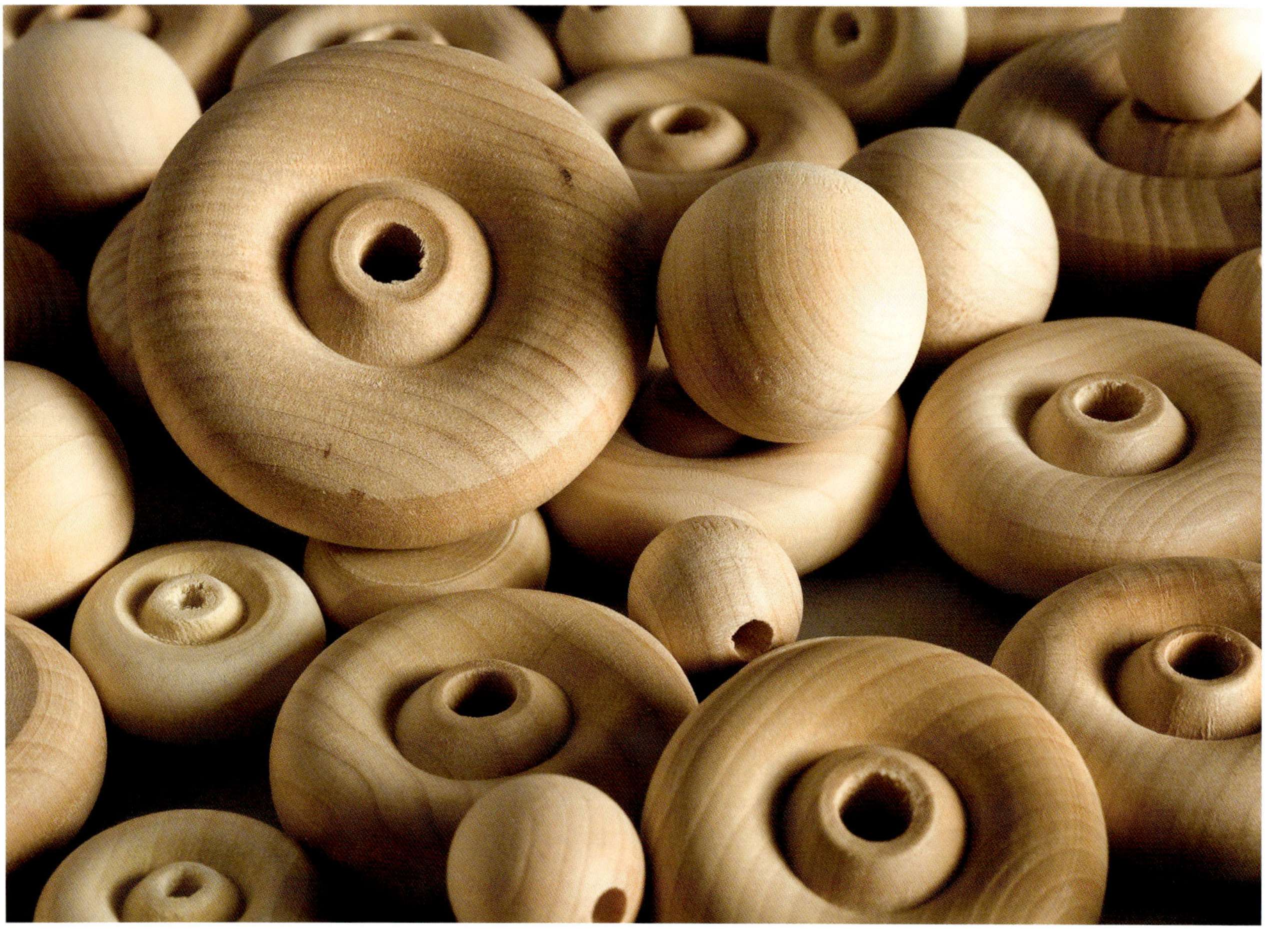

Räder und Ziehkugeln sind in größeren Mengen erhältlich.

Räder, Achsen und Ziehkugeln

Egal, ob Sie nur ein paar Spielsachen bauen oder Ihre Entwürfe in großem Stil vermarkten wollen: Überlegen Sie, ob Sie bestimmte Teile wie Räder, Achsen und Ziehknöpfe vorgefertigt kaufen wollen. Sie können die Teile auch drechseln oder mit einer Lochsäge ausschneiden, der Vorgang ist jedoch zeitaufwändig, besonders dann, wenn Sie sie in derselben Qualität herstellen wollen wie die gekauften. Ich kaufe auch diese Teile bei craftparts.com (siehe Anhang).

Wenn Sie die Räder aber selbst machen wollen, empfehle ich dazu eine Lochsäge, die in eine Bohrmaschine eingespannt wird. Alle in diesem Buch verwendeten Räder haben einen Durchmesser von 4,4 cm. Eine Lochsäge mit 5,1 cm (2") Innendurchmesser hat ein Innenmaß von 4,4 cm. Ich bohre zunächst fast zur Gänze durch den Rohling, drehe ihn um und schließe die Bohrung von der anderen Seite ab. Nun kann ich das Rad mit einer Gripzange aus der Lochsäge herausholen, ohne es zu beschädigen. Dann schleife ich vorsichtig den Grat von der Kante ab (=„Kantenschleifen") und entferne allfällige Brandspuren, die das Sägeblatt hinterlassen hat.

Jetzt kommt es darauf an, wozu das Rad verwendet wird: Für ein Rad mit exzentrischer Achse verschließen Sie das Pilotloch mit einem kleinen Dübel und bohren Sie ein neues Achsloch. Für ein „normales" Rad mit zentrischem Achsloch (benötigter Durchmesser: meist 8 mm) müssen Sie das Pilotloch erweitern, das meist nur einen Durchmesser von 6 mm hat. Verwenden Sie dazu einen Spiralbohrer und halten Sie dabei das Rad mit einer Gripzange fest.

Schleifzubehör

Beim Spielzeugbau ist viel Schleifarbeit notwendig. Mit dem richtigen Schleifzubehör geht es schneller! Alles, was ich brauche, bekomme ich bei Woodcraft (siehe Anhang).

Oberflächenbehandlung (Finish)

In erster Linie muss das gewählte Oberflächenbehandlungsmittel ungiftig sein. Viele natürliche oder synthetische Oberflächenbehandlungsmittel sind giftig und können dem Kind schaden, wenn es an dem Spielzeug lutscht oder kaut.

Nach 35-jähriger Erfahrung im Spielzeugbau bin ich überzeugt, dass Weißöl am besten geeignet ist. Ich verwende Crystal Plus 70 FG (siehe Anhang). Die Ziffer 70 steht für die Viskosität. Ich wähle die dünnflüssigste Variante, weil sie tief in das Holz eindringt und es am besten schützt. „FG" steht für „food grade" (lebensmittelecht). Weißöl ist leicht aufzutragen (auch ein Erneuerungsauftrag ist möglich). Es ist ungiftig. Das Spielzeug erhält ein gefälliges Aussehen, es entsteht keine aufdringliche Hochglanzoptik wie bei einem Lack.

Auf manchen Spielsachen macht sich ein Farbanstrich besonders gut. Wenn Sie sich dafür entscheiden, empfehle ich eine glänzende Latexfarbe. Sie ist relativ ungiftig und verleiht dem Spielzeug einen kräftigen, tiefen Farbton. Sie können Latexfarben in 1-kg-Dosen kaufen und nach Geschmack mischen.

Manche bemalen ihre Holzarbeiten mit Wasserfarben. Anders als bei Latexfarben entsteht dabei kein Farbüberzug; die Farbe zieht ein und wird durchscheinend, sodass die Maserung sichtbar bleibt. Damit lassen sich aber nur helle Hölzer wie Pappel oder Ahorn färben. Wasserfarben sind in den meisten Künstlerbedarfsgeschäften erhältlich. Ein Freund, der so wie ich Spielzeug entwirft, verwendet mit gutem Erfolg Rit-Textilfarben, die man teilweise auch im gut sortierten Supermarkt erhält.

Wenn ich Spielzeug für größere Kinder (die über das Mundsteck-Alter hinaus sind) oder für Erwachsene baue, behandle ich die Oberfläche manchmal mit Schellack. Mithilfe der Sprühdose lassen sich mühelos alle Teile und alle Oberflächendetails damit überziehen. Wenn Sie Lack auftragen – ob mit der Sprühdose oder mit dem Pinsel –, verwenden Sie unbedingt einen Atemschutz, denn die Dämpfe können der Lunge und den Nasennebenhöhlen schwere Schäden zufügen.

Achtung!
Weißölfläschchen und Farbdosen immer gut verschlossen und kindersicher aufbewahren!

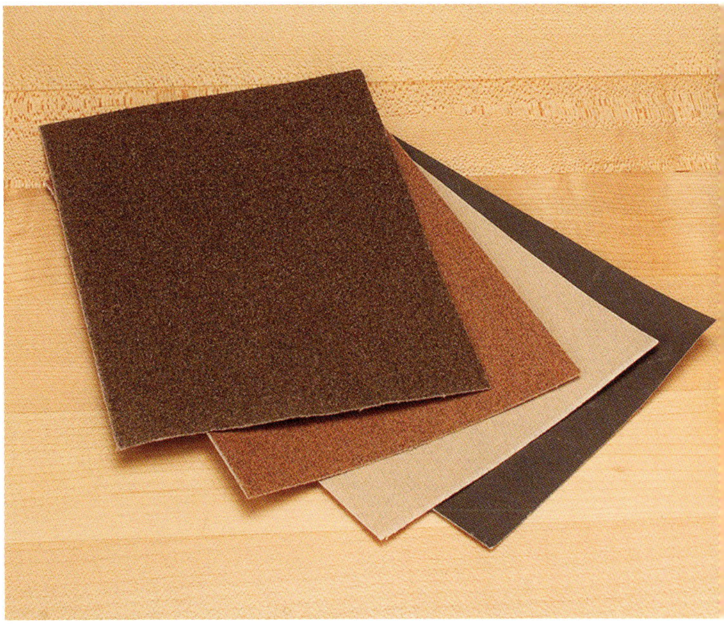

Um dem Holzspielzeug die richtige Form zu geben und die Oberfläche zu glätten, brauchen Sie Schleifpapier und Schleifbänder.

Leim

Der beste Leim für Holzspielsachen, den ich kenne, ist aliphatischer Harzleim, allgemein als „gelber Leim“ bekannt. Bei richtiger Verwendung ist er nach dem Aushärten stärker als das geleimte Holz. Genau gesagt nehme ich Titebond Holzleim. Neben dem Original-Titebond gibt es inzwischen Titebond II und Titebond III; ich verwende immer noch die „Originalversion“. Titebond II zieht schneller an, was beim Ausrichten von Spielzeugteilen keine Hilfe ist. Titebond III ist wasserfest, was bei meinen Spielsachen keinen Vorteil bringt; seine dunkle Farbe ist dagegen ein eindeutiger Nachteil.

Vorsicht bei der Aufbewahrung: Wenn der Leim in der Kälteperiode gefriert und danach wieder auftaut, wirkt sich dies negativ aus. Passiert es vier- oder fünfmal, beginnt der Leim einzudicken und verliert einen Teil seiner Klebekraft. Bewahren Sie den Leim, aber auch das fertige Spielzeug in einem beheizten Raum auf. Titebond ist wasserlöslich, Leimreste können mit einem nassen Lappen entfernt werden. Um den Leim zu verdünnen, geben Sie etwas Wasser hinzu und rühren Sie es mit einem Farbrührstab ein.

Bei der Anwendung von gelbem Leim müssen beide Klebeflächen sauber und ölfrei sein (Titebond hält nicht, wenn die geklebten Teile vorher mit Weißöl behandelt wurden). Verteilen Sie den Leim gleichmäßig. Da das Hirnholz ihn schneller aufsaugt als das Längsholz, tragen Sie auf Hirnholzflächen zusätzlichen Leim auf, damit er genügend Klebekraft entfalten kann.

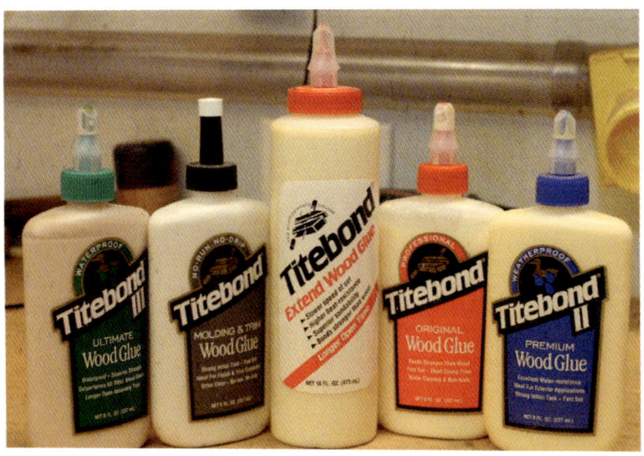

Meiner Erfahrung nach ist so genannter „gelber Leim“ für den Spielzeugbau am besten geeignet. Von Titebond gibt es inzwischen diverse Leime für verschiedene Anwendungen; ich bevorzuge immer noch die „Originalversion“.

Wichtig: Fixieren Sie die geleimten Teile mit Klemmen. Wenn der Leim unter Druck aushärtet, hält er viel fester als bei Trocknung ohne Druck. Der Druck soll jedoch nicht so stark sein, dass der ganze Leim aus der Klebefuge herausgepresst wird, weil sonst die Klebefuge „verhungert“ und der Leim nicht richtig hält.

Ziehkugeln und Ziehschnüre

Als Ziehkugeln nehme ich Makramee-Perlen aus Holz. Sie sind in verschiedenen Ausführungen erhältlich: unbehandelt, gebeizt und lackiert oder bunt bemalt und lackiert. Da kleine Kinder die Kugel gerne in den Mund stecken, empfehle ich, unbehandelte Kugeln zu kaufen und selbst mit einem ungiftigen Finish zu behandeln. Ich beziehe meine Kugeln von craftparts.com (siehe Anhang).

Makramee-Schnur aus Acryl ist meiner Meinung nach die beste Ziehschnur. Baumwolle franst aus, bei Acryl hingegen kann man die Enden durch Erhitzen anschmelzen, um ein Aufräufeln zu verhindern. Ziehen Sie das Ende der Schnur so lange an der Flamme vorbei, bis es runzlig wird. Das so behandelte Ende lässt sich auch besser in ein Loch einführen (und in das Spielzeug einziehen). Wählen Sie geflochtene Schnüre – eine gedrehte Schnur (Kordel) ist für eine ständige Verbiegung nicht geeignet und dreht sich im Falle längerer Beanspruchung auf. Ich beziehe sämtliche Schnüre von der Pepperell Braiding Company (pepperell.com, siehe Anhang, S. 189).

Mechanische Werkzeuge

Sie brauchen auch einige mechanische Werkzeuge (Abb. 2.2). Die Feinsäge benötigen Sie, um beim Zusammenbau der Teile vorstehende Dübel-Enden abzuschneiden. Auch wenn Sie ein Spielzeug zerlegen müssen, um eine Korrektur vorzunehmen, leistet sie gute Dienste. Die vierfache Kombi-Raspelfeile ist eine sehr nützliche Kombination aus einer Flach- und einer Halbrundraspel für grobe Arbeiten und einer Flach- und einer Halbrundfeile zum Glätten rauher Bereiche. Für die meisten Arbeiten ist mir die kleinere Größe (20,3 cm) lieber.

Hin und wieder ist eine Rundfeile zum Glätten enger Rundungen von Nutzen.

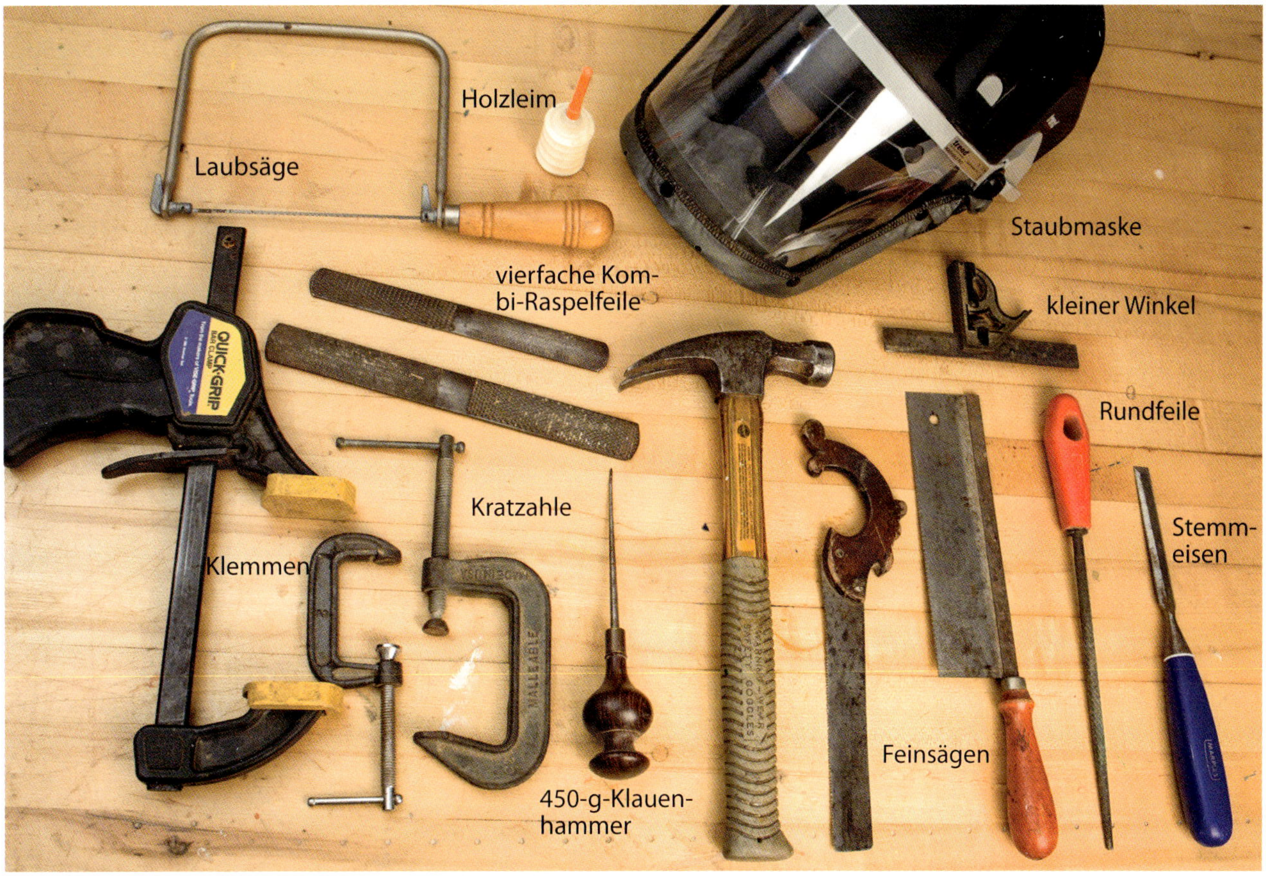

Abb. 2.2 Sie brauchen nur ein paar einfache Handwerkzeuge zum Sägen, zum Hämmern, zum Fixieren geleimter Teile und zum genauen Abmessen.

Außerdem brauchen Sie einen einfachen 450-g-Klauenhammer. Vielleicht meinen Sie, dass ein Rohhaut- oder Holzhammer für diese Arbeit am besten geeignet sein müsste; ein Stahlhammer ist jedoch aus mehreren Gründen vorzuziehen. Nur mit einem metallenen Hammerkopf lässt sich eine Achse mit wenigen Schlägen durch ein Rad treiben. Und bei jedem Hammerschlag gerät ein bisschen Leim auf den Hammerkopf; von einem Metallhammer lässt er sich leicht abwischen, an einem Holz- oder Rohhauthammer bildet er jedoch mit der Zeit eine hässliche schwarze Ansammlung, die ihrerseits schwarze Spuren auf den Rädern hinterlässt.

Zum Fixieren der Werkstücke verwende ich hauptsächlich Trigger-Klemmen. C-Klemmen kann man vor allem an Engstellen gut brauchen, wenn größere Klemmen keinen Platz haben. Je mehr Klemmen Sie vorrätig haben, desto besser! Sonst kann es passieren, dass alle Ihre Klemmen „belegt" sind und Sie warten müssen, bis der Leim getrocknet ist, bevor Sie den nächsten Teil leimen.

Hin und wieder werden Sie ein Stemmeisen brauchen, es ist aber nicht notwendig, dass Sie sich einen ganzen Stemmeisensatz zulegen. Ein gerades Stemmeisen mit einer Breite von 1,3 oder 1,9 cm genügt in den meisten Fällen.

Bei einigen wenigen Spielsachen in diesem Buch müssen Sie kleine Teile mit einer Laubsäge aussägen. Die Laubsäge kann auch statt der Bandsäge zum Ausschneiden unregelmäßiger Teile verwendet werden – dies erfordert jedoch viel Geduld und große Sorgfalt.

Einen kleinen Winkel benötigen Sie, um Markierungen anzubringen und um zu überprüfen, ob das Bandsägeblatt oder das Schleifband senkrecht zur Tischplatte stehen.

Mit einer Kratzahle können Sie vor einer Bohrung das Bohrloch markieren und beim Sägen Hilfslinien am Holz ziehen.

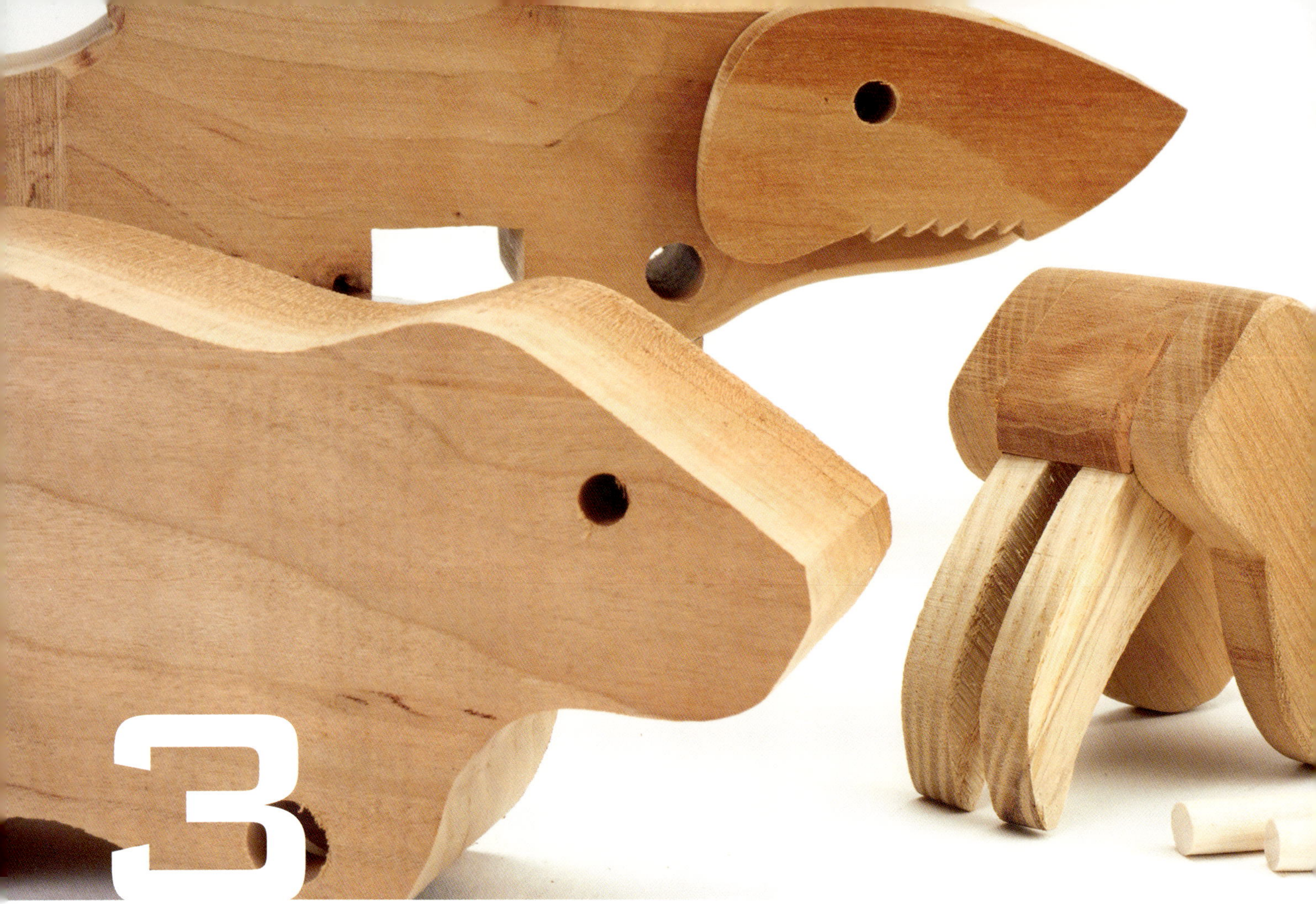

3 Technisches Knowhow

Ein Spielzeug bauen – das mag vielen wie eine leichte Übung vorkommen. Einen Umriss aussägen, Räder befestigen – fertig! In Wirklichkeit braucht man einiges an Wissen, Geschick und Geduld, um ein qualitativ hochwertiges Spielzeug herzustellen. Ich sage das nicht, um Sie zu entmutigen. Ich will Sie vielmehr motivieren, dieses Kapitel zu lesen. Dadurch können Sie einen Großteil der Fehler vermeiden, die ich in 35 Jahren gemacht und aus denen ich gelernt habe. Auch beim Spielzeugbau gibt es eine leichte und eine harte Tour – die Arbeit kann erfüllend und entspannend oder einfach nur frustrierend sein. Ich möchte Ihnen zu möglichst vielen Erfolgserlebnissen verhelfen!

Auch wenn Sie schon Erfahrung mit Holzarbeiten haben – bedenken Sie, dass der Spielzeugbau eine eigene Arbeitstechnik mit ihren eigenen Problemen und Lösungen ist. Ich glaube, dass die folgenden Informationen für Einsteiger wie für Fortgeschrittene von Nutzen sein werden.

Vorlagen übertragen

Egal, wie Sie die Vorlage auf das Holz übertragen wollen: Als Erstes kopieren Sie die originalgroße Vorlage, damit Sie keine Seiten aus dem Buch herausreißen müssen. Drücken Sie das Buch unbedingt flach auf den Kopierer. Ich empfehle auch, die fertig kopierte Vorlage abzumessen und mit dem Original im Buch zu vergleichen, da es bei manchen Kopierern zu Größenänderungen und Verzerrungen kommen kann. Es ist sinnvoll, manche Teile (z. B. Beine), die im Buch nur einmal abgedruckt sind, mindestens zweimal zu kopieren.

Nun haben Sie mehrere Möglichkeiten. Am einfachsten ist es, die Vorlage auszuschneiden und mit durchsichtigem Klebeband auf dem Holz zu befestigen. Kleben Sie den gesamten Umriss fest, sodass das Papier ganz flach aufliegt. Bohren Sie zuerst die Löcher, dann sägen Sie den Umriss aus. Das Papier können Sie nun wegwerfen.

Wenn Sie die Papiervorlage wiederverwenden wollen, legen Sie Kohlepapier zwischen das Holz und die Papiervorlage und befestigen Sie sie mit Klebeband. Ziehen Sie die Vorlage mit einem geeigneten Stift sorgfältig nach. Ein Kugelschreiber, bei dem die Tinte ausgegangen ist, eignet sich ideal dafür; Sie können auch das Ende einer 6 mm starken Dübelstange zu einer abgerundeten Spitze zuschleifen. Das Kohlepapier überträgt die Vorlage genau auf das Holz und Sie können die Papiervorlage unzählige Male verwenden.

Sie können die Bohrlöcher auch mithilfe einer Ahle und eines Hammers auf dem Holz markieren, das Papier nach dem Aussägen des Umrisses abnehmen und erst dann die Löcher exakt bohren. So verhindern Sie, dass das Papier beim Bohren zerreißt.

Arbeiten mit der Bandsäge

Nun beginnt das Aussägen der Teile mit der Bandsäge. (Einige kleine Teile lassen sich jedoch mit einer Dekupiersäge oder auch mit einer Laubsäge besser und gefahrloser aussägen.)

Sägeblatt auswählen: Beim Sägen mit der Bandsäge nehme ich meist ein 6-mm-Sägeblatt mit einer Zahnteilung von 4 oder 6 ZpZ (ZpZ = Zähne pro Zoll). Eine Zahnteilung von 6 ZpZ ist universell einsetzbar. 4 ZpZ eignet sich vor allem für gewerbliche Zwecke. Für enge Radien nehme ich ein 3-mm-Sägeblatt mit 10 ZpZ. Wenn Sie Sägeblätter mit höherer Zahnteilung zur Verfügung haben, können Sie diese auch verwenden – man muss damit allerdings etwas langsamer sägen.

Kaufen Sie immer weitgezahnte Sägeblätter. Sie werfen den Sägestaub gründlicher aus und ermöglichen ein zügiges Sägen von Hartholz, ohne dass sich der Sägestaub am Sägeblatt ansammelt.

Das Arbeiten mit der Bandsäge ist an und für sich recht einfach. Wenn Sie einige Tipps beachten, geht es jedoch schneller. Ganz wichtig: Achten Sie vor Arbeitsbeginn darauf, dass Tisch und Sägeblatt genau senkrecht zueinander stehen (außer natürlich bei angewinkelten Schnitten). Damit sparen Sie Zeit und Ärger beim Kantenschleifen und stellen auch sicher, dass der Mechanismus des Spielzeugs einwandfrei funktioniert.

Wichtig ist auch die Einstellung der Bandführungen. Beim Aufstellen der Bandsäge und beim Blattwechsel ziehe ich zuerst den Netzstecker und nehme alle Bandführungen ab, lockere die Sägeblattspannung, nehme das alte Sägeblatt heraus, setze das neue Sägeblatt ein und stelle die Sägeblattspannung je nach der Breite des Sägeblattes ein. Dann justiere ich den Sägeblattspurlauf nach, bis das Sägeblatt ohne Unterstützung der Bandführungen genau mittig auf den Umlenkrädern läuft. Ich drehe das obere Rad mit der Hand auf mich zu und stelle den Winkel dieses Rades ein, bis der Spurlauf korrekt ist. Nun schließe ich die Säge wieder an den Strom an und schalte sie ein und wieder aus, um den Spurlauf bei laufendem Motor zu kontrollieren. Dann stelle ich die Bandführungen ein.

Ich justiere zuerst die Kugellager, sodass zwischen Sägeblattrücken und Kugellager ein ganz schmaler Tageslicht-Spalt zu sehen ist. Die Kugellager berühren (stützen) also das Sägeblatt erst dann, wenn das Holz dagegen gedrückt wird.

Nun bringe ich die Führungsblöcke möglichst knapp an das Sägeblatt heran, ohne dass sie es berühren und ohne dass sie den geschränkten Sägezähnen zu nahe

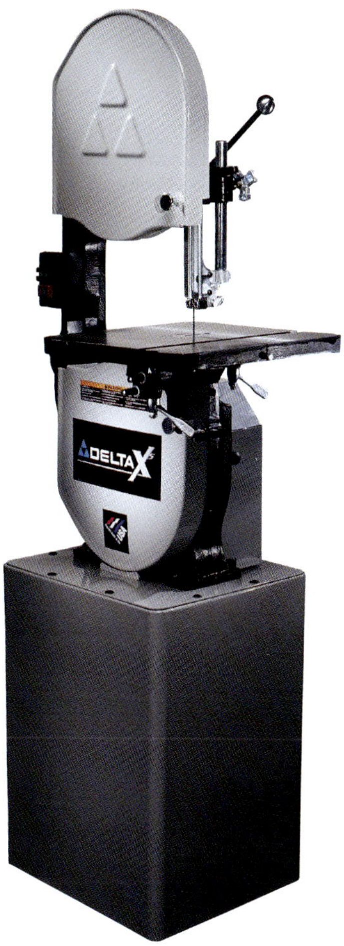

kommen, wenn das Sägeblatt nach hinten gegen die Kugellager gedrückt wird. (Führungsblöcke aus Kompositwerkstoff erhitzen sich nicht, wenn sie gegen das Sägeblatt gedrückt werden.) Bevor die Sägearbeit beginnt, müssen alle Sägeblattführungen in der neuen Einstellung fixiert werden.

Einige wichtige **Sicherheitsregeln:** Tragen Sie weder Schmuck noch lose Kleidung – beides kann vom Sägeblatt erfasst werden! Tragen Sie eine Schutzbrille. Stellen Sie den oberen Blattschutz so ein, dass er sich nie mehr als 6 mm über dem Werkstück befindet. Dadurch wird die Verletzungsgefahr für den Bediener reduziert. Achten Sie besonders auf Ihre Finger: Viele Bandsägen haben rund um das Sägeblatt einen kleinen runden Einsatz (2,5 bis 5,1 cm Durchmesser) im Sägetisch. Dieser Bereich ist eine Gefahrenzone – Ihre Finger dürfen sich dem Sägeblatt höchstens bis zum Rand des Einsatzes nähern! Wenn Ihre Bandsäge keinen solchen Einsatz hat, bringen Sie rund um das Sägeblatt eine kreisförmige rote Markierung auf dem Sägetisch an, die Sie ständig an die Gefahr erinnert. Nicht vergessen: Kleine Teile lassen sich ebenso schnell mit der Dekupiersäge und sogar mit der Laubsäge schneiden wie mit der Bandsäge.

Noch eine **wichtige Regel:** Beim Vorschieben des Werkstücks dürfen sich die Finger nie in der Schnittbahn des Sägeblatts befinden – sonst bewegen Sie die Finger geradewegs ins Sägeblatt, wenn Sie abrutschen! Ich achte immer darauf, dass sich meine Hände außerhalb der Schnittbahn befinden, auch wenn ich während eines Schneidevorgangs noch so oft umgreifen muss.

Dübelstangen schneiden (ablängen)

Beim Schneiden von Dübelstangen mit der Bandsäge klemmen Sie direkt vor dem Sägeblatt ein kleines Stück Restholz an den Parallelanschlag. Dadurch wird vermieden, dass die einzelnen Dübelstangen direkt am Parallelanschlag anstoßen, während sie vom Sägeblatt durchtrennt werden (Gefahr des Verklemmens!). Um die Dübelstangen abzulängen, stellen Sie die Position des Parallelanschlags auf den entsprechenden Abstand vom Restholzblock ein. Ich nehme einen Gehrungswinkel zur Hilfe, den ich genau auf 90° einstelle. Ich platziere das Ende der Dübelstange direkt am Restholz, halte die Stange fest auf dem Sägetisch nieder und schiebe den Gehrungswinkel am Sägeblatt vorbei. Auch beim bündelweisen Schneiden von Dübelstangen oder beim Schneiden anderer kleiner Teile können Sie so vorgehen (Abb. 3.1).

Schlitzen (Einschneiden) und Auftrennen

Beim Schlitzen können Sie ein Stück Restholz so am Parallelanschlag festklemmen, dass der Abstand zur Schnittkante der Länge des gewünschten Schlitzes entspricht. Das Restholz dient als Tiefenstopp (Abb. 3.2).

Führen Sie den Schnitt mit einer langsamen Vorschubbewegung. Wenn Sie zu schnell schneiden, verwindet sich das Sägeblatt im Holz und der Schnitt wird nicht gerade. Sie können den Schnitt beliebig oft wiederholen – er wird immer genau gleich ausfallen.

Wenn Sie ein Brett parallel zur Fläche auf eine bestimmte Dicke zurechtschneiden (auftrennen), gehen Sie ebenso vor, lassen Sie aber den Tiefenstopp weg.

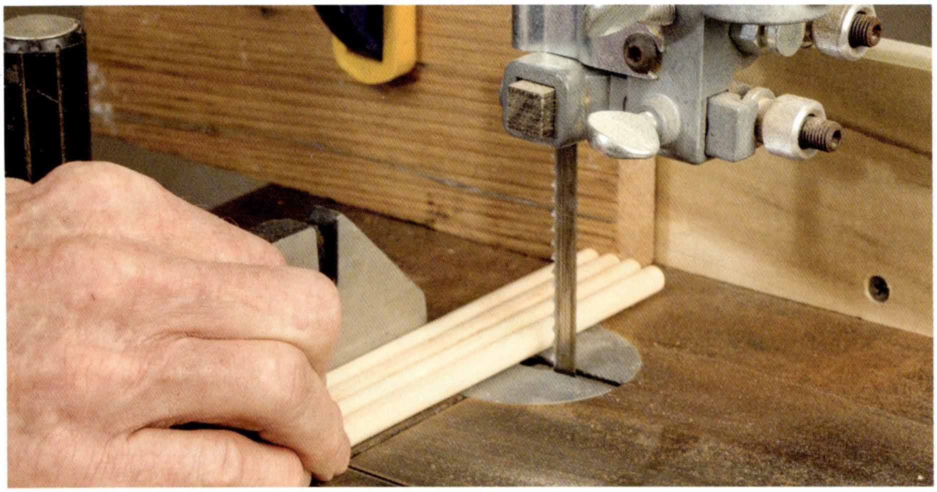

Abb. 3.1 Um mehrere Dübelstangen auf die gleiche Länge zu kürzen, befestigen Sie vor dem Sägeblatt ein Stück Restholz am Parallelanschlag, damit sich die Abschnitte nicht zwischen Sägeblatt und Anschlag verklemmen.

Abb. 3.2 Befestigen Sie den behelfsmäßigen Anschlag – parallel zum Sägeblatt! – mit Klemmen am Sägetisch. Manchmal werden beim Auftrennen innere Spannungen im Holz frei. Dadurch kann sich der Sägeschlitz wieder schließen, sodass das Sägeblatt zwischen den beiden aufgetrennten Teilen eingeklemmt wird. Dem kann man entgegenwirken, indem man hinter dem Sägeblatt einen kleinen Keil in den Sägeschlitz einklemmt.

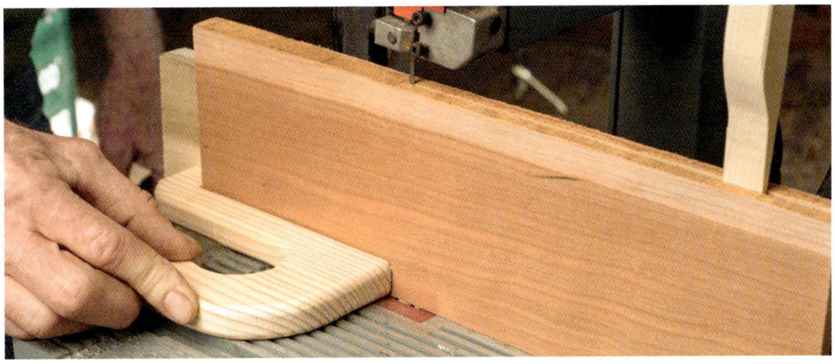

Wenn das Brett, das Sie auftrennen wollen, höher als der Parallelanschlag ist, müssen Sie einen höheren Anschlag herstellen. Verbinden Sie dazu zwei Bretter, jeweils in der Länge des Sägetischs, in einem Winkel von 90° miteinander und klemmen Sie sie am Tisch fest (Abb. 3.3).

Beim Auftrennen breiter Bretter ist ein breiteres Sägeblatt (1 cm oder 1,3 cm) von Vorteil. Schmälere Sägeblätter neigen dazu, der Faserrichtung zu folgen, und der Schnitt wird nicht immer ganz gerade. Trotzdem klappt das Auftrennen auch mit einem 6-mm-Sägeblatt, wenn es richtig scharf ist, die Bandführungen richtig justiert sind und die Blattspannung etwas höher eingestellt ist als sonst. Schieben Sie das Brett so langsam vor, dass das Sägeblatt noch gerade schneidet. Wenn es hin- und herzuwandern beginnt, verlangsamen Sie den Vorschub.

Halten Sie das Brett beim Vorschieben fest gegen den Anschlag vor dem Sägeblatt. Drücken Sie das Werkstück weder an das Sägeblatt noch dahinter an, sonst wird das Blatt eingeklemmt. Diese Gefahr besteht auch, wenn durch das Auftrennen innere Spannungen im Holz frei werden. Durch einen kleinen Keil im Sägeschlitz lässt sich dies verhindern (Abb. 3.2). Abb. 3.4 zeigt eine Bauanleitung für einen einfachen Schiebegriff, den Sie selbst herstellen können – am Schnittende erleichtert er das Halten des Werkstücks.

Wenn Ihnen beim Schlitzen und Auftrennen mit der Bandsäge keine geraden Schnitte gelingen, kann dies mehrere Ursachen haben: 1) das Sägeblatt ist stumpf, 2) die Führungen sind nicht richtig eingestellt, 3) Sie halten das Brett nicht fest genug gegen den Anschlag, 4) Sie sägen zu schnell oder 5) der Anschlag ist nicht parallel zum Sägeblatt.

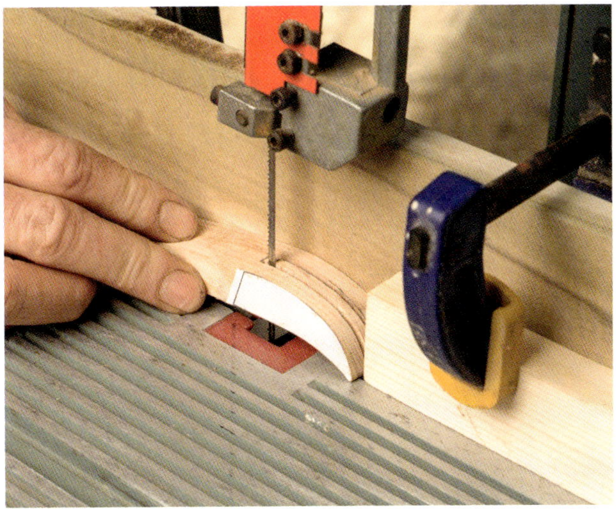

Abb. 3.3 Zum exakten Schneiden der Längsschlitze klemmen Sie hinter dem Sägeblatt ein Stück Restholz am Anschlag fest.

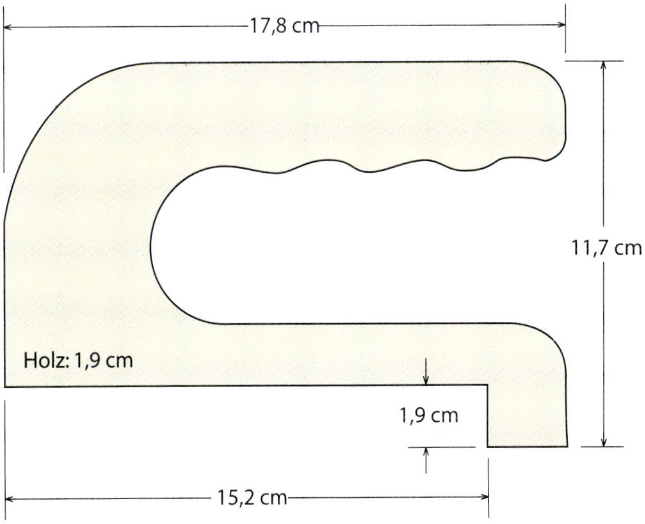

Abb. 3.4 Ein Schiebegriff sorgt dafür, dass Ihre Hand dem Sägeblatt nicht zu nahe kommt.

Kopfdübel herstellen

Kopfdübel können Sie aus Rundstäben mit 6 mm Ø und unbehandelten Holzkugeln mit 15 mm Ø herstellen. Da in den USA Kopfdübel mit 5,5 mm Ø verwendet werden und es diese Dimension aber im deutschsprachigen Raum nicht zu kaufen gibt, müssen Sie die Rundstäbe als Erstes so lange abschleifen, bis Sie den gewünschten Durchmesser erreichen. Anschließend bohren Sie ein Loch in die Kugel; halten Sie sie dabei mit einer Kombizange fest (um das Holz nicht zu beschädigen, kleben Sie selbstklebenden Moosgummi oder ersatzweise ein Stück Schaumgummi-Fensterdichtung in die gezahnte Greifmulde). Drücken Sie dabei die Zange nicht zu fest zu, sonst zerspringt die Kugel! Halten Sie die Zange flach auf dem Bohrtisch fest und bohren Sie durch die Kugel. Damit der Kopf nicht zu klobig wirkt, können Sie die Kugel nach dem Bohren auf einen Haltestab stecken und auf der Seite, wo der Dübelschaft sitzen wird, eine Fläche anschleifen. Kleben Sie den Rundstab in das Loch ein, lassen Sie das Ende etwas überstehen und schleifen Sie den Kopf glatt ab (dazu können Sie den Dübel in eine Bohrmaschine einspannen).

Um Kopfdübel auf eine bestimmte Länge zu kürzen, legen Sie ein Reststück von einer 3 mm dicken Hartfaserplatte so auf den Sägetisch, dass die Breite des rechts vom Sägeblatt befindlichen Streifens der gewünschten Länge des Dübels entspricht. Legen Sie den Dübel so auf die Hartfaserplatte, dass die Unterseite des Dübelkopfes an ihrer Kante anstößt. Halten Sie ihn gut fest und schieben Sie die Anordnung langsam vor (Abb. 3.5). Wiederholen Sie den Vorgang je nach Bedarf mit weiteren Dübeln. Schleifen Sie Fasern und Grate von den gekürzten Dübeln ab.

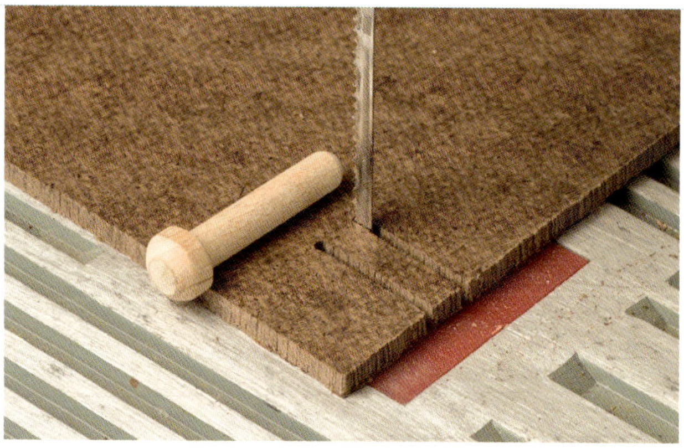

Abb. 3.5 Um einen Kopfdübel abzulängen, legen Sie ihn so auf ein Stück Hartfaserplatte, dass die Unterseite des Dübelkopfes an der Kante anstößt. Halten Sie ihn gut fest und schieben Sie die gesamte Anordnung vor.

Enge Innenrundungen schneiden

Beim Schneiden von Innenrundungen, die zu eng für Ihr Sägeblatt sind, helfen ein paar Tricks. Die einfachste Lösung: Sie schneiden zuerst von der einen und dann von der anderen Seite, sodass sich die Schnitte in der engen Rundung treffen (Abb. 3.6). Oder Sie bohren an der Engstelle ein Loch im richtigen Durchmesser (Abb. 3.7). Oder sie machen einen Entlastungsschnitt, der an der kritischen Stelle endet (Abb. 3.8). Wenn der Entlastungsschnitt ganz gerade ist, können Sie aus dem Schnitt zurückfahren, ohne die Säge auszuschalten. Meist ist es jedoch besser, die Säge auszuschalten, zu warten, bis sich das Sägeblatt nicht mehr bewegt, und erst dann

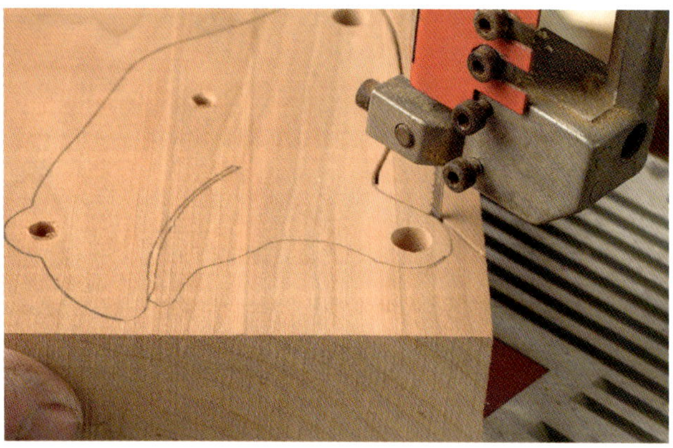

Abb. 3.6 Profitipp für enge Innenrundungen: Schneiden Sie zuerst von der einen und dann von der anderen Seite. Drehen Sie nach jedem Schnitt die Säge ab und warten Sie, bis sich das Sägeblatt nicht mehr bewegt. Mit Glück lässt sich das Abfallholz mit zwei Schnitten herausschneiden.

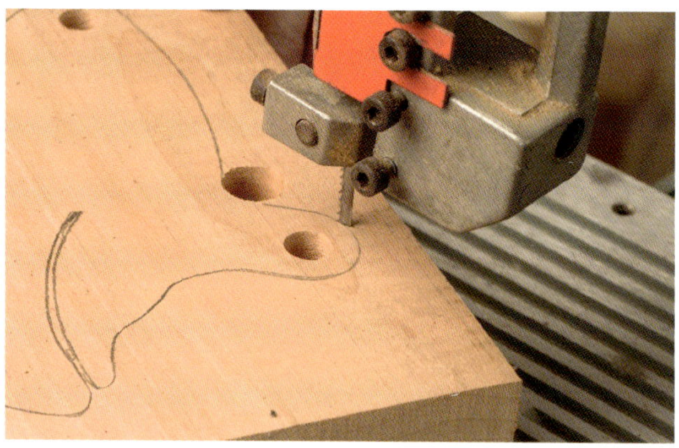

Abb. 3.7 Um die Rundung besonders exakt zu schneiden, bohren Sie zuerst ein Loch im richtigen Durchmesser.

zurückzufahren. (Der Grund: Wenn das Sägeblatt sich verklemmt, könnte es von den Umlenkrädern heruntergezogen werden. Es könnte sogar einen Knick bekommen und unbrauchbar werden.) Wenn Sie danach den Umriss aussägen, fallen die Randstücke ab, sobald Sie den Entlastungsschnitt erreichen.

Manchmal müssen Sie das Abfallholz mit mehreren Schnitten kleinweise herausschneiden, zum Beispiel am Ansatz der Walross-Stoßzähne. Schieben Sie das Werkstück vorsichtig und langsam vor und drücken sie es ganz leicht gegen die Sägezähne. Die Säge wirkt dabei wie eine ganz dünne Motorraspel und erzeugt meist eine rauhe Oberfläche, die Sie jedoch mit Schleifpapier, einer Schleifwalze oder einer Rundfeile glätten können.

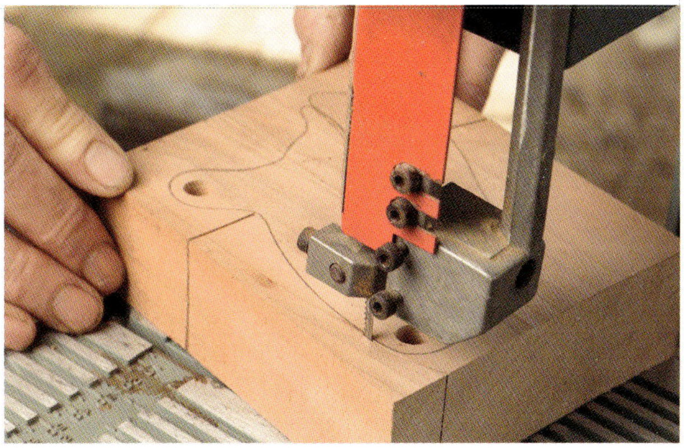

Abb. 3.8 Entlastungsschnitte erleichtern das Schneiden von engen Innen- oder Außenrundungen. Drehen Sie unbedingt die Säge ab und warten Sie, bis sich das Sägeblatt nicht mehr bewegt, bevor Sie aus dem Schnitt zurückfahren. Sonst könnte das Sägeblatt von den Umlenkrädern heruntergezogen werden.

Enge Außenrundungen schneiden

Am leichtesten geht es, wenn Sie zunächst bis zur scharfen Kurve schneiden und dann den Schnitt in gerader Linie zur Kante des Werkstücks weiterführen, bis sich das Abfallholz löst. Nun setzen Sie den Schnitt dort fort, wo Sie aufgehört haben. Stattdessen können Sie auch hier mit Entlastungsschnitten (Abb. 3.8) arbeiten.

Es geht auch ohne ...

Wer keine Bandsäge hat, schafft das Aussägen auch mit einer Laubsäge, ein bisschen Muskelkraft und viel Geduld. Ein Tipp: Zum Aussägen mit der Laubsäge übertragen Sie die Vorlage auf beide Seiten des Rohlings! Damit die beiden Seiten übereinstimmen, ziehen Sie die Vorlagelinie zuerst auf einer Seite nach, markieren und bohren Sie die Löcher und drehen Sie den Rohling um. Um die Vorlagelinie auf dieser Seite in der richtigen Position nachzuziehen, orientieren Sie sich an den Löchern. Nun fixieren Sie das Werkstück mit einem Schraubstock, sägen Sie den Umriss aus und halten Sie sich an die Vorlagelinien auf beiden Seiten.

Arbeiten mit der Standbohrmaschine

Zum Einsatz der Standbohrmaschine beim Spielzeugbau möchte ich Ihnen einige einfache Hilfsvorrichtungen vorstellen. Die meisten erleichtern das Festhalten des Werkstücks in der richtigen Position. Die Arbeit wird dadurch genauer und auch sicherer! Eine Standbohrmaschine sieht zwar nicht gefährlich aus, aber jedes motorbetriebene Gerät kann bei unsachgemäßem Gebrauch gefährlich werden. Kleine Werkstücke müssen gestützt oder niedergehalten werden, damit der Bohrer sie nicht durch den Raum (oder auf den Bediener!) schleudern kann. Wie bei der Bandsäge gilt auch hier: Keine lose Kleidung tragen, Schutzbrille nicht vergessen und mit den Händen einen Sicherheitsabstand zum Bohrer einhalten.

Ausriss vermeiden

Wenn Sie durch ein Werkstück durchbohren müssen, legen Sie ein Holzbrett unter, damit auf der Rückseite des Werkstücks kein Ausriss entsteht. Ein beliebiges Reststück genügt, nur eine Spanplatte ist ungeeignet. Wenn Sie mehrere gleich große Löcher bohren wollen, klemmen Sie das Brett fest, damit es nicht verrutscht. Durch das Hin- und Herrutschen erzeugt der Bohrer ein größeres Loch und bald ist nicht mehr genug Unterlagematerial da, um den Ausriss zu verhindern.

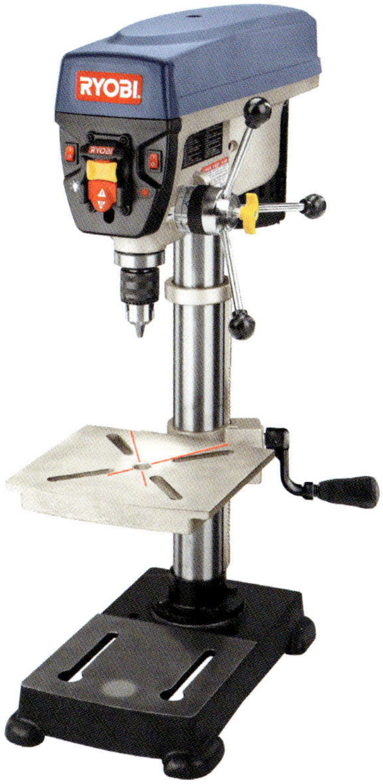

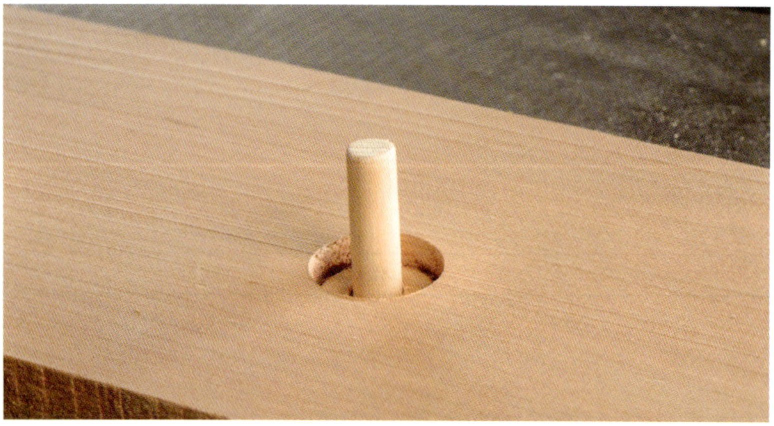

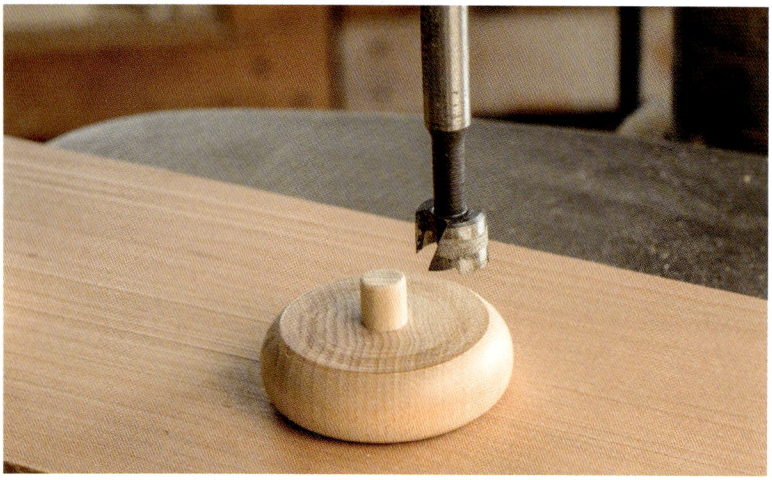

Abb. 3.9 Ein senkrecht aus einem Brett hervorstehender Rundstab ermöglicht es, Räder exakt unter dem Bohrer zu platzieren. Für Räder mit vorstehender Nabe muss in dem Brett eine Ausnehmung vorgesehen sein.

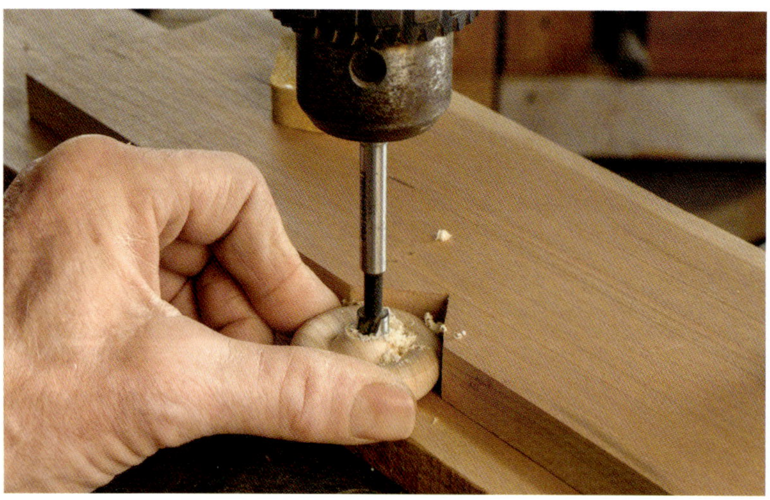

Abb. 3.10 Beim exakten Bohren von außermittigen Achslöchern hilft diese einfache Vorrichtung.

Exzentrische Achslöcher bohren

Diese Vorrichtung hilft beim Bohren exzentrischer Löcher: In die Mitte eines Brettes, das etwa 15 cm länger als die Breite des Bohrtisches ist, bohren Sie ein 2 mm tiefes Loch mit 1,6 cm Durchmesser. Dank dieser Ausnehmung liegt das Rad trotz der vorstehenden Nabe flach auf, während Sie seine Innenseite bearbeiten.

Bohren Sie ein 1,3 cm tiefes Loch mit 8 mm Durchmesser in die Mitte der Ausnehmung. In dieses Loch stecken Sie einen 8-mm-Rundstab als Halterung für die zu bearbeitenden Räder. Schneiden Sie dazu ein Stück in ausreichender Länge ab, sodass es noch etwas über die Raddicke hervorsteht. Schleifen Sie den Stab rundherum leicht ab und runden Sie das vorstehende Ende ab, sodass sich die Räder leicht – aber nicht zu leicht! – aufstecken und abnehmen lassen. Klemmen Sie das Brett am Bohrtisch fest. So erfolgt die Bohrung bei jedem Rad, das Sie auf die Hilfsvorrichtung stecken, genau in der gleichen Entfernung vom Mittelloch (Abb. 3.9).

Bei manchen Rädern muss das bestehende Achsloch verdübelt und knapp daneben ein neues Achsloch gebohrt werden. Um solche Bohrungen an mehreren Rädern genau gleich auszuführen, schneiden Sie in die Kante eines Brettes eine v-förmige Kerbe. Platzieren Sie das V so unter dem Bohrer, dass ein in das V geschobenes Rad leicht außermittig gebohrt wird (Abb. 3.10).

Enge Rundungen schleifen

Mit der Standbohrmaschine können Sie auch enge Rundungen schleifen, wenn Sie aus einer Dübelstange eine einfache Schleifwalze machen. Schneiden Sie mit der Bandsäge einen Schlitz in das Ende des Dübels. Schieben Sie einen Streifen Schleifpapier in den Schlitz, wickeln Sie ihn gegen den Uhrzeigersinn um den Dübel und kleben Sie ihn mit Klebeband oben fest. Spannen Sie den Dübel mit dem anderen Ende ins Bohrfutter ein (Abb. 3.11). Es empfiehlt sich, mehrere solcher Schleifwalzen aus verschieden starken Dübeln herzustellen.

Woodcraft Supply (siehe Anhang, Seite 189) bietet einen Satz von kleinen Schleifwalzen, die sich auf der Standbohrmaschine montieren lassen, sowie Ersatz-Schleifhülsen.

Es geht auch ohne ...

Wenn Sie keine Standbohrmaschine haben, empfehle ich Ihnen, einen Ständer zu kaufen, mit dem Sie aus Ihrer Handbohrmaschine eine Tischbohrmaschine machen können. Für die meisten Handbohrmaschinen-Fabrikate sind solche Vorrichtungen auf dem Markt. Sie eignen sich für die meisten Arbeiten in diesem Buch, mit Ausnahme besonders langer Bohrungen, z. B. beim Tyrannosaurus (Seite 160), beim Wolf (Seite 120) oder beim Walross (Seite 98).

Mit Geduld und Sorgfalt können Sie jedoch die meisten Projekte in diesem Buch auch ohne einen solchen Ständer und ohne Standbohrmaschine bauen. Allerdings werden Sie es schwerer haben, die notwendige Genauigkeit zu erzielen, und eine Menge aufwändige Arbeit investieren müssen, bevor die Spielsachen richtig funktionieren.

Mit dem Kantenschleifer arbeiten

Zum Schleifen von Kanten dient ein tragbarer Bandschleifer mit einem besonders schmalen Schleifband (2,5 cm), der in Deutschland hauptsächlich als Zusatz zur Bandsäge angeboten wird. Vor Arbeitsbeginn achten Sie darauf, dass Schleiftisch und Schleifband im rechten Winkel zueinander stehen. Sie erhalten dadurch ein viel besseres Ergebnis, vor allem, wenn Sie dickere Bretter schleifen.

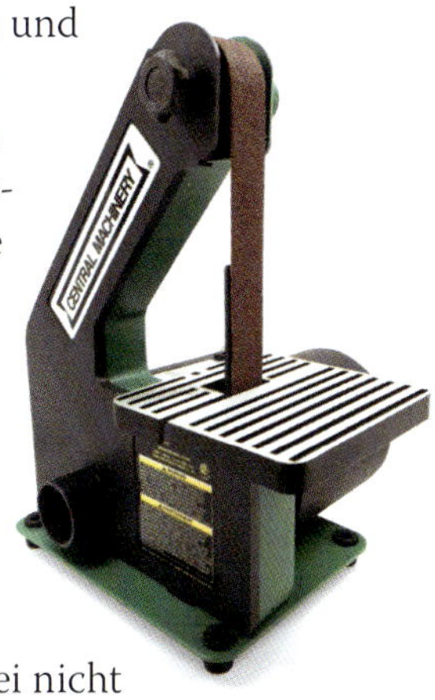

Versuchen Sie, einen gleichmäßigen, fließenden Kantenverlauf zu erzielen. Führen Sie das Werkstück in einer langen, schwungvollen Bewegung, drücken Sie es leicht gegen das Schleifband und hören Sie dabei nicht auf, es zu bewegen, sonst entstehen abgeflachte Stellen.

Wie bei jedem motorbetriebenen Gerät ist auch beim Bandschleifer besondere Vorsicht geboten. Die Gefahr, dass Sie mit den Fingern zwischen Schleifband und Schleiftisch hängenbleiben, können Sie minimieren, indem Sie den Abstand zwischen Tisch und Schleifband auf höchstens 3 mm reduzieren. Tragen Sie auch hier bei der Arbeit keinen Schmuck und keine lose Kleidung. Tragen Sie eine Schutzbrille und eine Staubmaske. Der Abstand zwischen Ihren Fingern und dem Schleifband darf nie weniger als 2,5 cm betragen.

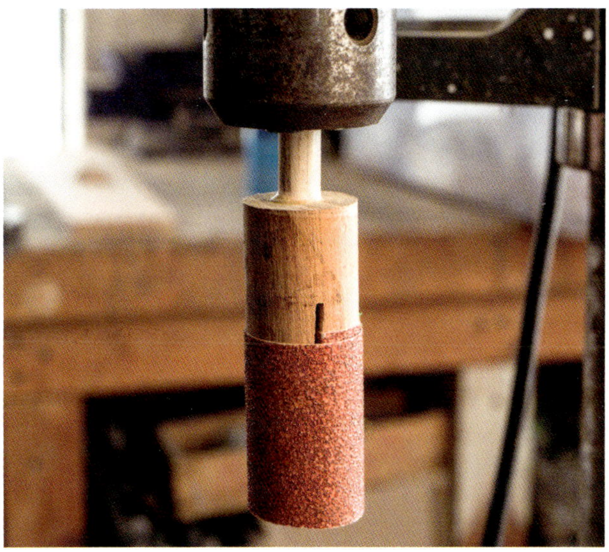

Abb. 3.11 Eine Schleifwalze können Sie kaufen oder selbst machen. Schneiden Sie mit der Bandsäge einen Schlitz in das Ende mehrerer verschieden starker Holzdübel. Schieben Sie jeweils einen Streifen Schleifpapier in den Schlitz und wickeln Sie ihn gegen den Uhrzeigersinn um den Dübel. So trägt die Drehrichtung dazu bei, dass das Schleifpapier in Position bleibt. Kleben Sie es mit Klebeband fest.

Innenrundungen schleifen

Nehmen Sie die Führung hinter dem Schleifband beim Schleifen von Innenrundungen ab, wenn dies bei Ihrem Gerät möglich ist. Bei meinem Gerät kann die Führung nicht abgenommen werden. Ich habe daher eine 2,5-cm-Dübelstange der Länge nach halbiert und an der Führung festgeschraubt. Die Führung habe ich so zurechtgebogen, dass die Oberfläche des Dübels sich direkt hinter dem Schleifband befindet (Abb. 3.12). Nun kann ich enge Rundungen bis hinunter zu einem Durchmesser von 2,5 cm schleifen.

Wenn Sie an Ihrem Bandschleifer keine Veränderungen vornehmen wollen, gibt es eine bequeme, preisgünstige Alternative: Schleifwalzen, die sich an Ihrer Bohrmaschine (Standbohrmaschine oder Handgerät) montieren lassen, sind sowohl einzeln als auch im Set erhältlich. Falls Sie ein Multifunktionswerkzeug besitzen, gibt es auch dafür passendes Schleifzubehör zum Glätten von Innenrundungen.

Schleifband reinigen

Falls Sie noch nie einen Schleifbandreiniger ausprobiert haben, tun Sie es jetzt. Der Reiniger besteht aus Neoprengummi. Drücken Sie ihn 3–4 Sekunden lang fest gegen das Schleifband, bis es seine ursprüngliche Farbe wieder annimmt. Der Reiniger schluckt die Staubpartikel und reinigt das Schleifband porentief, sodass es keine Brandspuren mehr am Holz hinterlässt und seine Lebensdauer bis zum Fünffachen verlängert wird. Am besten reinigen Sie Ihre Schleifbänder, sobald sie 2–3 Minuten in Gebrauch waren.

Es geht auch ohne …

Ganz ohne Motorschleifgerät auszukommen, ist gar nicht so leicht! Es gibt viele verschiedene Geräte in einer großen preislichen Bandbreite auf dem Markt. Wenn Sie eine größere Anzahl von Spielsachen bauen wollen, sollten Sie sich eines davon zulegen.

Ohne Motorschleifgerät müssen Sie eine Menge Schleifarbeit von Hand erledigen. Glätten Sie rauhe Kanten zunächst mit einer vierfachen Kombi-Raspelfeile und einer Rundfeile, dann mit Schleifpapier der Körnung 80 und abschließend mit Schleifpapier der Körnung 120.

Stationärer Bandschleifer

Auch ein stationärer Bandschleifer ist fast unverzichtbar, wenn man Spielzeug bauen will. Sie werden verschiedene Körnungen brauchen und daher das Schleifband oft wechseln müssen. Ein Gerät mit einem komplizierten Gehäuse, bei dem auch das Wechseln kompliziert ist, sollten Sie daher nicht wählen.

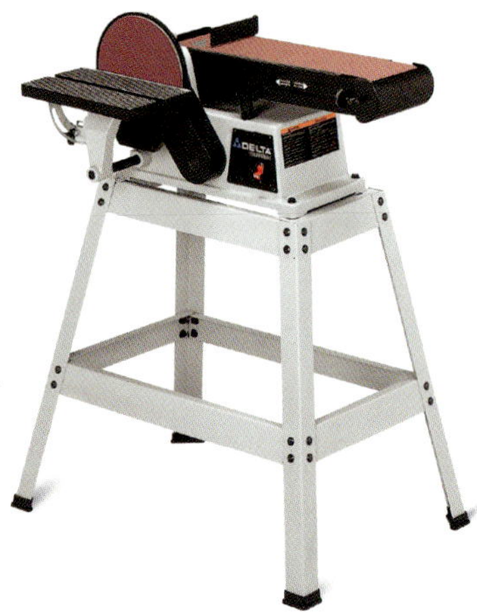

Dieses Gerät erzeugt ziemlich viel Lärm und Staub. Außer Schutzbrille (bei motorbetriebenen Geräten ein Muss!) und Staubmaske trage ich hier auch einen Gehörschutz.

An der Stelle, wo das Schleifband unter das Gehäuse bzw. den Anschlag geführt wird, besteht meist Einklemmgefahr. Noch größer ist jedoch die Gefahr, dass Ihre Finger über die Kante des Werkstücks hinausstehen. Das Gerät kann Ihre Hand nicht vom Holz unterscheiden! Also Vorsicht!

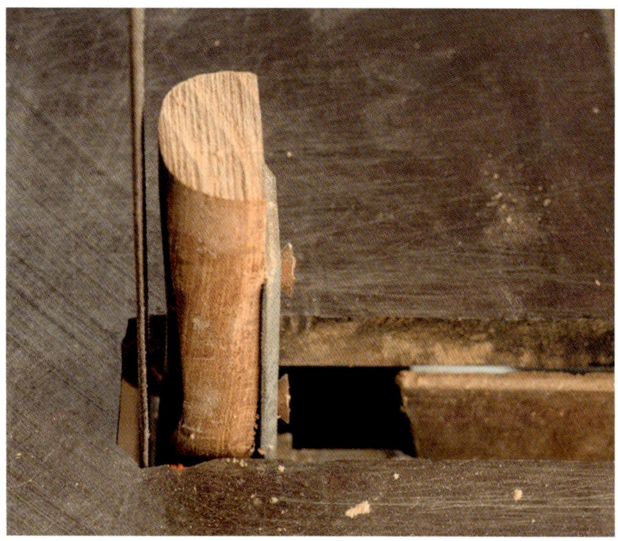

Abb. 3.12 Wenn Sie eine 2,5-mm-Dübelstange der Länge nach halbieren und an der Führung des Kantenschleifers festschrauben, können Sie damit Innenrundungen schleifen.

Schleiftechniken

Meist werden Sie mit einem Schleifband der Körnung 80 zu schleifen beginnen. Es erzeugt eine ebene Oberfläche und entfernt Fräs- und Sägespuren sowie die Abdrücke, die die C-Klemmen beim Zusammenleimen des Rohlings hinterlassen haben.

Halten Sie das Werkstück gut fest, wenn Sie es an das Schleifband halten. Achten Sie darauf, dass es flach auf dem Schleifband aufliegt und die Berührungsfläche möglichst groß ist. Überprüfen Sie den Arbeitsfortschritt immer wieder und gehen Sie sicher, dass Sie die Oberfläche auch gleichmäßig abschleifen. Wenn ein Bereich weniger stark abgeschliffen wird, drücken Sie ihn stärker gegen das Band. Dabei muss aber immer die gesamte Oberfläche geschliffen werden. Wenn Sie nur die zuvor „vernachlässigten" Bereiche schleifen, wird die Oberfläche uneben und der Teil wird beim Zusammenbau Probleme machen.

Je öfter Sie den Arbeitsfortschritt überprüfen, umso näher kommen Sie dem Ziel, eine ebene, gleichmäßige Oberfläche zu erzeugen! Wenn ein ungleichmäßig geschliffener Teil an einer Seite dicker ist, leidet nicht nur der optische Eindruck, es kann auch der Mechanismus dadurch beeinträchtigt werden.

Die Faserrichtung soll immer der Laufrichtung des Schleifbandes entsprechen. Überprüfen Sie bei jedem Teil die Faserrichtung, bevor Sie zu schleifen beginnen. Bei manchen Teilen verläuft die Faserrichtung schräg. Lassen Sie sich also nicht dazu verleiten, alle Teile automatisch „der Länge nach" an das Schleifband anzuhalten.

Bewegen Sie das Werkstück an der gesamten Breite des Schleifbandes hin und her. Dadurch wird das Schleifband gleichmäßig abgenutzt und verklebt sich nicht so schnell mit Staubpartikeln. Außerdem wird der Schleifvorgang beschleunigt, da das Holz immer mit den saubersten Teilen des Schleifbandes in Kontakt kommt, die auch am besten schleifen.

Apropos Verkleben: Nach dem Schleifen denken Sie an die Reinigung des Schleifbandes. Ein Reiniger aus Neoprengummi (siehe Seite 34) eignet sich für alle Arten von Schleifgeräten.

Zum Abschluss schleifen Sie mit einem Schleifband der Körnung 120. Der Materialabtrag ist geringer als bei der Körnung 80, es wird nur die Oberfläche poliert und die Kratzspuren vom gröberen Schleifband werden entfernt. Gehen Sie nicht zu früh von der Körnung 80 zur Körnung 120 über. Sie können jedoch nach Wunsch nach der Körnung 120 noch mit der Körnung 150 oder sogar mit der Körnung 180 schleifen.

Es geht auch ohne ...

Was tun, wenn Sie keinen stationären Bandschleifer haben? Von mehreren Herstellern gibt es Ständer, mit denen Sie einen tragbaren zu einem stationären Bandschleifer machen können. Ein tragbarer Bandschleifer lässt sich – mit aller gebotenen Vorsicht! – auch „kopfunter" mit einer Schraubzwinge fixieren.

Sie können aber auch ausschließlich von Hand schleifen. Nehmen Sie dazu einen Schleifblock mit einem weichen Überzug aus Filz oder Gummi (gekauft oder selbst hergestellt) und umwickeln Sie ihn mit Schleifpapier. Der Überzug sorgt dafür, dass das Schleifpapier die ganze Oberfläche bedeckt.

Fixieren Sie den Schleifblock in einer Schraubzwinge und bewegen Sie das Werkstück darauf hin und her. (Auf diese Weise können Sie auch Ihre Armmuskulatur aufbauen!)

Mit der Oberfräse arbeiten

Hier ist doppelte Vorsicht geboten: Von allen Geräten, die ich zum Spielzeugbau verwende, ist die Oberfräse eindeutig das gefährlichste! Tragen Sie Schutzbrille und Ohrenschutz und halten Sie mit den Händen einen größtmöglichen Abstand zum rotierenden Fräser!

Beim Bau von Spielsachen müssen viele Teile hergestellt werden und manche davon sind so klein, dass die Bearbeitung mit der Oberfräse – mit der meist Kanten abgerundet werden – nicht gefahrlos möglich ist. Manchmal lässt sich ein kleiner Teil auf einer Dübelstange oder in einer Klemme fixieren und dann

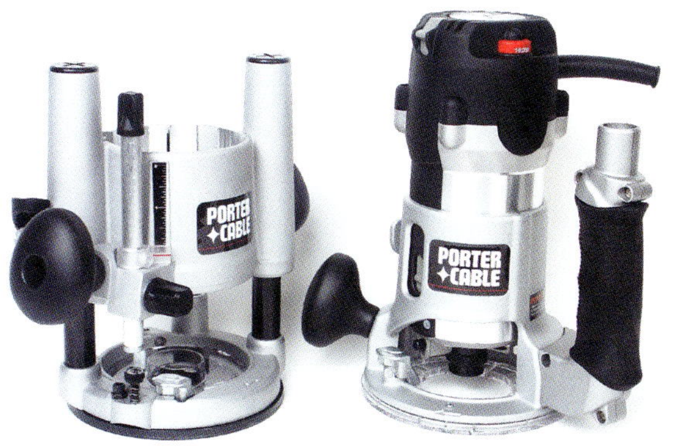

mit der Fräse bearbeiten. Aber wenn kein fester, sicherer Halt gegeben ist, machen Sie die Arbeit lieber von Hand! Meine Daumenregel: Wenn sich mein Finger zu irgendeinem Zeitpunkt während des Fräsvorgangs in weniger als 8 cm Abstand vom Fräser befindet, dann ist mir die Bearbeitung mit der Oberfräse zu gefährlich. Meiner Erfahrung nach lassen sich die Kanten kleiner Teile oft schneller mit einer vierfachen Kombi-Raspelfeile oder mit Schleifpapier formen.

Ob Sie einen Teil mit der Fräse oder von Hand in die richtige Form bringen, bleibt letztendlich Ihrem Urteilsvermögen, Ihrem gesunden Menschenverstand überlassen! **Wichtig:** Im Zweifel, also wenn Sie nicht absolut sicher sind, eine Fräsarbeit gefahrlos durchführen zu können, **lassen Sie es sein!**

Fräser

Alle scharfen Kanten an den Spielsachen sollten gebrochen (abgerundet oder abgefast) werden, damit sich das Kind nicht verletzt. Dazu kommen mehrere Fräser in Frage. Manche Spielzeugbauer nehmen am liebsten einen Fasenfräser. Ich verwende immer einen Viertelstabfräser, vor allem aus optischen Gründen.

Ich empfehle Ihnen, Karbid-Fräser zu kaufen. Erstens bleiben sie länger scharf als Stahl-Fräser (HSS-Fräser). Sie sparen Kosten fürs Nachschleifen und verhindern, dass die Fräse Brandspuren am Holz hinterlässt. Außerdem sind Karbidfräser mit einem kugelgelagerten Anlaufring erhältlich, der sich langsam an der Kante entlangbewegt, während der Fräser sich viel schneller dreht. Auch dadurch werden Brandspuren vermieden. Bei HSS-Fräsern entsteht zwangsläufig eine Brandspur entlang der Kante des Werkstücks, auch wenn Sie noch so sorgfältig arbeiten.

Frästisch

Für die Herstellung von Spielzeug sollten Sie die Oberfräse als Tischfräse verwenden, wobei der Fräser nach oben zeigt. Sie müssen sich dazu einen eigenen Tisch als Zubehör kaufen oder selbst herstellen, der etwa 45 cm im Quadrat misst. Für die Arbeitsfläche eines selbst gebauten Tisches nehmen Sie ein hartes, glattes Material (z. B. Resopal). Wachsen Sie die Tischplatte öfter ein, damit das Holz leicht darübergleiten kann.

Um die Fräse am Tisch zu befestigen, nehmen Sie zuerst den Fräskorb von dem Gerät ab – dazu müssen Sie meist nur ein paar Schrauben lösen. Diese Schrauben können Sie dann verwenden, um das Gerät von unten an der Tischplatte zu befestigen, sodass der Fräser durch ein Loch in der Tischplatte nach oben zeigt. Bei einem selbst gebauten Tisch müssen Sie diesen Bereich an der Unterseite der Tischplatte in der Größe des Fräskorbs ausfräsen und auf die passende Dicke reduzieren. Markieren und bohren Sie Löcher für die Schrauben und befestigen Sie das Gerät.

Frästechniken: Vorsicht! Der Fräser dreht sich im Uhrzeigersinn. Bewegen Sie das Werkstück immer von links nach rechts, also entgegen der Drehrichtung, auf den Fräser zu. Wenn Sie das Werkstück in die andere Richtung bewegen, wird es durch den Fräser vorwärtsgestoßen, ja es könnte Ihnen sogar aus der Hand geschleudert werden.

Beginnen Sie nie an einer Außenrundung oder -ecke zu fräsen, sonst beschädigt der Fräser das Werkstück oder schleudert es Ihnen aus der Hand. Beginnen Sie nach Möglichkeit an einer geraden oder ganz leicht gebogenen Kante, die in Faserrichtung verläuft. Auch am Hirnholz sollten Sie nicht zu fräsen beginnen. Es ist viel schwerer zu bearbeiten als Längsholz, der Fräser könnte sich daran verhaken.

Achten Sie auf einen gleichmäßigen Vorschub. Bewegen Sie das Holz unbedingt weiter, während Sie es an den Fräser halten. Wenn sich der Fräser auch nur einen Sekundenbruchteil am Holz „durchdreht", entsteht eine Brandspur. Besonders bei engen Rundungen neigt man zum Verlangsamen, wenn die Vorschubrichtung wechselt. Es ist besser, mehrere überlappende Bewegungen bei gleichbleibender Geschwindigkeit zu machen, als beim Wendepunkt zu verlangsamen und dabei das Holz zu verbrennen.

Die Einhaltung einer gleichmäßigen Vorschubgeschwindigkeit ist eine Fertigkeit, die man erst durch Übung erwirbt. Wenn Sie noch nicht oft mit der Oberfräse gearbeitet haben, reduzieren Sie die Gefahr, dass Ihr Werkstück verdorben wird, indem Sie die Kante in zwei Arbeitsgängen fräsen. Stellen Sie den Fräser auf die Hälfte der erforderlichen Höhe ein, sodass er nur die Hälfte des zu entfernenden Holzes wegnimmt. Wenn dieser Arbeitsgang abgeschlossen ist, stellen Sie den Fräser auf die volle Höhe ein und machen Sie den zweiten Arbeitsgang.

Vorsicht! Zum Bearbeiten der Teile von Spielsachen ist eine große Formfräsmaschine nicht geeignet! Bei solchen Maschinen haben die meisten Fräser einen

Schaft mit 1,3 cm Durchmesser und die Fräsköpfe sind zu groß, um feine Arbeiten gefahrlos durchführen zu können. Bei den bisher beschriebenen Fräsen ist der Schaft der Fräser hingegen nur 6 mm stark und die Fräsköpfe sind kleiner.

Es geht auch ohne …

Mit der Oberfräse geht die Arbeit flott dahin. Sie können die Kanten der Spielsachen aber auch ohne Fräse mit einer vierfachen Kombi-Raspelfeile oder einer Rundfeile brechen und von Hand mit Schleifpapier glatt schleifen.

Tischkreissäge und Abrichthobelmaschine

Diese beiden Geräte gehören zur Grundausrüstung für alle, die mit Holz arbeiten wollen. Unter anderem braucht man sie, um aus größeren, unebenen Brettern kleine, gleichmäßige Bretter mit rechten Winkeln herzustellen.

Hier und da wird eine Quernut zu sägen sein, ansonsten bedürfen die Arbeiten, die beim Spielzeugbau anfallen, keiner besonderen Erklärung. Umso wichtiger scheint mir, an einige **Sicherheitsmaßregeln** zu erinnern.

Beim Spielzeugbau haben Sie es immer wieder mit kleinen Teilen zu tun. Früher oder später werden Sie versucht sein, kleine Bretter oder Leisten mit der Tischkreissäge oder der Abrichthobelmaschine herzustellen oder zu bearbeiten. Lassen Sie es sein! Nehmen Sie die Bandsäge oder eine Handsäge zum Zuschneiden und Schleifpapier oder ein Schleifgerät zum Begradigen. Wenn Sie unbedingt kleine Teile mit der Tischkreissäge sägen müssen, verwenden Sie eine Andruckvorrichtung und einen Schiebestock zum Vorschieben. Wenn ein Teil so klein ist, dass er in den Spalt zwischen dem Sägeblatt und dem Einsatz gezogen werden kann, dürfen Sie ihn mit diesem Gerät nicht zuschneiden!

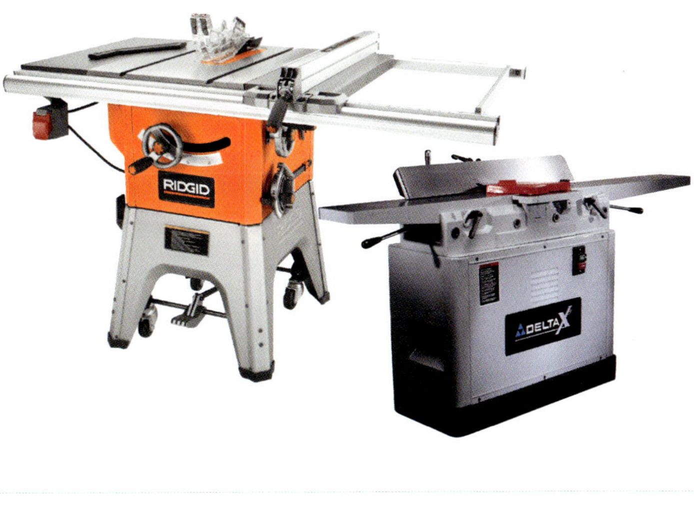

Mit der Abrichthobelmaschine lassen sich kleine Teile auch mit einer Schiebevorrichtung nicht gefahrlos bearbeiten! Meine Daumenregel: Wenn das Werkstück weniger als 30,5 cm lang, weniger als 2,5 cm breit oder weniger als 6 mm dick ist, glätte und begradige ich es mit einem Schleifgerät oder von Hand. Bedenken Sie: Wenn Sie abrutschen, kann der rotierende Hobelkopf Ihre Hand in die Maschine hinunterziehen – kein angenehmer Gedanke!

Schutzvorrichtungen dürfen Sie nicht abnehmen, um sich die Arbeit zu erleichtern! Bei einer Tischkreissäge gibt es drei Arbeitsvorgänge, bei denen dies ausnahmsweise zulässig ist: beim Schneiden einer Quernut, einer Kerbe oder eines Falzes. Sonst gilt immer: Wenn Sie einen Arbeitsschritt nur durchführen können, wenn Sie die Schutzvorrichtung abnehmen, dann führen Sie ihn mit einem anderen Werkzeug durch.

Vorsicht ist besser als Nachsicht! Die Gefahr, die von motorbetriebenen Geräten ausgeht, ist nicht zu unterschätzen. Machen Sie sich einen sicheren Umgang mit diesen Geräten zur Gewohnheit, ohne die Sicherheitsmaßregeln als Einschränkung oder als Hindernis bei der Arbeit anzusehen. Im Gegenteil! Ein richtiger, sicherer Umgang mit sämtlichen Geräten erhöht die Arbeitsgeschwindigkeit und -genauigkeit, reduziert Angst- und Stressgefühle, stärkt das Selbstvertrauen und kann letztendlich dazu beitragen, dass Ihnen die Arbeit mehr Spaß macht.

Staubabsaugung verwenden

Da wir rotierende Messer und Fräswerkzeuge sehen und hören, vergessen wir nicht so leicht auf die Gefahren, die von ihnen ausgehen. Eine andere Gefahrenquelle ist nicht so augenscheinlich: der Sägestaub. Er ist nicht nur lästig, er kann auch die Haut, die Augen oder die Nasenschleimhäute und die Lunge reizen. Studien haben aufgezeigt, welche Krankheitsrisiken entstehen, wenn man längere Zeit dem Sägestaub ausgesetzt ist. Außerdem kann der Staub in die Lager und Führungen Ihrer Maschinen eindringen, wodurch die Schmierung austrocknet und die Maschinen beschädigt werden können. Wenn Sie sich intensiver mit der Herstellung von Spielzeug beschäftigen wollen, brauchen Sie unbedingt eine Staubabsaugung.

Jahre lang habe ich einen kleinen Werkstattstaubsauger verwendet und ihn mit ein paar einfachen Vorrichtungen zu einer Staubabsaugung für meine Schleifgeräte umgerüstet. Größere Feinstaubmengen sind jedoch für einen Werkstattstaubsauger eine Herausforderung. Der Staub verstopft die Filter, der Motor fängt an zu rasen und der Staubsauger hält der Belastung nicht lange stand.

Statt mich nur auf den Werkstattstaubsauger zu verlassen, habe ich auch eine kleine Staubabsaugungsanlage installiert. Es gibt viele solche Anlagen auf dem Markt, der Preis bewegt sich zwischen einigen Hundert und mehreren Tausend Euro. Auch für kleine Werkstätten werden passende Lösungen angeboten, bei denen die Trommel 100–200 Liter fasst.

Eine solche Anlage ist viel leistungsstärker als ein Staubsauger und saugt fast den gesamten Staub ab, den Ihre Schleifgeräte erzeugen. Mit etwas Geschick können Sie auch Ihre Bandsäge, Ihre Abrichthobelmaschine und sogar Ihre Oberfräse an die Anlage anschließen. Mithilfe von Masonitplatten und Heißkleber habe ich einige recht gute Staubkollektoren gebastelt.

Auch die beste Absaugungsanlage und die besten Kollektoren können nicht den ganzen Staub beseitigen. Als neueste Zusatzausrüstung für meine Werkstatt habe ich mir daher einen „Gesichtsschild" gekauft, der mein Gesicht rundherum abschließt, den Staub fernhält und mich ständig mit sauberer, gefilterter Luft versorgt. Das Produkt heißt AIR/PRO Face Shield und ist bei der Firma trend-usa.com erhältlich. Der große, erstaunlich leichte und bequeme Schild ermöglicht es mir, bei der Arbeit eine Lesebrille zu tragen (siehe Anhang, S. 189).

Leimen und Fixieren

Beim Spielzeugbau kommen vier verschiedene Leimarbeiten vor, die ich kurz beschreiben möchte.

Ebene Flächen zusammenleimen

Die Klebeflächen sollten völlig eben sein. Tiefe Hobel-, Fräs- und Sägespuren sollten vor dem Leimen entfernt werden. Schleifpapier der Körnung 80 genügt zum Glätten von Flächen, die nach dem Leimen nicht mehr sichtbar sind. Mit etwas Übung werden Sie bald ein Gefühl dafür entwickeln, wie viel Leim jeweils zu verwenden ist. Bei Bereichen wie der Oberkante des Nilpferd-Maules (Seite 44) macht es nichts, wenn Leim aus der Fuge gepresst wird. Sie werden diesen Bereich nachher abschleifen oder nochmals sägen, wobei der überschüssige Leim entfernt wird.

In manchen Bereichen, zum Beispiel an den Hinterbeinen des Hundes (Seite 138), ist der überschüssige Leim jedoch schwer zu entfernen. Tragen Sie eine dünne Leimschicht auf die Klebefläche des anzuleimenden Teils auf und verstreichen Sie dabei den Leim von den Rändern in die Mitte. Dadurch wird der ausgepresste Überschuss gering gehalten.

Setzen Sie die Klebeflächen sorgfältig aufeinander, damit Sie die Position nicht korrigieren müssen, wobei meist verschmierter Leim sichtbar wird. Drücken Sie die Teile fest zusammen, bevor Sie sie in der Klemme fixieren. Dadurch entsteht eine Saugwirkung und die Klebeflächen können beim Ansetzen der Klemme nicht so leicht verrutschen.

Ich verwende bei diesem Arbeitsschritt nur einhändig bedienbare Trigger-Klemmen. Der Druck, den sie erzeugen, ist nicht so stark wie bei C-Klemmen, er reicht aber völlig aus, um eine dichte Leimfuge mit starkem Halt zu erzeugen. Auf den Klemmflächen dieser Trigger-Klemmen befindet sich eine Auflage aus einem gummiartigen Material. Wenn Sie jedoch C-Klemmen verwenden und der geklemmte Bereich nachher nicht abgeschliffen wird und sichtbar bleibt, verwenden Sie dünne Klemmblöcke aus Holz oder Schutzkissen aus Gummi, damit die Klemme das Holz nicht beschädigt. Sie können auch eine passende Auflage aus dickem Leder direkt auf die Klemmflächen kleben, damit Sie die Schutzvorrichtung nicht jedes Mal neu in Position bringen müssen.

Während Sie die C-Klemme anziehen, bewegen Sie sie leicht vor und zurück, bis die Oberflächen dicht aneinanderliegen. So verhindern Sie, dass die Teile unter dem zunehmenden Druck verrutschen. Es empfiehlt sich auch, die Klemme schon richtig einzustellen, bevor Sie den Leim auftragen – sonst könnten sich die Teile wieder voneinander lösen, während Sie an der Klemme hantieren.

Warten Sie nach dem Fixieren der Teile 20–30 Minuten, bevor Sie überschüssigen oder verschmierten Leim vorsichtig mit einer Spachtel entfernen. Meistens lasse ich das Werkstück mindestens eine halbe Stunde in der Klemmvorrichtung und lasse es dann noch 2–3 Stunden ruhen, bevor ich es weiter bearbeite.

Dübelstangen festleimen

Wenn die Dübelstange durch das gesamte Werkstück geführt werden soll (wie beim Brontosaurus, dessen Hals mit einer Dübelstange am Körper befestigt ist – Seite 146), schneiden Sie sie etwas länger zu, sodass sie an beiden Seiten leicht vorsteht. Wenn der Leim ausgehärtet ist, können Sie die Dübelstange bündig mit der Holzoberfläche abschleifen.

Treiben Sie den Dübel in das dafür vorgesehene Loch, zuerst durch die Ihnen zugewandte Seite des Werkstücks und den zu befestigenden Teil. Wenn der Dübel in die Ihnen abgewandte Seite vorgedrungen ist, legen Sie Wachspapier unter das Werkstück und verteilen Sie den Leim mit einem langen, dünnen Auftragstab (z. B. einem hölzernen Zahnstocher) gleichmäßig auf der Innenseite der Dübelöffnung auf der Ihnen abgewandten Seite. Bringen Sie auch etwas Leim auf das hervorstehende Ende des Dübels auf der Ihnen zugewandten Seite auf – die Erfahrung hilft auch hier beim Dosieren. Legen Sie das Werkstück flach auf das Wachspapier und treiben Sie den Dübel hinein, bis er auf beiden Seiten aus dem Loch hervorsteht. Mit einem Hammer (Gewicht 450 oder 570 g) gelingt dies am besten, ohne das Ende des Dübels zu spalten oder zu zerklopfen. Wischen Sie auf beiden Seiten den ausgetretenen Leim ab. Dann lassen Sie den Leim aushärten und schleifen Sie die Enden erst dann mit dem stationären Bandschleifer bündig ab. Schleifen Sie nicht zu schnell, sonst entsteht am Hirnholz eine unschöne Brandspur!

Nehmen Sie nicht zu viel Leim, wenn Sie einen Dübel in ein so genanntes „Sackloch" kleben (z. B. um den Kopf und den Schwanz der Schildkröte zu befestigen – siehe Seite 126), sonst sitzt der Dübel nicht richtig und hält nicht gut. Wenn Sie am Dübel Längsrillen anbringen (etwa mit einer Zange), kann überschüssiger Leim aus dem Loch rinnen, wenn Sie den Dübel hineindrücken. Durch die vergrößerte Oberfläche des Dübels hält der Leim auch besser.

Kopfdübel festleimen

Dasselbe gilt, wenn Sie einen Kopfdübel in ein Sackloch kleben – mit einem wichtigen Unterschied: Beim Befestigen eines Teils mit einem Kopfdübel muss ein winziger Zwischenraum zwischen dem Dübelkopf und dem Spielzeug bleiben, sonst klemmt es. Mit ein bisschen Übung wird Ihnen diese Regel in Fleisch und Blut übergehen. Für den Anfang hilft jedoch ein Abstandsmesser (Abb. 3.13). Diese simple Vorrichtung garantiert jedes Mal ein perfektes Ergebnis.

Wie gesagt: Die Länge des Kopfdübels muss je nach Bedarf angepasst werden. Die Gesamtlänge des Kopfdübels (inklusive Kopf) errechnet sich wie folgt: Länge des Bohrloches plus Dicke des zu befestigenden Teiles plus Zwischenraum minus 0,4 bis 1 mm Platz für den Leim am Ende des Bohrloches.

Räder an den Achsen festleimen

Beim Ablängen der Achsen vergleichen Sie die Länge noch einmal mit dem vorgegebenen Maß. Sie errechnet sich aus der Dicke der Räder plus der Dicke des Teils, den die Achse durchläuft, plus den Zwischenräumen zwischen diesem Teil und den Rädern plus 2–3 mm, damit die Achsen nach dem Verleimen ein Stück aus den Radnaben hervorschauen. Die Achslänge ändert sich geringfügig, je nachdem, wie stark Sie die Teile vor dem Zusammenbau abschleifen.

Damit die Leimfuge zwischen Achse und Rad möglichst stark ist, drücken Sie mit einer Zange Rillen in die Enden der Achsen. Der zusätzliche Leim in den Rillen sorgt für einen stärkeren Halt.

Manche Spielzeugbauer empfehlen, den mittleren Bereich der Achse mit Paraffin einzulassen, um die Reibung zwischen dem Korpus und der Achse zu ver-

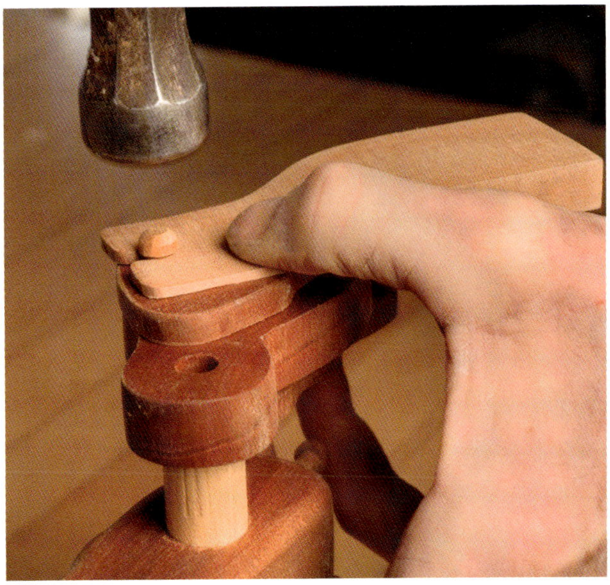

Abb. 3.13 Beim Zusammenfügen beweglicher Teile sorgt diese einfache Vorrichtung dafür, dass der Kopfdübel bis zur richtigen Tiefe in das Bohrloch getrieben wird.

ringern. Dies ist nicht notwendig, wenn Sie – so wie ich – robustes Holz mit dichter Maserung (z. B. Kirsche) verwenden. Bei weicheren, faserigen Holzarten trägt das Einlassen mit Paraffin allerdings dazu bei, dass sich die Räder frei drehen können und die Achse sich weniger abnützt. Passen Sie auf, dass kein Paraffin auf die Enden der Dübelstangen gerät, die mit den Rädern verleimt werden!

Wenn Sie die Räder an den Achsen festleimen, legen Sie zunächst eine Schicht Wachspapier auf die Werkbank und platzieren Sie alle Räder mit der Innenseite nach oben auf dem Papier. Verteilen Sie den Leim mit einem langen, dünnen Auftragstab (z. B. einem hölzernen Zahnstocher) gleichmäßig auf der Innenseite der Achslöcher (nicht bei mehr Rädern auf einmal, als Sie in 5 Minuten behandeln können, sonst beginnt der Leim zu trocknen und hält dann nicht richtig!)

Treiben Sie die Achse durch das Rad, bis sie an der Werkbank-Oberfläche anstößt. Drehen Sie diese Anordnung um und entfernen Sie sorgfältig den gesamten herausgedrückten Leim: Drehen Sie die Achse und drücken Sie zugleich Ihren Finger in Richtung eines gedachten Punktes direkt oberhalb des Achsmittelpunktes. Durch die spiralförmige Bewegung des Fingers wird der Leim vom Rad abgewischt, aber nicht außerhalb der Radnabe verschmiert. Führen Sie nun die Achse durch das Achsloch im Spielzeugrumpf und legen Sie die Anordnung mit dem geleimten Rad unten auf die Werkbank, sodass die Achse senkrecht nach oben zeigt. Stecken Sie das zweite geleimte Rad so auf die Achse, dass diese leicht aus der Nabe hervorschaut. Wischen Sie den Leim wie zuvor vom Rad ab. Dann wischen Sie den Leim vom Hammerkopf und von Ihrem Finger ab – ich nehme dazu einen Spannteppich-Rest, der immer auf meiner Werkbank bereitliegt. Lassen Sie den Leim aushärten und schleifen Sie die Achse mit dem Kantenschleifer bündig mit den Radnaben ab.

Bewegliche Teile leimen

Beim Leimen von Teilen, die mittels Kopfdübeln bewegt werden (z. B. der Kopf des Nilpferds, Seite 44), müssen Sie alle Bohrungen genau ausrichten, damit beim fertigen Spielzeug alle vorgesehenen Bewegungen einwandfrei funktionieren.

Dazu müssen Sie eine einfache Vorrichtung herstellen: Schneiden Sie ein Stück Restholz rechtwinklig auf 4,4 x 10,2 x 15,2 cm zu. Stellen Sie es hochkant und bohren Sie mit der Standbohrmaschine ein Loch (6 mm Durchmesser) in die Endfläche. Schneiden Sie ein 10,2 cm langes Stück von einer 6-mm-Dübelstange ab und runden Sie beide Enden ab. Schleifen Sie seinen Durchmesser auf einer Länge von 7,6 cm etwas dünner, bis es sich leicht in ein 7-mm-Bohrloch einführen und wieder herausnehmen lässt. Kleben Sie das nicht abgeschliffene Ende des Dübels in das Loch im Restholz. Nun schneiden Sie das Restholz wie abgebildet zurecht (Abb. 3.14).

Nun können Sie die Hilfsvorrichtung an Ihrer Werkbank festklemmen. (Bei manchen Werkstücken werden Sie ein weiteres Stück Restholz unterlegen müssen, um die Vorrichtung auf die richtige Höhe zu bringen.)

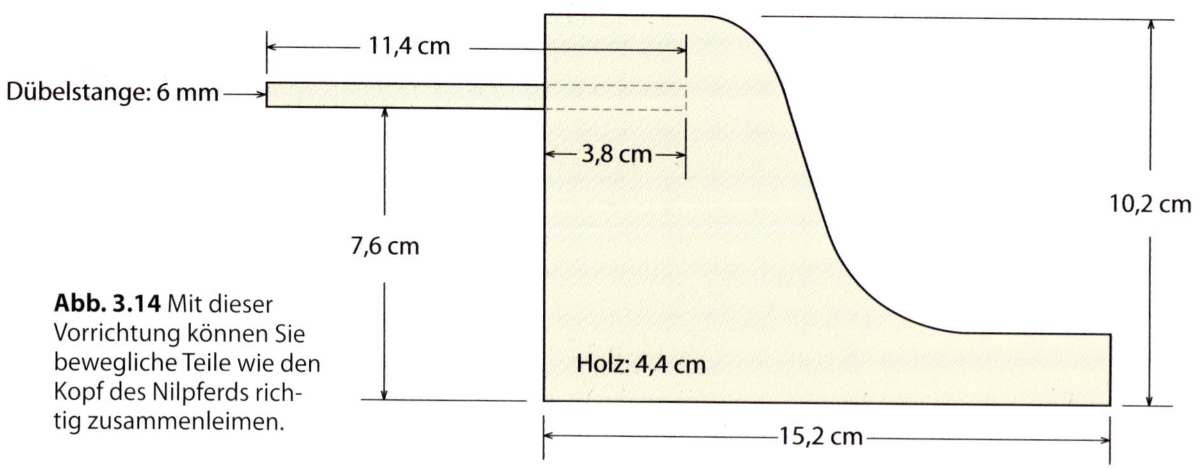

Abb. 3.14 Mit dieser Vorrichtung können Sie bewegliche Teile wie den Kopf des Nilpferds richtig zusammenleimen.

Vorlagen © David Wakefield

Stecken Sie die Teile, die Sie verbinden wollen (meist zwei Seitenteile mit einem Mittelteil dazwischen), auf die Dübelstange. Bringen Sie Leim auf die Innenflächen der Seitenteile auf und platzieren Sie den Mittelteil dazwischen. Führen Sie alle Teile dieser Anordnung vorsichtig zusammen, sodass ein Seitenteil gegen die Hilfsvorrichtung gedrückt wird (Abb. 3.15).

Drücken Sie die Teile fest zusammen, damit sie nicht verrutschen, wenn Sie die Klemmen anbringen. Fixieren Sie die Anordnung am zugänglichen Ende mit einer Klemme. Nun können Sie sie von der Hilfsvorrichtung herunternehmen und noch ein bis zwei Klemmen anbringen, ohne dass dabei etwas verrutscht (Abb. 3.16).

Schleifen von Hand

Wenn Sie ein Spielzeug von Hand schleifen, haben Sie die Kanten und Flächen meist bereits maschinell mit Schleifpapier der Körnung 120 behandelt. Sie müssen nur noch einige scharfe Ecken und Fräskanten abrunden. Bei solchen Arbeiten lege ich das Werkstück auf einen Spannteppich-Rest und schütze so die schon geschliffenen Oberflächen vor Beschädigungen. Nun kann ich beim Schleifen so viel Druck wie nötig ausüben.

Vorsicht: Schleifen Sie nur mehr jene Stellen, die es nötig haben! Mit Schleifpapier der Körnung 80 können Sie auf einer schon feingeschliffenen Oberfläche leicht Kratzer hinterlassen, die nach der Oberflächenbehandlung stark auffallen.

Damit das lästige Abschleifen der Fräskanten schneller geht, halte ich das Papier zwischen Daumen und Handfläche und übe mit allen vier Fingern Druck aus. So kommt möglichst viel Schleifpapieroberfläche zum Einsatz und jede Schleifbewegung bringt die größtmögliche Wirkung.

Oberflächenbehandlung (Finish)

Wie schon gesagt, nehme ich am liebsten lebensmittelechtes Weißöl (Crystal Plus 70 FG – siehe Seite 23, Bezugsquelle siehe Anhang, S. 189). Auf Spielsachen, die mit diesem ungiftigen Produkt behandelt sind, können Babys und Kleinkinder sogar herumkauen. Außerdem ist das Öl benutzerfreundlich und problemlos in der Anwendung. Mit der Zeit dringt es tiefer in das Holz ein. Wenn Sie finden, dass das Spielzeug einen neuen Ölüberzug nötig hat, lässt sich dieser ebenfalls ohne Probleme auftragen.

Öl mit dem Pinsel auftragen

Wenn Sie nur ein Spielzeug auf einmal mit Öl überziehen, geht es am einfachsten, wenn Sie es mit dem Pinsel auftragen. Damit erreichen Sie auch schwer zugängliche Stellen. Lassen Sie das Öl etwa zwei Stunden einwirken und tragen Sie dann einen zweiten und eventuell einen dritten Überzug auf. Wischen Sie das Werkstück mit einem Lappen rasch ab, um das verbliebene, nicht ins Holz eingedrungene Öl zu entfernen.

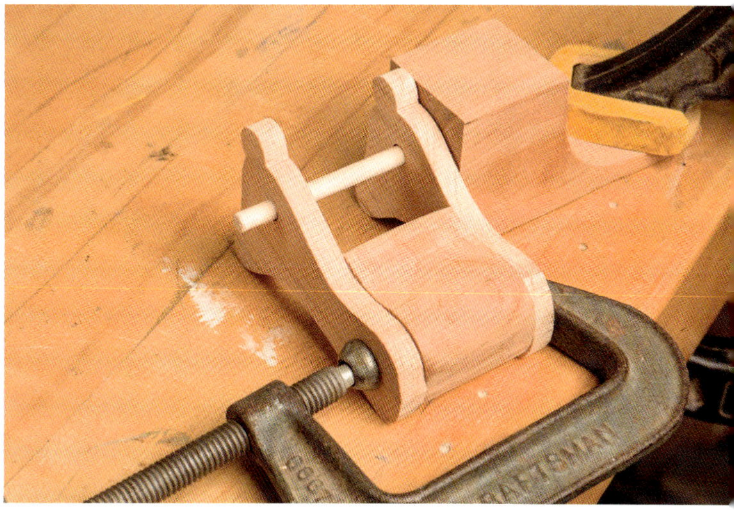

Abb. 3.15 Zum Ausrichten beider Seiten der Anordnung pressen Sie die drei Teile fest aneinander. Achten Sie darauf, dass die eine Seite fest gegen die Hilfsvorrichtung gedrückt wird und dass die Anordnung sich frei entlang der 6-mm-Dübelstange bewegen lässt.

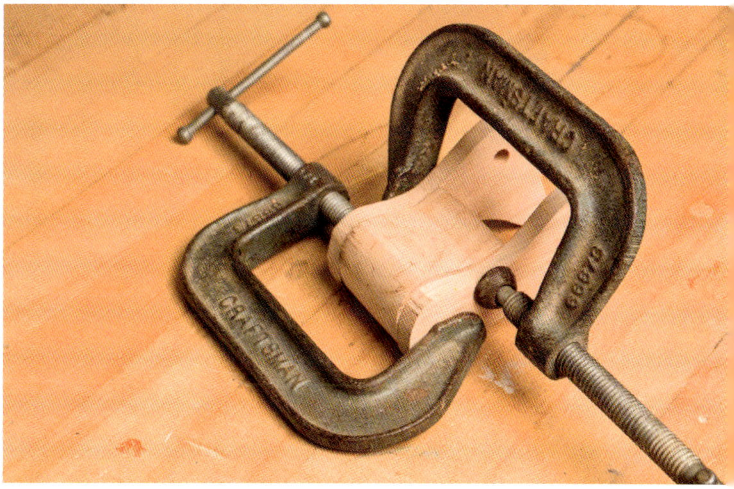

Abb. 3.16 Die Teile dürfen nicht verrutschen, wenn Sie die Klemme anziehen. Nehmen Sie die Anordnung von der Hilfsvorrichtung herunter und bringen Sie noch ein bis zwei Klemmen an.

Ins Öl eintauchen

Um mehrere Spielsachen auf einmal zu behandeln, ist das Tauchverfahren zu empfehlen. Sie brauchen dazu jedenfalls einen 20-l-Behälter Crystal Plus 70 FG. Öffnen Sie den Schraubverschluss und gießen Sie so viel Öl in einen Plastikkübel, dass die Spielsachen bedeckt sind. Nach der Arbeit gießen Sie das übriggebliebene Öl mit einem Trichter in den Behälter zurück. Ich habe mir eine einfache Rinne gebaut, in die ich die eingetauchten Spielsachen zum Abtropfen stelle; das überschüssige Öl läuft in den Kübel zurück (Abb. 3.17).

Ich stelle so viele Spielsachen in den Kübel, wie darin Platz haben. Damit sie eingetaucht bleiben, lege ich eine runde Sperrholzplatte darauf, in die ich eine größere Zahl von Löchern (1 cm Durchmesser) gebohrt habe. Nun lasse ich sie etwa 2 Stunden im Kübel stehen.

Dann ziehe ich Haushaltshandschuhe an, fische ein Spielzeug nach dem anderen heraus und stelle es in die Rinne. Das erste stelle ich an das Ende der Rinne, das dem Kübel zugewandt ist. Dann hole ich das nächste Spielzeug heraus, schiebe das erste in der Rinne etwas weiter, sodass das zweite Platz hat, und fahre so fort. Wenn ein Spielzeug den letzten Platz in der Rinne erreicht, ist das meiste Öl bereits Richtung Kübel abgelaufen. Wenn die Rinne vollgestellt ist, lasse ich die Werkstücke etwa eine Stunde darin stehen. Nach einer halben Stunde drehe ich sie um – wenn also ein Spielzeug bisher auf den Rädern gestanden ist, zeigen die Räder während der nächsten halben Stunde nach oben. Dann stelle ich alle Spielsachen auf eine saubere Oberfläche (z. B. Karton) und lasse das restliche Öl einziehen.

Wenn fast das ganze Öl eingezogen ist, wische ich den Überschuss mit einem Lappen ab (Abreiben ist nicht nötig – Abwischen der nassen Bereiche genügt). Baumwollstoff, etwa von einem alten T-Shirt, eignet sich dazu am besten – er ist saugfähig und fusselt nicht. Stoffe aus Kunstfasern sind nicht geeignet!

Bemalen

Meiner Meinung nach ist ein farbloses Finish, das die natürliche Holzfarbe und die Maserung zur Geltung bringt, für die meisten meiner Holzspielsachen das Richtige. Manche sehen jedoch mit einer Bemalung viel besser aus. Zum Beispiel beim Dimetrodon liegt es nahe, das Rückensegel und die Seitenteile in zwei kontrastierenden Farben zu bemalen, vor allem, wenn Sie für alle Teile preisgünstiges Holz nehmen. Farben oder einen Lacküberzug müssen Sie auf jeden Fall vor dem Zusammenbau auftragen.

Ziehschnüre und Ziehkugeln

Ziehkugel mit 2,5 cm Ø

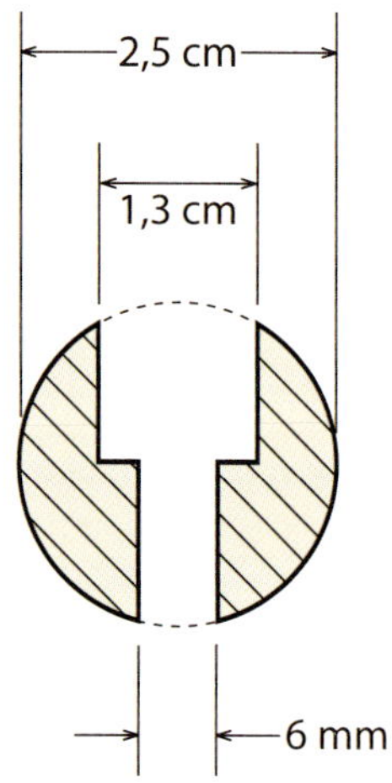

Vorlagen © David Wakefield

Bevor Sie das Spielzeug mit einer Acrylschnur versehen, schmelzen Sie die Enden der Schnur mit einem Zündholz oder Feuerzeug an. Damit verhindern Sie, dass sich die Schnur aufräufelt: das so behandelte Ende lässt sich auch leichter durch das Loch ziehen. Halten Sie das Ende der Schnur so nahe an die Flamme, dass es runzlig wird, aber nicht so nahe, dass es Feuer fängt (wenn das doch passiert, blasen Sie die Flamme einfach aus). Sobald das Ende abgekühlt, aber noch weich und formbar ist, drehen Sie es mit den Fingern ein, sodass es leicht spitz zuläuft. Vorsicht: Wenn das geschmolzene Material noch sehr heiß ist, kann es an den Fingern klebenbleiben und Sie können sich verbrennen! Sicherheitshalber können Sie Baumwollhandschuhe tragen.

Wenn die Schnur durch ein langes Bohrloch gezogen werden muss, drehen Sie sie dabei. Dadurch versteift sie sich und lässt sich leichter einführen. Wenn das nicht gelingt, nehmen Sie einen Nagel zu Hilfe oder drücken Sie das geschmolzene Ende der Schnur mit einer Ahle durch das Bohrloch.

Nun verknoten Sie das Ende der Schnur, sodass sie nicht mehr herausrutschen kann. Der Knoten wird durch eine Senkbohrung kaschiert. Das ist ein 3 mm bis 1 cm tiefes Bohrloch mit etwas größerem Durchmesser, das Sie schon anbringen müssen, bevor Sie das Loch zum Durchziehen der Schnur bohren. Für eine 6-mm-Schnur hat die Senkbohrung einen Durchmesser von 1,3 cm; in ihrer Mitte befindet sich das 6-mm-Bohrloch für die Schnur, das durch den Korpus geht. Wenn Sie die Schnur durch das 6-mm-Bohrloch geführt haben, ziehen Sie den Knoten in die Senkbohrung zurück.

Das andere Ende der Schnur führen Sie ebenso durch eine Ziehkugel. Ziehkugeln, die schon mit einer 1,3-cm-Senkbohrung versehen sind, bekommen Sie bei craftparts.com (siehe Anhang).

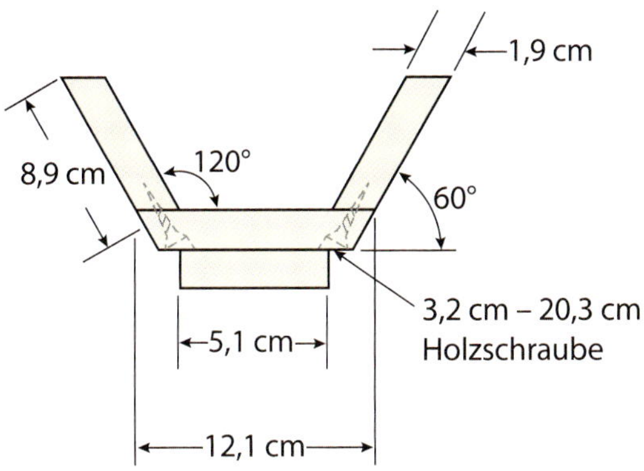

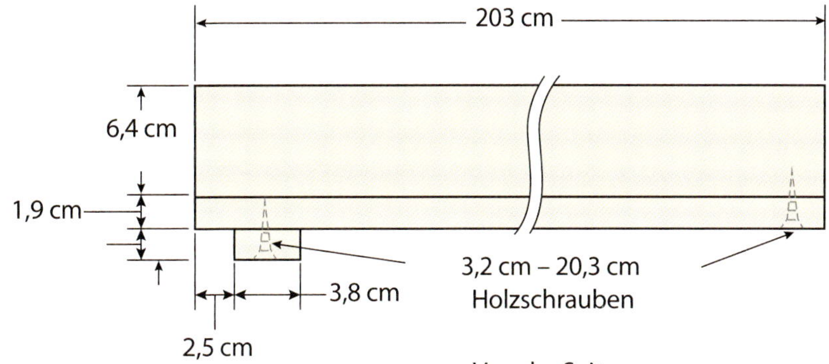

Von der Seite

Von vorne

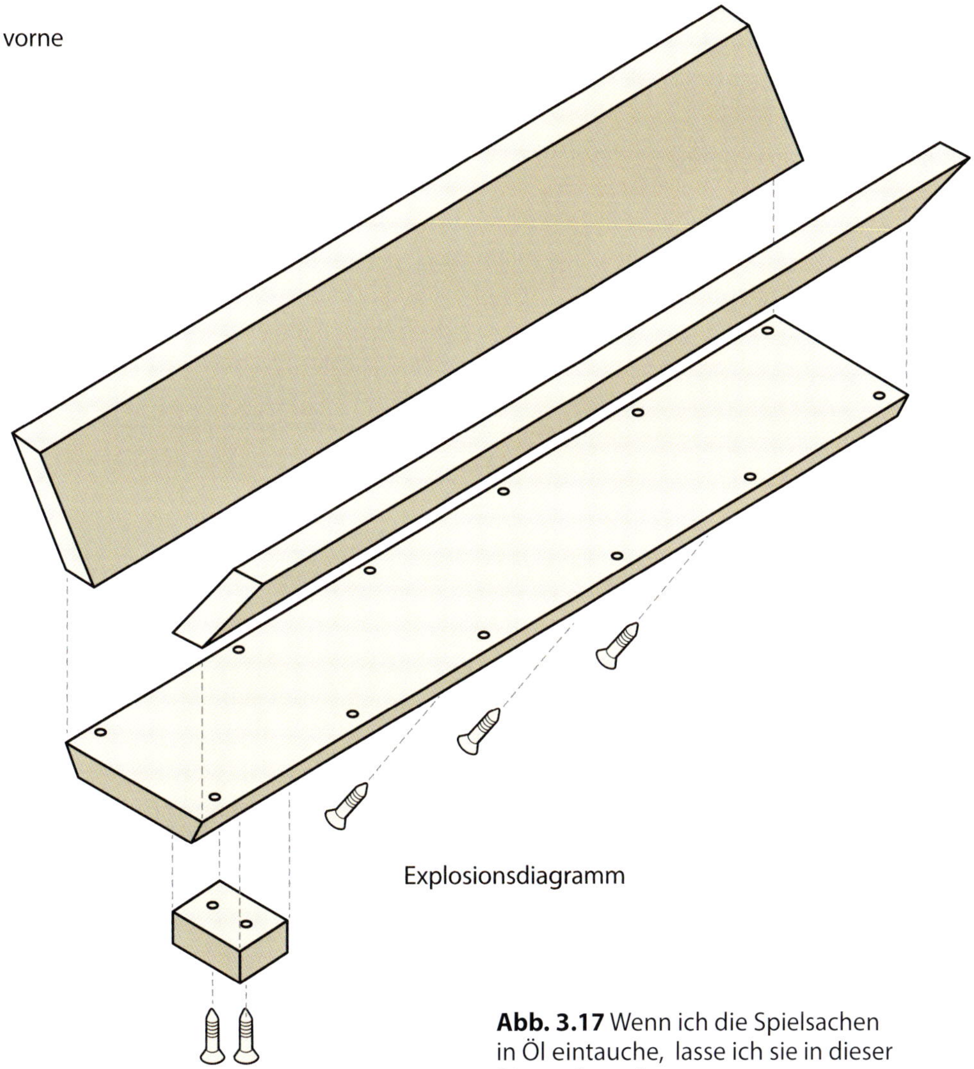

Explosionsdiagramm

Abb. 3.17 Wenn ich die Spielsachen in Öl eintauche, lasse ich sie in dieser Rinne abtropfen.

4 Norbi, das Nilpferd

Wenn das Nilpferd angeschoben wird, geht sein Maul mit einem freundlichen „Mampf"-Geräusch auf und zu. Zwei Dübel (1 cm Durchmesser), die auf der Innenseite der Vorderräder vorstehen, machen es möglich. Durch die Drehung der Räder werden die Dübel abwechselnd gegen das hintere Ende des Kiefers geschoben. Die Augendübel wirken als Drehachse für einen Hebelmechanismus: Wenn der Kiefer mit der Hinterseite nach unten gedrückt wird, hebt er sich vorne an. Die Räder drehen sich weiter, der Kiefer wird nicht mehr von den Dübeln gestützt und fällt mit einem lauten „Mampf" hinunter.

Körper

Die Holzart für den Nilpferdkörper können Sie frei wählen. Übertragen Sie die Vorlage für den Körper auf einen geeigneten, 3,8 cm starken Rohling. Bohren Sie die Löcher für die Achsen und die Kopfdübel. Sägen Sie den Umriss mit der Bandsäge aus. Schleifen Sie die Kanten mit dem Kantenschleifer (Körnung 80). Schleifen Sie alle Flächen mit dem Bandschleifer (zuerst Körnung 80, dann Körnung 120). Runden Sie alle Kanten mit der Oberfräse ab, dann schleifen Sie die Kanten mit dem Kantenschleifer (Körnung 120). Schleifen Sie alle rauhen Stellen und Brandspuren (von der Fräse) von Hand mit Schleifpapier der Körnung 80 ab, dann schleifen Sie alle Fräskanten von Hand mit der Körnung 120.

Kopf

Für den Kopf nehmen Sie eine robuste, leichte Holzart. Übertragen Sie die Vorlage für die Kopf-Seitenteile so auf einen 1 cm starken Rohling, dass die Faserrichtung längs verläuft. Bohren Sie die Löcher für die Kopfdübel. Sägen Sie die Umrisse knapp außerhalb der Vorlagelinie aus, sodass Sie nach dem Kantenschleifen genau auf die Maße der Vorlage kommen. Wichtig: Der Abstand vom Augenloch zu dem Hinterende des Kiefers muss exakt stimmen, damit das Maul auf- und zugeht! Übertragen Sie die Vorlage für den Kopf-Mittelteil auf einen 4,1 cm starken Rohling und sägen Sie ihn mit der Bandsäge aus. Schleifen Sie das schmale Ende und die Unterkante des Mittelteils mit dem Kantenschleifer – diese Stellen sind später nicht mehr zugänglich.

Eine Hilfsvorrichtung (siehe Seite 40/41, Abb. 3.14, 3.15 und 3.16) sorgt für die Ausrichtung der Augenlöcher, damit das Maul problemlos auf- und zugeht.

Klemmen Sie die Hilfsvorrichtung an der Kante der Werkbank fest und schieben Sie die Kopf-Seitenteile auf den Dübel (Ohren nach oben). Bringen Sie Leim auf die beiden Außenflächen des Kopf-Mittelteils auf und schieben Sie die Seitenteile so weit auseinander, dass Sie den Mittelteil dazwischen platzieren können, ohne den Leim zu verschmieren. Bringen Sie den Mittelteil vorsichtig in Position.

Pressen Sie die Anordnung fest zusammen. Achten Sie darauf, dass die eine Seite fest gegen die Hilfsvorrichtung gedrückt wird und die Anordnung sich frei

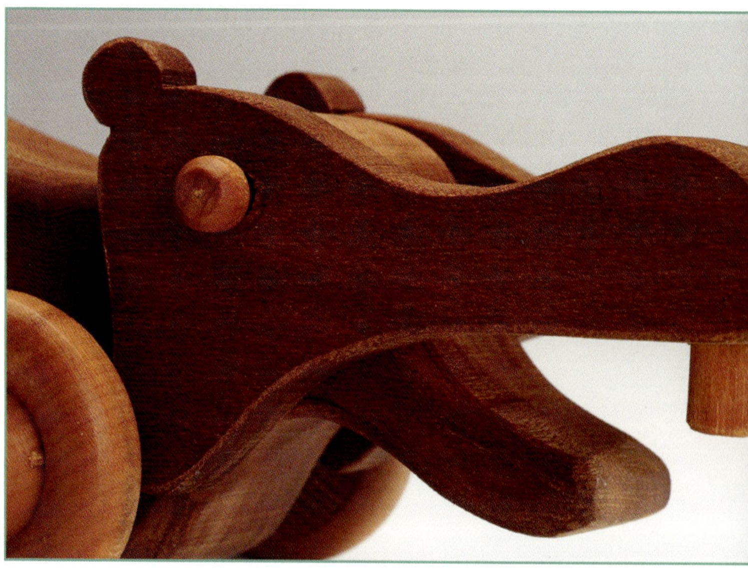

Das Maul des Nilpferds geht auf und zu – die Augendübel machen es möglich.

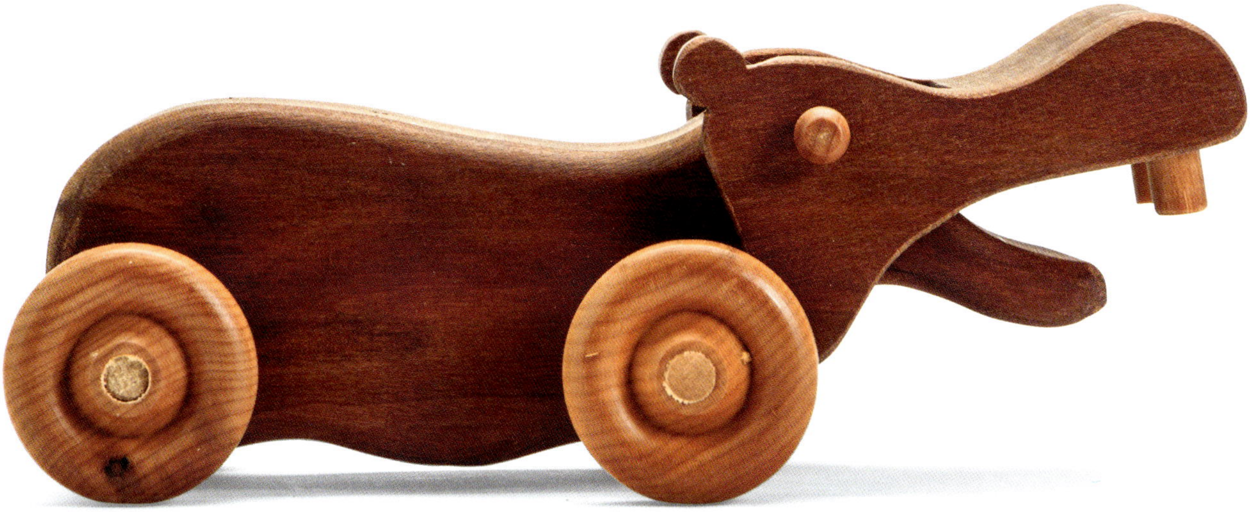

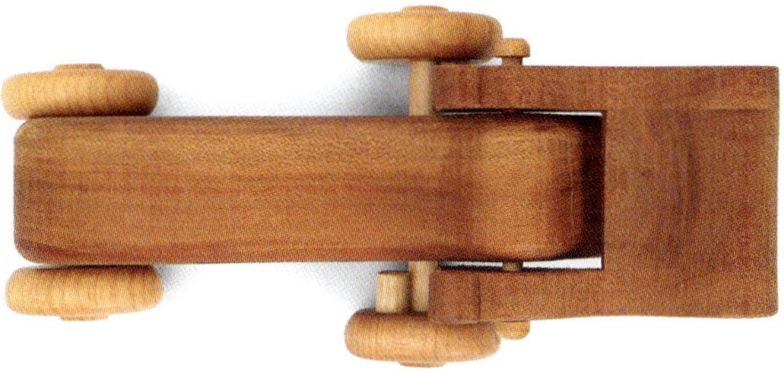

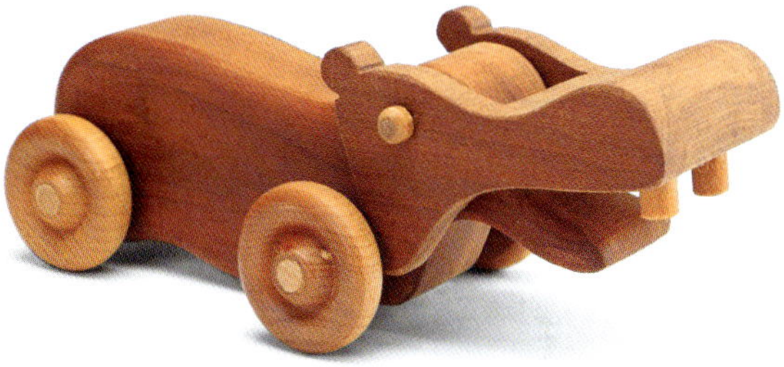

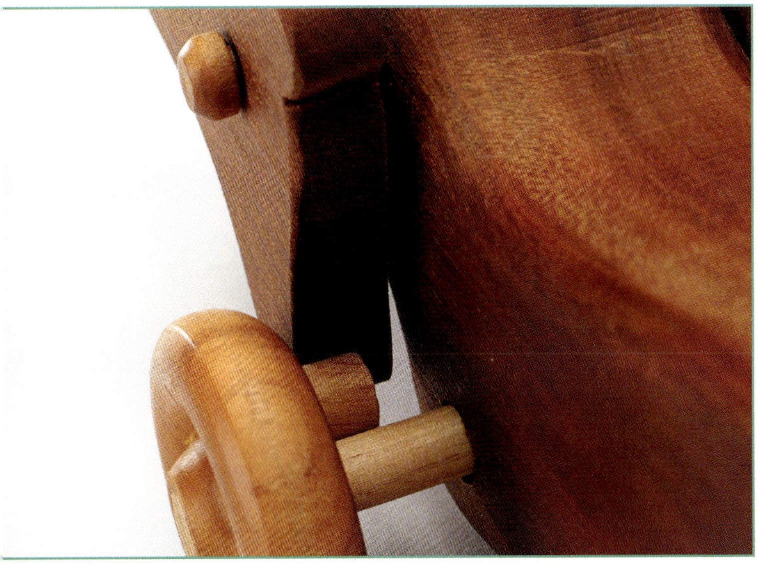

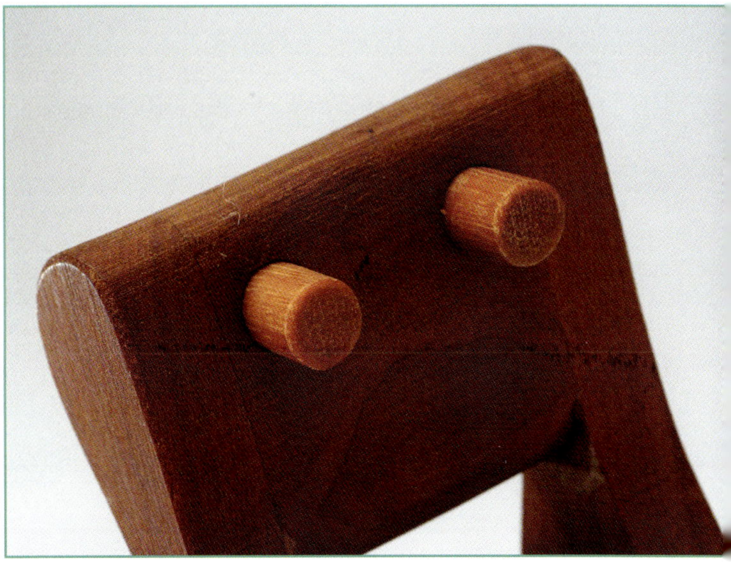

Der Dübel am Vorderrad drückt das hintere Ende des Kiefers nach unten. Der Kopf wird dadurch angehoben.

Für die Zähne werden zwei Löcher in die Unterseite des Mittelteils gebohrt.

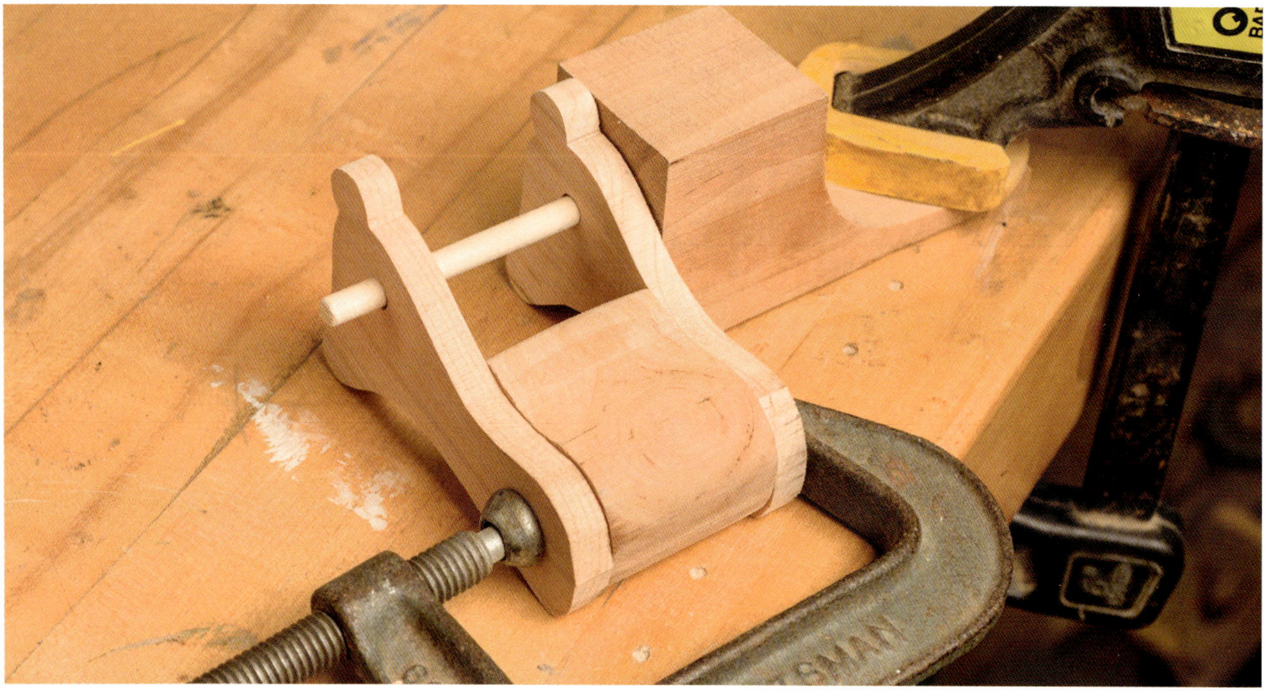

Abb. 4.1 Pressen Sie die Teile der Nilpferd-Nase fest zusammen. Achten Sie darauf, dass die eine Seite fest gegen die Hilfsvorrichtung gedrückt wird und dass die Anordnung sich frei entlang der 6-mm-Dübelstange bewegen lässt.

entlang der Dübelstange bewegen lässt (eventuell korrigieren!). Nun fixieren Sie die Anordnung mit einer Klemme, die auf beiden Seiten Druck auf die Mitte der Nase ausübt.

Vorsicht: Die Anordnung darf nicht verrutschen, wenn Sie die Klemme anziehen. Nun nehmen Sie die Anordnung von der Hilfsvorrichtung herunter und bringen Sie eine zweite Klemme am oberen Ende des Mittelteils an (Abb. 4.1).

Wenn der Leim völlig trocken ist (nicht früher!), überprüfen Sie, ob die Teile wirklich genau ausgerichtet sind. Wenn die Abweichung mehr als 2 mm beträgt, sollten Sie den Überhang abschneiden, um den Kantenschleifer zu schonen. Nun behandeln Sie den Kopf mit dem Kantenschleifer (Körnung 80). Wenn die Teile genau verleimt sind, sollte es keine Probleme geben. Schleifen Sie jedoch das Hinterende des Kiefers nicht zu stark ab, sonst geht das Maul weniger

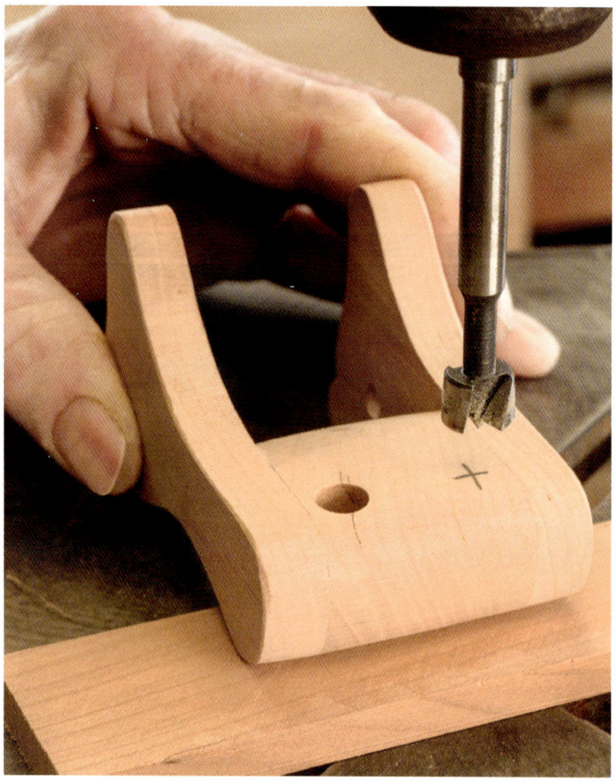

Abb. 4.2 Legen Sie ein Stück Restholz unter die Nilpferd-Nase, um die Löcher für die Zähne im richtigen Winkel zu bohren.

weit auf. Vorsicht: Beim Übergang zwischen dem Bereich mit Mittelteil und dem Bereich ohne Mittelteil (4,1 cm Unterschied in der Dicke) besteht die Gefahr, dass sich das Schleifband „eingräbt". Arbeiten Sie am Übergang mit leichten, gleichmäßigen Schleifbewegungen.

Nun bohren Sie mit der Standbohrmaschine die Löcher für die Zähne. Stützen Sie die Nase mit einem Stück Restholz, um die Oberfläche, in die Sie die Löcher bohren, parallel zum Bohrtisch auszurichten (Abb. 4.2). Der Abstand zwischen den Löchern und den Kanten ist so klein, dass die Löcher ausreißen können, wenn Sie sie nicht etwas größer bohren (1 cm Durchmesser) oder die Zähne abschleifen, bis sie leicht hineinpassen. Wenn Sie einen Forstnerbohrer verwenden, ist die Gefahr des Ausreißens geringer.

Bevor Sie die Zähne einkleben, schleifen Sie den Kopf mit dem Kantenschleifer (Körnung 120) und die Seitenflächen mit dem Bandschleifer (zuerst Körnung 80, dann Körnung 120). Schleifen Sie alle Kanten von Hand mit Schleifpapier der Körnung 120.

Kürzen Sie die Zähne auf die richtige Länge und runden Sie beide Enden von Hand mit Schleifpapier ab. Verteilen Sie den Leim (nicht zu viel!) in den Bohrlöchern und hämmern Sie die Zähne in die Löcher – legen Sie dabei das Werkstück auf eine weiche Unterlage, um die Oberseite der Nase nicht zu beschädigen.

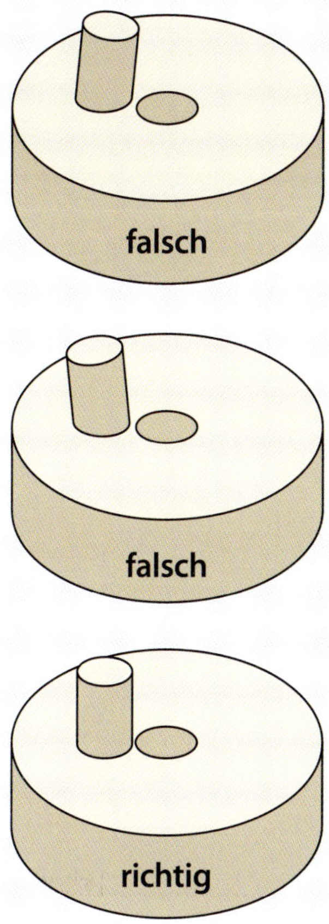

Vorlagen © David Wakefield

Abb. 4.3 Der Dübel muss senkrecht zur Innenfläche des Rades stehen.

Räder

Bohren Sie die exzentrischen Löcher in die Räder (siehe S. 32).

Zusammenbau

Geben Sie etwas Leim in beide Augenlöcher (im Körper), bringen Sie den Kopf in Position und treiben Sie die Kopfdübel mithilfe des Abstandsmessers (siehe Seite 39, Abb. 3.13) in die Löcher. Leimen Sie die Hinterräder fest. Leimen Sie die 1-cm-Dübel in die Löcher an den Vorderrädern, und zwar genau senkrecht zu den Innenflächen der Räder! (Abb. 4.3)

Für die Position der Vorderräder gibt es mehrere Möglichkeiten. Ich mache es meistens so, dass die Dübel einander diagonal gegenüberstehen (um 180° versetzt); das Maul geht bei jeder Umdrehung der Räder zweimal auf und zu. Wenn das Kind besonders lebhaft ist und das Spielzeug gerne schnell anschiebt, können die Dübel in gleicher Position angeordnet werden (nicht versetzt), sodass das Maul nur einmal pro Umdrehung auf- und zugeht. Dabei bleibt genug Zeit, dass sich das Maul nach jedem „Mampf" vollständig schließen kann. Wenn das Kind seine Spielsachen besonders sanft und „mit Gespür" behandelt, können Sie die Mitte zwischen diesen beiden Positionen wählen (um 90° versetzt); dadurch entsteht ein rhythmisches „Mampf mampf … mampf mampf … mampf mampf".

Wenn der Leim trocken ist, behandeln Sie die Enden der Achsen mit dem Kantenschleifer. Lassen Sie den Leim vollständig trocknen und überziehen Sie das fertige Spielzeug mit Öl. Norbi ist bereit für seinen ersten Spaziergang!

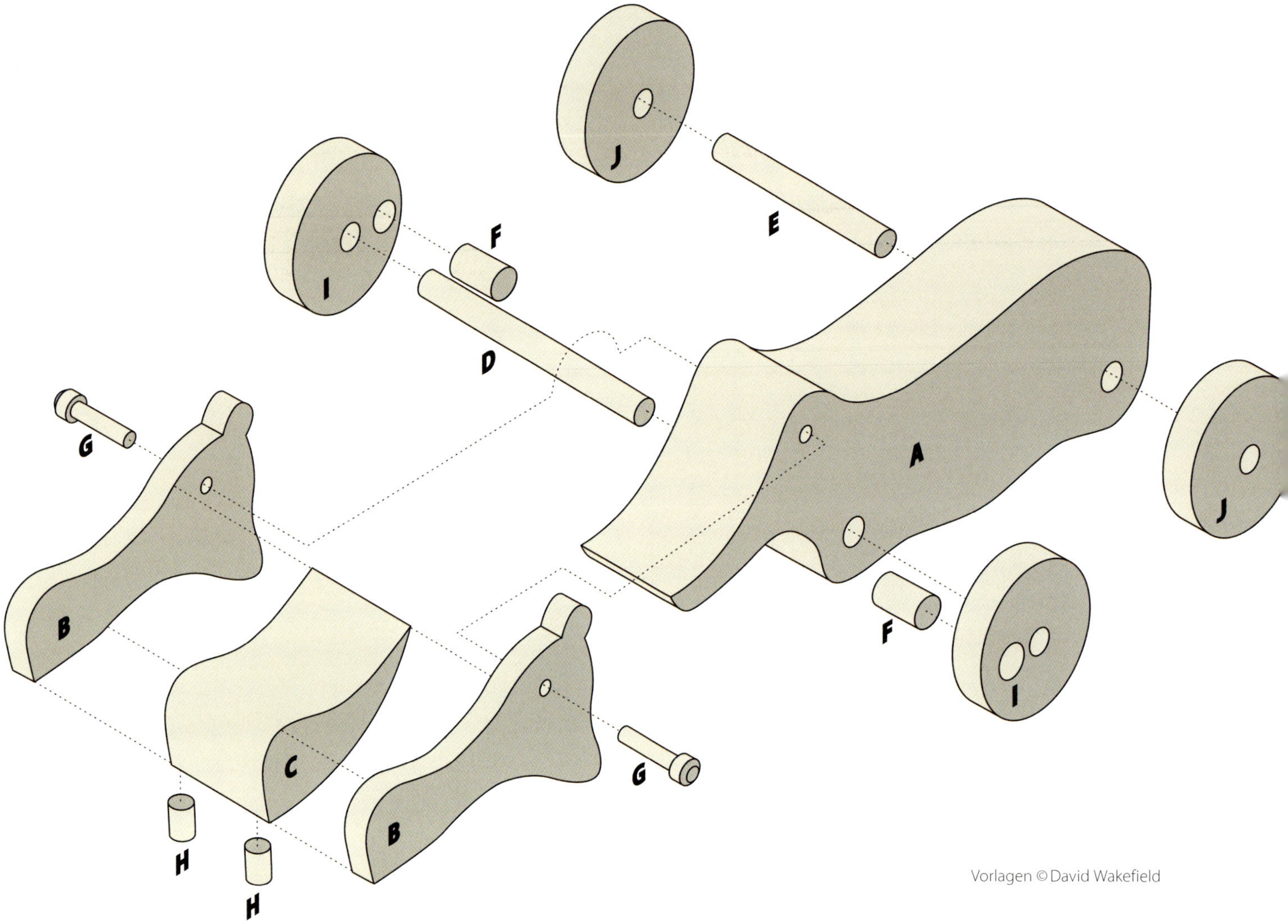

Vorlagen © David Wakefield

Alle Teile im Überblick

Teil	Bezeichnung	Anzahl	Stärke	Breite oder Durchmesser	Länge
A	Körper	1	3,8 cm	7,6 cm	19,1 cm
B	Kopf-Seitenteile	2	1 cm	6,4 cm	9,5 cm
C	Kopf-Mittelteil	1	4,1 cm	3,2 cm	5,1 cm
D	Vorderachse	1	–	8 mm Ø	9,5 cm
E	Hinterachse	1	–	8 mm Ø	6,7 cm
F	Dübel am Vorderrad	2	–	1 cm Ø	1,6 cm
G	Augendübel	2	–	5,5 mm Ø	2,7 cm
H	Zähne	2	–	1 cm Ø	1,6 cm
I	Vorderräder	2	1,3 cm	4,4 cm Ø	–
J	Hinterräder	2	1,3 cm	4,4 cm Ø	–

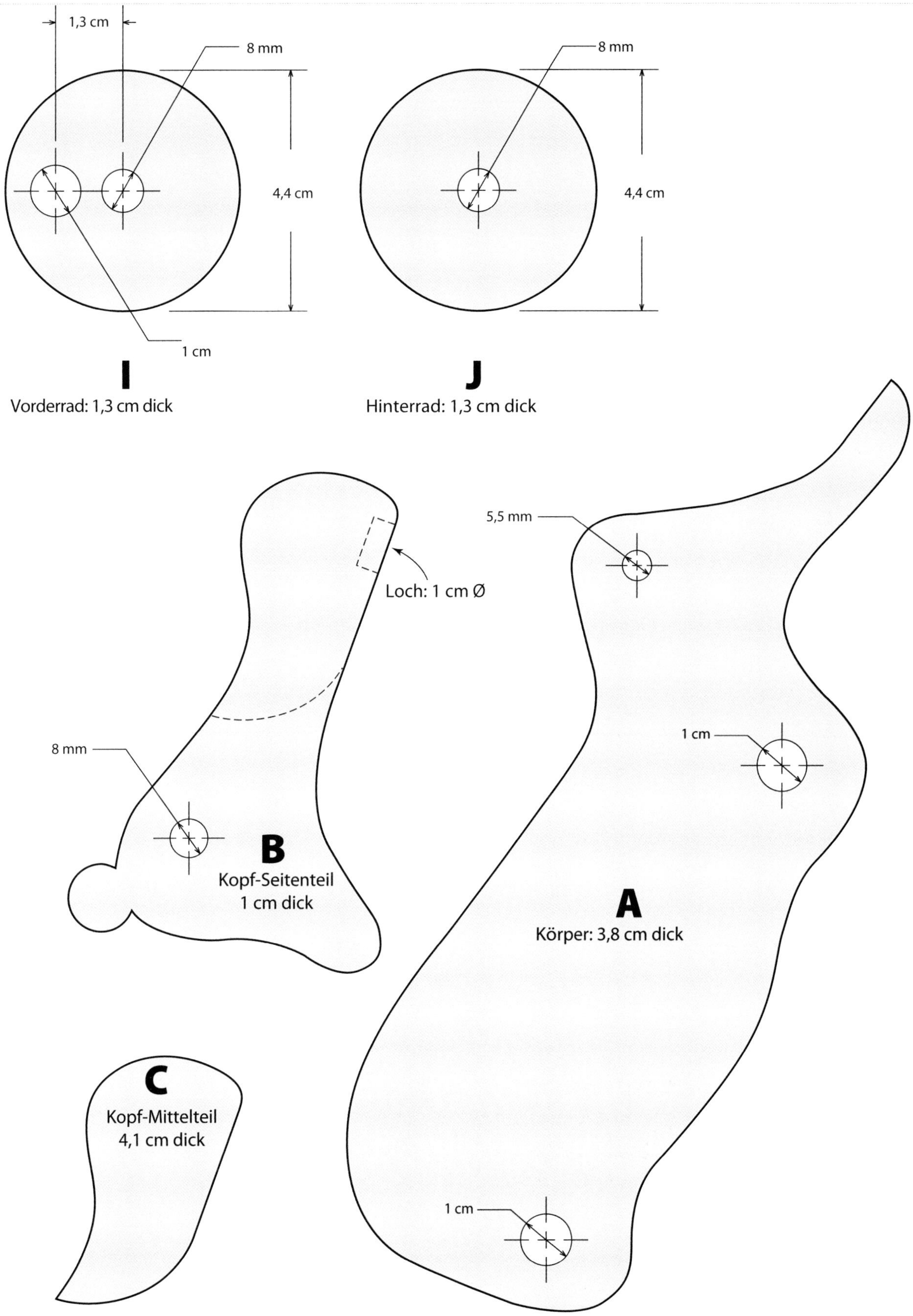

Vorlagen © David Wakefield

5 Ferdi, der Frosch

Das ist einer meiner Lieblinge – ein Frosch wie aus dem Bilderbuch mit mürrisch verzogenem Maul, der akrobatische Sprünge vollführt. Die exzentrische Hinterachse erzeugt die wippende Bewegung des Körpers; die Beine sind mit Kopfdübeln an den Hinterrädern befestigt und machen die passenden Hüpfbewegungen dazu.

So wie viele Spielsachen in diesem Buch und auf meiner Webseite war auch dieser drollige Kerl schon in meinem ersten Buch vertreten. Ich habe ihn um etwa zwei Drittel „geschrumpft", damit er für kleinere Kinder besser geeignet ist.

Körper

Auf besondere Robustheit kommt es beim Material für den Froschkörper nicht an; es sollte leichtgewichtig sein, damit er besser hüpfen kann. Übertragen Sie die Vorlage für den Körper (A) auf ein geeignetes Holzbrett. Bohren Sie die Löcher für Augen, Achsen und Kopfdübel.

Sägen Sie den Umriss aus. Führen Sie im Bereich um das Auge mehrere kurze Schnitte durch, um die runde Umrisslinie hinzubekommen. Schneiden Sie nicht zu knapp an das hintere Achsloch, um diesen Bereich nicht zu schwächen.

Beim Bohren der Löcher für die Ziehschnur halten Sie den Körper mit Klemmen und/oder Restholzklötzen in Position. Bohren Sie zuerst das Loch mit 1,3 cm Durchmesser. Dann bringen Sie den Körper neu in Position und bohren Sie das kleinere Loch in die Brust, bis es in das erste Bohrloch einmündet. Nun schleifen Sie die Konturen mit dem Kantenschleifer (Körnung 80).

Vorsicht beim heiklen Bereich um das Auge: Fahren Sie mit der Kante des 2,5-cm-Schleifbandes in die „Ecken" vor und hinter dem Augenhöcker (Abb. 5.1), dann glätten Sie sorgfältig die Rundung. Lassen Sie sich Zeit für dieses Detail – das typische Froschauge ist für den Gesamteindruck besonders wichtig! Schleifen Sie die Außenflächen des Körpers mit dem stationären Bandschleifer, bearbeiten Sie die Konturen mit der Oberfräse und dann mit dem Kantenschleifer (Körnung 120). Schleifen Sie alle Fräskanten von Hand (Körnung 120). Vergessen Sie nicht, das Maul an der Innenseite zu schleifen und die Kanten am Maul zu brechen (Abb. 5.2).

Beine

Für die Beine nehmen Sie eine robuste Holzart, die das Material für den Körper optisch ergänzt. Achten Sie beim Übertragen der Vorlage darauf, dass die Faserrichtung der Länge nach durch die Beine verläuft. Beachten Sie beim Bohren die verschieden großen Dübellöcher: Dient der Dübel als Drehgelenk (7 mm) oder wird er eingeklebt (5,5 mm)? Beim Aussägen der Füße halten Sie sich genau an die Umrisslinie: Wenn unterhalb der Bohrlöcher zu viel Material stehen bleibt, stößt es beim fertigen Spielzeug am Boden an und die Beine können sich nicht ungehindert bewegen; wenn Sie zu viel Material wegschneiden, wird der Bereich geschwächt. Denken Sie auch daran, wenn Sie

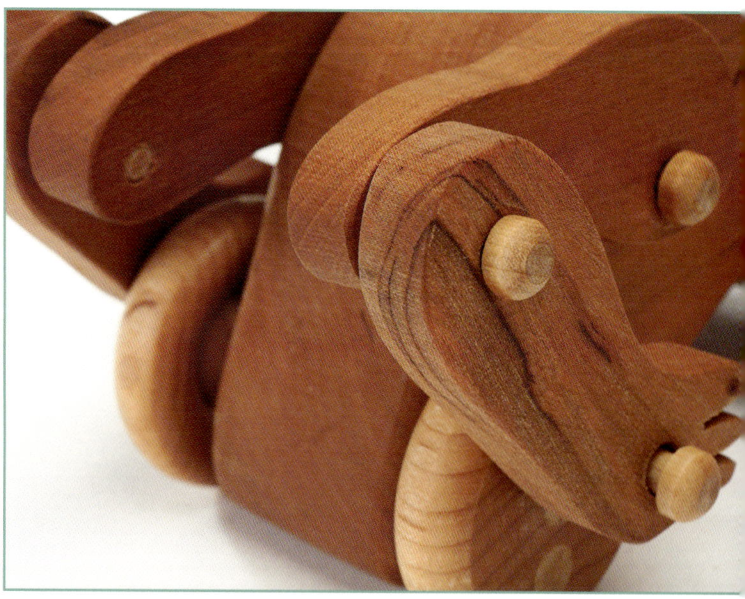

Dübel dienen als Gelenksachsen für die langen, angewinkelten Froschbeine.

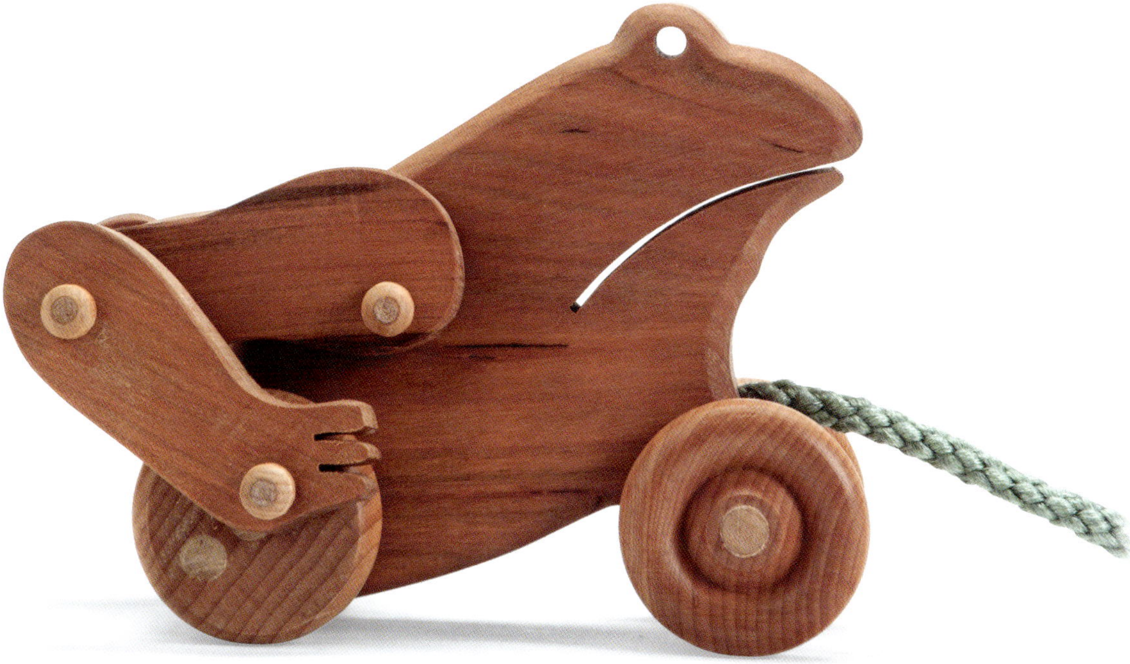

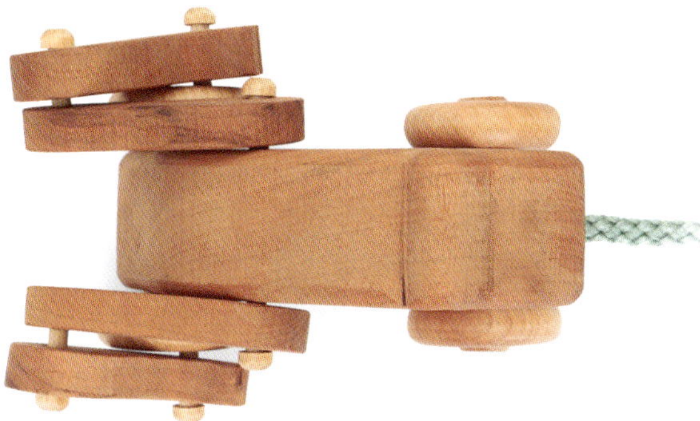

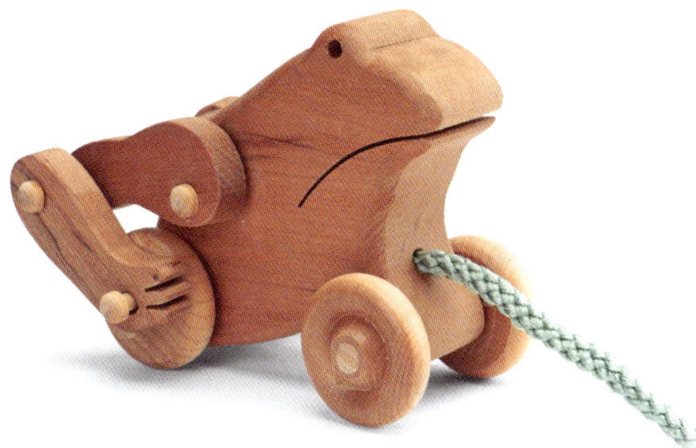

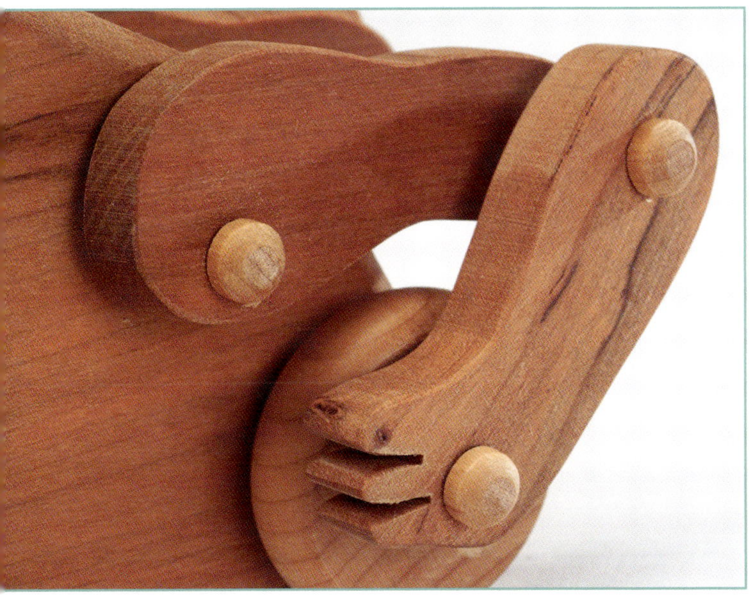

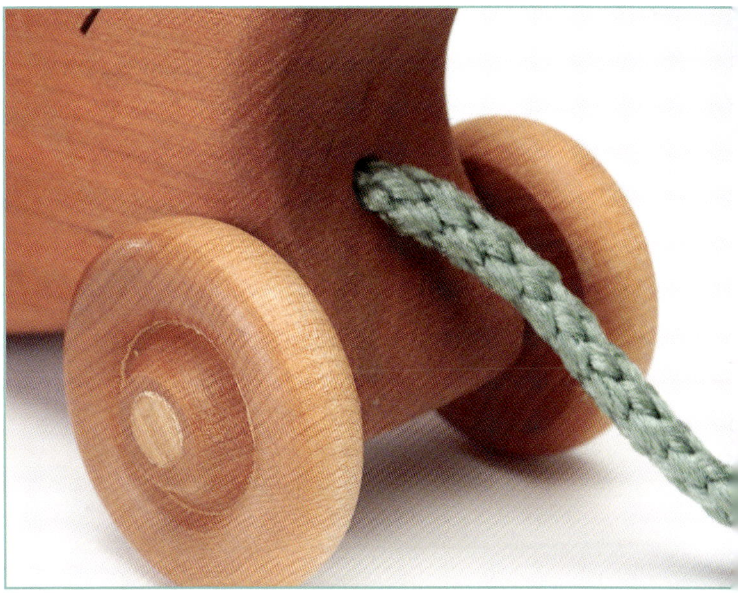

Der Fuß ist außermittig am Rad befestigt. Durch die Drehung der Räder bewegen sich die Beine auf und ab.

Die Ziehschnur wird durch zwei Bohrlöcher gefädelt, die im Körper des Frosches rechtwinklig aufeinandertreffen.

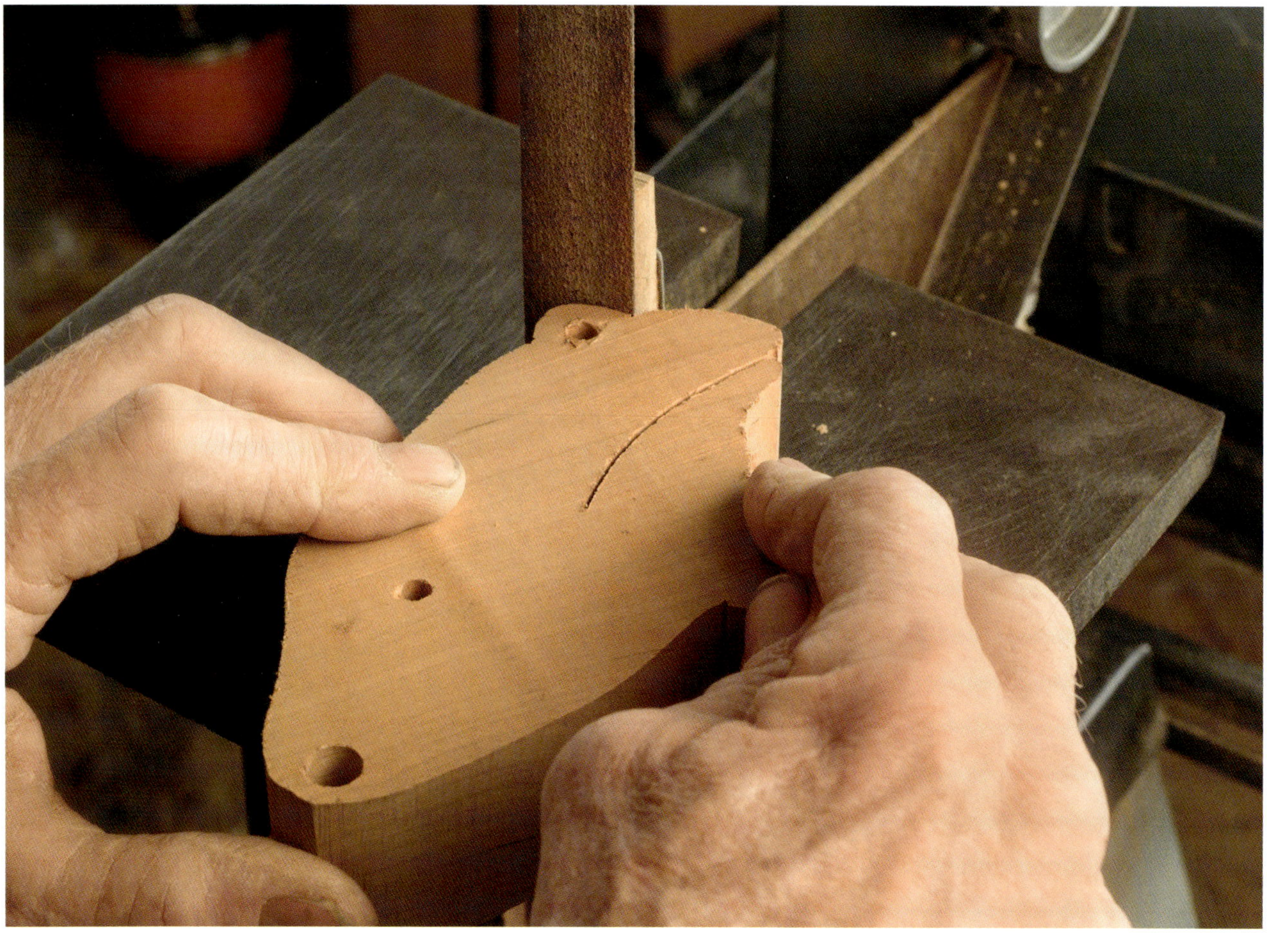

Abb. 5.1 Schleifen Sie mit der Kante des 2,5-cm-Schleifbandes die „Ecken" vor und hinter dem Auge. Achten Sie darauf, dass die runde Kontur des Augenhöckers erhalten bleibt.

die Beine mit dem Kantenschleifer (Körnung 80 und 120) behandeln.

Das Abschleifen der Beine mit dem stationären Bandschleifer (Körnung 80 und 120) erfordert „Fingerspitzengefühl": Halten Sie die Beine (einzeln) mit den Fingerspitzen fest an das Schleifband. Die Finger dürfen dabei das Schleifband nicht berühren! Auch wenn Ungeübte es nicht glauben wollen – mit etwas Praxis geht das ganz leicht. Etwas Feuchtigkeit (Spucke) auf den Fingerspitzen hilft beim Festhalten. Wenn Ihnen das zu riskant ist, legen Sie Schleifpapier auf die Werkbank und reiben Sie die Froschbeine darauf hin und her. Die Kanten werden durch händisches Schleifen mit Schleifpapier der Körnung 120 gebrochen.

Räder

Verdübeln Sie die bestehenden Achslöcher der Hinterräder. Wenn der Leim trocken ist, schleifen Sie die Dübelenden auf die gleiche Art ab wie die Beine.

Bohren Sie exzentrische Achslöcher und Dübellöcher in die Hinterräder.

Zusammenbau

Längen Sie die beiden Achsen ab, und zwar mit etwas Übermaß. Leimen Sie die Hinterräder an und richten Sie die Dübellöcher genau aus, sodass sie einander direkt gegenüberstehen. (Überprüfen Sie die Ausrichtung nochmals, bevor der Leim trocken ist, und machen Sie eventuell Korrekturen!) Wenn der Leim getrocknet ist, schleifen Sie die Enden der Achsen mit dem Kantenschleifer bündig mit der Radnabe (oder der Innenfläche des Rades, je nachdem, wie Sie die Räder angeordnet haben) ab. Mir persönlich gefällt es besser, wenn die glatte Innenseite der exzentrischen Hinterräder nach außen zeigt.

Nun werden die beiden Beine zusammengebaut: Vor dem Leimen legen Sie die Teile in der richtigen Anordnung (gegengleich!) auf der Werkbank auf. Geben Sie etwas Leim in das untere Loch an einem Oberschenkel. Stecken Sie durch das obere Loch an einem Unterschenkel einen Kopfdübel und treiben Sie ihn in das untere Loch am Oberschenkel. Hier hilft der Abstandsmesser (siehe Seite 39, Abb. 3.13). Wiederholen Sie den Vorgang beim anderen Bein. Wenn der Leim trocken ist, schleifen Sie die vorstehenden Dübelenden sowie den ausgetretenen Leim mit dem stationären Bandschleifer oder von Hand ab.

Nun befestigen Sie die Oberschenkel am Körper (Kopfdübel, Leim, Abstandsmesser!). Als Nächstes befestigen Sie zuerst einen, dann den anderen Fuß an den Hinterrädern: Geben Sie etwas Leim in das Bohrloch am Rad und halten Sie den Frosch so, dass das Rad von der Kante der Werkbank gestützt wird. Treiben Sie den Kopfdübel in das Loch (Abstandsmesser verwenden!). Wischen Sie den ausgetretenen Leim sorgfältig von der Hinterseite des Rades ab, bevor er am Froschkörper verschmiert wird. Bringen Sie den zweiten Fuß ebenso an.

Wenn der Leim vollständig getrocknet ist, kann der Frosch eingeölt werden. Wenn das Öl trocken ist, bringen Sie die Ziehschnur an (siehe Seite 64). Fertig! Ferdi brennt schon darauf, die Welt aus der Froschperspektive zu erkunden.

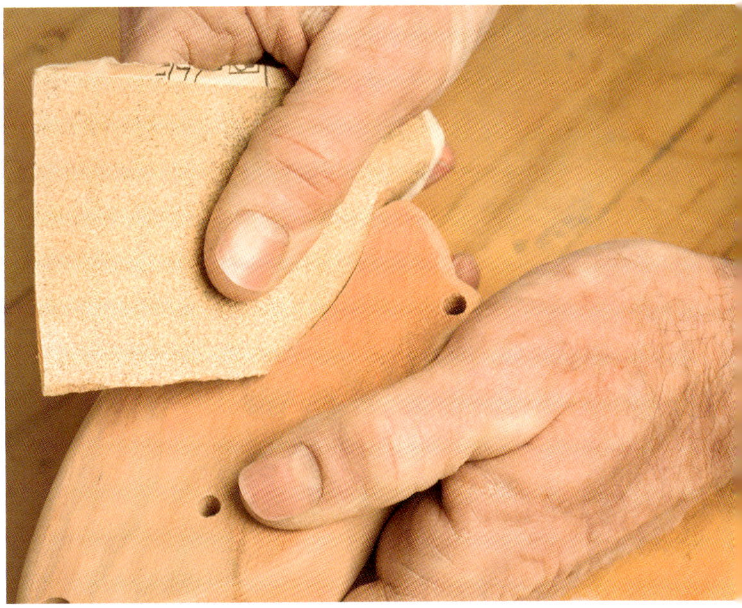

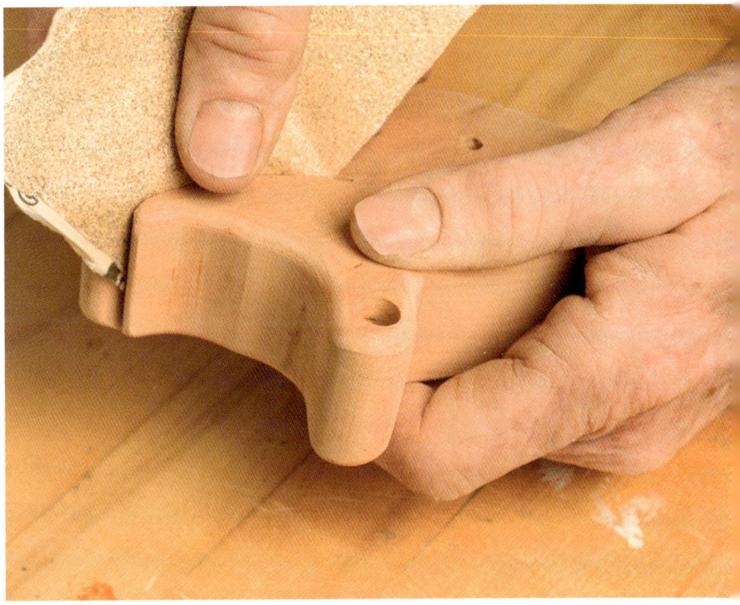

Abb. 5.2 Ziehen Sie ein Stück Schleifpapier zuerst aufwärts, dann abwärts durch das Maul, um die Kanten zu brechen.

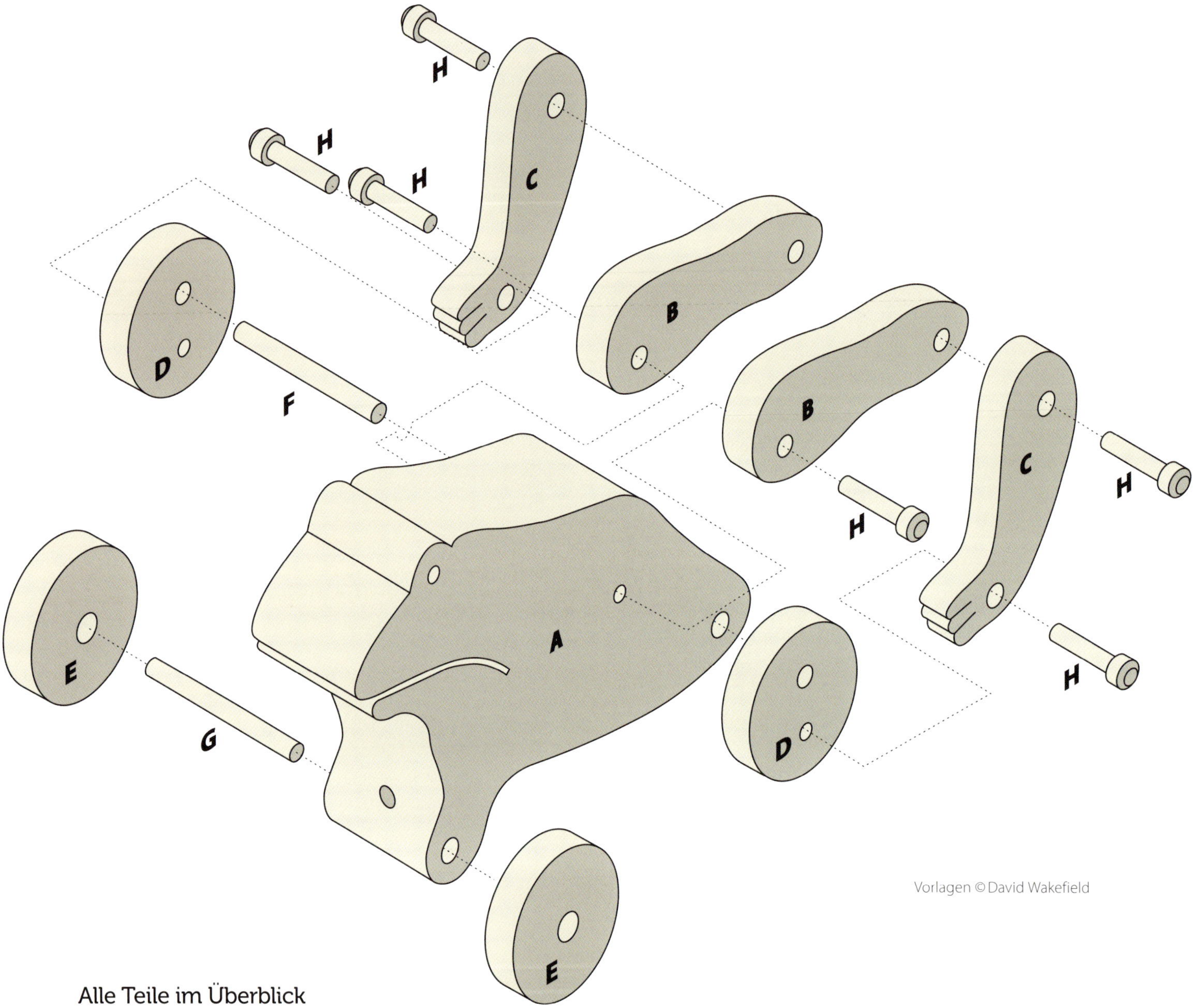

Vorlagen © David Wakefield

Alle Teile im Überblick

Teil	Bezeichnung	Anzahl	Stärke	Breite oder Durchmesser	Länge
A	Körper	1	3,8 cm	10,2 cm	15,2 cm
B	Oberschenkel	2	1,3 cm	3,2 cm	7,6 cm
C	Unterschenkel	2	1,3 cm	3,2 cm	7,6 cm
D	Hinterräder	2	1,3 cm	4,4 cm Ø	–
E	Vorderräder	2	1,3 cm	4,4 cm Ø	–
F	Hinterachse	1	–	8 mm Ø	7 cm
G	Vorderachse	1	–	8 mm Ø	7 cm
H	Kopfdübel	6	–	5,5 mm Ø	2,7 cm
I	Ziehschnur	1	–	6 mm Ø	71 cm
J	Ziehkugel	1	–	2,5 cm Ø	–

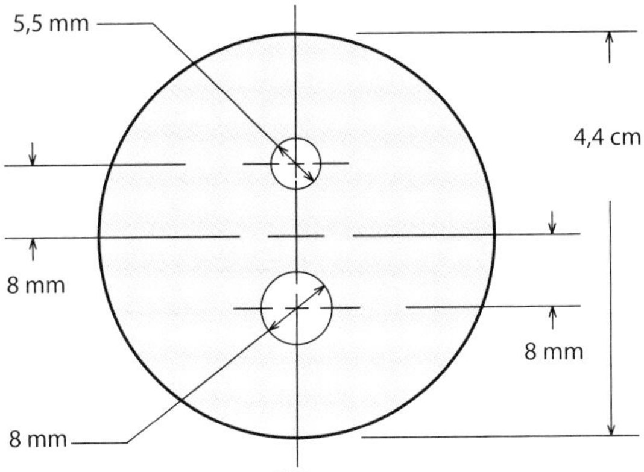

D

Hinterrad, 1,3 cm dick

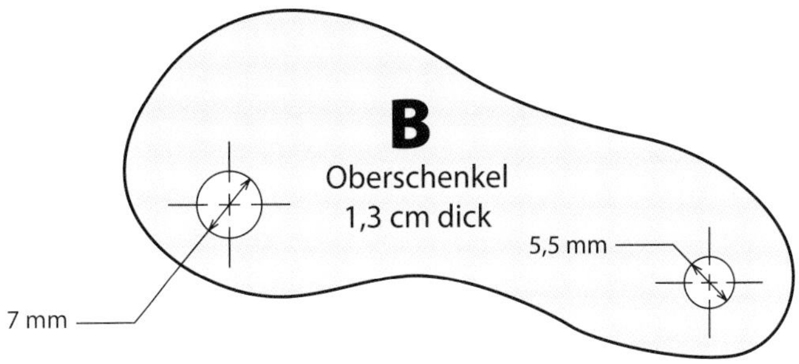

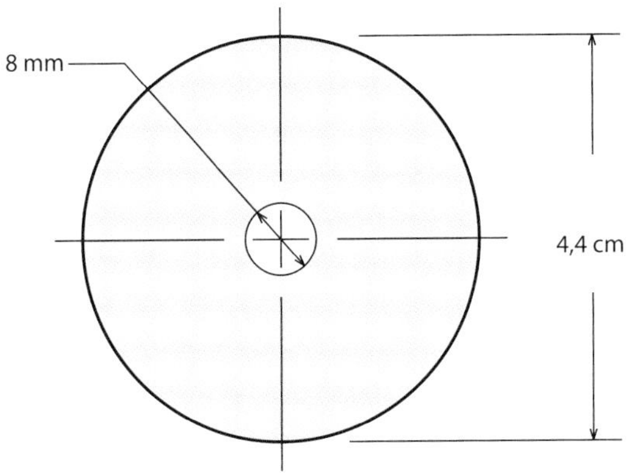

E

Vorderrad, 1,3 cm dick

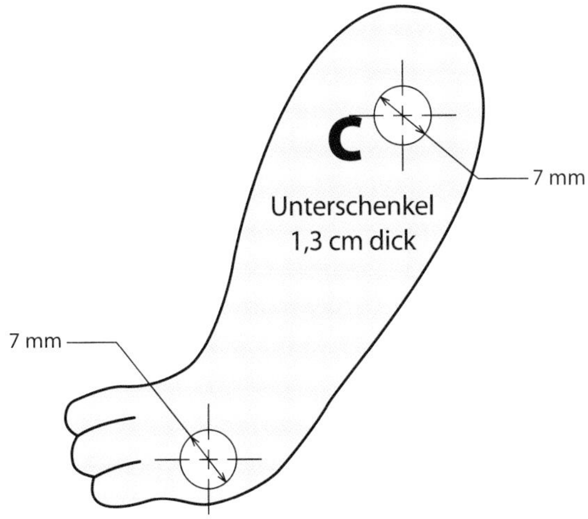

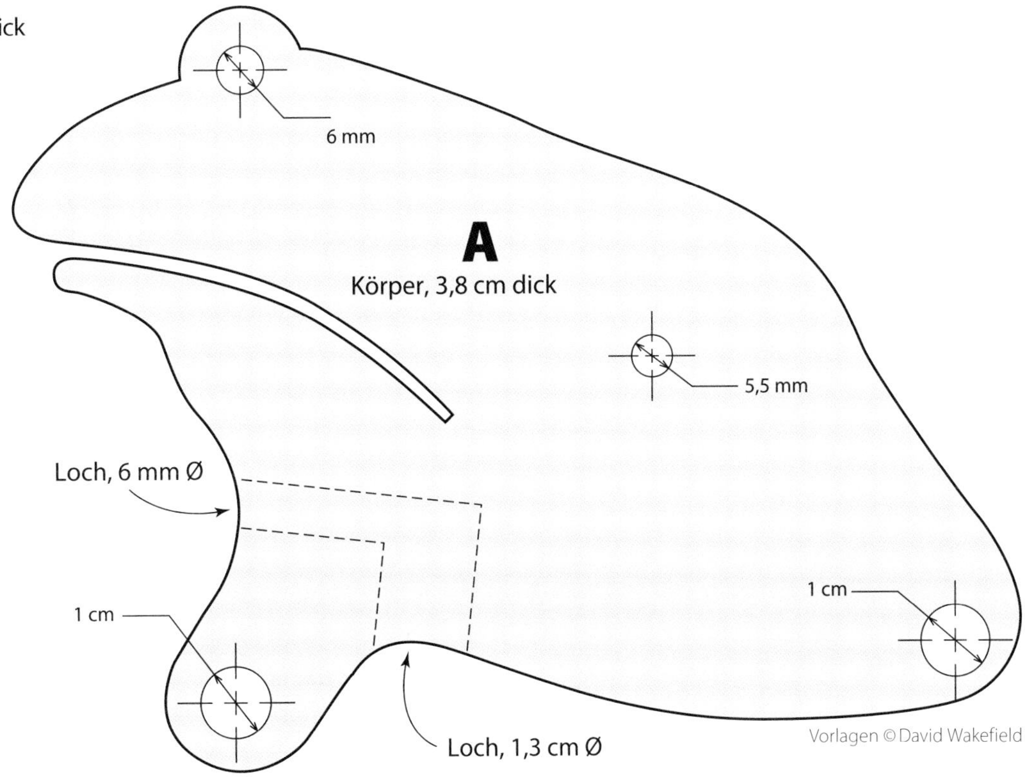

6 Benno, der Biber

Der Biber hat ein einziges Kunststück auf Lager: Eine Nocke an der Hinterachse bewegt den flachen Schwanz nach oben, wenn sich die Achse dreht. Der Mechanismus funktioniert sowohl vorwärts als auch rückwärts. Wenn man den Biber schnell anschiebt, macht der Schwanz beim Herunterfallen ein klatschendes Geräusch. Das Spielzeug ist recht leicht zu bauen und wer möchte, kann den Schwanz mit geschnitzten Details versehen.

Körper

Für den Körper nehme ich einen ziemlich großen Holzblock, um die Nut sicherer schneiden zu können. Platzieren Sie die Vorlage entlang der Kante des Holzblocks. Wenn die Oberkante der Nut parallel zur Kante des Holzblocks verläuft, kann die Nut mit der Tischkreissäge geschnitten werden.

Mein Nutsägeblatt-Set (Dado Blades) hat einen Durchmesser von 20,3 cm. Sie können auch 15,2-cm-Nutsägeblätter nehmen, der Schnitt muss nur an derselben Stelle enden wie auf der Vorlage. Bei der Arbeit mit diesem Werkzeug kann der händische Vorschub gefährlich sein. Ich schneide die Nut in vier Arbeitsgängen; die Gefahr, dass das Sägeblatt das Werkstück erfasst und mir aus der Hand reißt, ist dadurch geringer.

Bohren Sie sämtliche Löcher in die Außenflächen des Körpers. Stellen Sie die Nutsägeblätter auf etwas mehr als die halbe Breite der Nut und auf halbe Höhe ein. Markieren Sie das Ende des Sägeblattes mit einem Stift auf dem Sägetisch, damit Sie wissen, wie weit Sie schneiden müssen (Abb. 6.1). Schneiden Sie, bis die Markierung an der Vorlage die Markierung am Tisch erreicht. Nehmen Sie das Werkstück vorsichtig von den Sägeblättern herunter und stellen Sie diese zum Schneiden der anderen Seite der Nut ein. Dann stellen Sie die Höhe des Tisches auf die volle Tiefe der Nut ein und wiederholen Sie die letzten beiden Schnitte. Vergessen Sie nicht, am Tisch eine neue Markierung anzubringen, da das Sägeblatt weiter vorne aus dem Tisch hervorsteht, wenn das Sägeblatt höher eingestellt ist.

Nun sägen Sie den Umriss mit der Bandsäge aus. Vor dem Schleifen bohre ich mit der Standbohrmaschine die Löcher für die Zähne (der Präzision wegen mit einem Forstnerbohrer). Dazu stütze ich die Stirn des Bibers auf den Bohrtisch. Um den Abstand von den Seitenkanten des Kopfes einzustellen, verwende ich einen behelfsmäßigen Stopper. Dann bearbeite ich die Konturen mit dem Kantenschleifer (Körnung 80 und 120). Zum Schleifen der Innenrundungen habe ich eine 2,5-cm-Dübelstange der Länge nach halbiert und an der Führung des Kantenschleifers festgeschraubt (siehe Seite 34, Abb. 3.12). Sie können dazu auch eine Schleiftrommel nehmen. Dann schleifen Sie die Außenflächen des Körpers mit dem stationären Bandschleifer (Körnung 80 und 120).

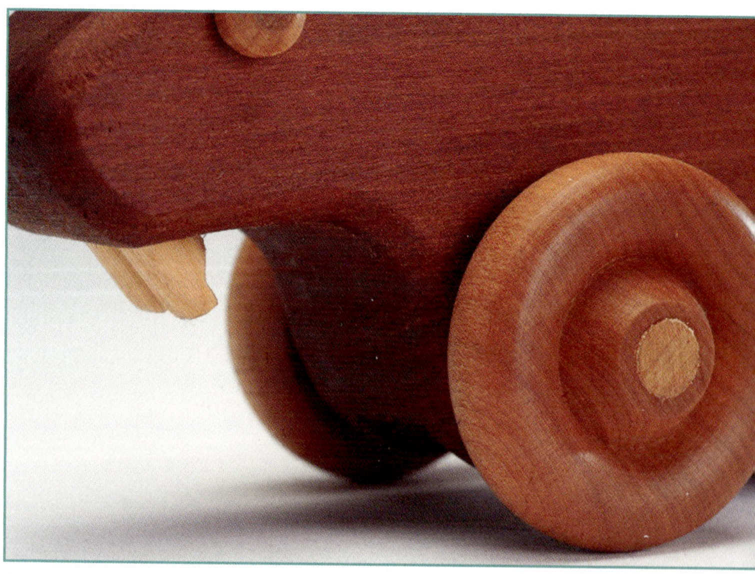

Die Vorderräder sind „gewöhnliche" Räder mit zentrischer Achse. An der Unterseite des Kopfes müssen Sie zwei Löcher für die Biberzähne bohren.

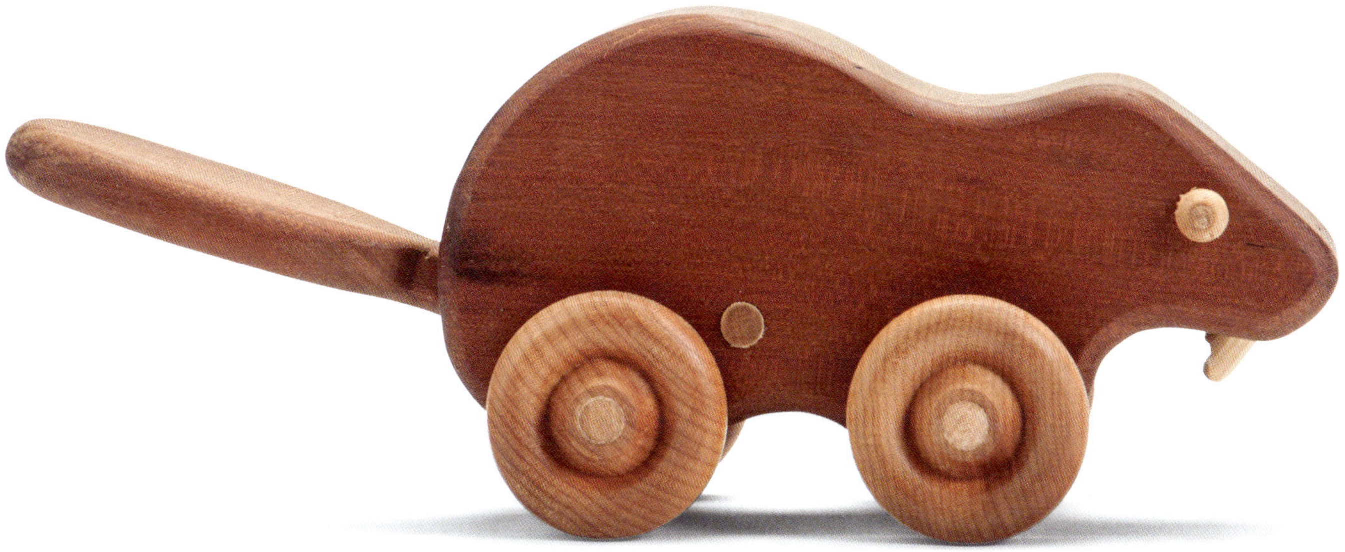

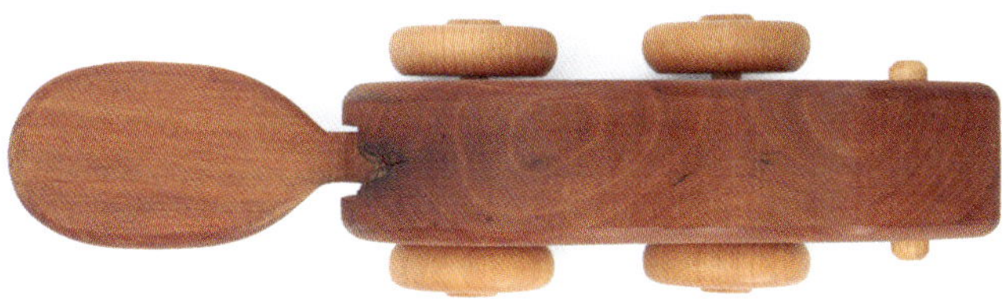

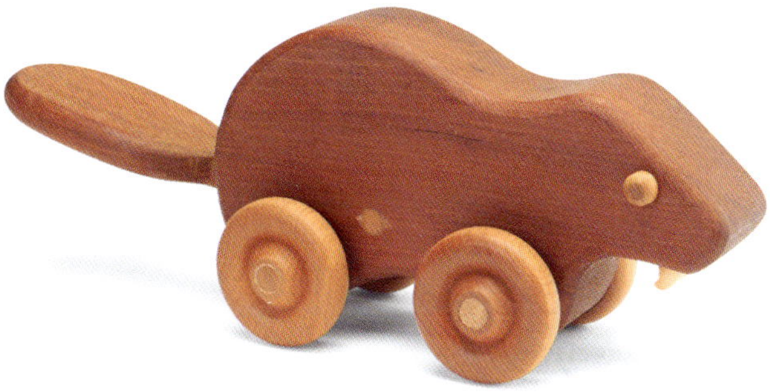

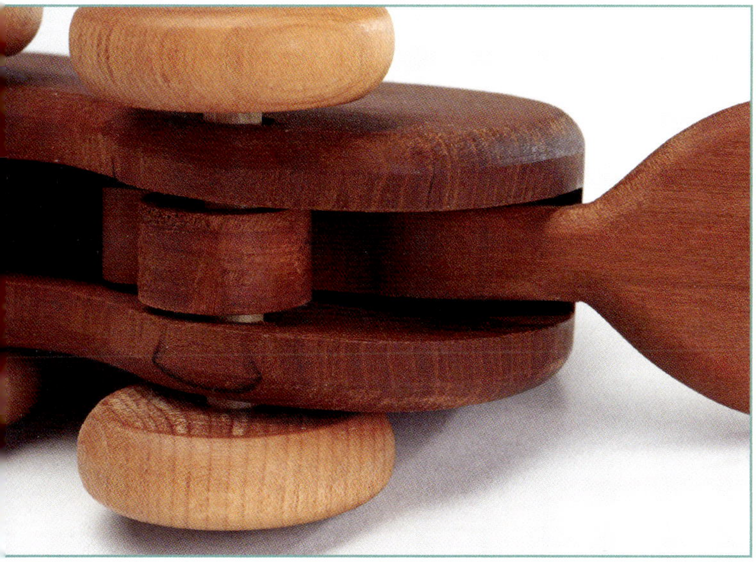

Eine Nocke bewegt den flachen Schwanz auf und ab, wenn sich die Schwanz-Achse dreht.

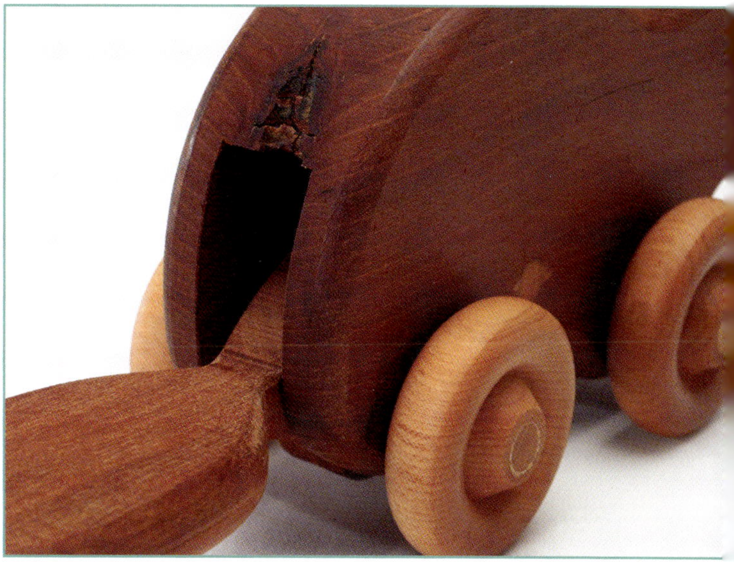

In den Körper ist eine Nut geschnitten. Sie lässt dem Schwanz genug Bewegungsspielraum.

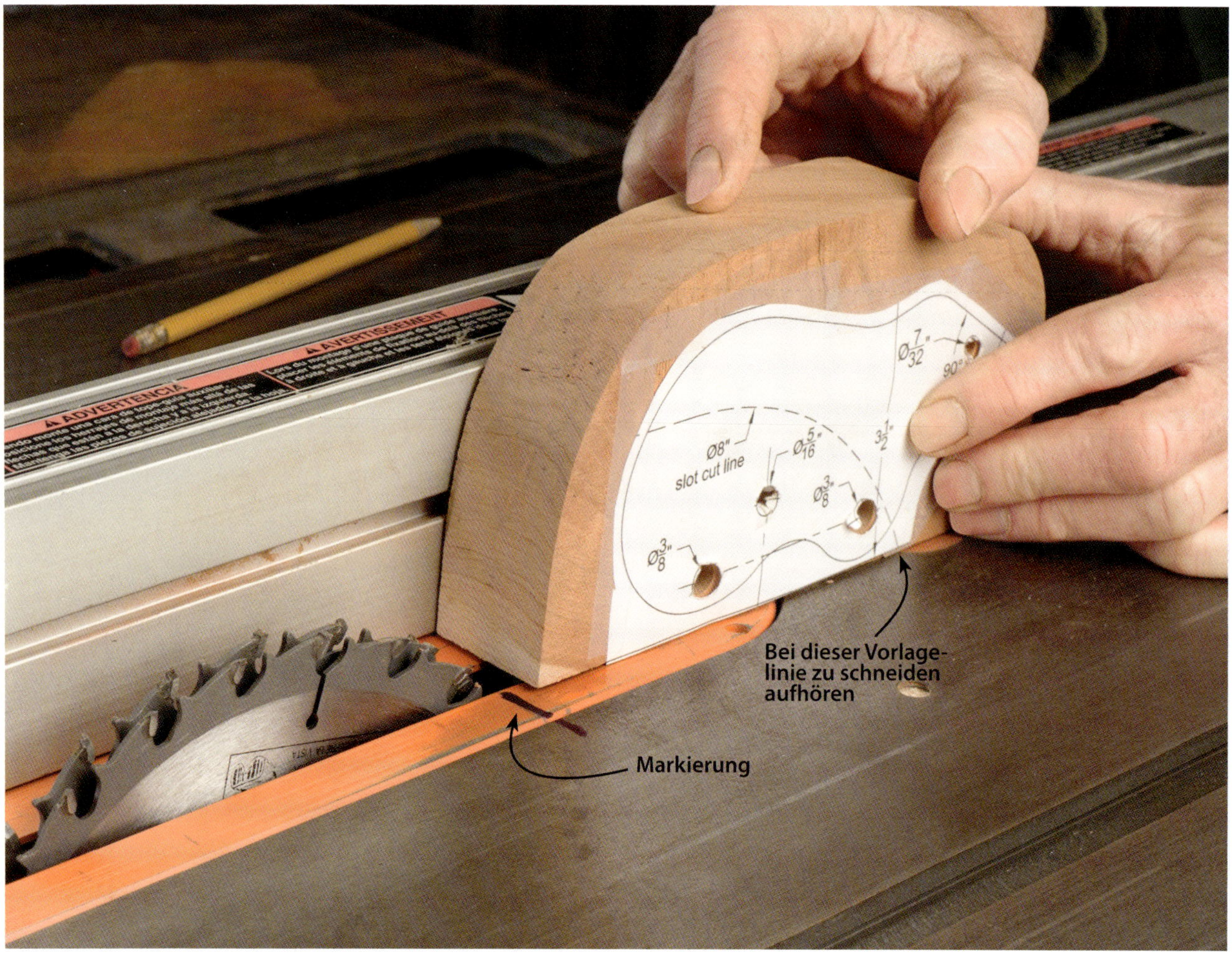

Abb. 6.1 Um die Nut präzise zu schneiden, markieren Sie das Ende des Sägeblattes auf dem Sägetisch (linker Pfeil). Die Markierung auf der Vorlage (rechter Pfeil) zeigt, wo der Schnitt enden soll.

Bearbeiten Sie die gesamte Kontur mit der Oberfräse (6-mm-Viertelstabfräser). Mein Fräser hat eine Karbidspitze und ein Kugellager; so werden Brandspuren hintangehalten. Ich arbeite mit zügigen Bewegungen, die einander überlappen, anstatt in den Kurven langsamer zu werden. Abschließend werden alle Fräskanten von Hand mit Schleifpapier der Körnung 120 behandelt (zuerst mit der Körnung 80, wenn doch Brandspuren entstanden sind).

Längen Sie die 8-mm-Dübel für die Zähne ab. Schleifen Sie beide Enden mit dem Kantenschleifer, dann runden Sie die Kanten durch händisches Schleifen etwas ab. Leimen Sie die Zähne in die Löcher und schneiden Sie mit der Bandsäge vorsichtig die Innenrundung. Die Schnittkante können Sie mit einer Rundfeile ein bisschen glätten.

Schwanz

Übertragen Sie zuerst die Vorlage für die Seitenansicht auf das gleiche (3,8 cm starke) Holz, das Sie für den Körper genommen haben – obwohl der Schwanz etwas dünner ist. Bohren Sie das 1-cm-Loch. Sägen Sie die Seitenansicht aus und behandeln Sie die Kontur mit dem Kantenschleifer (Körnung 80 und 120). Übertragen Sie die Vorlage für die Draufsicht auf die Oberseite des Schwanzes. Die Abfallbereiche links und rechts vom Schwenkarm-Teil können Sie mithilfe des Anschlags der Bandsäge oder freihändig wegschneiden. Halten Sie dabei den flachen Teil des Schwanzes unbedingt fest auf dem Sägetisch nieder! Dann sägen Sie den Umriss des eigentlichen Schwanz-Teils aus. Behandeln Sie die Kontur des Schwanz-Teils mit dem Kantenschleifer (Körnung 80 und 120). Runden Sie die Kanten des Schwanzes von Hand mit einer Feile und dann mit Schleifpapier ab. Zuletzt schleifen Sie alle Kanten von Hand mit Schleifpapier der Körnung 80 und 120.

Räder, Nocke

Nehmen Sie eine beliebige Lochsäge zum Aussägen der Räder und der Nocke. Bohren Sie alle Achslöcher (8 mm Durchmesser). Verschließen Sie das Achsloch der Nocke mit einem kurzen Abschnitt von einer Dübelstange. Lassen Sie den Leim trocknen und bohren Sie nach der Vorlage auf Seite 61 ein neues, exzentrisches Loch. Wenn Sie es etwas größer bohren (ca. 8,5 mm), verringert sich die Gefahr, dass es beim Zusammenbau ausbricht.

Zusammenbau

Längen Sie die Schwanz-Achse ab und runden Sie beide Enden durch händisches Schleifen etwas ab. Legen Sie den Biber auf die Seite und bringen Sie den Schwanz in Position, sodass er über die Tischkante vorsteht. Nun treiben Sie die Schwanz-Achse von einer Seite durch den Körper und durch das Loch im Schwanz, bis sie gerade in die Ihnen abgewandte Hälfte des Körpers eintritt. Geben Sie etwas Leim in das Bohrloch auf der Ihnen abgewandten Seite, legen Sie Wachspapier unter und treiben Sie die Achse ganz durch. Wischen Sie den ausgetretenen Leim ab, lassen Sie den Leim aushärten und schleifen Sie die Dübelenden leicht mit dem stationären Bandschleifer (Vorsicht, dass das Schleifband den Schwanz nicht berührt!).

Längen Sie die Radachsen ab und runden Sie die Enden durch händisches Schleifen etwas ab. Geben Sie Leim in das Loch an einem Rad, legen Sie dieses flach auf Wachspapier auf und treiben Sie die Achse mit kräftigen Hammerschlägen durch das Loch. Wischen Sie den ausgetretenen Leim ab. Legen Sie den Biber auf die Seite, sodass der Schwanz über die Tischkante vorsteht, und bringen Sie die Nocke in Position. Schieben Sie die Achse durch das Achsloch im Körper und in das Loch in der Nocke. Hämmern Sie die Achse durch die Nocke in das Loch in der anderen Körperhälfte. Nun platzieren Sie das Werkstück so, dass dieses Loch über die Tischkante vorsteht (stützen Sie das Werkstück möglichst nahe am Loch). Treiben Sie die Achse weiter durch, bis der Abstand zwischen dem Rad und dem Körper 2 mm beträgt (siehe Seite 39, Abb. 3.13). Geben Sie etwas Leim in das Loch am zweiten Rad und klopfen Sie es mit einem Hammer auf die Achse. Wischen Sie den ausgetretenen Leim ab. Wiederholen Sie den Vorgang an der Vorderachse (hier gibt es natürlich keine Nocke). Wenn der Leim getrocknet ist, schleifen Sie die Enden der Achsen mit dem Kantenschleifer. Abschließend legen Sie den Biber auf den Rücken und bohren Sie durch die Nocke und die Achse ein Loch mit 3 mm Durchmesser. Kleben Sie einen kurzen Abschnitt von einem 3-mm-Dübel in das Loch, damit die Nocke nicht frei auf der Achse rotiert. Überprüfen Sie, ob die Oberfläche der Nocke immer noch glatt ist – sonst könnte sie die freie Beweglichkeit der Schwanz-Achse stören.

Ölen Sie das fertige Spielzeug ein. Benno sieht nicht nur wie ein „richtiger" Biber aus, er lässt sogar das typische Klatschen hören, mit dem seine Vettern in freier Natur mit dem Schwanz auf die Wasseroberfläche schlagen.

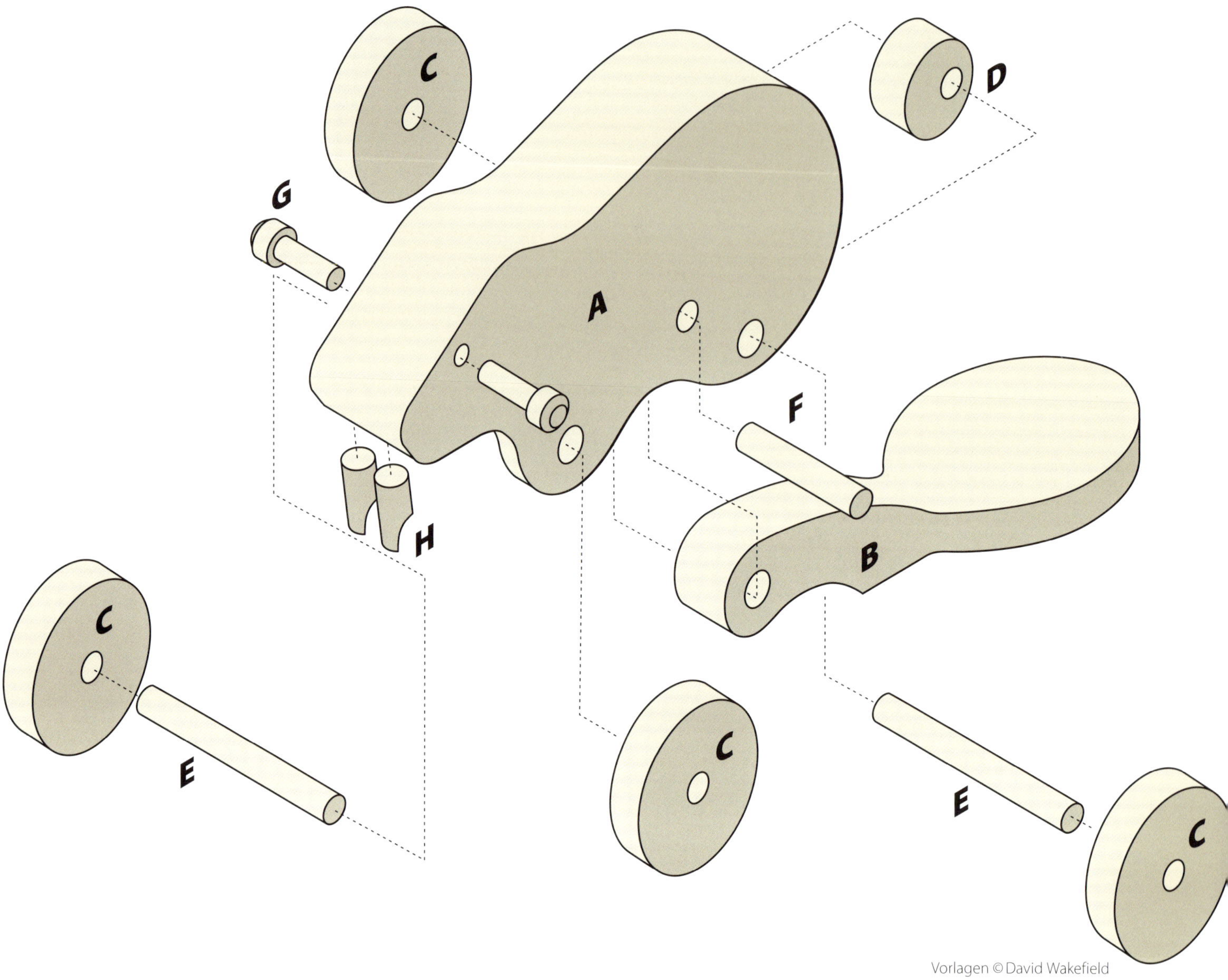

Vorlagen © David Wakefield

Alle Teile im Überblick

Teil	Bezeichnung	Anzahl	Stärke	Breite oder Durchmesser	Länge
A	Körper	1	3,8 cm	9,5 cm	16,5 cm
B	Schwanz	1	3,8 cm	5,1 cm	15,2 cm
C	Räder	4	1,3 cm	4,4 cm Ø	–
D	Nocke	1	1,3 cm	2,5 cm Ø	–
E	Achsen	2	–	8 mm Ø	7 cm
F	Schwanz-Achse	1	–	8 mm Ø	3,8 cm
G	Augen	2	–	5,5 mm Ø	1,6 cm
H	Zähne	2	–	8 mm Ø	1,6 cm

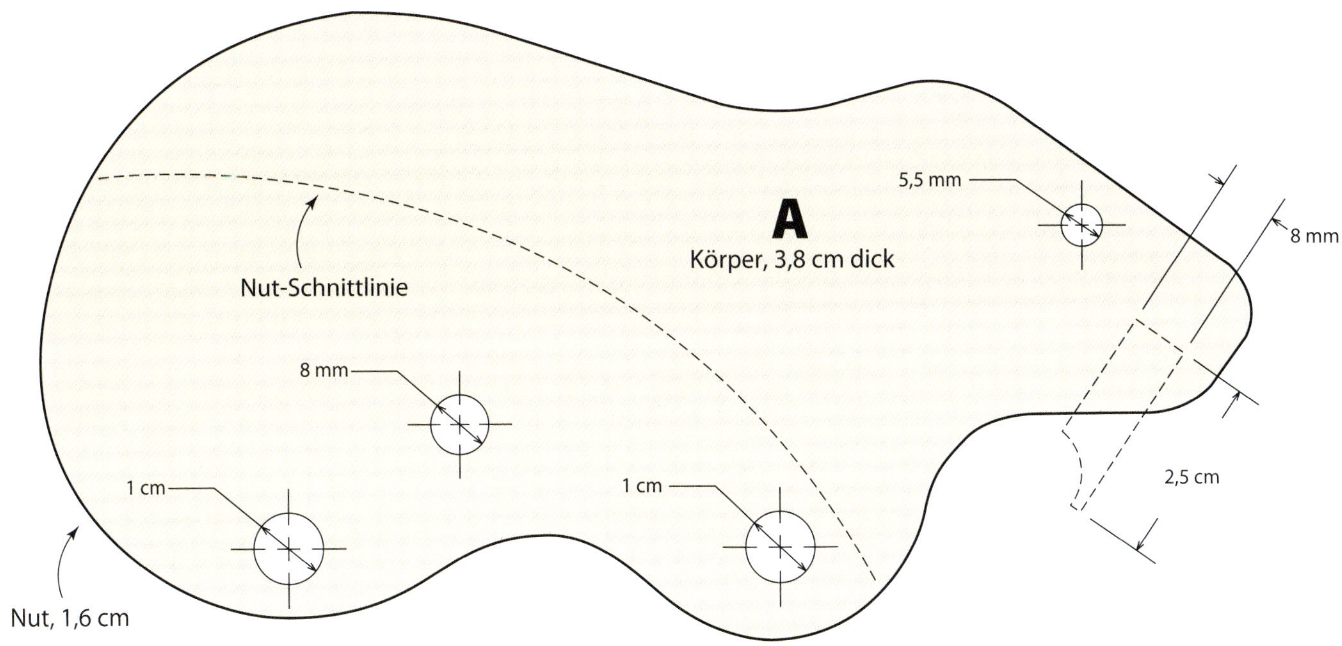

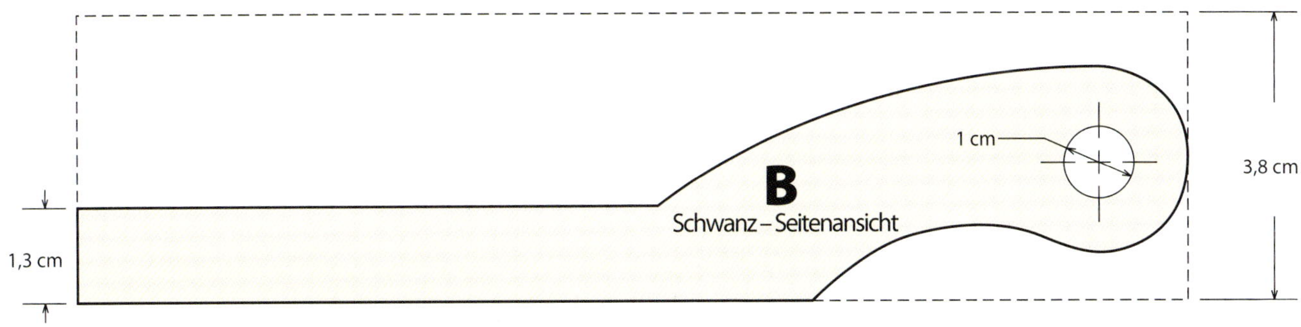

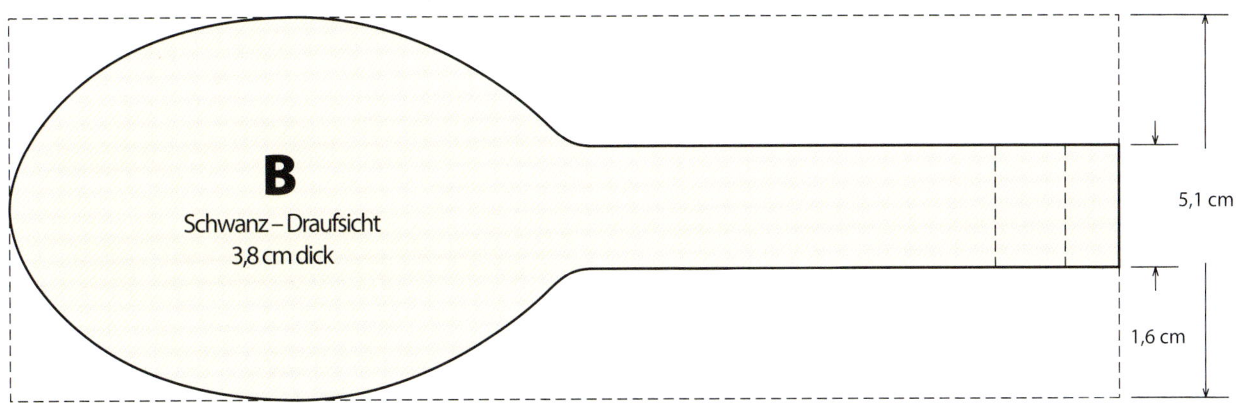

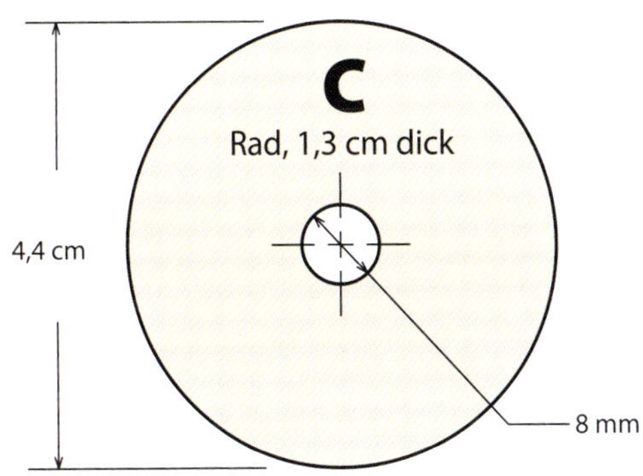

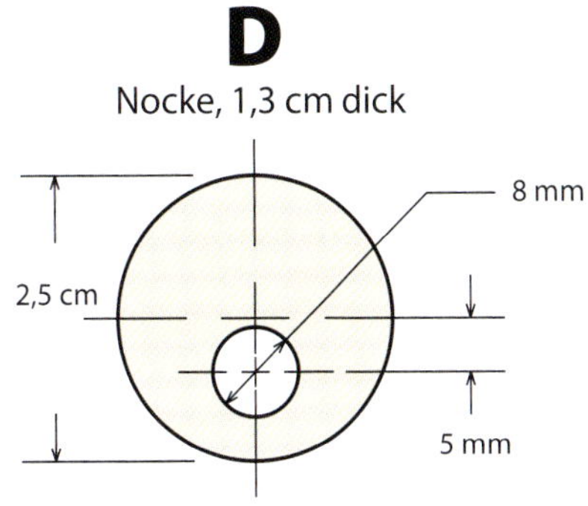

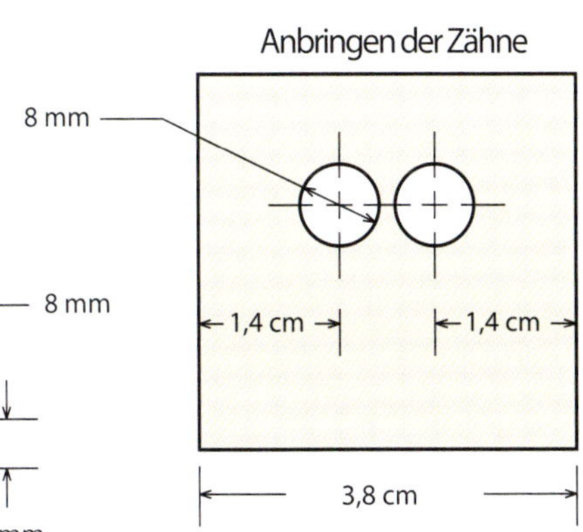

Vorlagen © David Wakefield

7 Sammy, der Seehund

Wenn Sie an der Schnur ziehen, erwacht die schlichte Tierform plötzlich zum Leben. Das typische Robben entsteht durch die versetzt angeordneten exzentrischen Räder. Die Drehbewegung der Flossen, die an den Enden der Vorderachse befestigt sind, verstärkt die Illusion.

Körper

Für den Körper des Seehundes können Sie so ziemlich jedes Holz wählen. Übertragen Sie die Körper-Vorlage auf einen 3,8 cm starken Rohling. Bohren Sie Achsen- und Augenlöcher.

Sägen Sie den Umriss des Körpers aus. Schleifen Sie die Kontur mit dem Kantenschleifer (Körnung 80). Dann schleifen Sie die Außenflächen mit dem stationären Bandschleifer (Körnung 80 und 120). Für die Bohrung im Nacken legen Sie den Körper auf den Bohrtisch der Standbohrmaschine und stützen Sie ihn mit einem Holzklotz, um das Loch (1,3 cm Durchmesser) im richtigen Winkel zu bohren. Drehen Sie den Körper um und stützen Sie ihn wieder, während Sie das 6-mm-Loch in die Brust bohren. Bohren Sie langsam; ziehen Sie den Bohrer immer wieder heraus und putzen Sie die Sägespäne aus dem Loch, bevor Sie vorsichtig in das hintere Loch durchbohren. Schleifen Sie die Körperkonturen mit dem Kantenschleifer (Körnung 120). Bearbeiten Sie alle Kanten mit der Oberfräse.

Nun übertragen Sie die Draufsicht-Vorlage für den Schwanz auf die Oberseite des Körpers. Schneiden Sie mit der Bandsäge die flachen seitlichen Einbuchtungen. Runden Sie die beiden Enden der Schwanzflosse ab. Behandeln Sie die soeben gesägten Bereiche mit dem Kantenschleifer, zuerst mit der Körnung 80, dann mit der Körnung 120. Glätten Sie die Übergänge zwischen den neu gesägten Bereichen und jenen Flächen, die Sie vorher schon mit dem Bandschleifer behandelt haben. Nun fixieren Sie den Seehund mit dem Schwanz nach oben in einem Schraubstock. Bearbeiten Sie die Kanten mit dem runden Raspel-Teil der vierfachen Kombi-Raspelfeile, bis sie wie die Fräskanten aussehen. Glätten Sie sie mit der Rundfeile und schleifen Sie die Ecken von Hand mit Schleifpapier der Körnung 80. Schleifen Sie alle Bereiche, die Sie mit Oberfräse oder Feile behandelt haben, von Hand mit Schleifpapier der Körnung 120. Schleifen Sie die gesägten Bereiche am Schwanz von Hand, zuerst mit der Körnung 80, dann mit der Körnung 120; arbeiten Sie dabei in Faserrichtung und entfernen Sie die von den Schleifgeräten herrührenden senkrechten Schleifspuren.

Flossen

Für die Flossen nehmen Sie ein festes Holz. Sägen Sie aus einem 1,6 cm starken Brett ein exaktes Quadrat

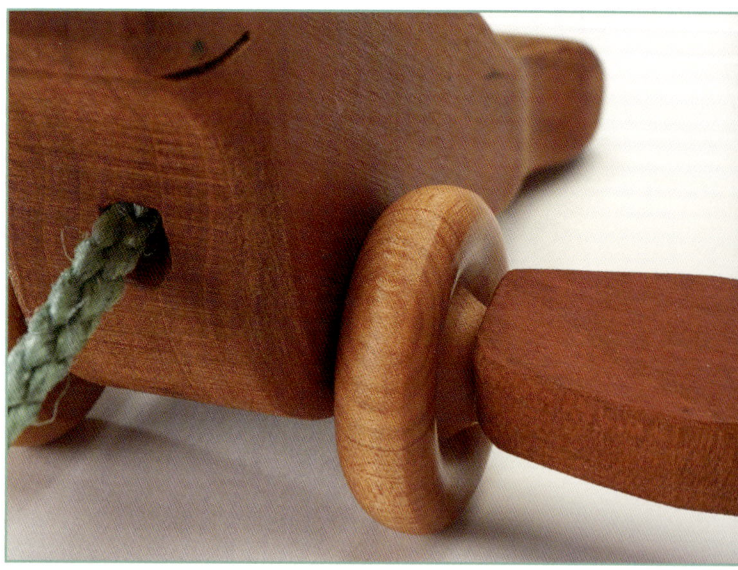

Durch die versetzt angeordneten exzentrischen Räder kippt der Seehund vor und zurück, wenn man ihn an der Schnur vorwärts zieht.

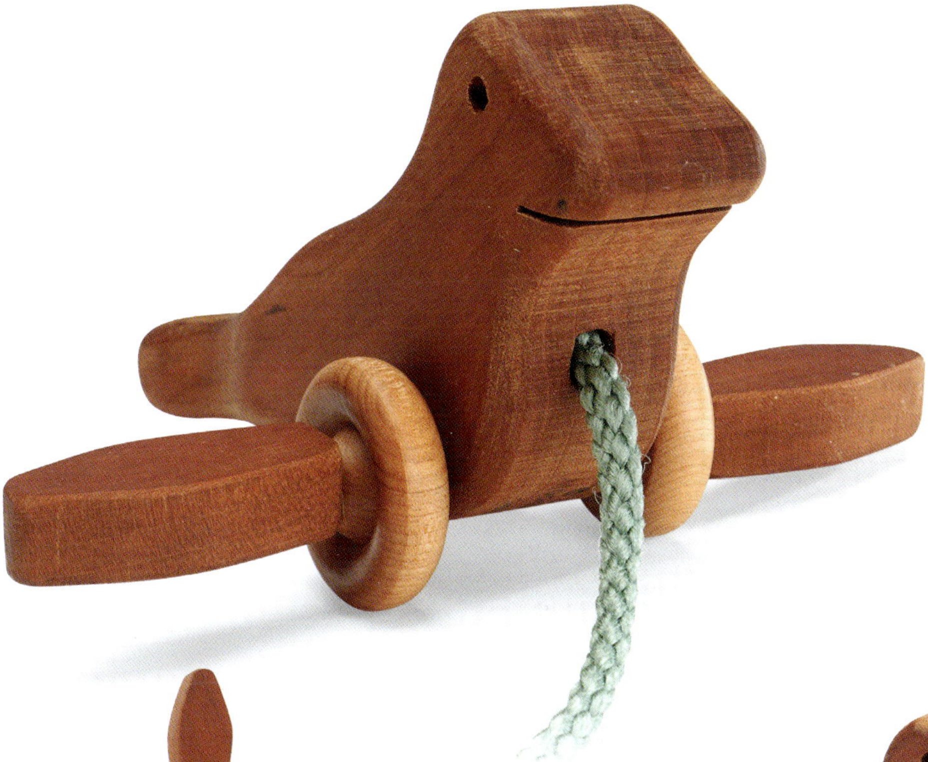

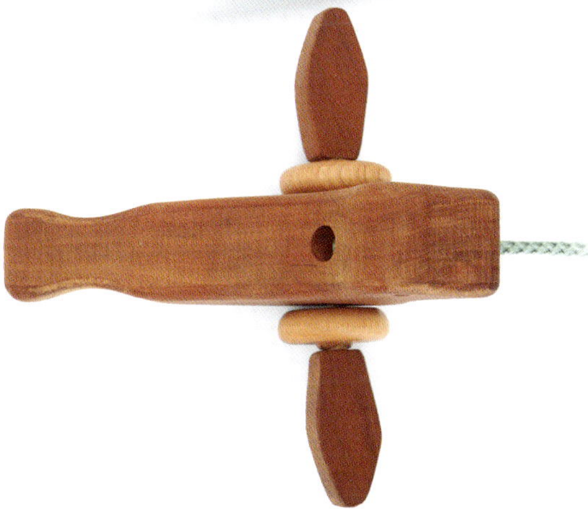

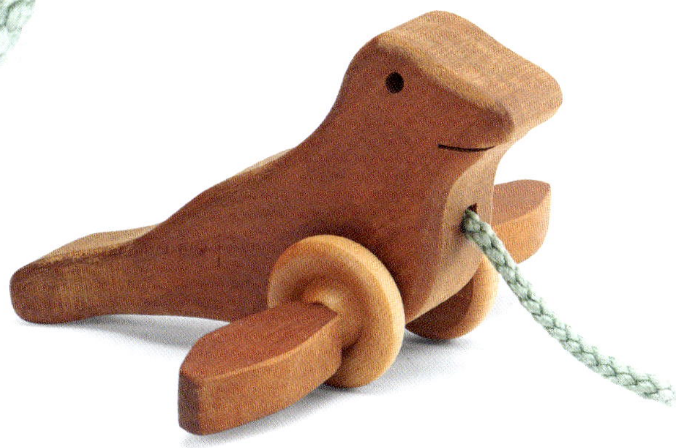

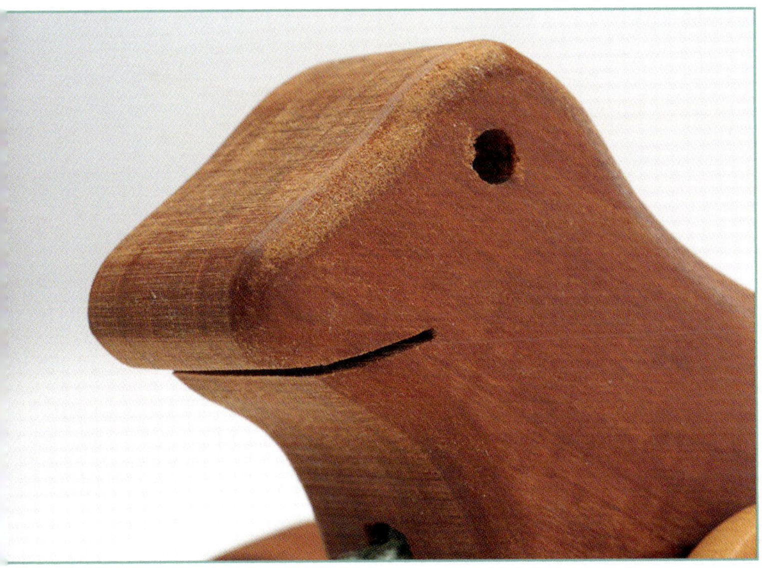

Details wie die Augenlöcher und der Maulschlitz mit dem verschmitzten Grinsen machen den Seehund noch lebendiger und sympathischer.

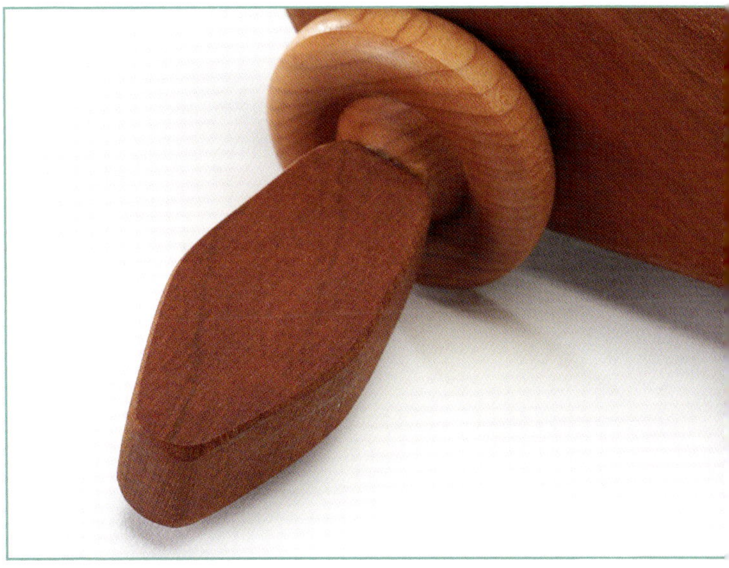

Die Flossen sind an der Achse befestigt und drehen sich zugleich mit den Rädern.

mit rechtwinkligen Kanten und Flächen aus. Übertragen Sie die Vorlagen für zwei Flossen so auf das Brett, dass die Faserrichtung der Länge nach verläuft. Achten Sie darauf, dass jenes Ende der Flossen, an dem Sie bohren wollen, bündig mit einer Hirnholzkante abschließt und dass die Oberfläche der Flossen mit dieser Hirnholzkante einen exakten rechten Winkel bildet (Abb. 7.1).

Markieren Sie mit einer Zentrierpunze oder einer Ahle die Position der 8,5-mm-Bohrlöcher. Um den Rohling während der Bohrung senkrecht zu halten, befestigen Sie ein rechtwinkliges Kantholz mit Klemmen auf dem Bohrtisch (Abb. 7.2). Ich bohre die Löcher etwas größer, damit sie beim Zusammenbau nicht ausbrechen. Wenn Sie keinen 8,5-mm-Bohrer haben, können Sie einen 8-mm-Bohrer nehmen und den Durchmesser des 8-mm-Dübels vor dem Zusammenbau durch Abschleifen reduzieren.

Räder

Da das exzentrische Achsloch den Mittelpunkt des Rades überlappt, müssen Sie das ursprüngliche Achsloch verdübeln und bündig abschleifen, bevor Sie das neue Achsloch bohren (siehe Seite 32, Abb. 3.10).

Zusammenbau

Geben Sie Leim in das Bohrloch an einer Flosse – nicht zu viel, sonst sitzt die Achse nicht richtig – und stecken Sie die Achse hinein. Stecken Sie ein Rad mit der Außenseite voran auf die Achse. Verteilen Sie etwas Leim auf der Achse neben der Flosse. Bringen Sie das Rad wie abgebildet in Position und schieben Sie es an die Flosse heran. Schieben Sie die Achse durch den Körper. Halten Sie die ganze Anordnung fest und geben Sie ein wenig Leim auf die Achse, und zwar etwas außerhalb von der Stelle, wo später das Rad sitzen wird. Beachten Sie den Abstand von 3 mm zwischen Rad und Körper. Bringen Sie – wieder mithilfe der Abbildungen – das zweite Rad in Position und stecken Sie es auf die Achse. Entfernen Sie mit einem geeigneten Schaber – z. B. einem Kartonstreichholz – den ausgetretenen Leim von der Radinnenseite. Geben Sie etwas Leim in das Loch an der Flosse. Richten Sie sie so aus, dass beide Flossen-Oberflächen genau parallel sind, und stecken Sie die Flosse auf die Achse.

Bevor der Leim trocknet, lassen Sie den Seehund probeweise ein Stückchen rollen und machen Sie etwaige notwendige Korrekturen. Wenn der Leim getrocknet ist, ölen Sie das fertige Spielzeug ein.

Ziehschnur

Fädeln Sie die Schnur durch das Loch. Machen Sie einen Überhandknoten in das Ende, das aus dem 1,3-cm-Loch heraussteht. Ziehen Sie die Schnur durch den Körper zurück, bis der Knoten am Boden des Loches sitzt. Nun befestigen Sie die Ziehkugel an der Schnur – fertig! Frohes Robben!

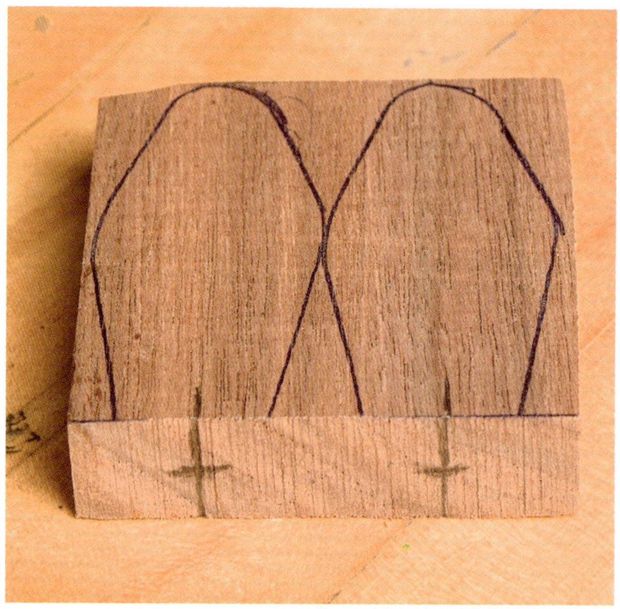

Abb. 7.1 Platzieren Sie die Vorlage so auf dem Holz, dass die Flossen-Oberfläche mit der Hirnholzkante einen exakten rechten Winkel bildet. Jenes Ende der Flossen, an dem Sie bohren wollen, muss bündig mit der Hirnholzkante abschließen.

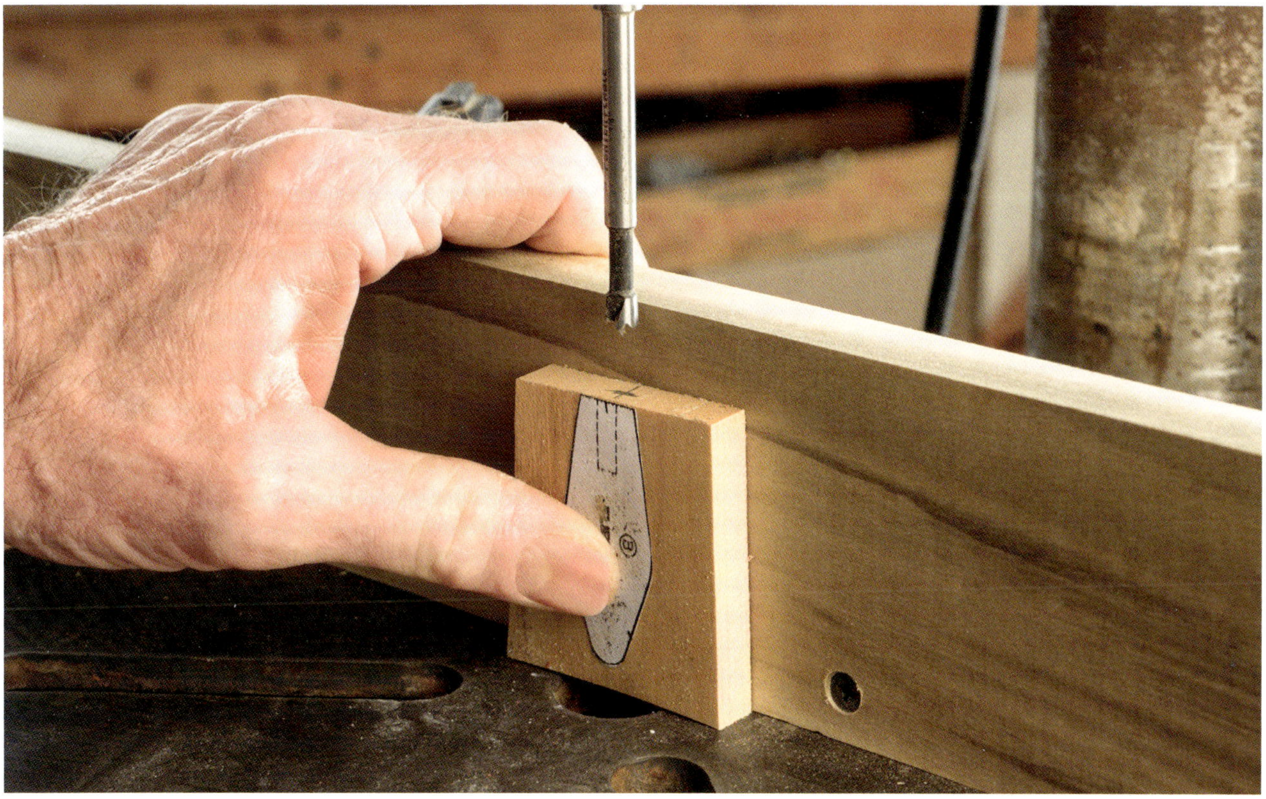

Abb. 7.2 Ein rechtwinkliges Kantholz dient dazu, die Rohlinge beim Bohren der 8,5-mm-Löcher senkrecht auf dem Bohrtisch zu halten.

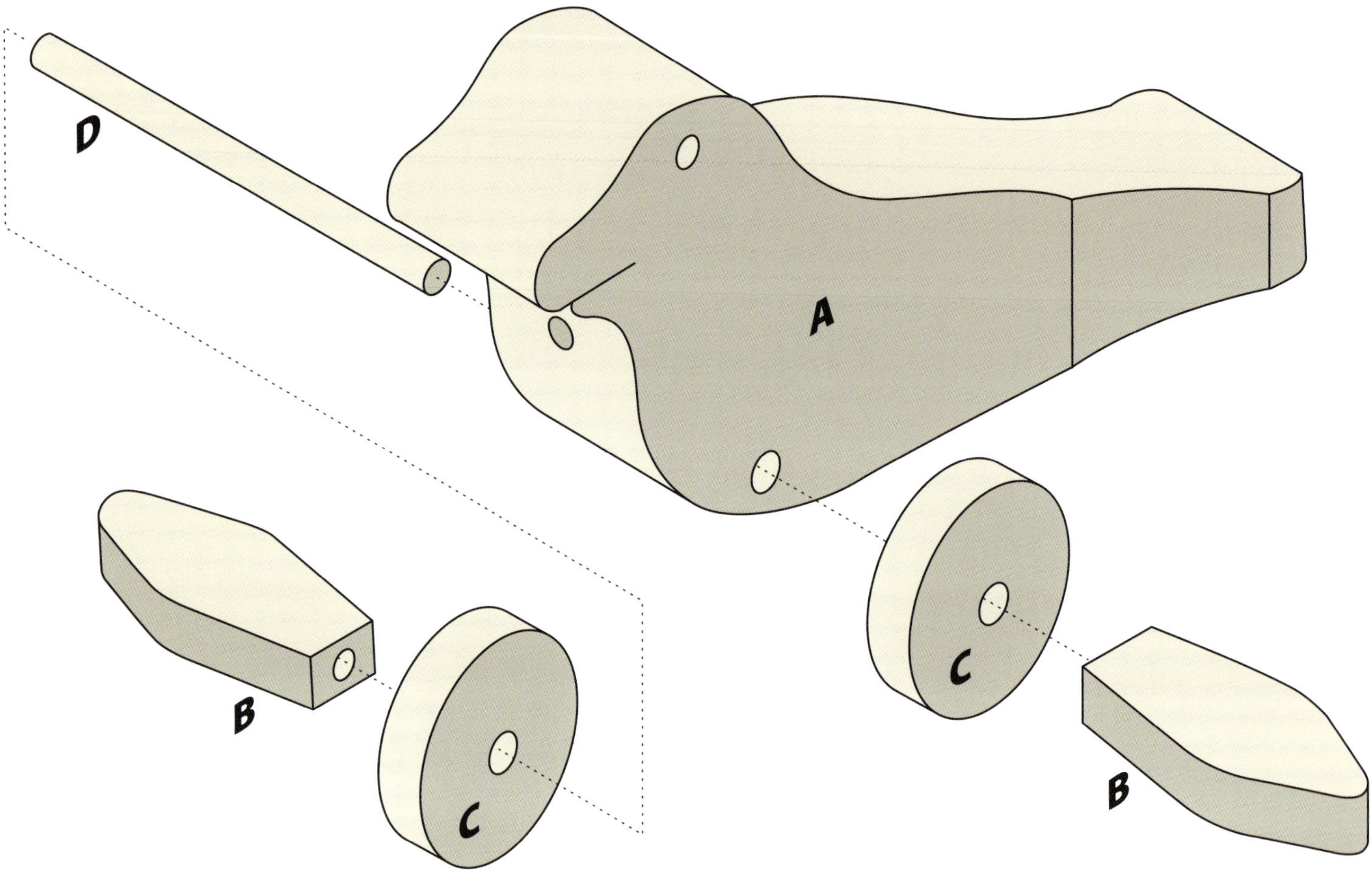

Vorlagen © David Wakefield

Alle Teile im Überblick

Teil	Bezeichnung	Anzahl	Stärke	Breite oder Durchmesser	Länge
A	Körper	1	3,8 cm	8,9 cm	21 cm
B	Flossen	2	1,6 cm	2,9 cm	6,3 cm
C	Räder	2	1,3 cm	4,4 cm Ø	–
D	Achse	1	–	8 mm Ø	7,3 cm
E	Ziehschnur	1	–	6 mm Ø	71 cm
F	Ziehkugel	1	–	2,5 cm Ø	–

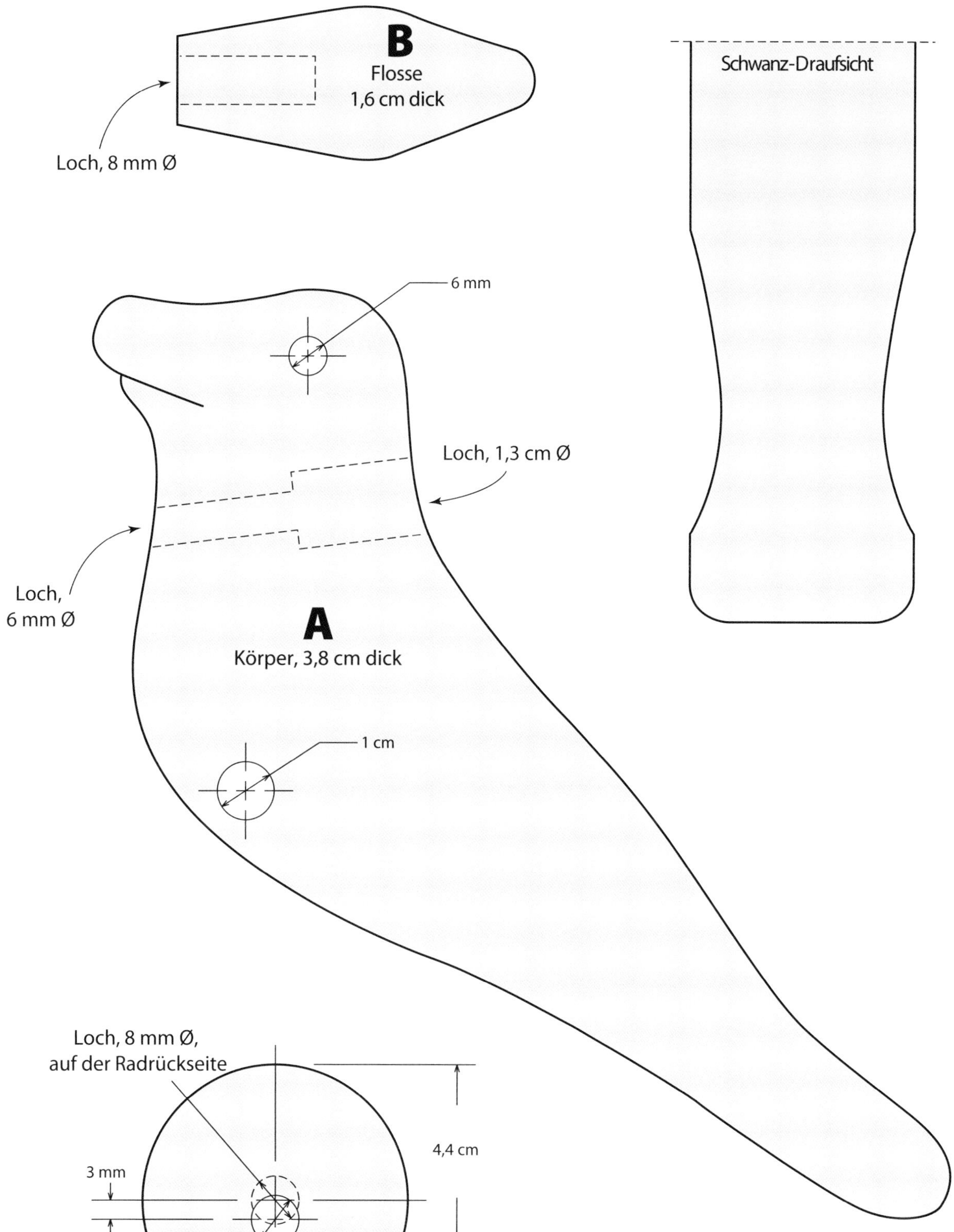

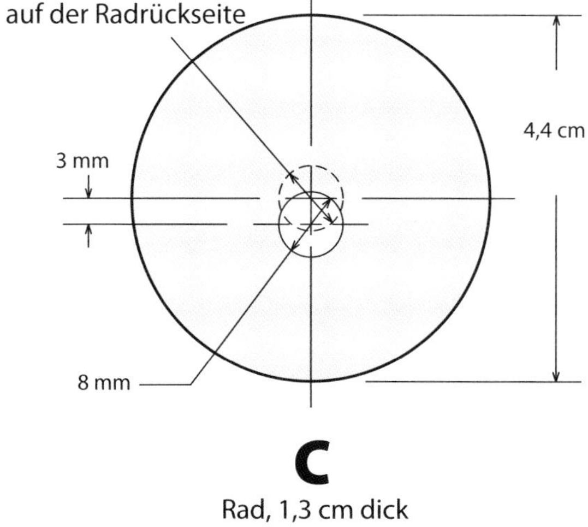

Vorlagen © David Wakefield

8 Emma, die Ente

Auch die Ente weckt mit ihrem Watschelgang unsere Sympathie. Zwei Bewegungsabläufe wirken dabei zusammen: Die Hinterräder haben exzentrische Achslöcher und sind um 180 Grad versetzt angeordnet; dadurch kippt die Ente zuerst auf die eine und dann auf die andere Seite. Gleichzeitig bugsieren die Dübel auf der Innenseite der Räder zuerst den einen und dann den anderen Schwimmfuß nach vorne.

Körper

Der Körper muss nicht besonders robust sein, daher können Sie auch weniger feste Hölzer, wie Pappel, nehmen. Übertragen Sie die Vorlage für den Körper auf einen geeigneten Rohling. Bohren Sie die Löcher für Augen, Achsen und Kopfdübel.

Sägen Sie den Umriss mit der Bandsäge aus. Zum Bohren der großen Aussparung für das Vorderrad platzieren Sie den Entenkörper im richtigen Winkel auf dem Bohrtisch der Standbohrmaschine und fixieren Sie ihn mit Klemmen und Restholzklötzen, während Sie das vordere der beiden 1,9-cm-Löcher bohren. Wenn Sie einen Multi-Spur-Bohrer haben, können Sie das Loch auf volle Tiefe bohren, das Werkstück für das zweite Loch in Position bringen und dieses ebenso bohren.

Auch wenn Sie mit einem Flachbohrer arbeiten, bohren Sie zunächst das erste Loch auf volle Tiefe. Dann bringen Sie das Werkstück in Position für das zweite Loch, hören aber zu bohren auf, bevor Sie in das erste Loch durchbrechen. Sonst könnte sich der Bohrer verhaken, das Werkstück ruckartig bewegen und sich sogar verbiegen. Stemmen Sie das restliche Abfallholz mit dem Stemmeisen heraus. Nehmen Sie die vierfache Kombi-Raspelfeile, um das Innere der Aussparung zu glätten und ihren Rand abzurunden. Schleifen Sie die Ränder und die Seitenwände der Aussparung von Hand mit Schleifpapier der Körnung 80. Dann schleifen Sie den Rand nochmals von Hand mit der Körnung 120. Beim Bohren des Loches für die Ziehschnur fixieren Sie den Entenkörper wie vorher auf dem Bohrtisch und bohren Sie zuerst das 1,3-cm-Loch. Dann bringen Sie den Körper mit der Brust nach oben in Position und bohren Sie vorsichtig das 6-mm-Loch, bis es in das 1,3-cm-Loch durchbricht.

Schleifen Sie den Körper mit dem stationären Bandschleifer (zuerst Körnung 80, dann 120). Dann behandeln Sie die Kontur mit dem Kantenschleifer (Körnung 80). Die Kehle und den Nacken müssen Sie von Hand oder mit einer Schleiftrommel schleifen.

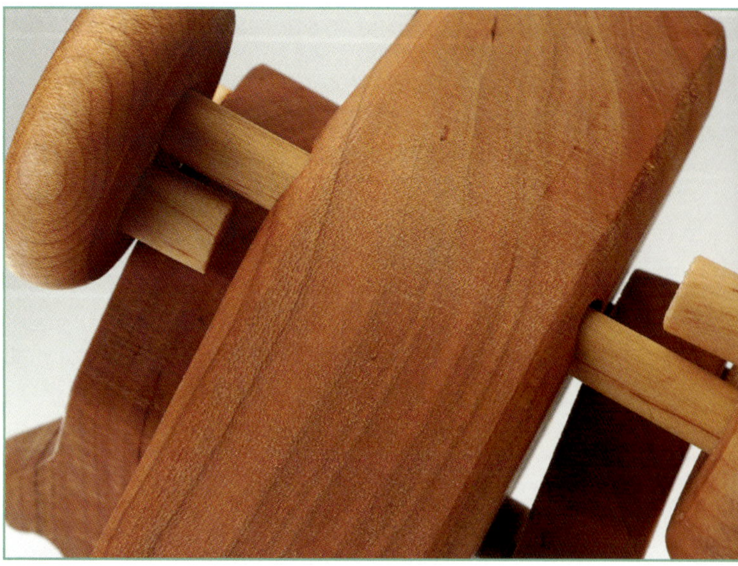

Die Dübel an den Rädern sind versetzt angeordnet, sodass immer einer oben und einer unten ist. Dadurch werden die Beine nacheinander bewegt und es sieht aus, als ob die Ente läuft.

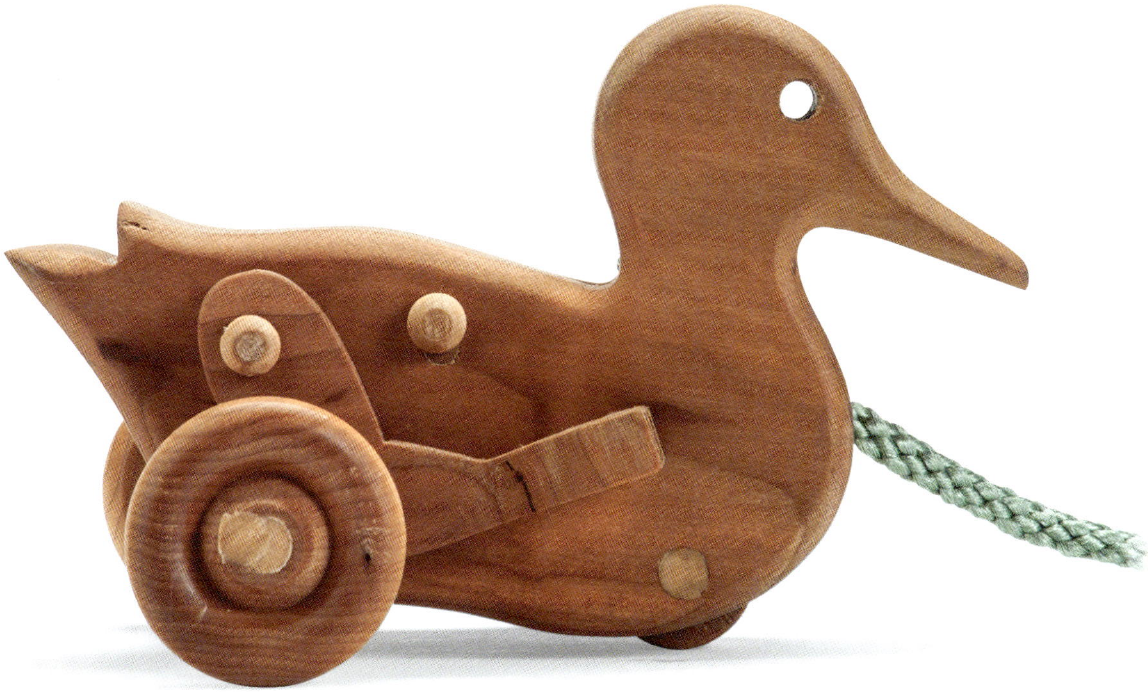

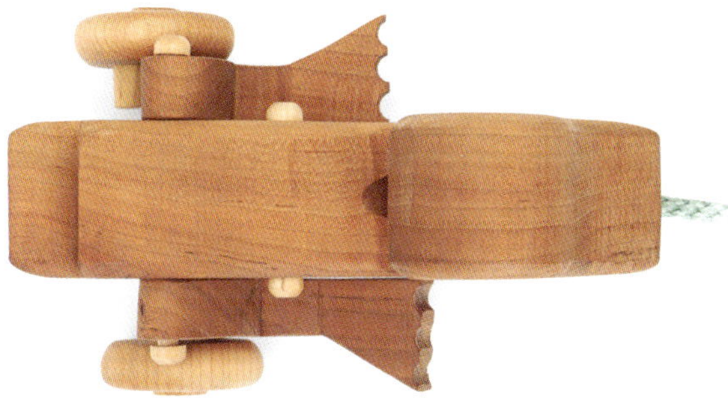

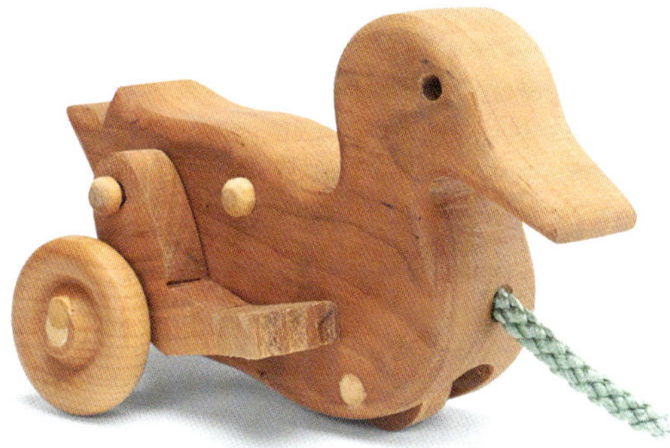

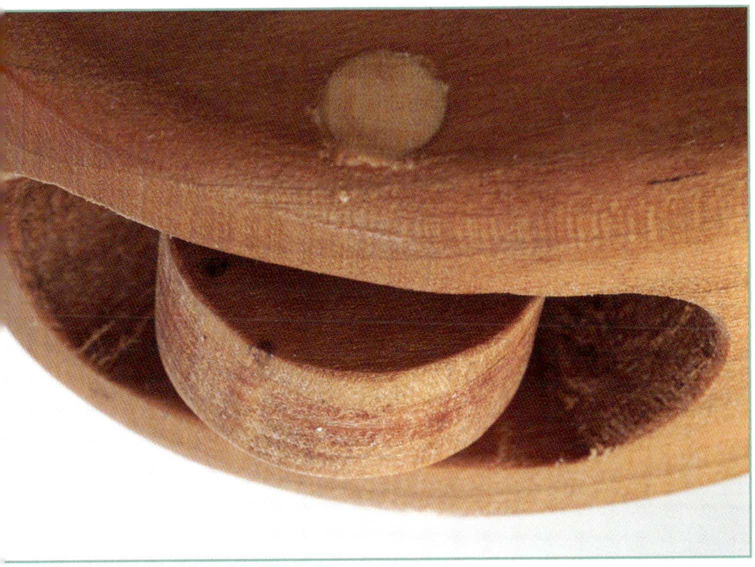

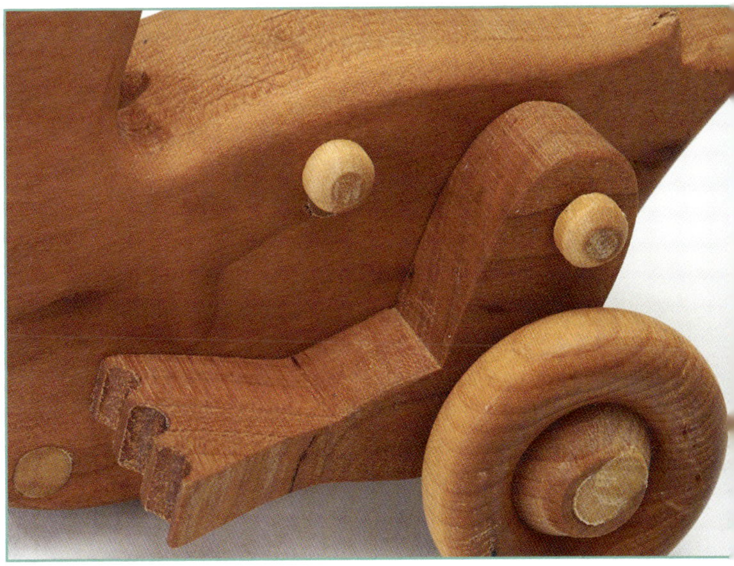

Das Vorderrad ist in einer Aussparung versteckt, die in die Vorderseite des Körpers hineingebohrt wird.

Die Beine der Ente schwingen an Kopfdübeln vor und zurück.

Nun bearbeiten Sie die gesamte Kontur mit der Oberfräse, mit Ausnahme der Kanten auf beiden Seiten der Aussparung für das Vorderrad. Runden Sie diese Kanten mit der vierfachen Kombi-Raspelfeile und mit Schleifpapier ab. Behandeln Sie den Körper noch einmal mit dem Kantenschleifer (Körnung 120) und schleifen Sie die Kehle und den Nacken von Hand. Schleifen Sie alle Fräskanten von Hand mit Schleifpapier der Körnung 80, um rauhe Stellen, Brandspuren oder Splitter zu entfernen. Schleifen Sie alle diese Kanten nochmals von Hand mit der Körnung 120.

Beine

Die Beine sollten aus festem Holz gearbeitet werden, damit der Vorderteil der Füße mit den Schwimmhäuten nicht abbricht. Platzieren Sie die Vorlage auf zwei geeigneten Rohlingen. Markieren Sie die Bohrlöcher mit Ahle und Hammer, damit Sie nicht durch die Papiervorlage bohren müssen. Sägen Sie die Umrisse mit der Bandsäge aus. Entfernen Sie die Papiervorlage und bohren Sie die 7-mm-Löcher für die Kopfdübel in beide Beine.

Nun legen Sie die Draufsicht-Vorlagen auf die Oberseite der Beine und markieren Sie die Bohrlöcher mit Ahle und Hammer. Nehmen Sie die Papiervorlagen ab und bohren Sie die 8-mm-Löcher in beide Füße. Schneiden Sie das Abfallholz von den Enden der Schwimmfüße ab (= „halbieren" Sie die soeben gebohrten Löcher, sodass die Schwimmzehen übrigbleiben). Nun spannen Sie zuerst den einen, dann den anderen Fuß in einen Schraubstock ein und führen Sie die letzten beiden Schnitte an jedem Fuß mit einer Feinsäge aus (Abb. 8.1 und 8.2).

Behandeln Sie die Kontur und die Oberfläche der Beine mit dem Kantenschleifer (zuerst Körnung 80, dann 120). Glätten Sie die Schwimmzehen mit einer Rundfeile und einem mit Schleifpapier umwickelten Dübel. Schleifen Sie alle faserigen Kanten von Hand mit Schleifpapier der Körnung 120. Damit sind die Beine fertig.

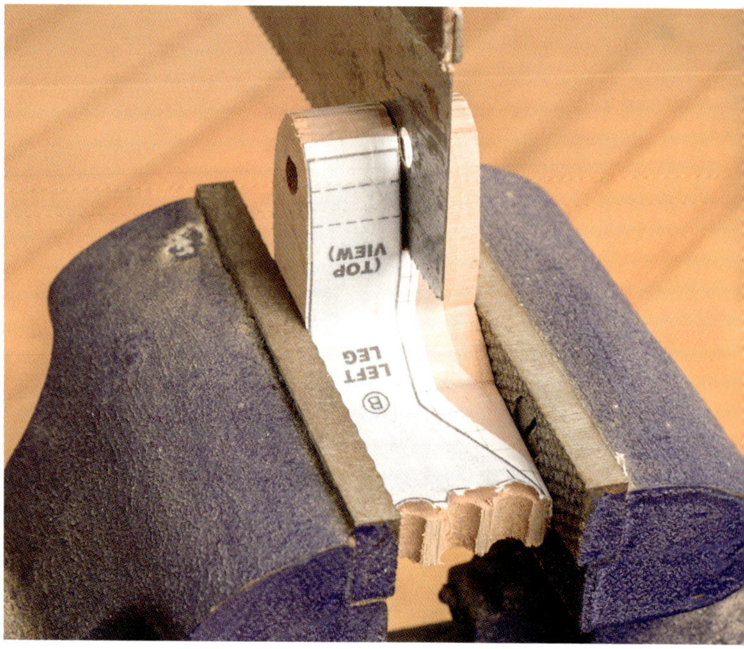

Abb. 8.1 Sägen Sie die Beine mit einer Feinsäge oder Zinkensäge aus.

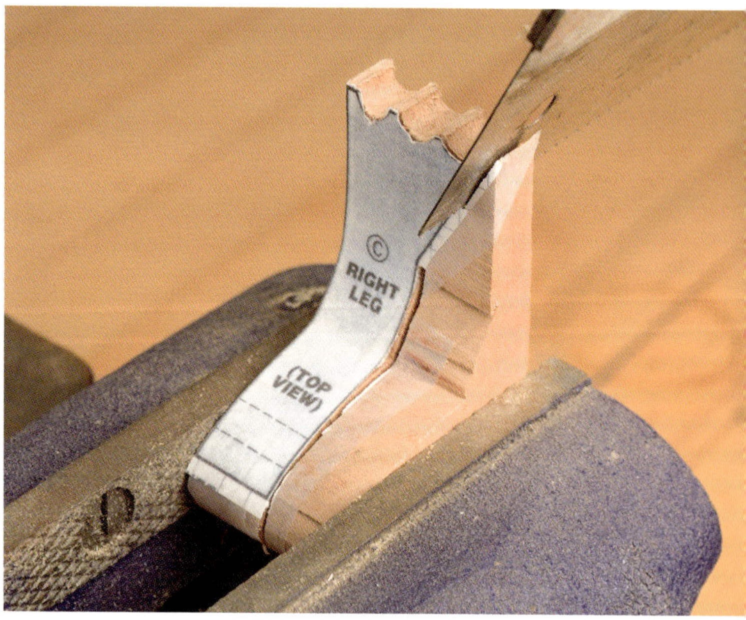

Abb. 8.2 So führen Sie den zweiten Schnitt.

Räder

Sägen Sie mit der Lochsäge das Vorderrad aus einem 1,3 cm dicken Brett aus. Vergrößern Sie das Achsloch auf 8 mm Durchmesser. Ich halte dazu das Rad mit einer Gripzange und schütze es mit einem Stück Stoff, damit die Oberfläche nicht von der Gripzange beschädigt wird und das Rad nicht verrutscht. Entfernen Sie mit dem Kantenschleifer alle rauhen Stellen, die die Lochsäge hinterlassen hat, und alle Brandspuren. Behandeln Sie das Rad mit dem stationären Bandschleifer (Körnung 80). Nun ist es fertig für den Zusammenbau.

Bei den Hinterrädern (4,4 cm Durchmesser) verdübeln Sie die bestehenden Achslöcher und bohren Sie die neuen 8-mm-Löcher für die exzentrische Achse. Dann bohren Sie die Löcher für die 1 cm starken Dübel (siehe Seite 32, Abb. 3.9 und 3.10). Leimen Sie die Dübel in die Löcher. Achten Sie darauf, dass die Dübel senkrecht zur Innenfläche des Rades stehen (Abb. 8.3).

Zusammenbau

Spannen Sie den Entenkörper mit dem Bauch nach oben in den Schraubstock, sodass der Bereich des vorderen Achslochs frei zugänglich ist. Verteilen Sie Leim in dem 8-mm-Bohrloch auf der hinteren (von Ihnen abgewandten) Seite. Bringen Sie das Rad in Position und treiben Sie die – mit etwas Überlänge zugeschnittene – Vorderachse durch das Ihnen zugewandte Achsloch und das Rad, bis sie beginnt, in das mit Leim bestrichene Loch auf der Hinterseite vorzudringen. Nun verteilen Sie eine dünne Leimschicht auf dem Ihnen zugewandten, vorstehenden Ende der Achse. Treiben Sie die Achse ganz durch, sodass sie auf beiden Seiten etwas vorsteht. Lassen Sie den Leim trocknen und schleifen Sie beide Enden der Achse mit dem Bandschleifer (Körnung 120) bündig ab. Leimen Sie jene beiden Kopfdübel, die ein zu weites Ausschlagen der Beine verhindern sollen (Stopper), in die dafür vorgesehenen Löcher an den Seiten des Körpers.

Befestigen Sie die Beine mit Leim und Kopfdübeln an der jeweils richtigen Körperseite. Nehmen Sie den Abstandsmesser zu Hilfe (siehe Seite 39, Abb. 3.13).

Leimen Sie die Hinterachse an einem der Hinterräder an; achten Sie darauf, dass der 1-cm-Dübel nach innen zeigt. Schieben Sie die Achse durch den Körper. Geben Sie Leim in das Achsloch am anderen Hinterrad. Richten Sie das Rad so aus, dass die 1 cm starken Dübel einander diagonal gegenüberstehen (einer unten, einer oben), und hämmern Sie das Rad auf die Achse. Wenn der Leim trocken ist, schleifen Sie die Enden der Achsen mit dem Kantenschleifer ab.

Ölen Sie die Ente ein. Wenn das Öl trocken ist, befestigen Sie die Ziehschnur. Emma ist bereit, auf ihren Watschelfüßen durch die Kinderfantasie zu spazieren!

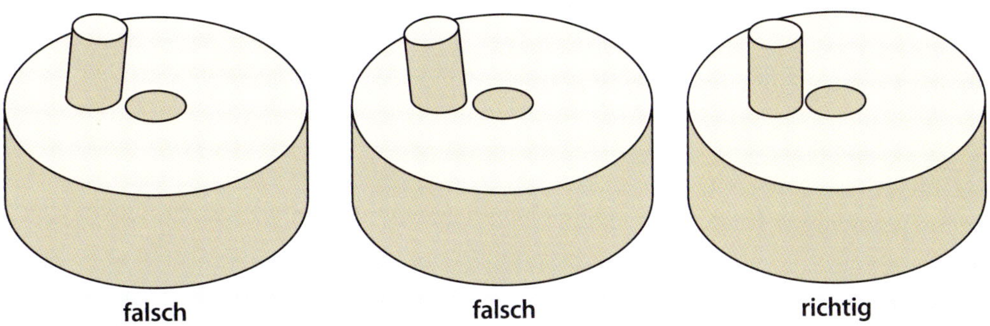

Abb. 8.3 Achten Sie darauf, dass die Dübel senkrecht zur Innenfläche des Rades stehen.

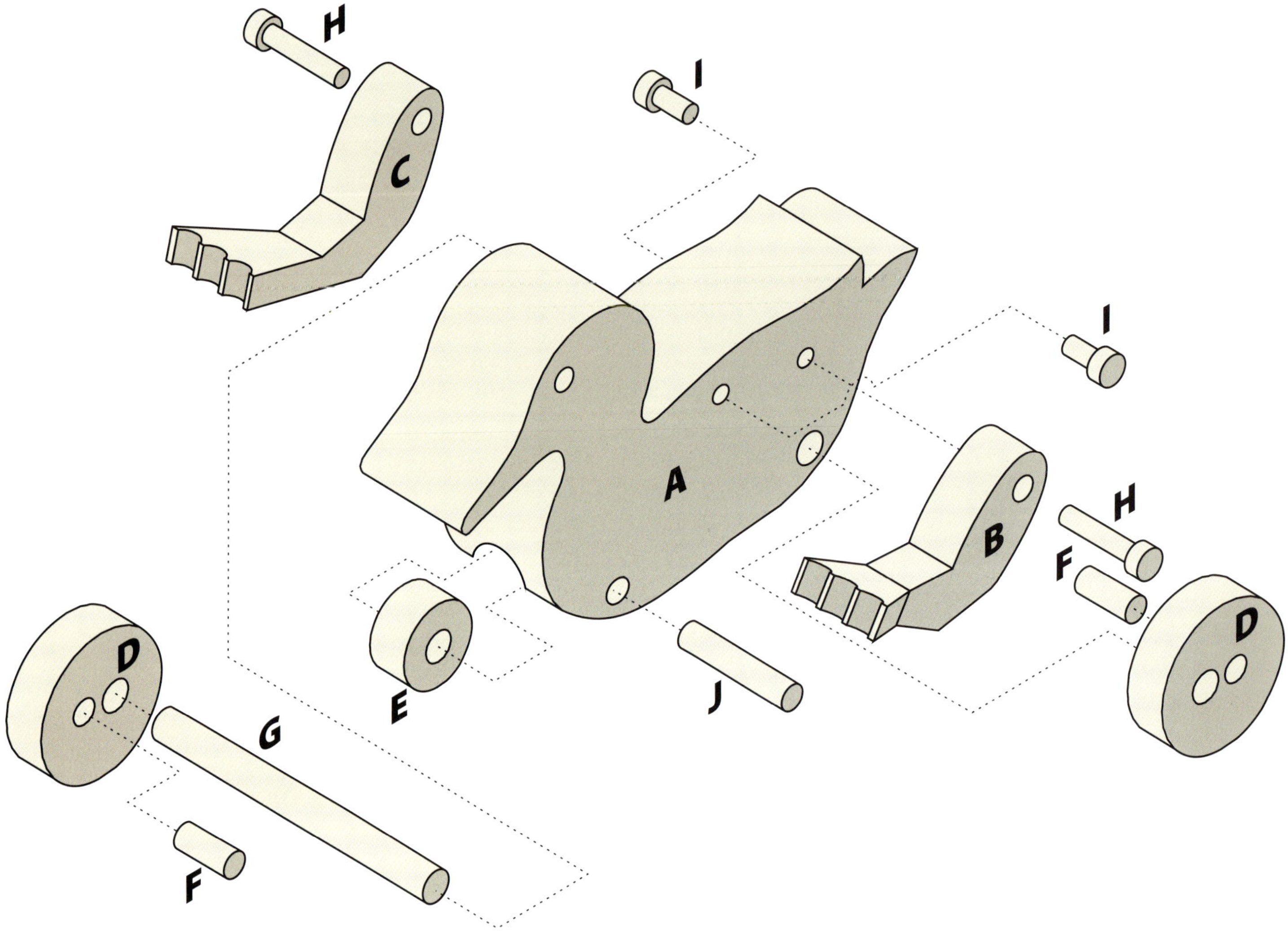

Vorlagen © David Wakefield

Alle Teile im Überblick

Teil	Bezeichnung	Anzahl	Stärke	Breite oder Durchmesser	Länge
A	Körper	1	3,8 cm	10,2 cm	17,8 cm
B	linkes Bein	1	3,2 cm	3,8 cm	8,3 cm
C	rechtes Bein	1	3,2 cm	3,8 cm	8,3 cm
D	Hinterräder	2	1,3 cm	4,4 cm Ø	–
E	Vorderrad	1	1,3 cm	2,5 cm Ø	–
F	Dübel am Hinterrad	2	–	1 cm Ø	1,9 cm
G	Hinterachse	1	–	8 mm Ø	7,3 cm
H	Kopfdübel für die Beine	2	–	5,5 mm Ø	2,7 cm
I	Kopfdübel als Stopper	2	–	5,5 mm Ø	1,6 cm
J	Vorderachse	1	–	8 mm Ø	3,8 cm
K	Ziehschnur	1	–	6 mm Ø	71 cm
L	Ziehkugel	1	–	2,5 cm Ø	–

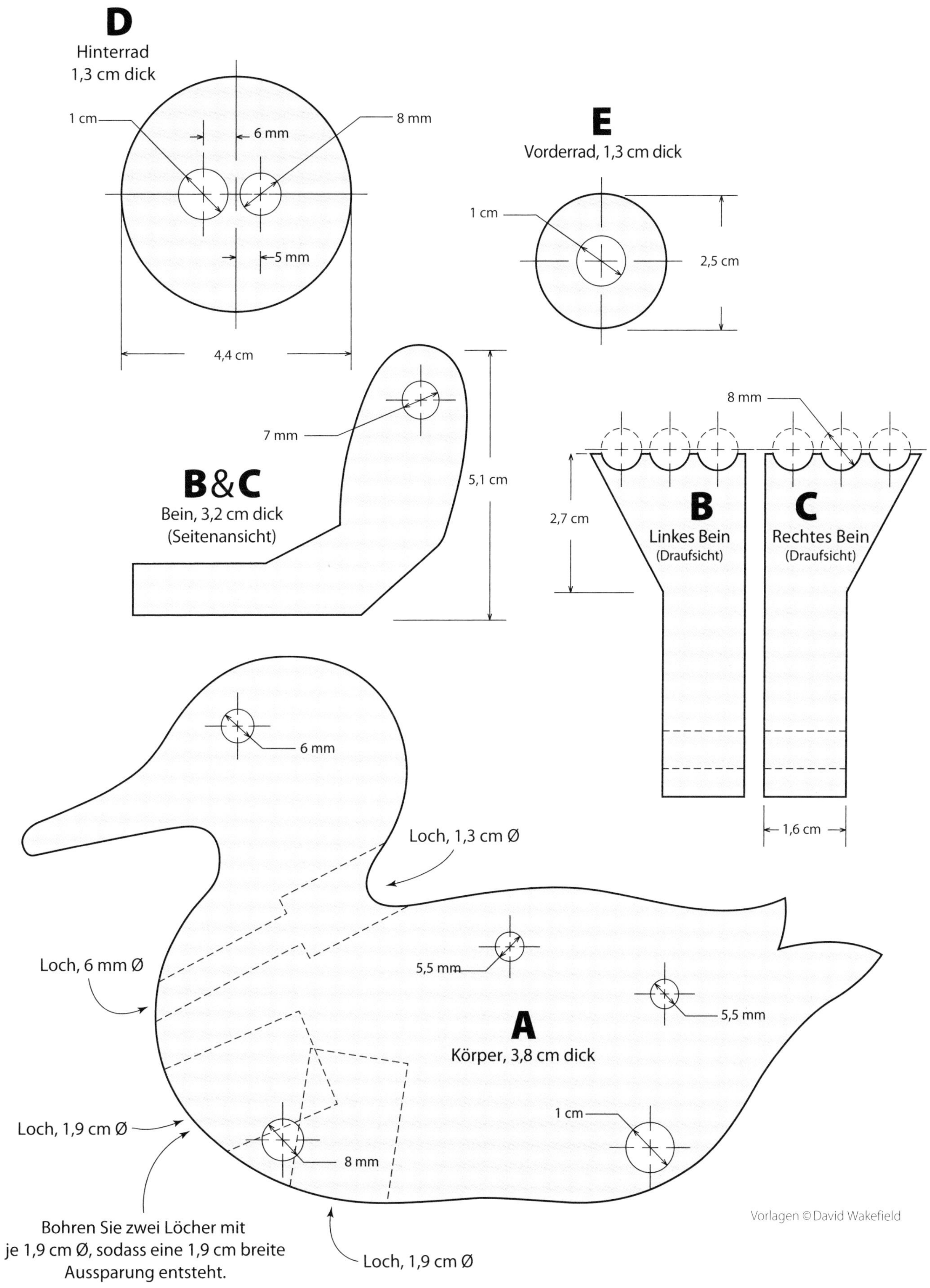
D
Hinterrad
1,3 cm dick
1 cm
8 mm
6 mm
5 mm
4,4 cm
E
Vorderrad, 1,3 cm dick
1 cm
2,5 cm
7 mm
B&C
Bein, 3,2 cm dick
(Seitenansicht)
5,1 cm
8 mm
2,7 cm
B
Linkes Bein
(Draufsicht)
C
Rechtes Bein
(Draufsicht)
1,6 cm
6 mm
Loch, 1,3 cm Ø
Loch, 6 mm Ø
5,5 mm
5,5 mm
A
Körper, 3,8 cm dick
1 cm
Loch, 1,9 cm Ø
8 mm
Bohren Sie zwei Löcher mit
je 1,9 cm Ø, sodass eine 1,9 cm breite
Aussparung entsteht.
Loch, 1,9 cm Ø

9 Stani, das Stinktier

Das Stinktier ist meine allerneueste Kreation. Den Mechanismus, auf dem es beruht, habe ich erst bei einem einzigen Spielzeug eingesetzt, beim Hadrosaurus in meinem zweiten Buch. Am unteren Ende des Schwanzes befindet sich eine Gabel, die die Nocke an der Hinterachse umfasst und für sämtliche Bewegungen des buschigen Schwanzes verantwortlich ist. An dem kontrastierenden Mittelstreifen und der berühmt-berüchtigten, drohenden Schwanzbewegung ist der Skunk eindeutig zu erkennen. Sie wissen ja: Wenn sich der Schwanz aufrichtet, heißt es blitzartig in Deckung gehen!

Körper

Übertragen Sie die Seitenteile des Körpers auf ein 1 cm starkes Brett. Walnussholz scheint die logische Wahl zu sein; wichtig ist aber nur der Kontrast zum Mittelstreifen. Die Löcher werden erst gebohrt, wenn Sie den Körper zusammengebaut haben. Sägen Sie die beiden Seitenteile aus und schneiden Sie dabei etwa 3 mm außerhalb der gesamten Umrisslinie. Der exakte Umriss wird nach dem Zusammenbau ausgesägt. Markieren Sie Anfang und Ende des hellen Streifens an den Seitenteilen, damit die Teile richtig zusammengeleimt werden.

Platzieren Sie die Vorlagen für die beiden Mittelstücke so auf dem Rohling, dass die Faserrichtung von der Nase zum Schwanz verläuft. Das Mittelstück, das den hellen Streifen bildet (aus Ahorn, Stechpalme, Pappel, Esche oder einer ähnlichen Holzart), muss genau 6,4 cm stark sein; die Endflächen müssen gerade und genau parallel gesägt sein, damit sich die Teile exakt verleimen lassen. Ich verwende dazu die Radialarmsäge, Sie können aber auch die Bandsäge nehmen und die Klebeflächen mit dem stationären Bandschleifer begradigen. Halten Sie dabei die Teile unbedingt genau senkrecht an das Schleifband, sodass die Kanten rechte Winkel bilden und sich gut verleimen lassen. Leimen und klemmen Sie die beiden Mittelstücke mit den Schmalseiten zusammen (Abb. 9.1).

Wenn der Leim trocken ist, schleifen Sie die Anordnung mit dem stationären Bandschleifer leicht ab, um überschüssigen Leim zu entfernen. Begradigen Sie beide Seiten der Anordnung, damit sie als Mittelschicht zwischen den beiden Körper-Seitenteilen festgeleimt werden kann. Nun verteilen Sie Leim auf beiden Seiten der Anordnung und legen Sie sie auf einen Seitenteil. Platzieren Sie dabei den hellen Teil (= Streifen) genau entsprechend den Markierungen auf dem Seitenteil. Legen Sie den zweiten Seitenteil darauf und achten Sie dabei wieder auf die Markierungen. Fixieren Sie diese Anordnung mit mindestens 4 Klemmen (dabei dürfen die Teile nicht verrutschen!).

Wenn der Leim getrocknet ist, sägen Sie den „richtigen“ Umriss des Körpers präzise aus. Bohren Sie sämtliche Löcher in die Körper-Seitenteile. Nun bohren Sie mit der Standbohrmaschine die Löcher für die Ziehschnur. Platzieren Sie den Körper mit der Unterseite

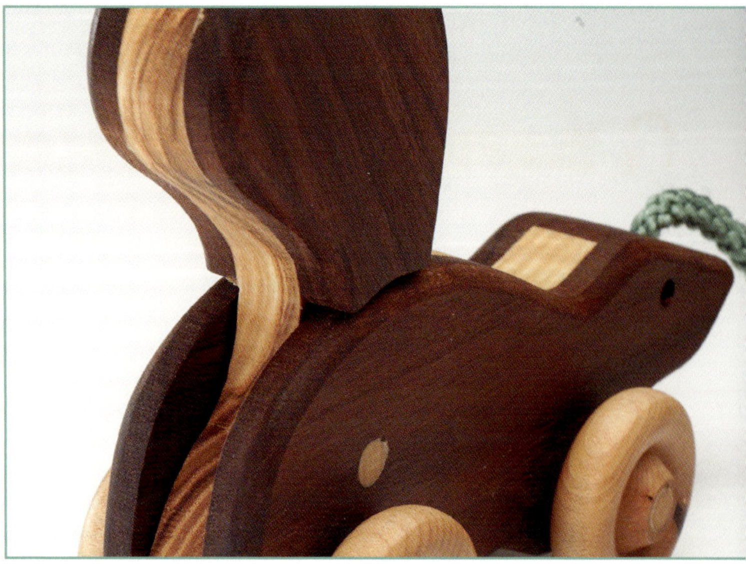

Durch die auffällig kontrastierenden Holzfarben sieht jede Schwanzbewegung noch effektvoller aus.

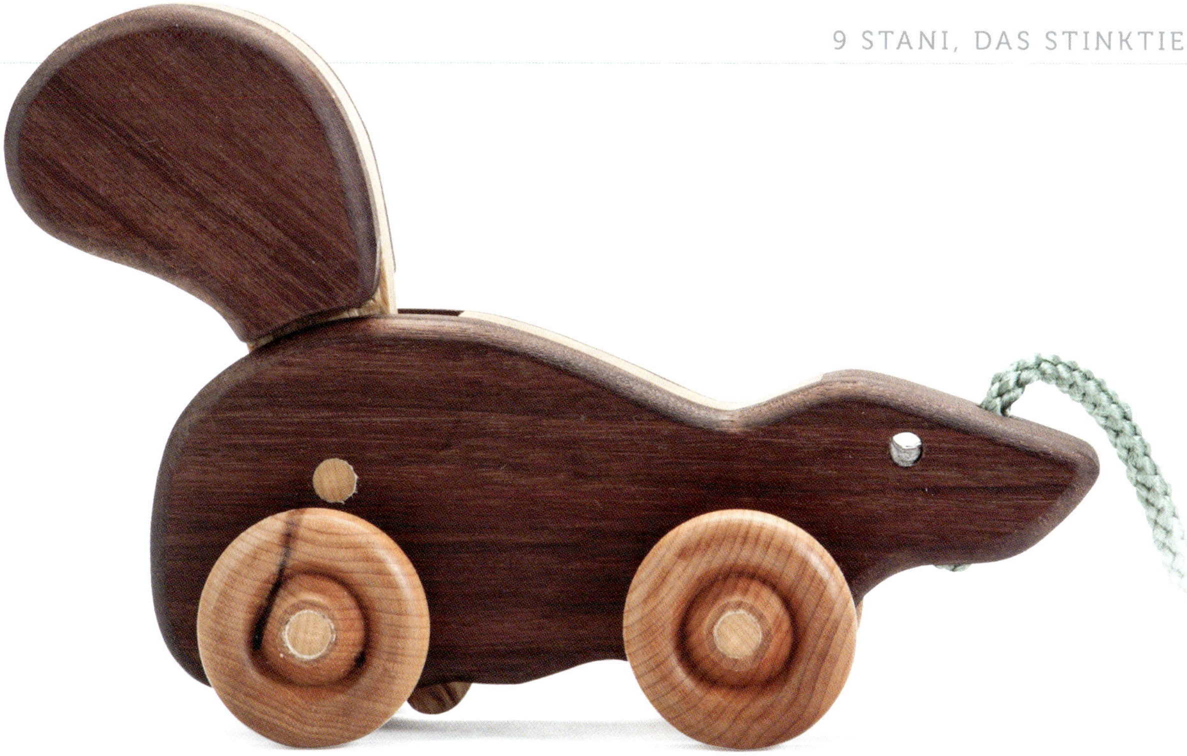

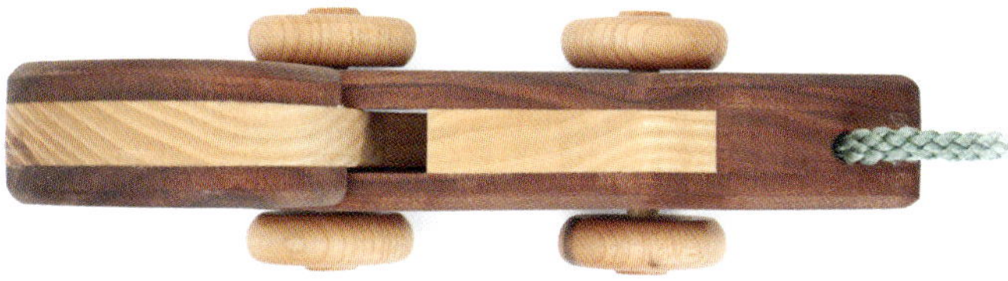

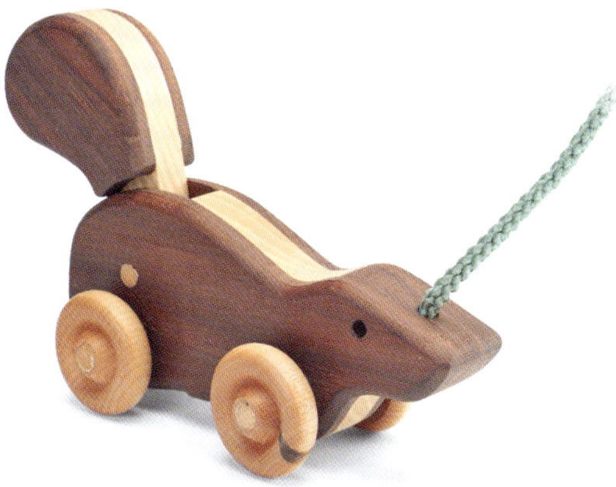

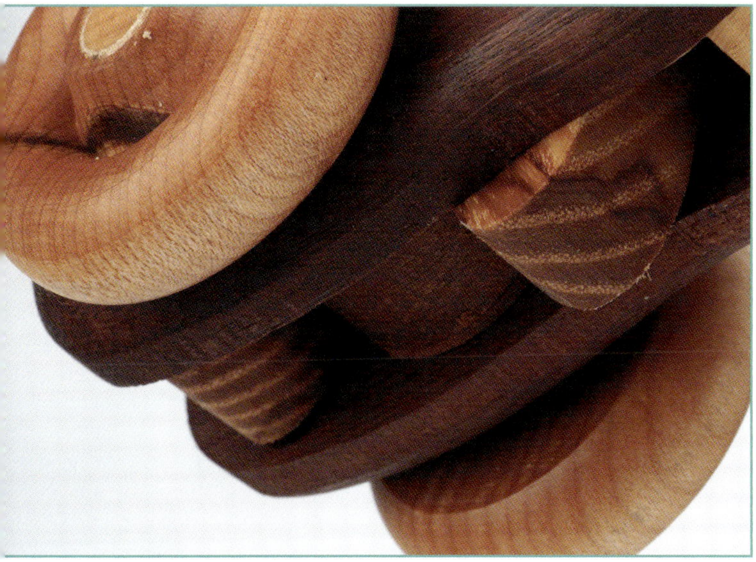

Die Nocke dreht sich mit der Hinterachse und bewegt den Schwanz auf und ab.

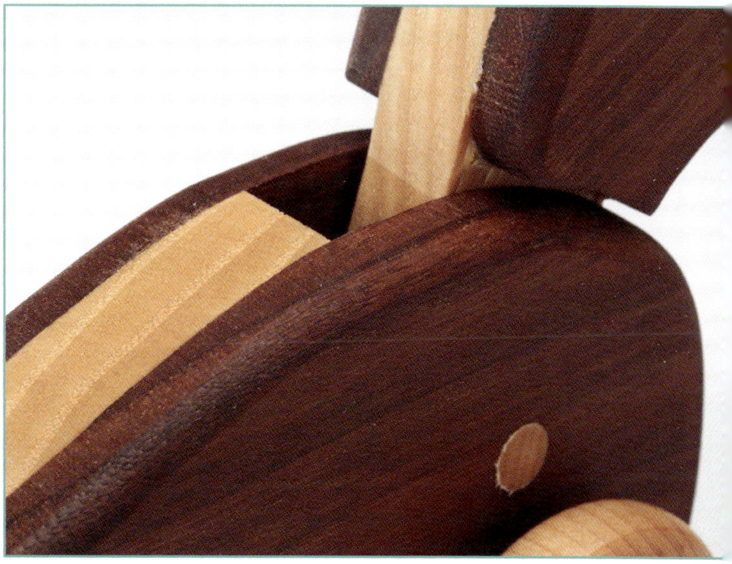

Der Mittelteil des Körpers ist kürzer als die beiden Seitenteile. Dadurch hat der Schwanz genügend Bewegungsspielraum.

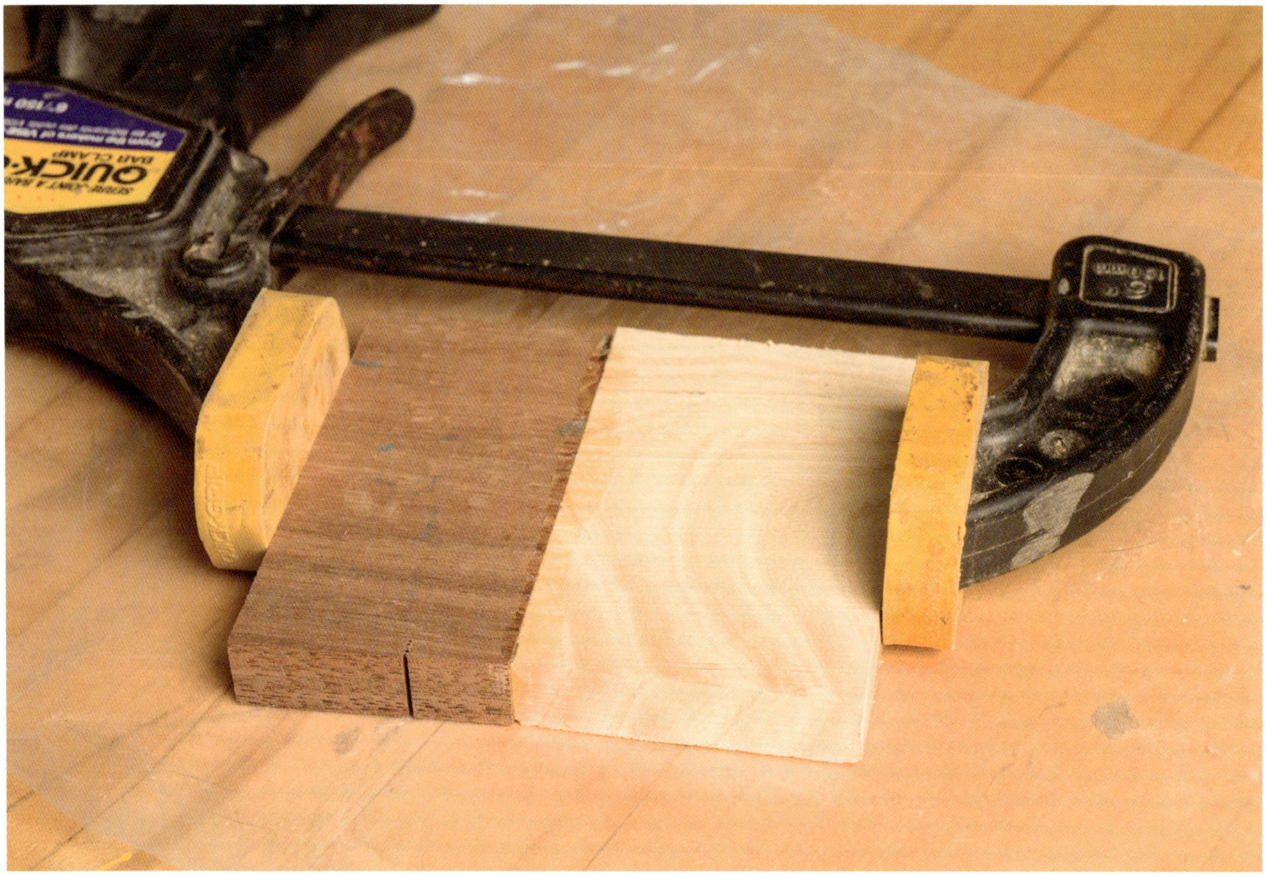

Abb. 9.1 Leimen Sie die beiden Mittelteile mit den Hirnholzflächen aneinander fest. Sparen Sie nicht mit dem Leim – das Hirnholz saugt besonders viel davon auf!

nach oben auf dem Bohrtisch, sodass die Stirn am Bohrtisch aufrastet. Bohren Sie das 1,3-cm-Loch, drehen Sie den Körper um, sodass er mit den Bereichen um die Achslöcher am Bohrtisch aufrastet, und bohren Sie vorsichtig das 6-mm-Loch, bis es in das 1,3-cm-Loch durchbricht. Nun behandeln Sie die Kontur mit dem Kantenschleifer (Körnung 80 und 120). Behandeln Sie beide Außenflächen mit dem stationären Bandschleifer (Körnung 80 und 120) und die gesamte Kontur mit der Oberfräse. Schleifen Sie die Fräskanten von Hand ab, um Brandspuren und Grate zu entfernen.

Schwanz

Für den Mittelteil des Schwanzes, an dessen unterem Ende sich die Gabel befindet, nehmen Sie die gleiche Holzart wie für den hellen Streifen. Platzieren Sie die Vorlage so, dass die Faserrichtung senkrecht durch den Schwanz verläuft, um die Belastbarkeit zu erhöhen. Sägen Sie den Teil mit der Bandsäge mit einem 3-mm-Sägeblatt aus. Für die enge Innenrundung der Gabel können Sie auch eine Dekupiersäge nehmen. Schneiden Sie den Schwanz etwas größer zu; er wird auf die richtige Größe zurückgeschliffen, wenn die Seitenteile angeleimt sind. Schleifen Sie die Innenrundung der Gabel mit einer Schleiftrommel oder einem mit Schleifpapier umwickelten Dübel (siehe Seite 33, Abb. 3.11), sodass die Nocke (2,5 cm Durchmesser) gerade gut hineinpasst, aber nicht zu eng sitzt. (Gut passende Teile sorgen für ein optimales Funktionieren; sie dürfen aber nicht zu eng aneinander sitzen, sonst entsteht ein unerwünschter Reibungswiderstand!) Nun behandeln Sie die ganze Gabel mit dem Kantenschleifer – dies ist nur mehr schwer möglich, wenn die Seitenteile angeleimt sind. (Der eigentliche Schwanz wird aber erst nach dem Anleimen der Seitenteile geschliffen!)

Für die Schwanz-Seitenteile nehmen Sie die gleiche Holzart wie für die Körper-Seitenteile (1 cm dick). Schneiden Sie auch diese Teile – so wie das Mittelstück – etwas größer zu. Nur bei der leicht gekrümmten Linie am unteren Ende dieser Teile, die sich beim fertigen Stinktier knapp über dem Rücken befinden, schneiden Sie genau auf der Vorlagelinie. Behandeln Sie diesen Bereich mit dem Kantenschleifer und mit der Fräse; schleifen Sie den Bereich an beiden Teilen von Hand, da das nach dem Zusammenbau des Schwanzes nicht mehr möglich ist. Nun bringen Sie auf beide Seiten des Mittelteils Leim auf; verstreichen Sie ihn von der Fräskante nach innen, damit nachher kein Leim austritt. Drücken Sie die Anordnung vorsichtig zusammen, damit die Teile nachher nicht verrutschen, und bringen Sie Klemmen an (achten Sie wieder darauf, dass nichts verrutscht).

Wenn der Leim völlig trocken ist, schleifen Sie die Kontur mit der Körnung 80 auf die Vorlagelinie zurück. Dann schleifen Sie die Kontur nochmals mit der Körnung 120. Nun schleifen Sie beide Außenflächen mit dem Bandschleifer (Körnung 120).

Räder, Nocke

Das Stinktier bekommt ganz „normale" Räder mit 4,4 cm Durchmesser. Die Nocke sägen Sie mit einer Lochsäge mit 2,5 cm Innendurchmesser aus. Verdübeln Sie das mittige Loch und bohren Sie nach der Vorlage ein neues Achsloch. Bohren Sie es etwas größer (ca. 8,5 mm) – dann verringert sich die Gefahr, dass es beim Zusammenbau ausbricht. Wenn Sie die Lauffläche mit dem Kantenschleifer behandeln, achten Sie darauf, dass die runde Form erhalten bleibt. Überprüfen Sie, ob die fertige Nocke in die Gabel passt. Wenn nötig, machen Sie Korrekturen.

Zusammenbau

Richten Sie die Teile mithilfe der Löcher aus, um den Schwanz in die richtige Position zu bringen. Schneiden Sie den 8-mm-Dübel für die Schwanz-Achse mit etwas Überlänge zu. Treiben Sie ihn in das Loch im Körper-Seitenteil und durch den Schwanz, bis er in das Loch in der anderen Körperseite vorzudringen beginnt. Geben Sie Leim in das Loch auf der Ihnen abgewandten Seite. Verteilen Sie rundherum etwas Leim am herausragenden Dübel auf der Ihnen zugewandten Seite. Legen Sie Wachspapier unter und treiben Sie den Dübel zur Gänze durch. Wischen Sie den ausgetretenen Leim ab. Wenn der Leim getrocknet ist, schleifen Sie beide Außenflächen mit dem Bandschleifer (Körnung 120) ab.

Längen Sie die Radachsen ab, runden Sie die Enden leicht mit Sandpapier ab und kleben Sie jede Achse in ein Rad ein (Wachspapier unterlegen, ausgetretenen Leim abwischen!). Platzieren Sie die Nocke in der Gabel, richten Sie alle Löcher aus, schieben Sie eine Achse durch den Körper-Seitenteil und treiben Sie sie durch die Nocke und den anderen Körper-Seitenteil. Legen Sie das zweite Rad auf Wachspapier auf, geben Sie Leim in das Achsloch, halten Sie die Anordnung über das Rad und treiben Sie die Achse hinein (ausgetretenen Leim abwischen!).

Wiederholen Sie den Vorgang mit der Vorderachse (natürlich ohne Nocke). Wenn der Leim trocken ist, schleifen Sie die Enden der Achsen mit dem Kantenschleifer. So, jetzt ist der kleine Stinkadores bereit für sein Ölbad! Wenn das Öl trocken ist, montieren Sie die Ziehschnur. Vorsicht, ein Stinktier macht die Gegend unsicher!

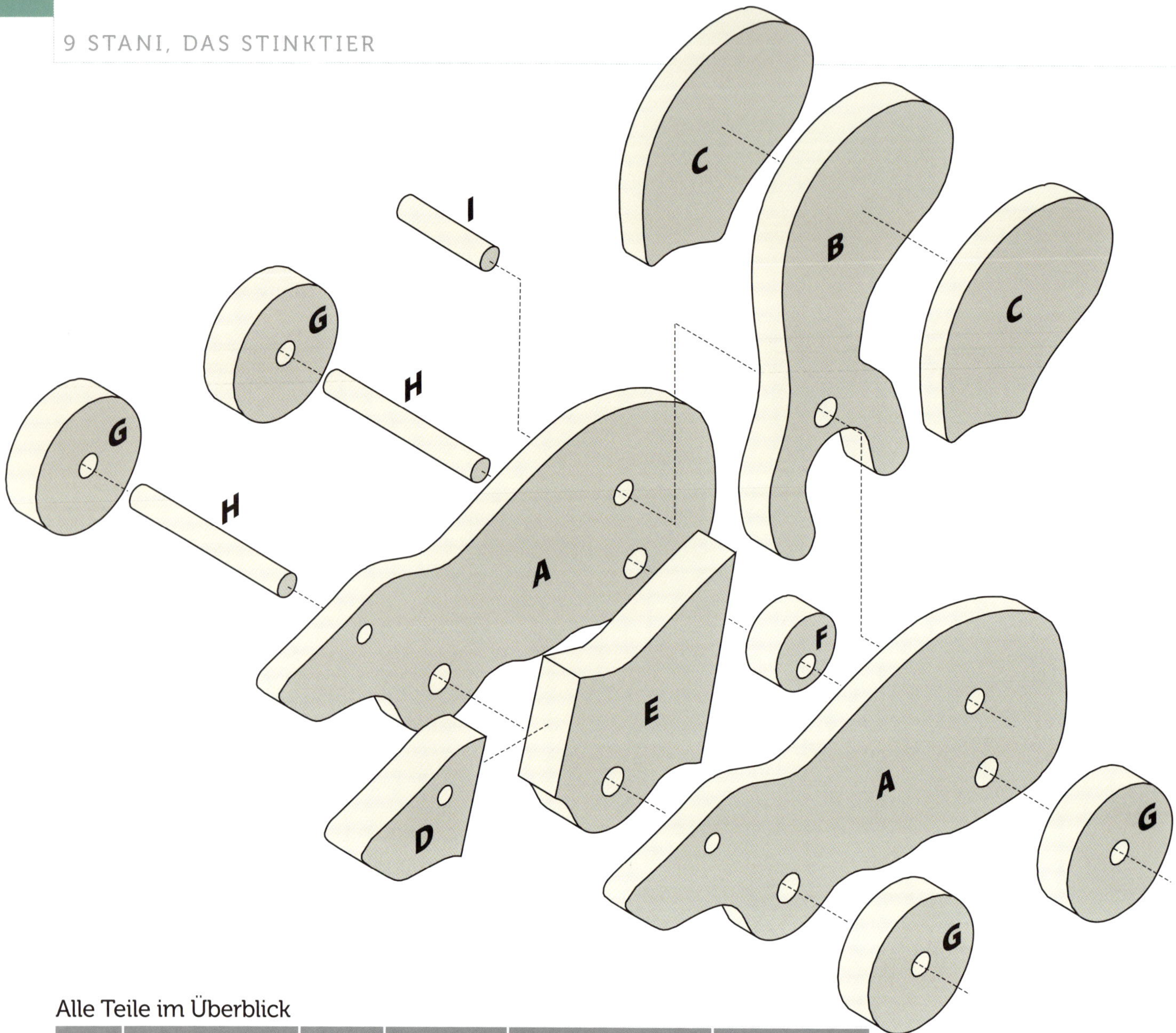

Vorlagen © David Wakefield

Alle Teile im Überblick

Teil	Bezeichnung	Anzahl	Stärke	Breite oder Durchmesser	Länge
A	Körper-Seitenteile	2	1 cm	7,6 cm	18,4 cm
B	Schwanz-Mittelteil	1	1,3 cm	7,6 cm	14,6 cm
C	Schwanz-Seitenteile	2	1 cm	5,7 cm	7,6 cm
D	Kopf-Mittelteil	1	1,6 cm	5,1 cm	5,1 cm
E	Körper-Mittelteil	1	1,6 cm	6,4 cm	7,6 cm
F	Nocke	1	1,3 cm	2,5 cm Ø	–
G	Räder	4	1,3 cm	4,4 cm Ø	–
H	Achsen	2	–	8 mm Ø	6,4 cm
I	Schwanz-Achse	1	–	8 mm Ø	4,1 cm
J	Ziehschnur	1	–	6 mm Ø	71 cm
K	Ziehkugel	1	–	2,5 cm Ø	–

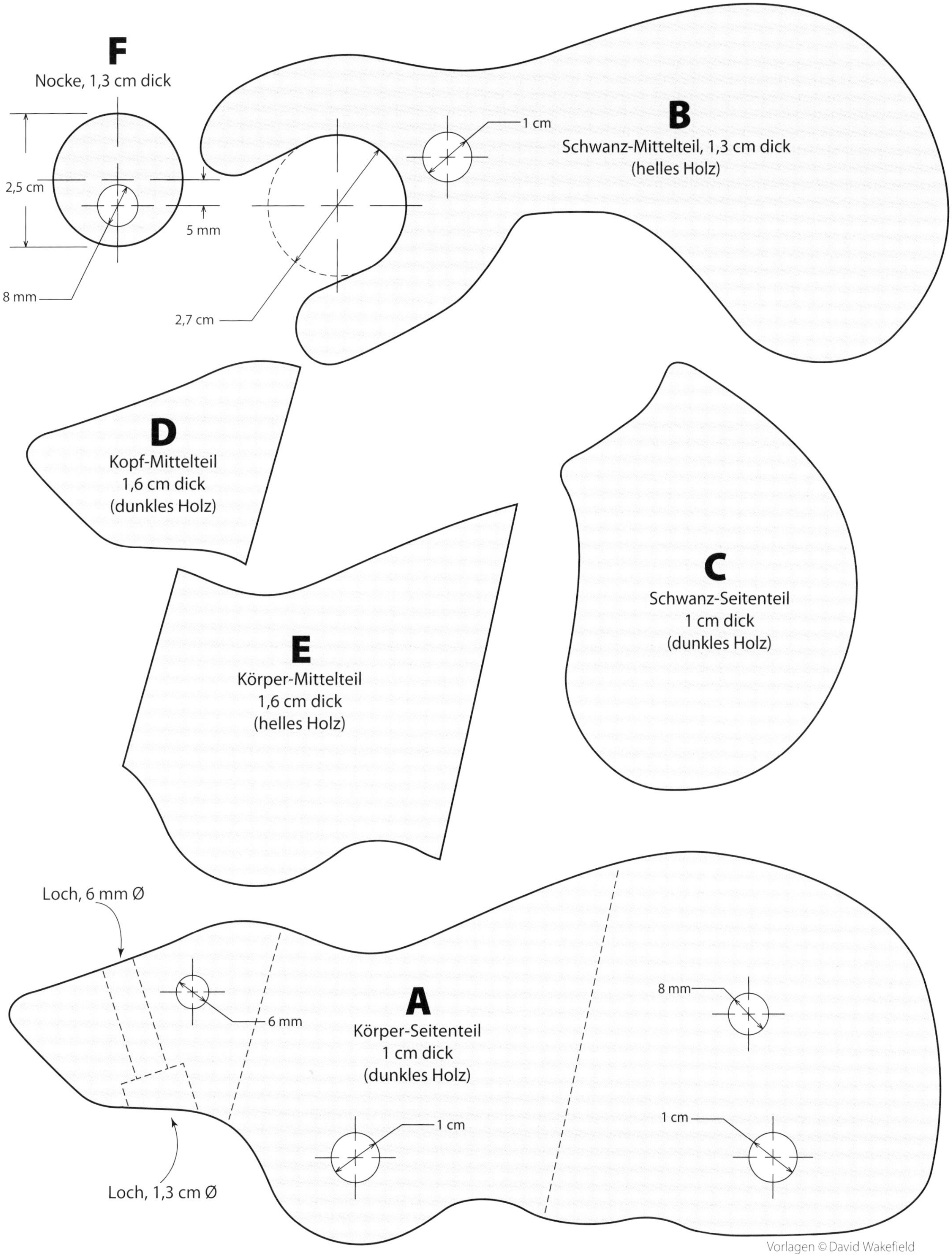
F
Nocke, 1,3 cm dick
2,5 cm
5 mm
8 mm
2,7 cm
1 cm
B
Schwanz-Mittelteil, 1,3 cm dick
(helles Holz)
D
Kopf-Mittelteil
1,6 cm dick
(dunkles Holz)
C
Schwanz-Seitenteil
1 cm dick
(dunkles Holz)
E
Körper-Mittelteil
1,6 cm dick
(helles Holz)
Loch, 6 mm Ø
6 mm
A
Körper-Seitenteil
1 cm dick
(dunkles Holz)
8 mm
1 cm
1 cm
Loch, 1,3 cm Ø

10 Gustav, der Gorilla

Nehmen Sie diesem Gesellen ja nicht seine Banane weg, sonst wird er ungemütlich! Für den typischen Menschenaffengang sorgen deckungsgleiche, exzentrische Vorderräder, an denen die Hände mit Kopfdübeln befestigt sind. So entsteht auch gleich die dazugehörige Armbewegung. Der Gorilla ist nicht schwer zu bauen, bei seinem markanten Profil ist jedoch präzises Sägen gefragt.

Körper

Übertragen Sie die Vorlage für den Körper auf einen geeigneten Rohling. Bohren Sie die Löcher für Augen, Achsen und Kopfdübel. Sägen Sie den Umriss aus. Für die engen Rundungen der Gesichtszüge nehmen Sie dazu das 3-mm-Sägeblatt der Bandsäge oder eine Laubsäge. Behandeln Sie alle Konturen mit dem Kantenschleifer (Körnung 80; Vorsicht bei den Gesichtszügen!).

Bohren Sie mit der Standbohrmaschine die Löcher für die Ziehschnur. Stützen Sie die Stirn des Affen auf den Bohrtisch, um das 1,3-cm-Loch zu bohren (Abb. 10.1), halten Sie ihn dann gut an den Hinterbeinen fest und bohren Sie das 6-mm-Loch. Um den richtigen Winkel zu erzielen, können Sie stattdessen auch einen Holzklotz als Stütze verwenden, der in etwa die Form der Hinterbeine hat, und/oder das Werkstück mit Klemmen an einer einfachen Vorrichtung (Abb. 10.2) befestigen. Schleifen Sie den Körper mit dem stationären Bandschleifer (zuerst Körnung 80, dann 120). Bearbeiten Sie die Kontur auf beiden Seiten mit der Oberfräse (Vorsicht: Bei den Rundungen der Gesichtszüge nicht langsamer werden, sonst entstehen Brandspuren!). Behandeln Sie die Kontur noch einmal mit dem Kantenschleifer (Körnung 120). Wenn nötig, nehmen Sie einen mit Schleifpapier umwickelten Dübel zu Hilfe.

Arme

Platzieren Sie die Vorlagen so auf dem Rohling, dass die Faserrichtung der Länge nach durch die Ober- und Unterarme verläuft. Bohren Sie die Löcher; achten Sie darauf, dass der Durchmesser beim Schultergelenk 5,5 mm und bei den anderen Gelenken (Drehgelenken) 7 mm beträgt. Sägen Sie die Arme aus; für die Finger können Sie eine Dekupier- oder eine Laubsäge nehmen. Die gewellten Fingerknöchel sind ein typisches Merkmal einer Menschenaffenhand; schneiden Sie die kurze Wellenlinie besonders sorgfältig! Behandeln Sie alle Teile mit dem Kantenschleifer (Körnung 80 und 120) und mit dem stationären Bandschleifer (ebenfalls Körnung 80 und 120). Wenn Ihnen das Schleifen dieser kleinen Teile am Bandschleifer zu riskant ist, können Sie Schleifpapier auf der Werkbank auflegen und die Teile von Hand darauf hin- und herbewegen. Brechen Sie die Kanten mit Schleifpapier der Körnung 120 (ich finde, dass beim Bearbeiten mit der Oberfräse die Details der Finger verlorengehen).

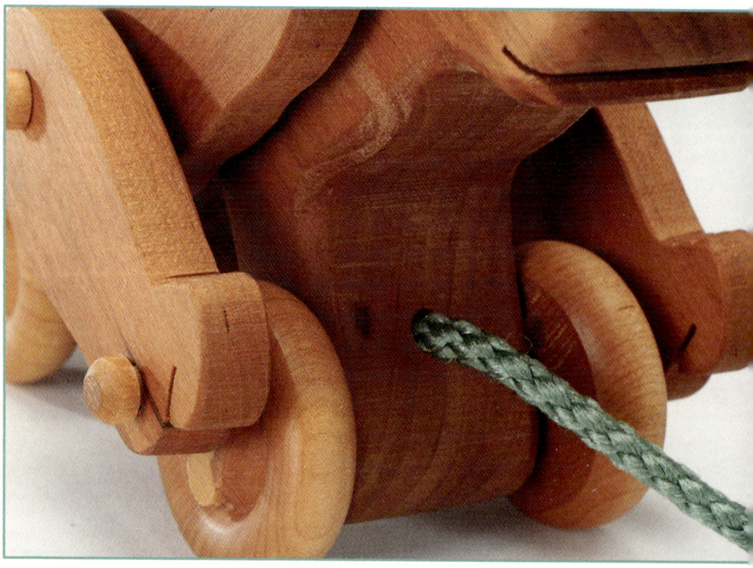

Zum Anbringen der Ziehschnur werden Löcher durch den Körper gebohrt.

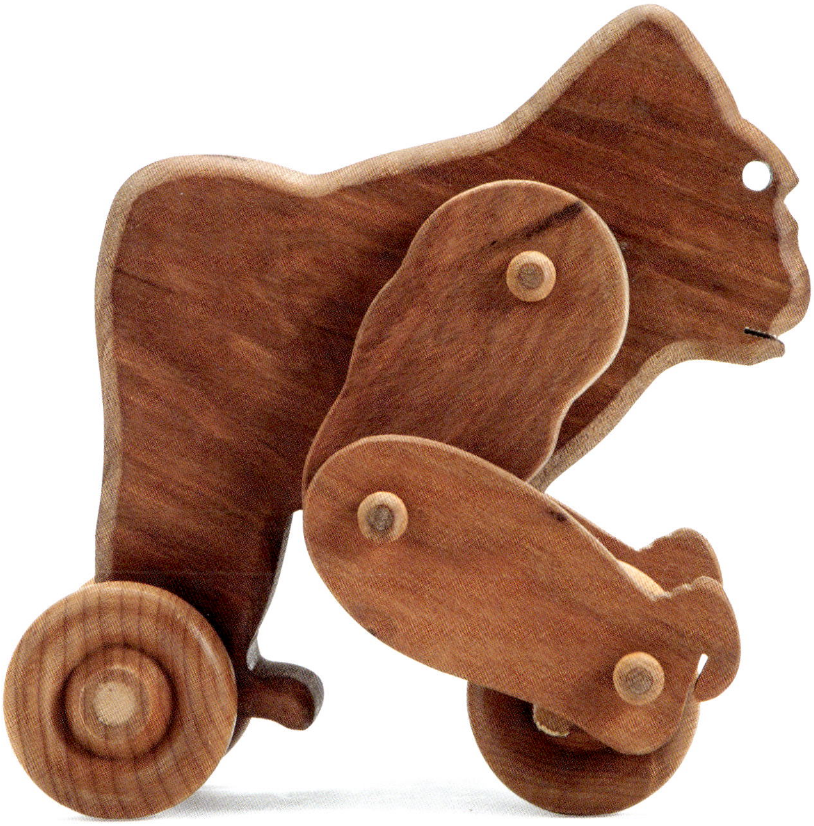

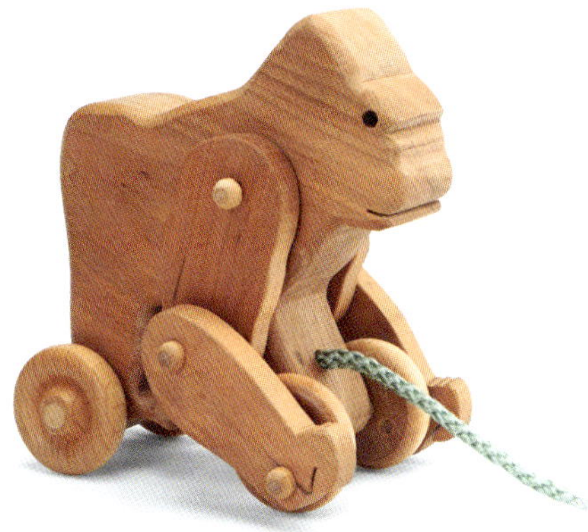

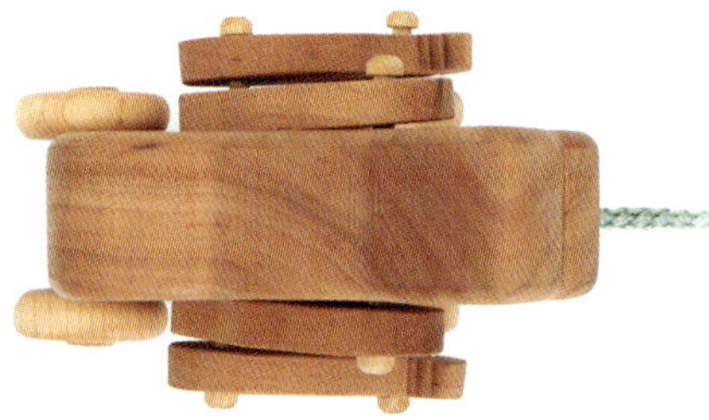

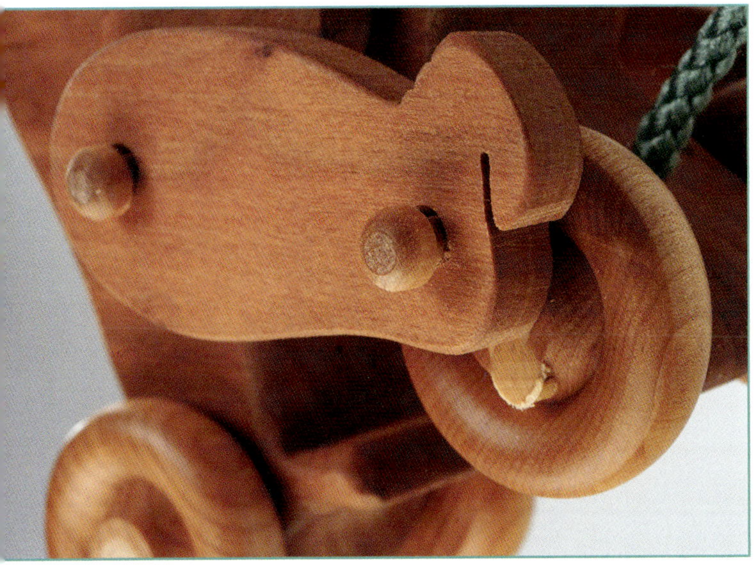

Die Hände sind mithilfe von exzentrischen Bohrlöchern an den Rädern befestigt. Durch die Drehung der Räder bewegen sich die Arme auf und ab.

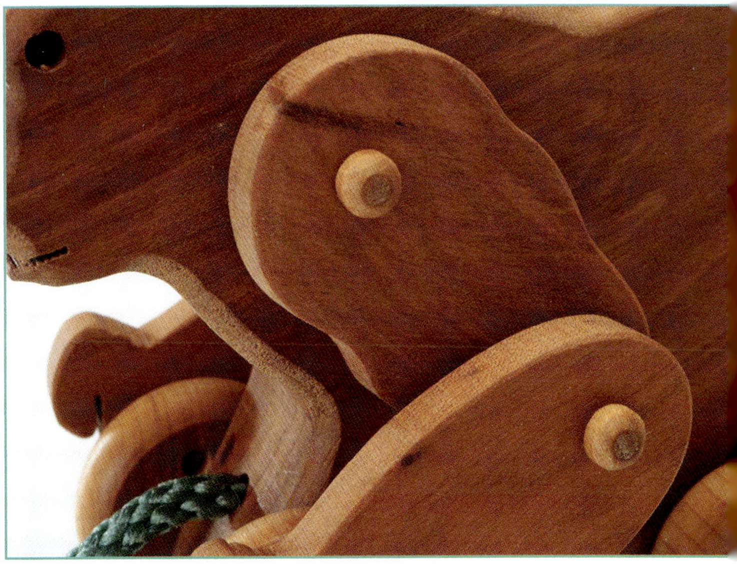

Die Drehgelenke ermöglichen die typischen Bewegungen der Gorilla-Arme.

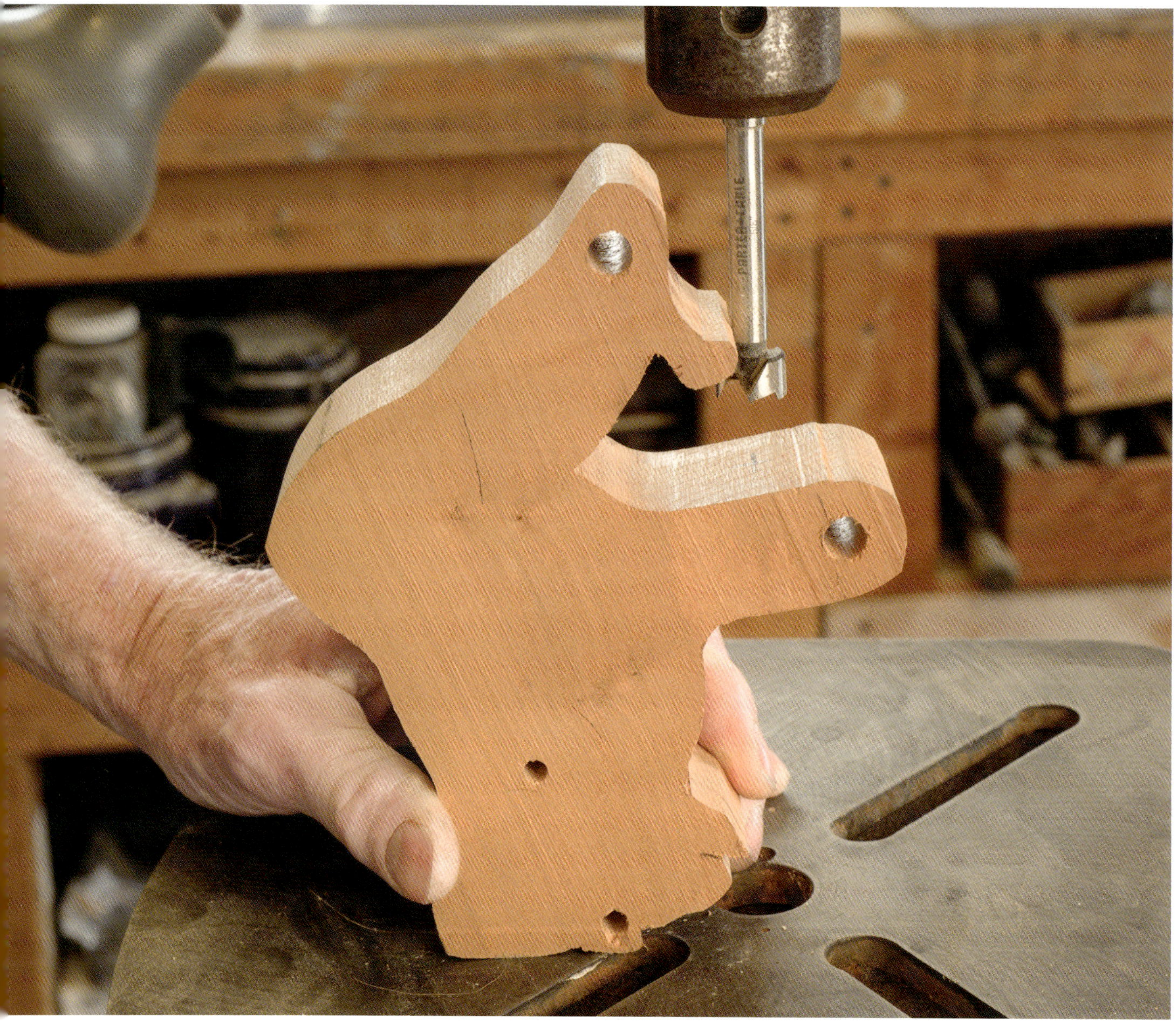

Abb. 10.1 Um das 1,3-cm-Loch für den Knoten der Ziehschnur zu bohren, stützen Sie den Gorilla mit der Stirn am Bohrtisch ab.

Räder

Verdübeln Sie die Achslöcher der Vorderräder und bohren Sie in jedes Vorderrad ein exzentrisches, durchgängiges Loch mit 5,5 mm und eines mit 8 mm Durchmesser. Dabei hilft die Vorrichtung, die ich auf Seite 32 (Abb. 3.9 und 3.10) vorgestellt habe.

Zusammenbau

Vor dem Zusammenleimen legen Sie die zusammengehörigen Teile der Arme auf. Wählen Sie die jeweils schönere Seite als „Schauseite" und achten Sie darauf, dass Sie ein gegengleiches Armpaar erhalten. Legen Sie Wachspapier unter, geben Sie Leim in die Dübellöcher für die Schultergelenke und verbinden Sie die Teile beider Arme mit Kopfdübeln.

Wenn der Leim trocken ist, schleifen Sie mit dem stationären Bandschleifer den ausgetretenen Leim von der Rückseite der Anordnungen ab.

Leimen Sie die Hinterachse und die Hinterräder zusammen. Ich finde es besser, wenn bei diesem Spielzeug die vorstehende Radnabe (falls vorhanden) nach innen zeigt; die bündig abgeschliffenen Dübel fallen auf der glatten Radinnenseite nicht so sehr auf. Leimen Sie die Vorderachse und die Vorderräder zusammen und achten Sie darauf, dass sie sich deckungsgleich gegenüberstehen. Richten Sie die Teile genau aus, bevor Sie die Achse hineinhämmern – danach lassen sich die Räder nicht mehr verdrehen, ohne dass die 8-mm-Achse bricht. Wenn der Leim trocken ist, entfernen Sie mit dem Kantenschleifer Leimreste und Fasern von den Radflächen. Nun geben Sie Leim in die Schulter-Bohrlöcher am Körper und befestigen Sie die Oberarme mithilfe des Abstandsmessers (Seite 39, Abb. 3.13) am Körper.

Eventuell müssen Sie die Kopfdübel etwas kürzen, damit sie nicht an der Rückseite des Rades hervorstehen (siehe Seite 30, Abb. 3.5). Nun geben Sie Leim in das Dübelloch an einem Rad, stützen Sie es an der Kante der Werkbank ab und befestigen die Hand mit einem Kopfdübel am Rad (Abstandsmesser verwenden!). Wischen Sie den überschüssigen Leim sorgfältig von der Radinnenseite ab, bevor er sich am Körper verschmiert. Wiederholen Sie den Vorgang auf der anderen Seite.

Lassen Sie den Leim über Nacht vollständig trocknen. Ölen Sie das Spielzeug ein und befestigen Sie die Ziehschnur. Schon kann der Gorilla auf Wanderschaft gehen!

Abb. 10.2 Mit dieser einfachen Vorrichtung können Sie den Gorilla fixieren, während Sie das 6-mm-Loch für die Ziehschnur bohren.

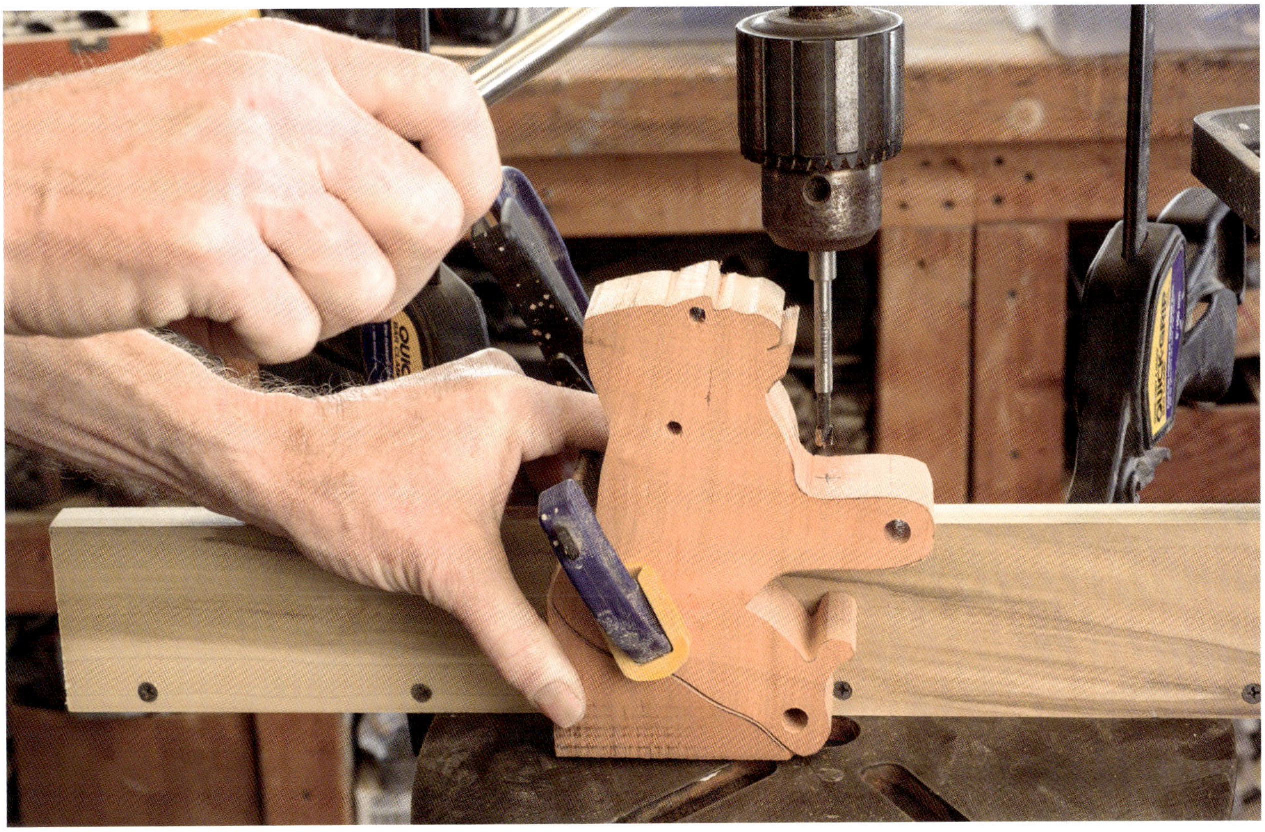

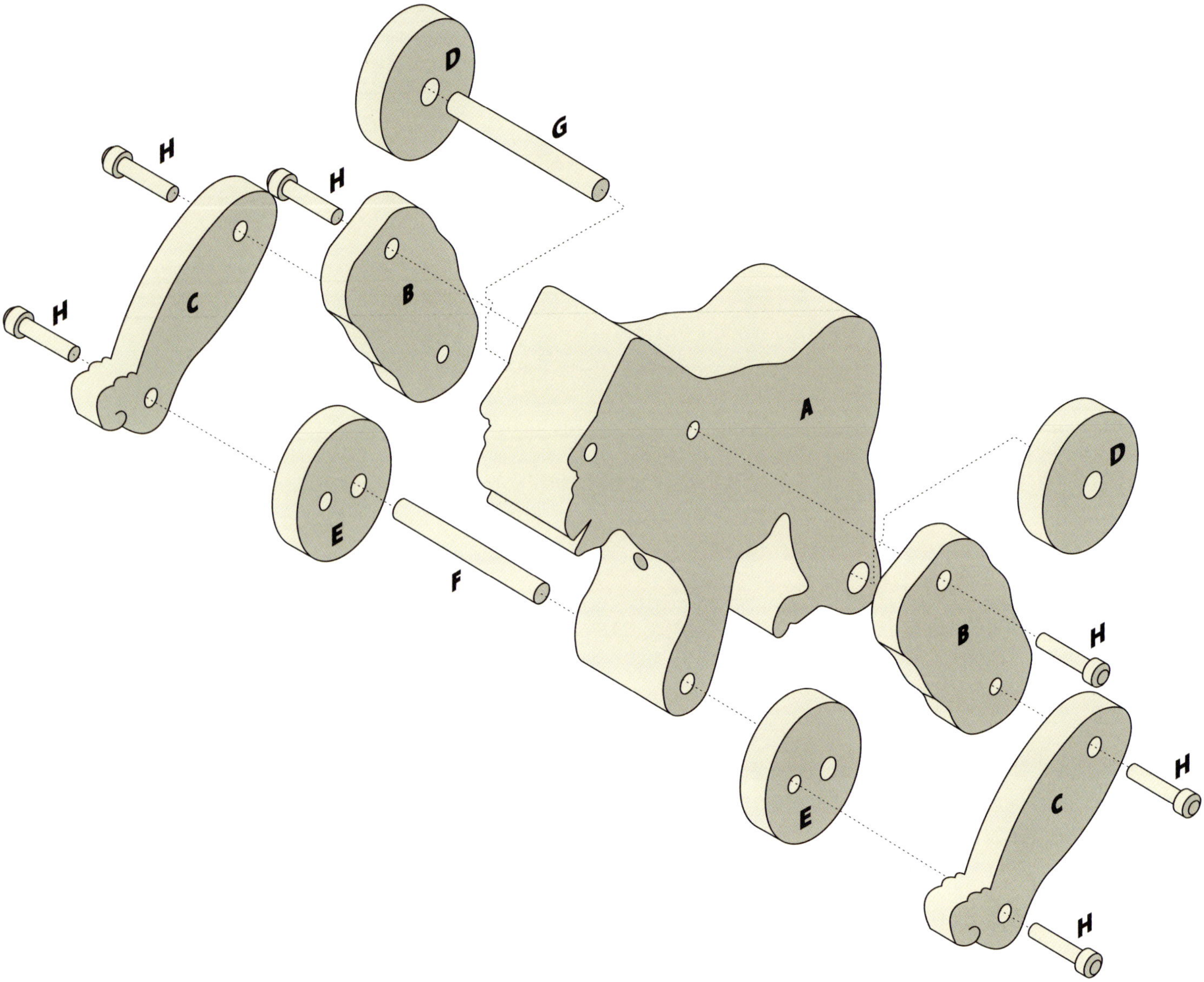

Vorlagen © David Wakefield

Alle Teile im Überblick

Teil	Bezeichnung	Anzahl	Stärke	Breite oder Durchmesser	Länge
A	Körper	1	3,8 cm	14 cm	14 cm
B	Oberarme	2	1,3 cm	3,8 cm	8,9 cm
C	Unterarme	2	1,3 cm	3,8 cm	9,5 cm
D	Hinterräder	2	1,3 cm	4,4 cm Ø	–
E	Vorderräder	2	1,3 cm	4,4 cm Ø	–
F	Vorderachse	1	–	8 mm Ø	6,7 cm
G	Hinterachse	1	–	8 mm Ø	6,7 cm
H	Kopfdübel	6	–	5,5 mm Ø	2,7 cm
I	Ziehschnur	1	–	6 mm Ø	71 cm
J	Ziehkugel	1	–	2,5 cm Ø	–

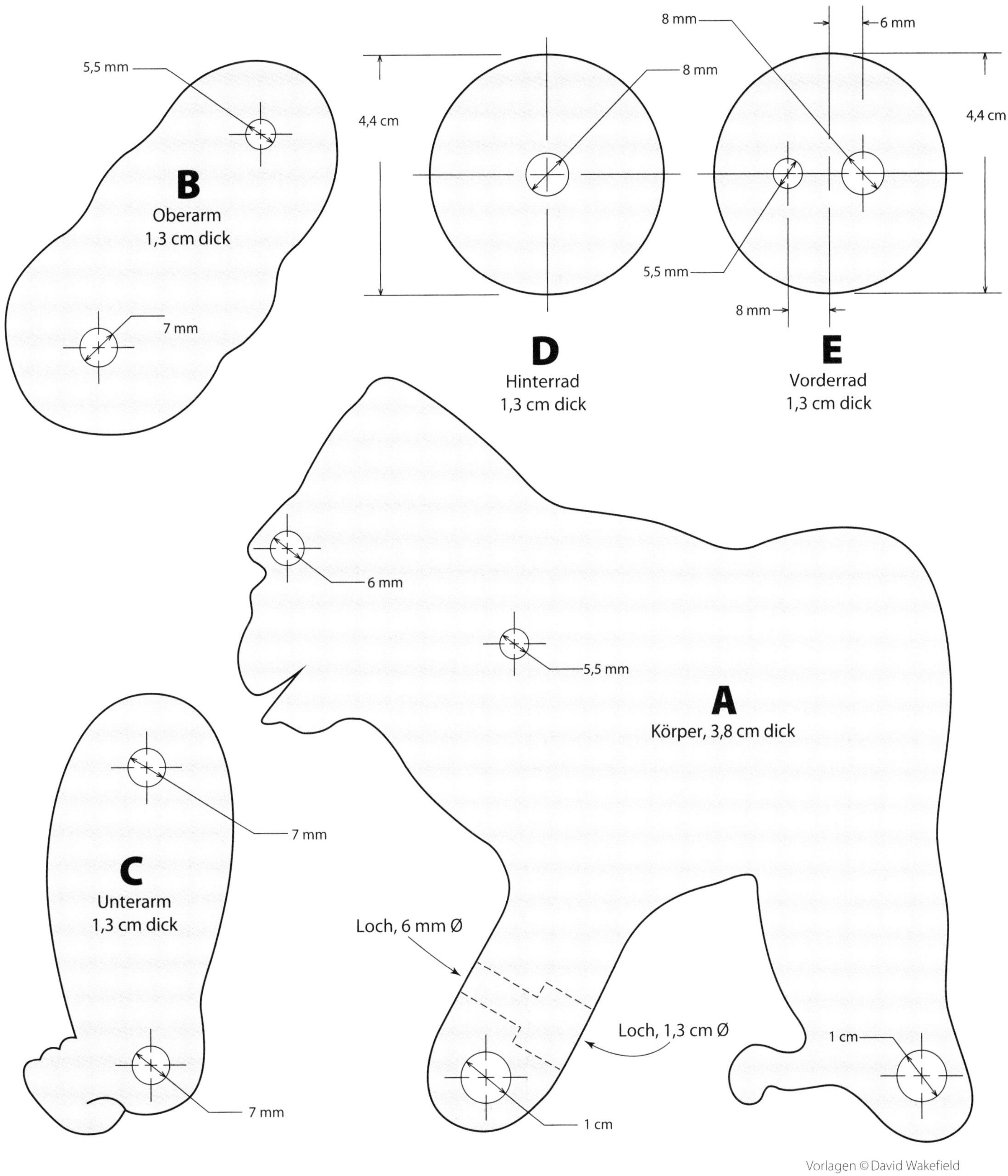
5,5 mm
B
Oberarm
1,3 cm dick
7 mm
4,4 cm
8 mm
D
Hinterrad
1,3 cm dick
8 mm
6 mm
4,4 cm
5,5 mm
8 mm
E
Vorderrad
1,3 cm dick
6 mm
5,5 mm
A
Körper, 3,8 cm dick
7 mm
C
Unterarm
1,3 cm dick
7 mm
Loch, 6 mm Ø
Loch, 1,3 cm Ø
1 cm
1 cm

11 Kitty, das Känguru

Zu diesem Tier habe ich eine besondere Beziehung. Ich bin gebürtiger Australier; als Kind hatte ich statt eines Teddybären ein Stoffkänguru als Kuscheltier. Die Kängurudame Kitty vollbringt ihre gewaltigen Sprünge dank der exzentrischen Achse an den großen Vorderrädern, an denen ihre kräftigen Hinterbeine mit Kopfdübeln montiert sind. Die kurzen Arme sind ebenfalls mit Kopfdübeln befestigt, die sehr fest sitzen. Nach Wunsch kann man die Arme in die „Boxhaltung" bringen.

Die Vorderräder müssen fast das ganze Gewicht des Kängurus anheben. Verwenden Sie also für den Körper unbedingt eine leichte Holzart. „Sollbruchstellen" gibt es am Körper keine, auf die Festigkeit des Holzes kommt es nur bei Armen und Beinen an.

Körper

Übertragen Sie die Vorlage für den Körper auf ein geeignetes 3,8 cm starkes Holzbrett. Bohren Sie die Löcher für Augen, Achsen und Kopfdübel. Sägen Sie den Umriss mit der Bandsäge aus. Bohren Sie die Löcher für die Ziehschnur; halten Sie dabei den Körper mithilfe von Holzklötzen oder Klemmen in einer geeigneten Position am Bohrtisch der Standbohrmaschine. Dann legen Sie ihn beiseite. Später wird er zusammen mit den Beinen abgeschliffen und mit der Oberfräse behandelt.

Beine und Arme

Übertragen Sie die Vorlage für Beine und Arme auf einen Rohling aus festem Holz. Bei den Armen sollte die Faserrichtung längs durch die Unterarme laufen, damit die Pfoten möglichst bruchsicher ausfallen. Bohren Sie alle Löcher; achten Sie auf den Unterschied zwischen Löchern, in denen der Kopfdübel fest sitzen soll (5,5 mm Durchmesser), und Drehgelenken (7 mm Durchmesser). Sägen Sie die Teile mit der Bandsäge aus.

Schleifen Sie die Außenflächen an allen Teilen – auch am Körper – mit dem stationären Bandschleifer ab (zuerst Körnung 80, dann 120). Bearbeiten Sie alle Konturen am Körper mit der Oberfräse. Behandeln Sie alle Konturen an allen Teilen mit dem Kantenschleifer (Körnung 120). Schleifen Sie alle Brandspuren und rauhen Stellen von Hand mit Schleifpapier der Körnung 80 ab; dann glätten Sie alle Fräskanten mit Schleifpapier der Körnung 120.

Vorderräder

Verdübeln Sie die Achslöcher der Vorderräder. Wenn der Leim trocken ist, bohren Sie die neuen Achslöcher und dann die Löcher für die Kopfdübel.

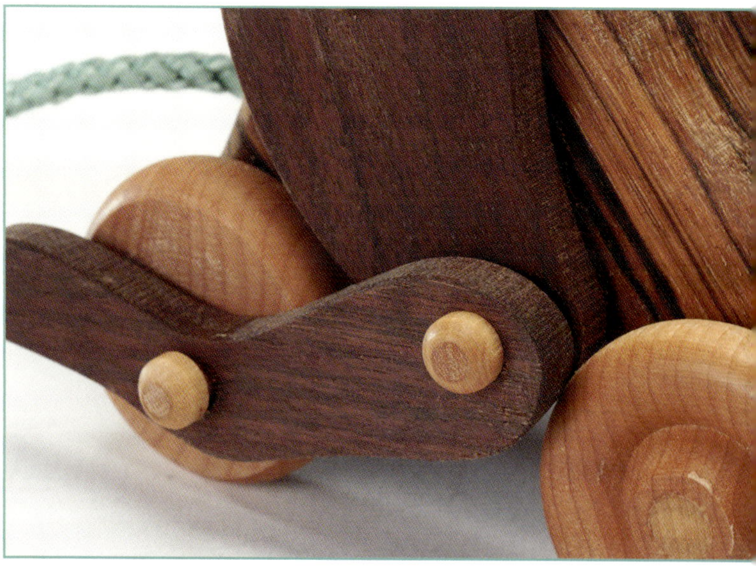

Die Hinterbeine bewegen sich um die Kopfdübel rotierend auf und ab.

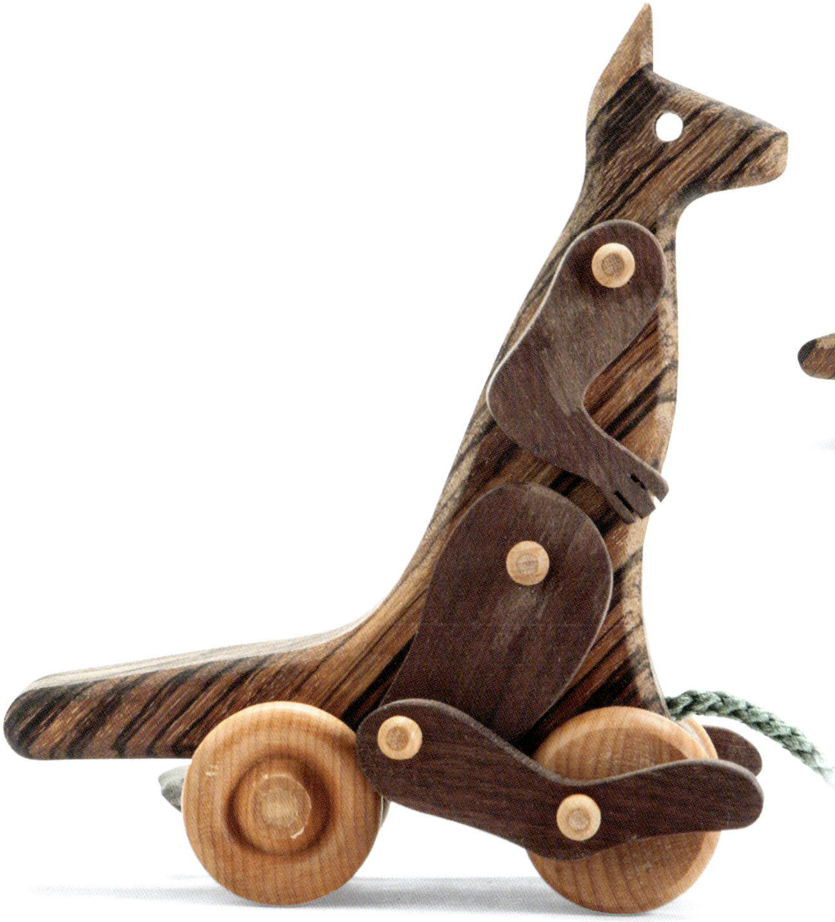

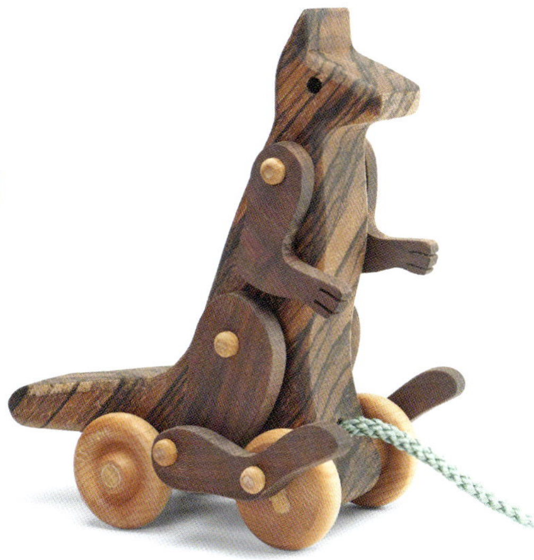

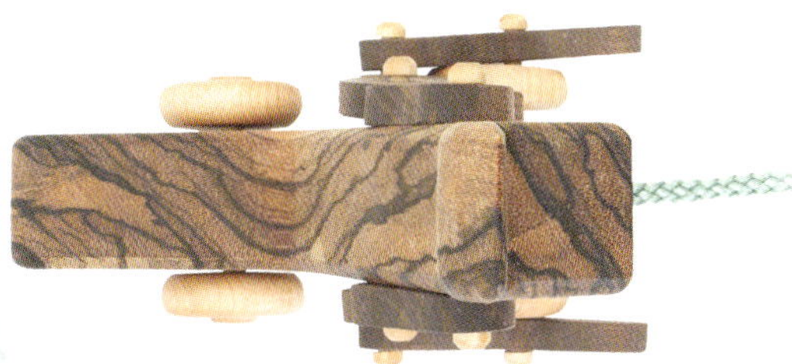

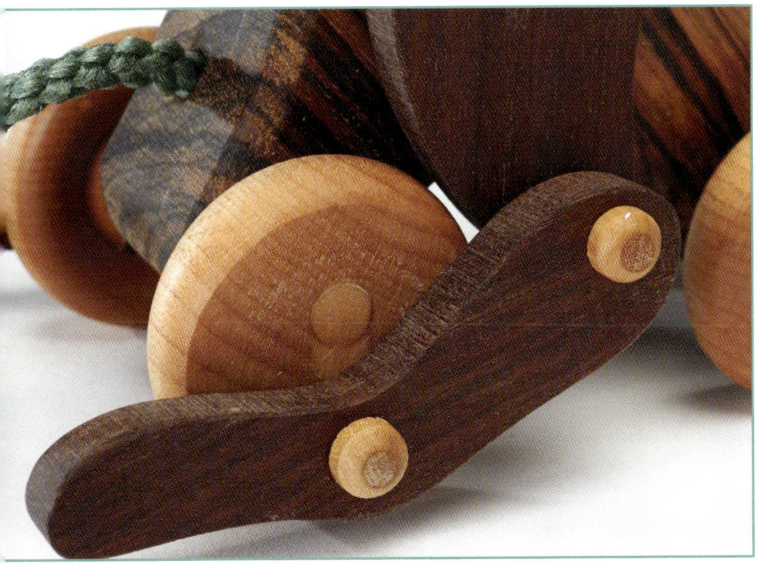

Die Hinterbeine sind exzentrisch an den Rädern befestigt und werden durch die Drehung der Räder auf- und abbewegt.

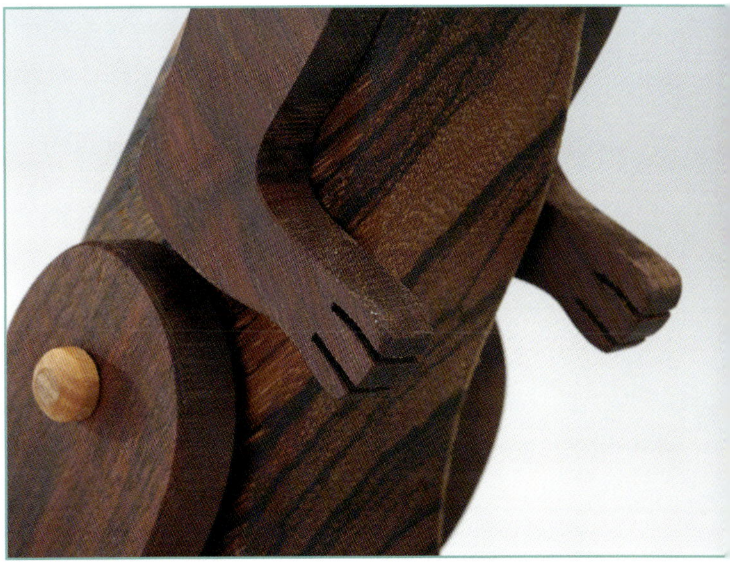

Mit angewinkelten Armen nimmt das Känguru „Boxhaltung“ ein, um Feinde abzuwehren.

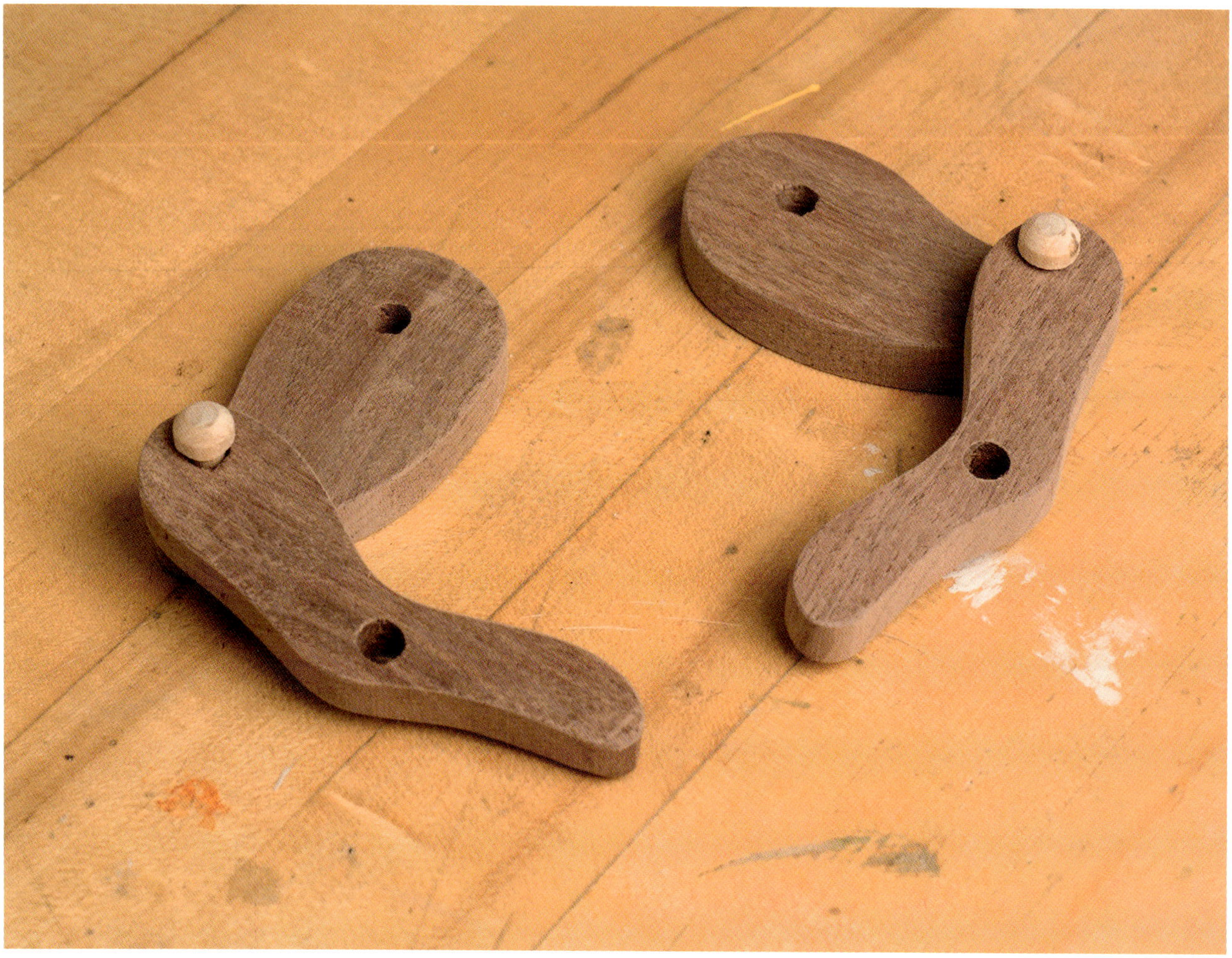

Abb. 11.1 Achten Sie darauf, dass zwei gegengleiche Hinterbeine entstehen! Das scheint selbstverständlich; die Teile sind jedoch leicht zu verwechseln und es ist höchst ärgerlich, wenn man sie wieder auseinanderschneiden und neu bohren muss.

Zusammenbau

Leimen Sie die Hinterräder an der Achse fest. Wiederholen Sie dasselbe bei den Vorderrädern und achten Sie darauf, dass diese sich deckungsgleich gegenüberstehen. Lassen Sie das Känguru probeweise ein Stück rollen, um zu überprüfen, ob es nicht hin- und hertorkelt; wenn nötig, justieren Sie die Räder. Ohne Ziehschnur lässt es sich in diesem Stadium nicht so leicht zum Hüpfen bringen; das ist normal und kein Grund zur Nervosität! Überprüfen Sie jetzt die Ausrichtung der Räder. Wenn der Leim trocken ist, behandeln Sie die Enden der Achsen mit dem Kantenschleifer.

Befestigen Sie die Arme mit den Dübeln, so fest es nur geht, ohne dass die Dübel bersten.

Legen Sie die beiden gegengleichen Hinterbeine einander gegenüber auf Wachspapier auf. Geben Sie Leim in die 5,5-mm-Dübellöcher und verbinden Sie die zusammengehörigen Teile (Abstandsmesser verwenden – siehe Seite 39, Abb. 3.13). Vorsicht – Verwechslungsgefahr! Versuchen Sie sich beide Beine am Känguru-Körper vorzustellen, bevor Sie leimen (Abb. 11.1).

Lassen Sie beide Anordnungen trocknen. Schleifen Sie mit dem stationären Bandschleifer die Enden der Kopfdübel und den ausgetretenen Leim von der Innenseite der Oberschenkel ab.

Nun befestigen Sie die Beine am Körper (Abstandsmesser verwenden!). Eventuell müssen Sie die Kopfdübel etwas kürzen, damit sie nicht an der Rückseite des Rades hervorstehen. Runden Sie die Enden der gekürzten Dübel von Hand mit Schleifpapier ab. Befestigen Sie die Füße mithilfe von Kopfdübeln, Leim und Abstandsmesser an den Rädern. Beim Einschlagen der Dübel stützen Sie das jeweilige Rad auf die Kante der Werkbank.

Wenn der Leim getrocknet ist, können Sie das Känguru einölen. Wenn das Öl getrocknet ist, bringen Sie die Ziehschnur und die Ziehkugel an – und zeigen Sie Ihren Kindern, was unsere Antipoden vom anderen Ende der Welt für große Sprünge machen können!

Känguru mit Beutel und Jungtier

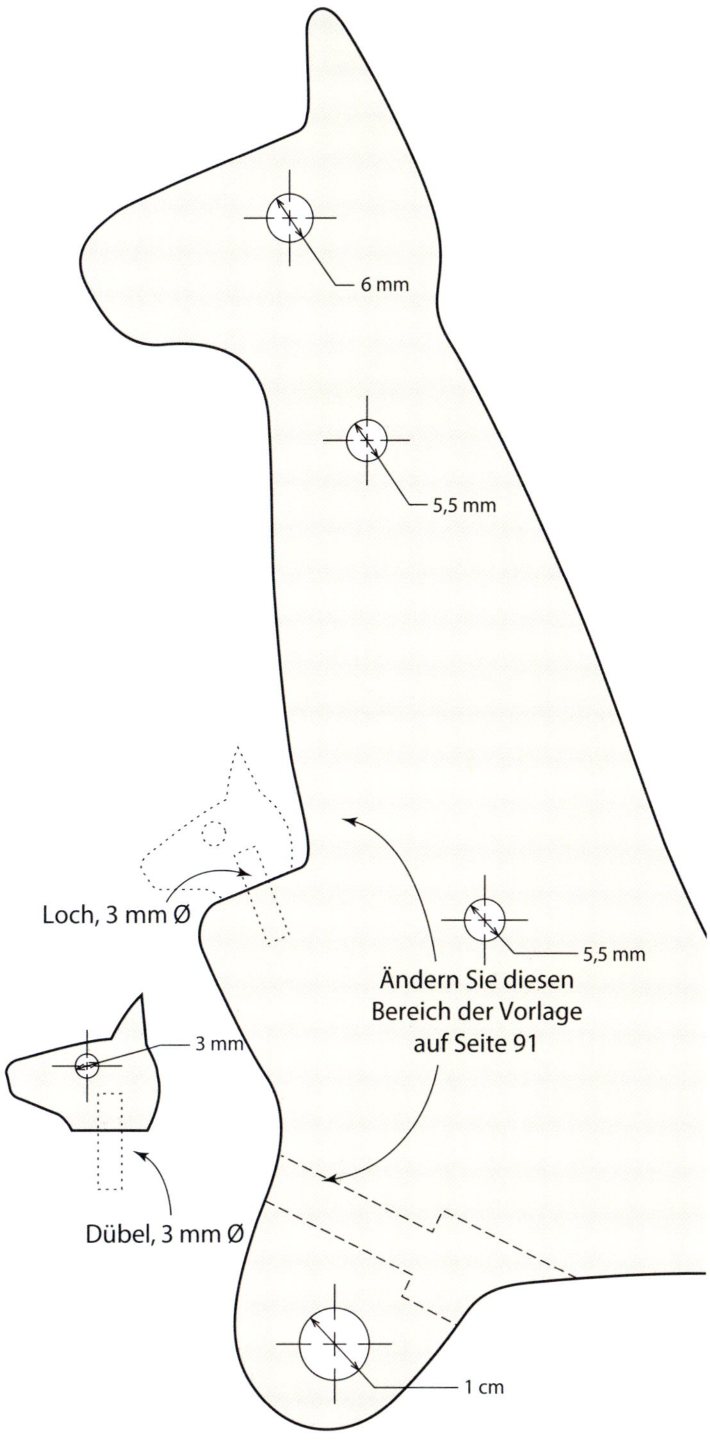

Bekanntlich trägt das Känguruweibchen sein Junges in einem Beutel herum. Ein Junges für das Känguru Kitty? Nichts leichter als das: Ändern Sie die Vorlage für den Körper (A), indem Sie einen Beutel hinzufügen. Bohren Sie ein 3-mm-Loch in den Beutel. Bohren Sie ein kurzes 3-mm-Loch in die Hirnholzkante eines 1,9 cm starken Brettes. Sägen Sie den Kopf des Jungtiers aus und befestigen Sie ihn mit einem 3-mm-Dübel am Körper des Muttertieres.

Vorlagen © David Wakefield

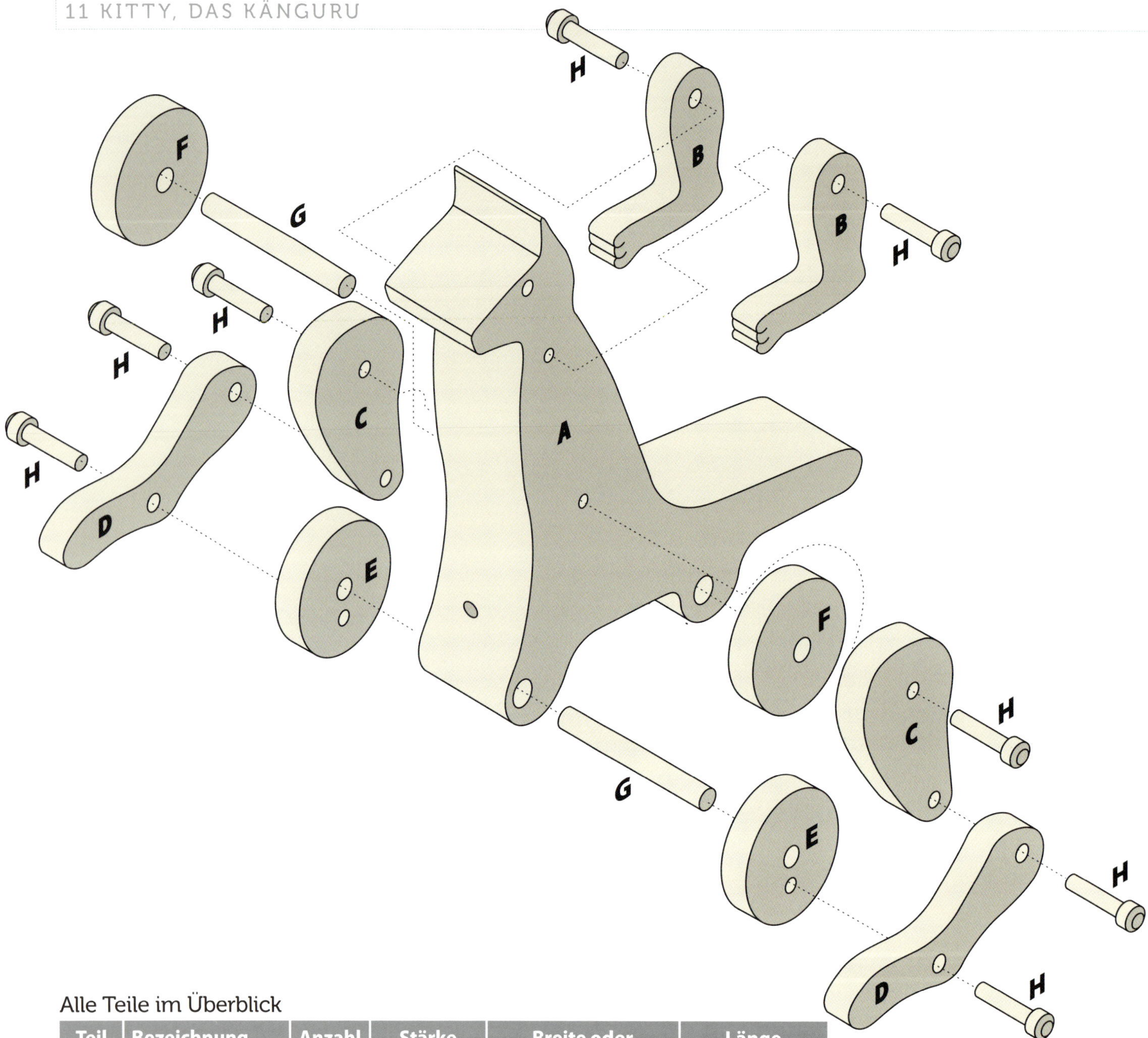

Vorlagen © David Wakefield

Alle Teile im Überblick

Teil	Bezeichnung	Anzahl	Stärke	Breite oder Durchmesser	Länge
A	Körper	1	3,8 cm	13,3 cm	21,6 cm
B	Arme	2	1 cm	4,4 cm	7,6 cm
C	Oberschenkel	2	1 cm	4,1 cm	7,6 cm
D	Unterschenkel	2	1 cm	3,2 cm	8,9 cm
E	Vorderräder	2	1,3 cm	4,4 cm Ø	–
F	Hinterräder	2	1,3 cm	4,4 cm Ø	–
G	Achsen	2	–	8 mm Ø	6,7 cm
H	Kopfdübel	8	–	5,5 mm Ø	2,7 cm
I	Ziehschnur	1	–	6 mm Ø	71 cm
J	Ziehkugel	1	–	2,5 cm Ø	–

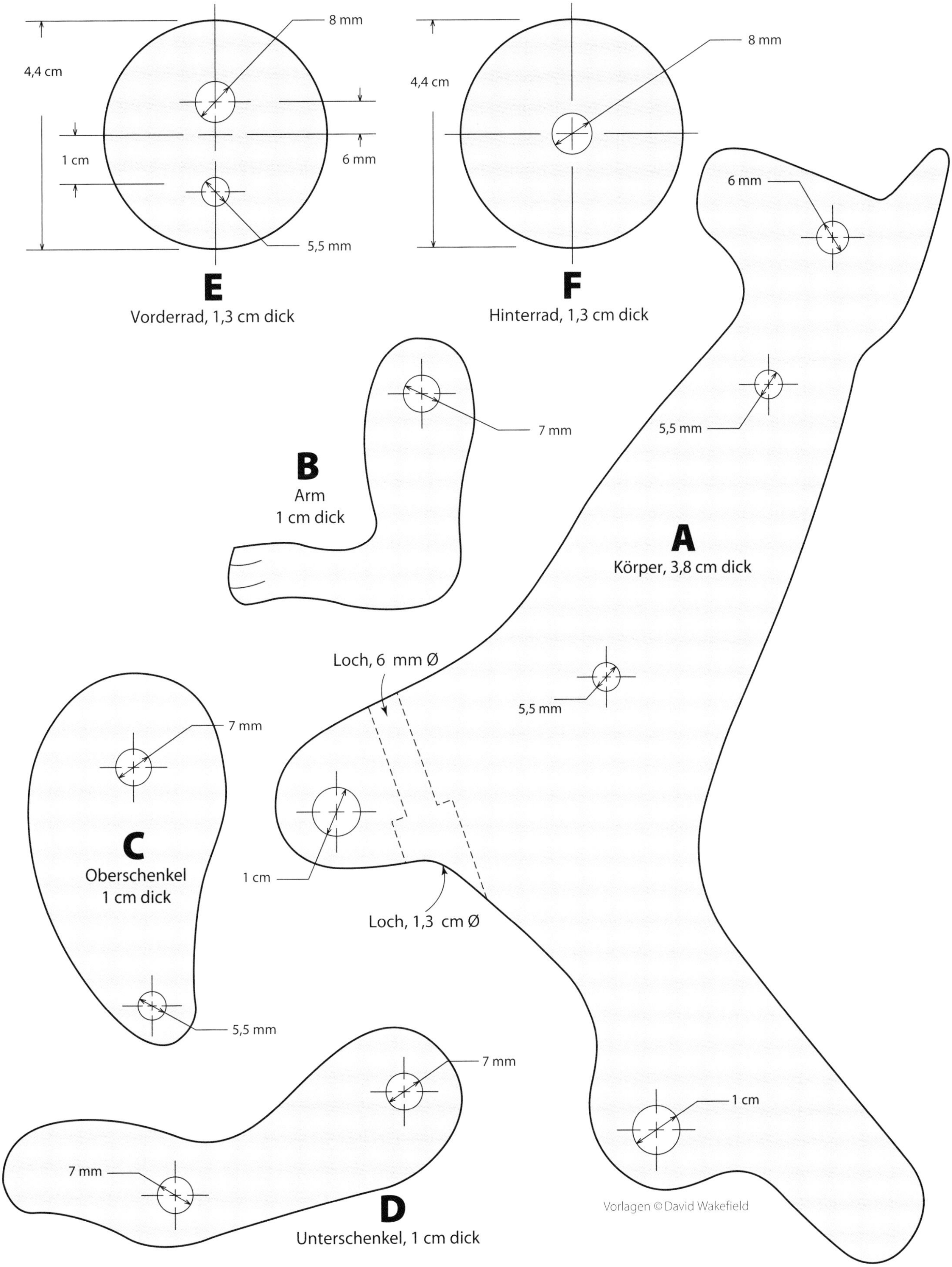
4,4 cm
8 mm
1 cm
6 mm
5,5 mm
E
Vorderrad, 1,3 cm dick
4,4 cm
8 mm
F
Hinterrad, 1,3 cm dick
6 mm
7 mm
5,5 mm
B
Arm
1 cm dick
A
Körper, 3,8 cm dick
Loch, 6 mm Ø
5,5 mm
7 mm
C
Oberschenkel
1 cm dick
1 cm
Loch, 1,3 cm Ø
5,5 mm
7 mm
1 cm
7 mm
D
Unterschenkel, 1 cm dick

12 Kuno, das Krokodil

Das Krokodil funktioniert genau wie das Nilpferd und der Hummer: Zwei Dübel, die auf der Innenseite der Vorderräder hervorstehen, werden von hinten gegen den Kiefer geschoben, der dadurch in die Höhe klappt. Wenn das Rad sich weiterdreht, fällt der Kiefer mit einem gefährlichen „Mampf" wieder herunter.

Körper

Übertragen Sie die Vorlage auf einen geeigneten Rohling. Bohren Sie die Augen- und Achslöcher. Sägen Sie den Umriss mit der Bandsäge aus. Behandeln Sie die gesamte Kontur mit dem Kantenschleifer (zuerst Körnung 80, dann 120). Schleifen Sie die Außenflächen mit dem stationären Bandschleifer (wieder zuerst Körnung 80, dann 120). Bearbeiten Sie die Kontur mit der Oberfräse (Viertelstabfräser) und platzieren Sie die Vorlage für die Schwanz-Draufsicht auf der Oberseite des Körpers. Halten Sie den Körper fest auf dem Sägetisch nieder, während Sie die Randbereiche vom Schwanz abschneiden. Behandeln Sie die gesägten Bereiche mit dem Kantenschleifer (zuerst Körnung 80, dann 120).

Nun spannen Sie den Körper so in einen Schraubstock ein, dass der Schwanz nach oben zeigt. Runden Sie alle Kanten mit der vierfachen Kombi-Raspelfeile ab. Ich nehme meist zuerst die Raspel, die mehr Material abträgt, und verwende dann die Feile zum Glätten. Dann schleife ich dieselben Bereiche und alle anderen Fräskanten gut von Hand ab – zunächst mit Schleifpapier der Körnung 80 und dann mit der Körnung 120.

Kopf

Übertragen Sie die Vorlagen für die beiden Kopf-Seitenteile auf einen 1 cm starken Rohling. Bohren Sie die Augenlöcher möglichst genau! Der Abstand von den Augenlöchern zum Hinterende des Kiefers muss exakt stimmen, damit das Maul auf- und zugeht! Sägen Sie die Teile mit der Band- oder Dekupiersäge aus. Schneiden Sie sie etwas größer zu; Sie können dann die Teile mit dem Kantenschleifer (Körnung 80, dann Körnung 120) bis an die Vorlagelinie heran abschleifen. Nach der Behandlung der Kontur beider Teile mit dem Kantenschleifer erhalten Sie flache Zahnreihen. Um dem Gebiss eine „dritte Dimension" zu geben, nehmen Sie nochmals die Flachfeile zur Hand und brechen Sie die Kanten an den Zähnen, sodass jeder Zahn eine saubere Fase bekommt (Abb. 12.1).

Beim Aussägen des Kopf-Mittelteils ist Vorsicht geboten! Ich nehme dazu einen viel größeren Rohling als notwendig, damit meine Finger dem Sägeblatt der Bandsäge nicht zu nahe kommen. Ich säge zuerst die gerundete Schnauze aus; so verbleibt mir ein großer Abfallbereich, den ich gut festhalten kann, während ich den leichteren Schnitt führe und den Teil aus dem Abfallholz herauslöse (Abb. 12.2).

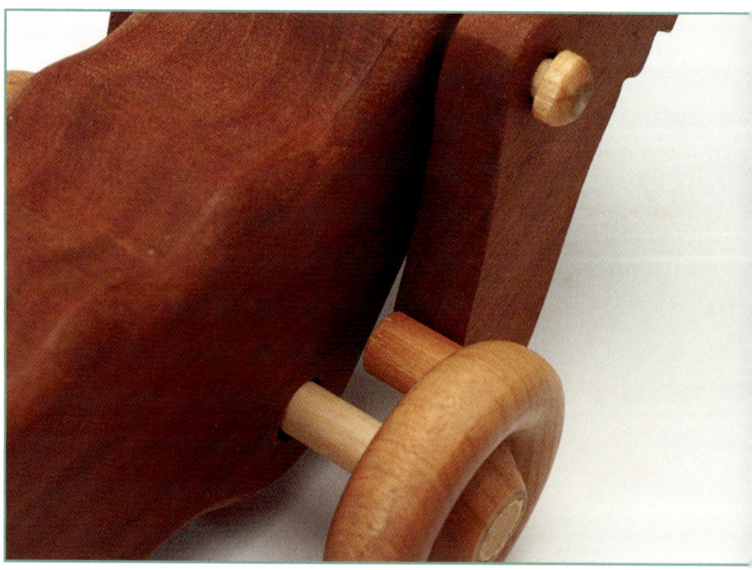

Die Dübel an den Vorderrädern schieben den Kiefer des Krokodils von hinten an, sodass er in die Höhe klappt.

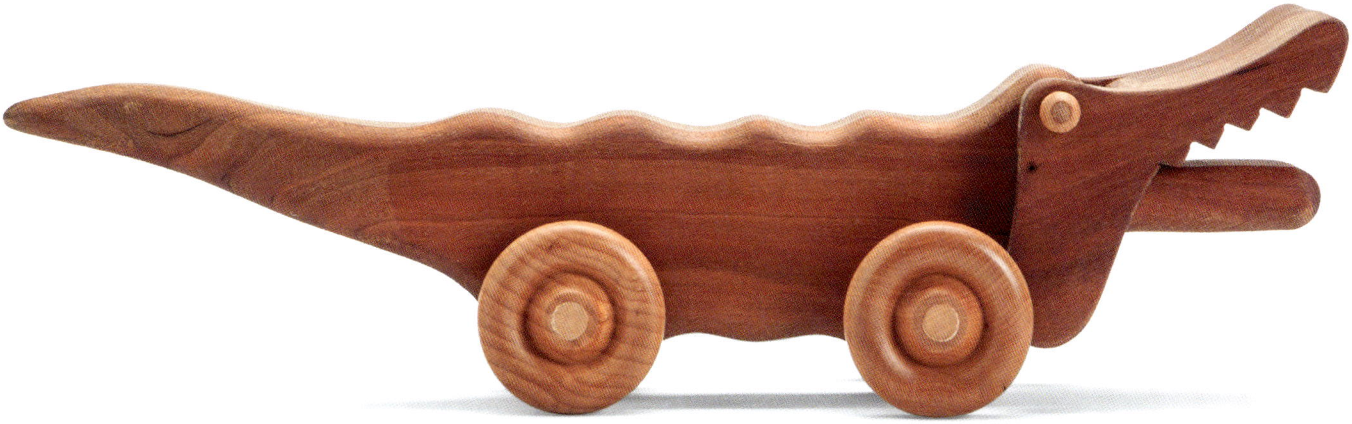

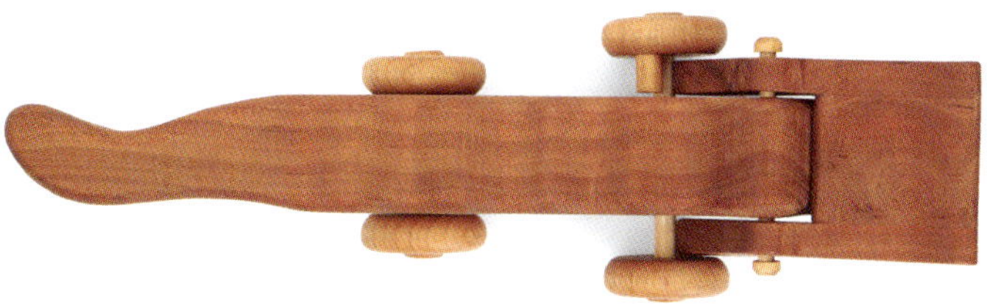

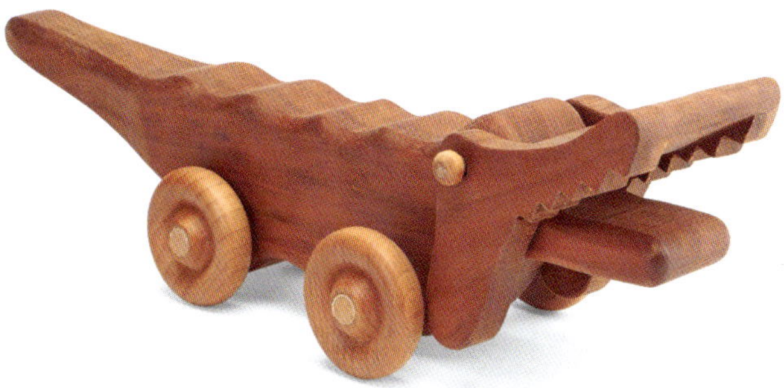

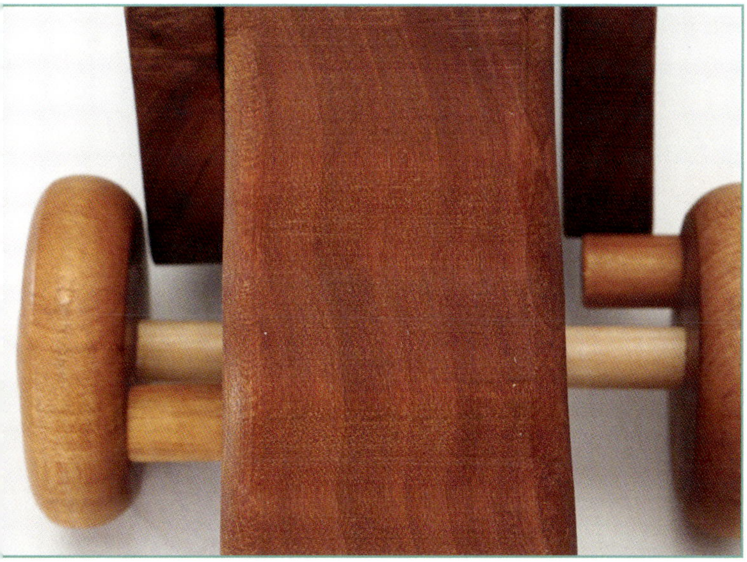

Von der Position der Dübel hängt es ab, in welchem Rhythmus das Maul auf- und zuklappt. Die abgebildete Position erzeugt ein regelmäßiges „Mampf-Mampf".

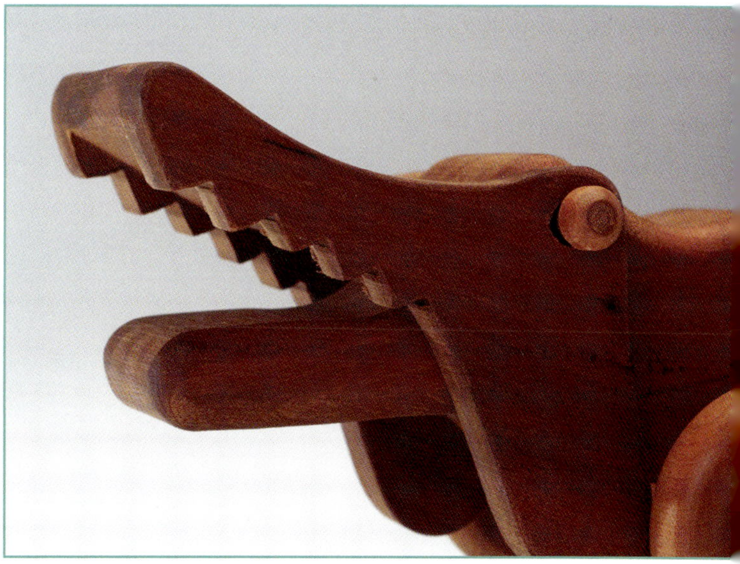

Die abgefasten Zähne sind eines jener Details, die das Spielzeug lebendig wirken lassen.

Wenn Ihnen das noch zu riskant ist, nehmen Sie eine Dekupiersäge.

Behandeln Sie nur die untere Kante (= diejenige, die nach dem Zusammenbau nicht mehr geschliffen werden kann) mit dem Kantenschleifer und runden Sie das scharfe hintere Ende des Teiles ab. Leimen Sie den Kopf zusammen (siehe Seite 40 und 41, Abb. 3.14, 3.15 und 3.16). Wenn der Leim vollständig getrocknet ist, behandeln Sie die Oberseite des Kopfes mit dem Kantenschleifer, um Niveauunterschiede zwischen den Seitenteilen und dem Mittelteil auszugleichen. Brechen Sie alle Kanten (außer an den Zähnen) von Hand mit Schleifpapier der Körnung 120.

Räder

Auf der Innenseite der Vorderräder müssen Löcher mit 1 cm Durchmesser für die Dübel gebohrt werden (Seite 32, Abb. 3.9). Längen Sie die Dübel ab und brechen Sie die Kanten. Verteilen Sie etwas Leim in den Bohrlöchern und hämmern Sie die Dübel hinein. Achten Sie darauf, dass sie senkrecht zur Radinnenfläche stehen.

Zusammenbau

Geben Sie etwas Leim in die Augenlöcher im Körper und befestigen Sie den Kopf mit den dazugehörigen

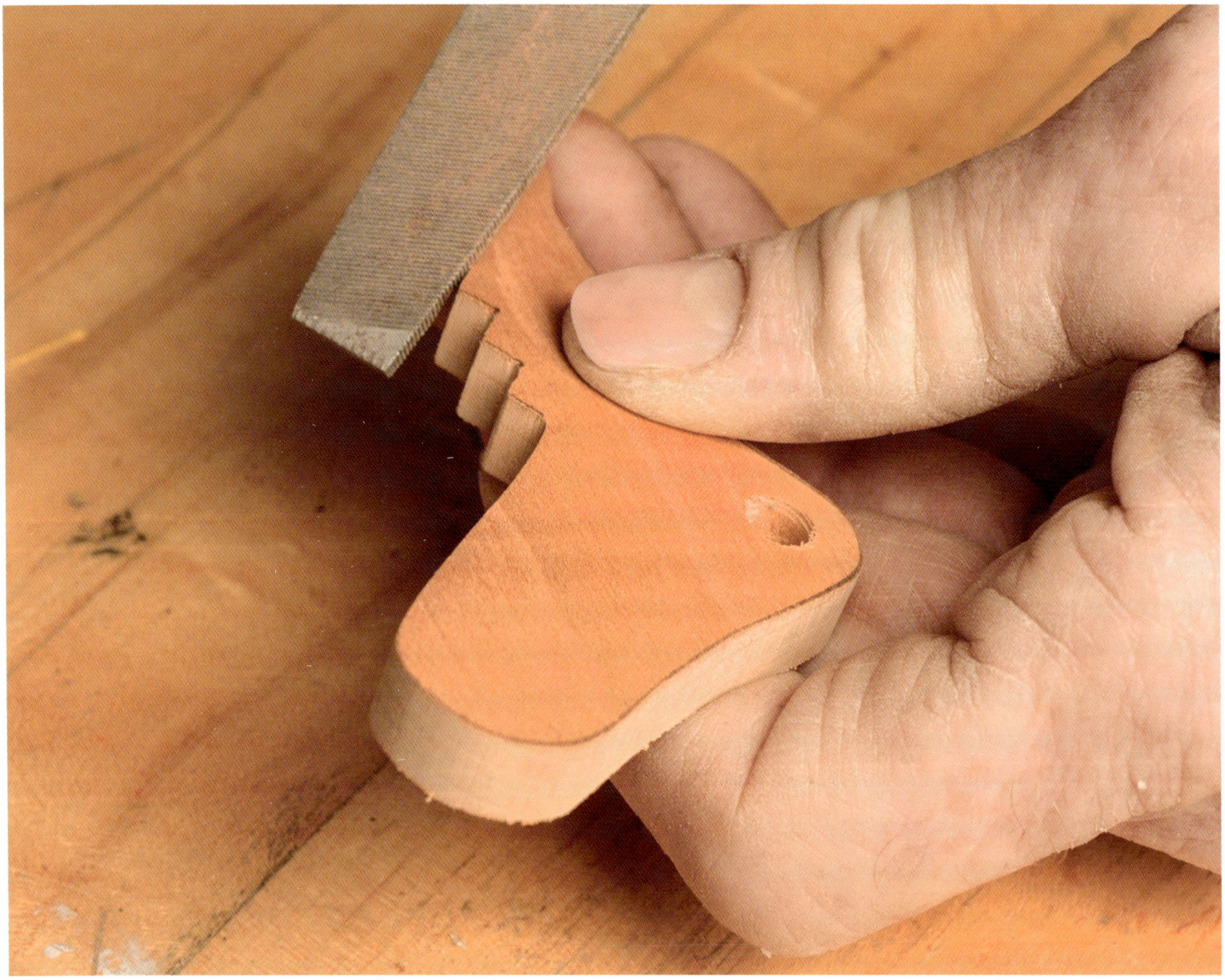

Abb. 12.1 Mit der Flachfeile wird jeder Zahn sauber abgefast.

Kopfdübeln (Abstandsmesser verwenden – siehe Seite 39, Abb. 3.13!).

Längen Sie die Vorderachse ab und runden Sie beide Enden von Hand mit Schleifpapier ab. Verteilen Sie Leim in den Achslöchern beider Vorderräder und hämmern Sie ein Rad auf die Achse; wischen Sie den ausgetretenen Leim ab. Schieben Sie die Achse durch den Körper und richten Sie die Räder so aus, dass ein Dübel oben und einer unten ist (Abb. 12.3). Hämmern Sie das zweite Rad auf die Achse, sodass es dem ersten diagonal gegenübersteht. Wiederholen Sie den Vorgang bei den Hinterrädern (natürlich ohne Dübel-Komplikationen).

Wenn der Leim vollständig getrocknet ist, behandeln Sie alle vier Enden der Achsen mit dem Kantenschleifer. Ölen Sie das Reptil ein. Und jetzt heißt es: Seid alle still, sonst kommt das Krokodil!

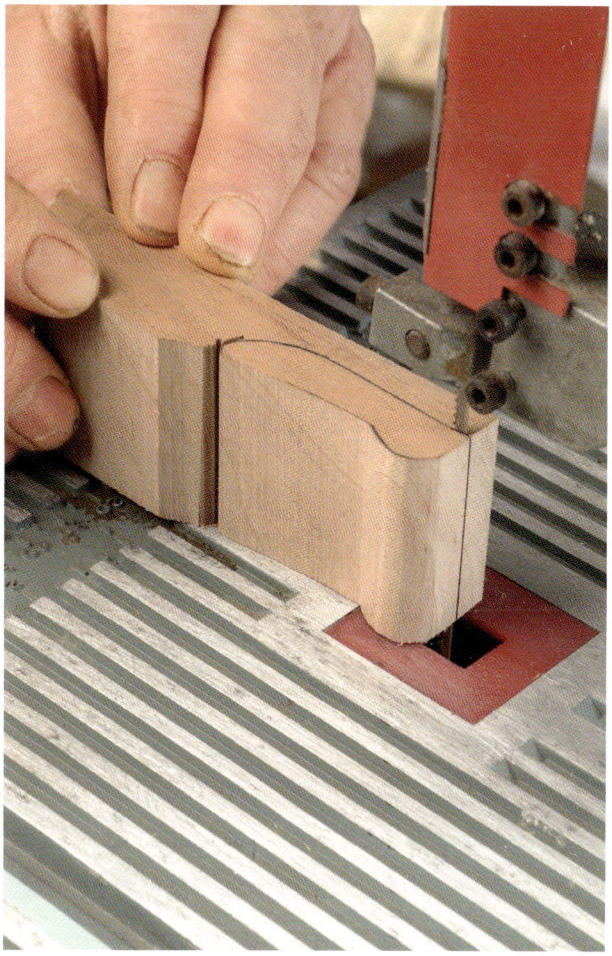

Abb. 12.2 Beim Aussägen des schmalen Kopf-Mittelteils lassen Sie einen großen Abfallbereich stehen. Daran können Sie den Teil festhalten, wenn Sie den nächsten Schnitt führen.

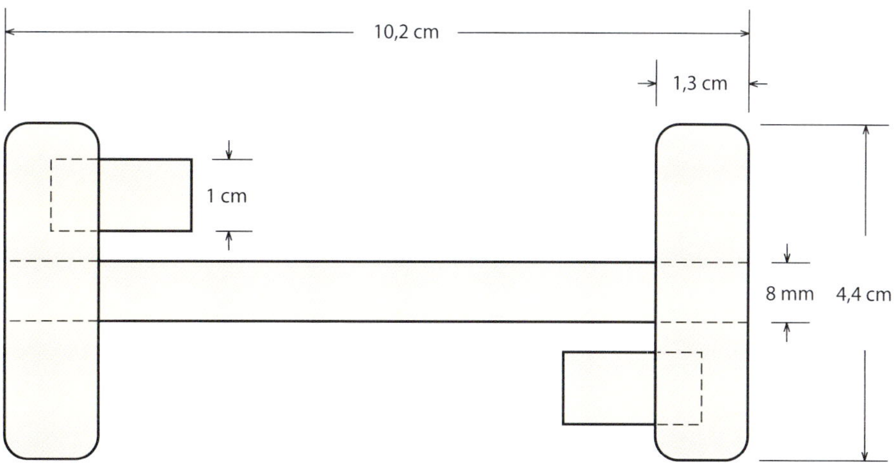

Abb. 12.3 Richten Sie die Räder beim Zusammenbau so aus, dass gleichzeitig ein Dübel oben und einer unten ist.

Vorlagen © David Wakefield

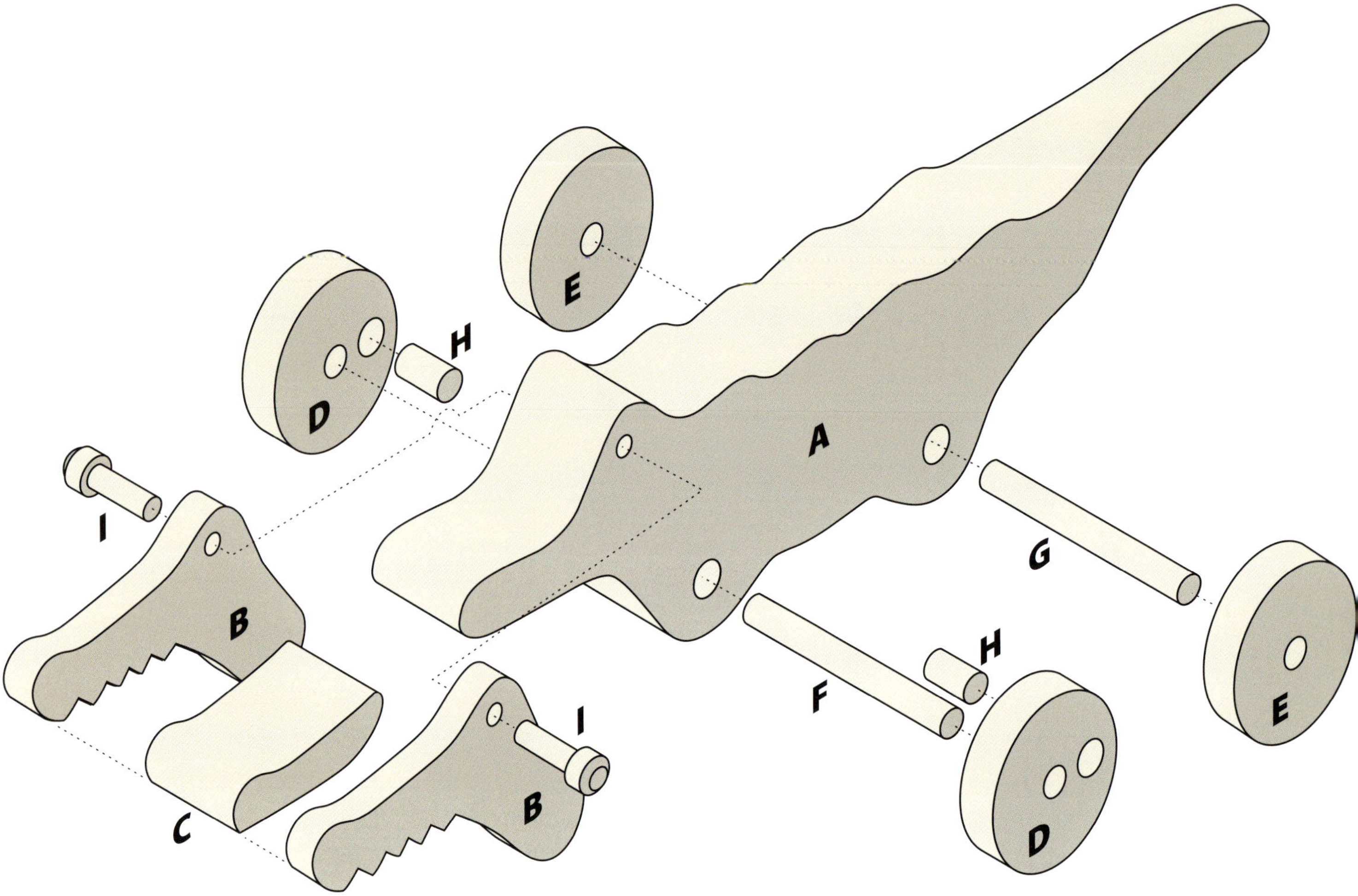

Vorlagen © David Wakefield

Alle Teile im Überblick

Teil	Bezeichnung	Anzahl	Stärke	Breite oder Durchmesser	Länge
A	Körper	1	3,8 cm	7,6 cm	31,8 cm
B	Kopf-Seitenteile	2	1 cm	5,1 cm	10,8 cm
C	Kopf-Mittelteil	1	4,1 cm	1,6 cm	5,4 cm
D	Vorderräder	2	1,3 cm	4,4 cm Ø	–
E	Hinterräder	2	1,3 cm	4,4 cm Ø	–
F	Vorderachse	1	–	8 mm Ø	8,3 cm
G	Hinterachse	1	–	8 mm Ø	7 cm
H	Dübel am Vorderrad	2	–	1 cm Ø	1,9 cm
I	Kopfdübel	2	–	5,5 mm Ø	2,7 cm

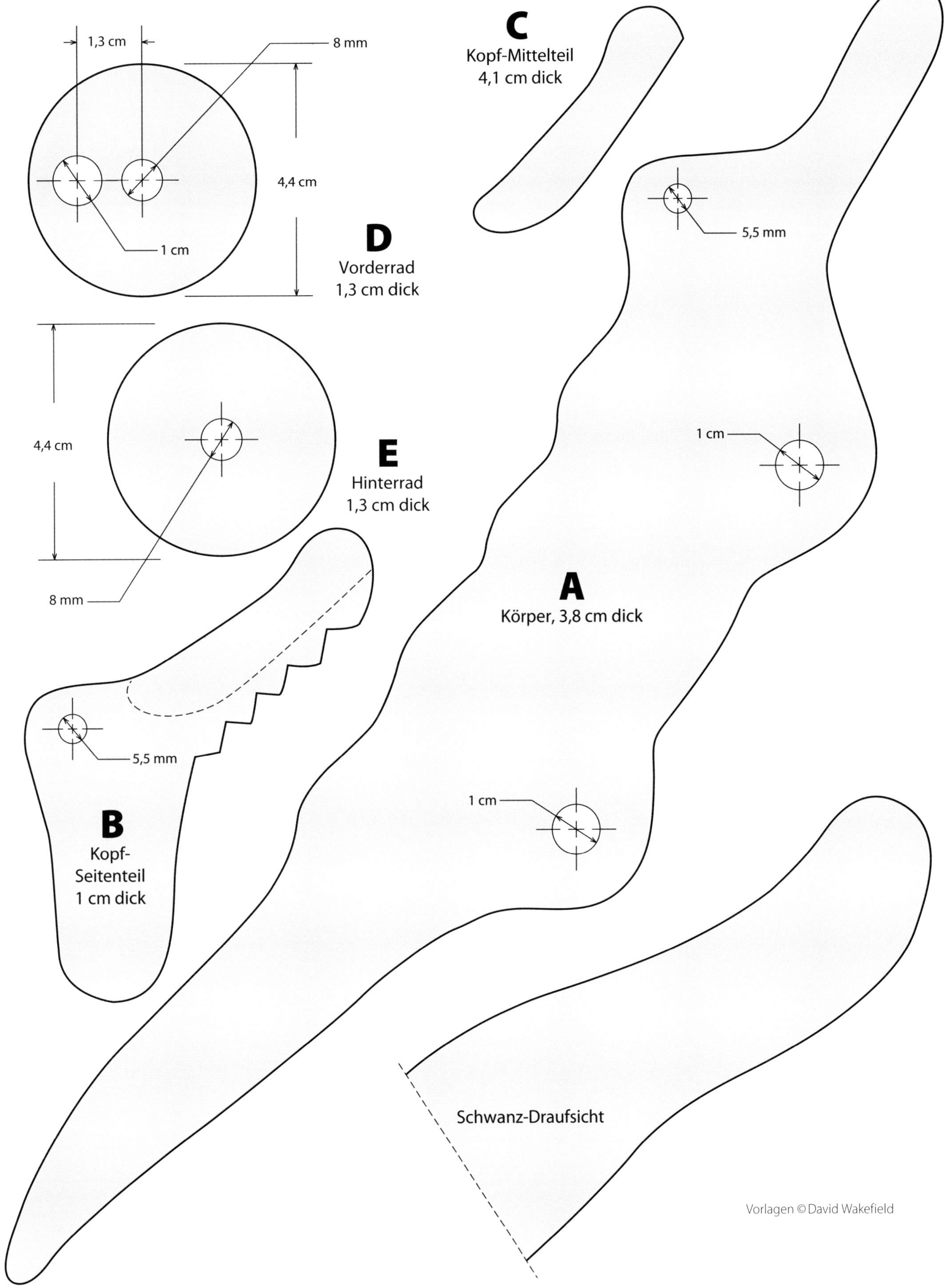
1,3 cm
8 mm
4,4 cm
1 cm
D
Vorderrad
1,3 cm dick
C
Kopf-Mittelteil
4,1 cm dick
5,5 mm
4,4 cm
E
Hinterrad
1,3 cm dick
8 mm
1 cm
A
Körper, 3,8 cm dick
5,5 mm
B
Kopf-
Seitenteil
1 cm dick
1 cm
Schwanz-Draufsicht

13 Willi, das Walross

Ein Walross ist gewiss kein klassisches Kinderspielzeug. Ich finde jedoch, dass die beeindruckende Robbe mit ihren großen, hängenden Lefzen und dem mächtigen Schnurrbart freundlich und in gewisser Weise vornehm wirkt. Als bedrohte Tierart verdient das Walross unsere besondere Aufmerksamkeit. Der passartige Gang lässt sich mit einem bewegten Spielzeug gut darstellen.

Für den Spielzeugbauer sind die Nut, das Bohrloch für den Stößel, die Schultern und die Stoßzähne eine Herausforderung – aber Sie schaffen das!

Körper

Übertragen Sie die Vorlage auf ein geeignetes, 3,8 cm starkes Holzbrett. Ich verwende für meine Spielsachen fast nur Kirschholz, aber Sie können jedes feste, eher leichte Hartholz nehmen. Am oberen Ende des langen Bohrloches empfiehlt es sich, einen Abfallbereich stehenzulassen, um das Ansetzen des Bohrers zu erleichtern (siehe Foto auf Abb. 13.1). Die Oberkante der Nut muss parallel zur Kante des Bretts verlaufen, damit die Nut mit der Tischkreissäge geschnitten werden kann. Ich nehme einen ziemlich großen Rohling, damit ich das Werkstück beim Schneiden der Nut besser und sicherer festhalten kann. Bohren Sie sämtliche Löcher in die Außenflächen des Körpers; achten Sie auf die genaue Platzierung und wählen Sie immer die richtige Bohrergröße!

Meine Nutsägeblätter haben einen Durchmesser von 20,3 cm. Sie können auch 15,2-cm-Nutsägeblätter nehmen, der Schnitt muss nur an derselben Stelle enden wie auf der Vorlage. Bei der Arbeit mit diesem Werkzeug kann der händische Vorschub gefährlich sein. Ich schneide die Nut in vier Arbeitsgängen; die Gefahr, dass mir das Sägeblatt das Werkstück aus der Hand reißt, ist dadurch geringer. Stellen Sie die Sägeblätter auf die halbe Höhe der Nut ein. Den Anschlag stellen Sie so ein, dass Sie an einer Kante der Nut entlangschneiden können. (Ich schneide bei jedem Arbeitsgang etwas mehr als die halbe Breite.) Vor dem ersten Schnitt markieren Sie das Ende des Sägeblattes mit einem Tintenstift auf dem Sägetisch, damit Sie nicht zu weit schneiden. Halten Sie das Werkstück gut fest und schieben Sie es vor, bis Sie die Markierung auf der Vorlage erreichen, die das Ende der Nut anzeigt (Abb. 13.1). Nehmen Sie das Werkstück vorsichtig von den Sägeblättern herunter. Stellen Sie den Anschlag zum Schneiden der anderen Seite der Nut ein und wiederholen Sie die vorigen Arbeitsschritte. Dann stellen Sie die Sägeblätter auf die volle Höhe der Nut ein und wiederholen Sie die letzten beiden Arbeitsschritte. Vergessen Sie nicht, am Tisch eine neue Markierung für das Sägeblattende anzubringen, da das Sägeblatt weiter vorne aus dem Tisch hervorsteht, wenn es höher eingestellt ist.

Wenn die Nut fertig geschnitten ist, sägen Sie den Umriss mit der Bandsäge aus. Lassen Sie den Abfallbereich an der Brust stehen, der das Bohren des Loches für den Stößel ermöglicht.

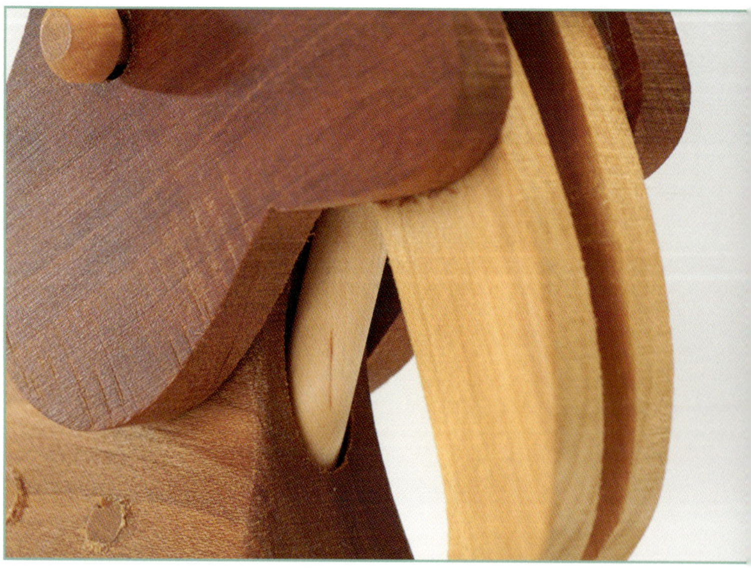

Die Stoßzähne werden an der Unterseite des Kopf-Mittelteils angeleimt. Sie kaschieren den Stößel, der den Kopf auf und ab bewegt.

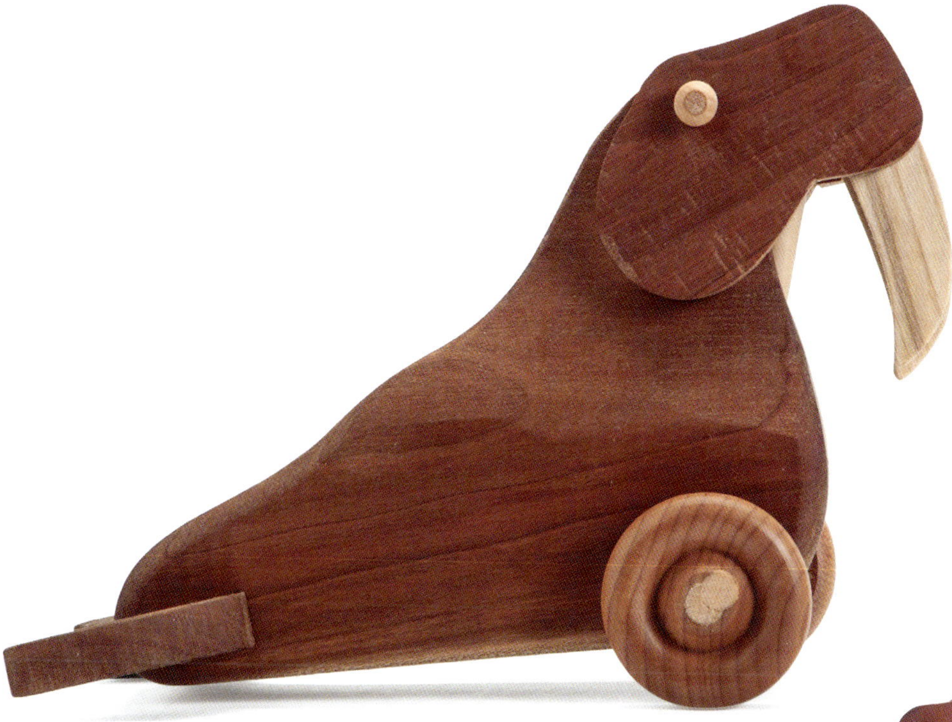

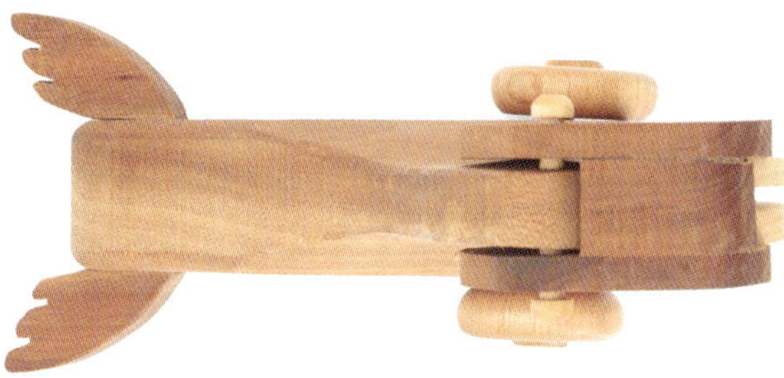

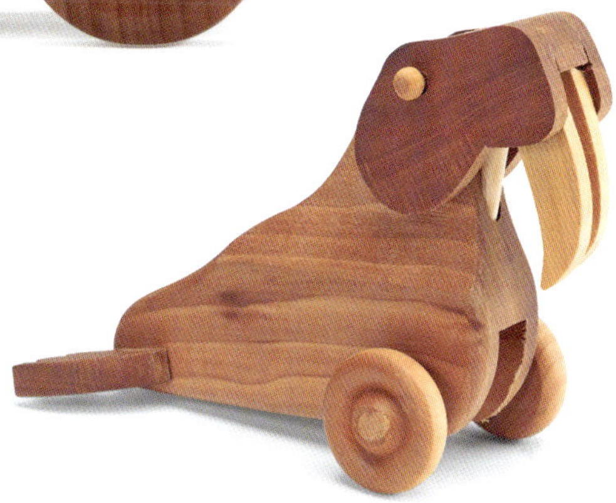

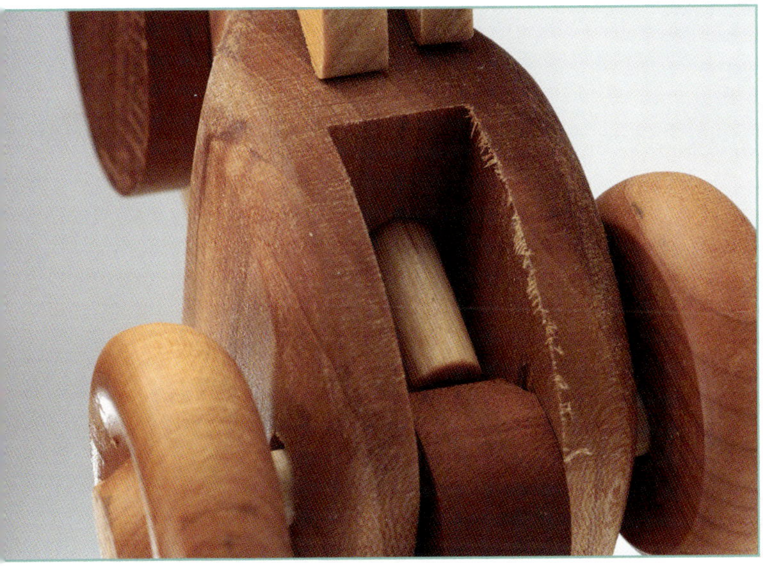

In der Nut ist eine Nocke versteckt. Sie hebt und senkt den Stößel und damit den Kopf.

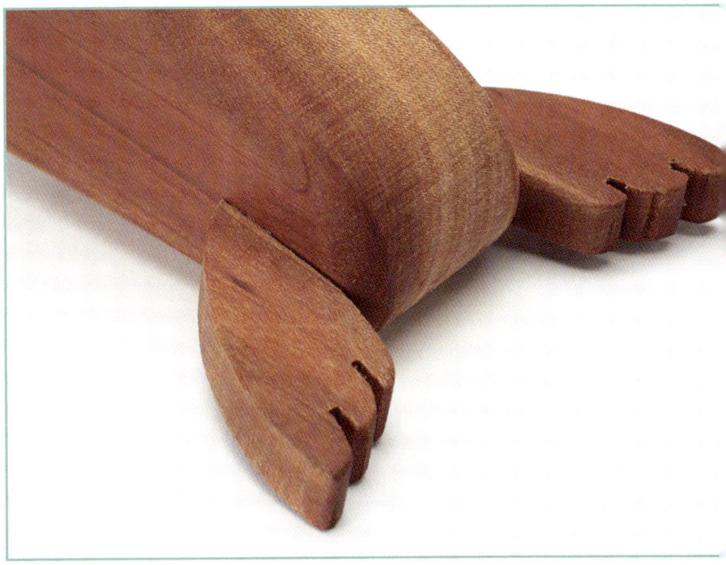

Details wie die Einschnitte in den Flossen geben dem Spielzeug das gewisse lebendige Etwas.

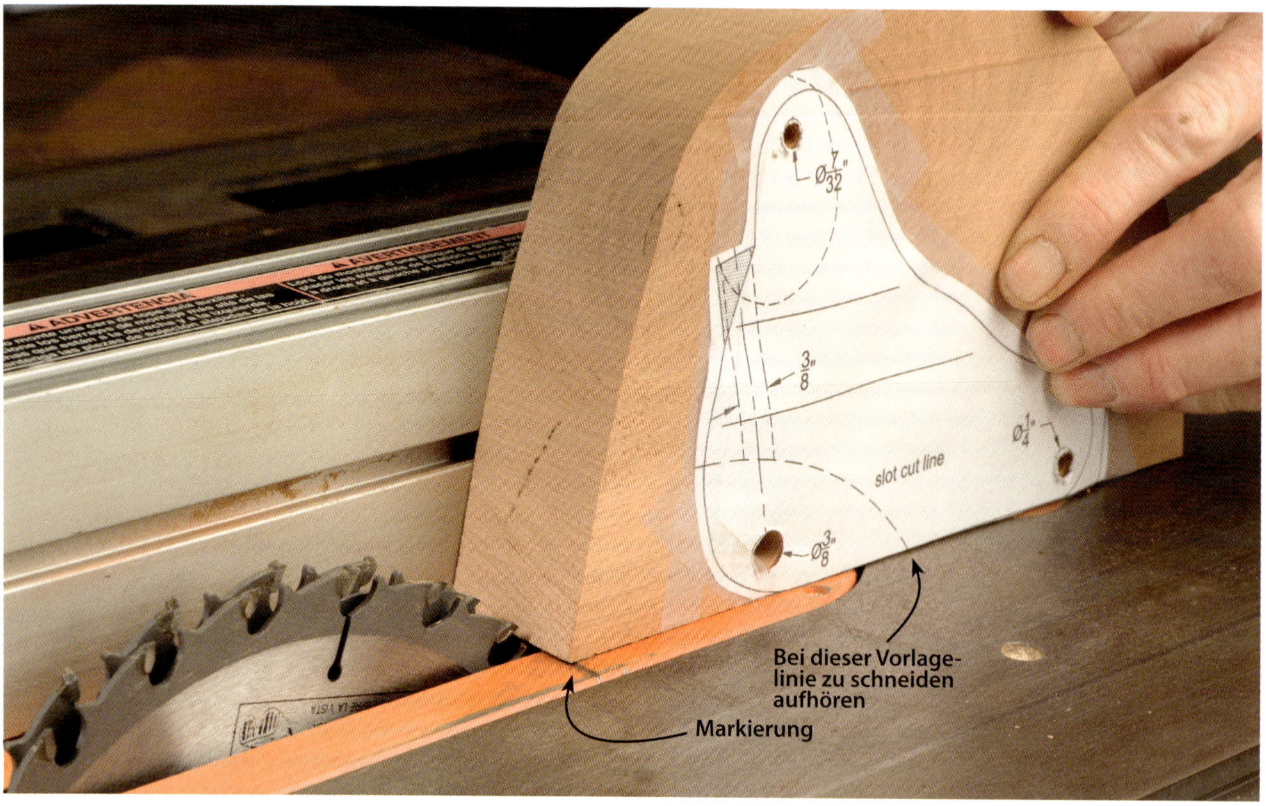

Abb. 13.1 Ich markiere das Ende des Sägeblattes mit einem Tintenstift auf dem Sägetisch. So sehe ich, wo der Schnitt endet, auch wenn das Sägeblatt durch das Werkstück verdeckt ist.

Übertragen Sie die senkrechten Linien auf den Körper, die das Bohrloch für den Stößel markieren, wenn Sie es nicht schon getan haben. Ich verwende zwei rechtwinklig zusammengeleimte Bretter als Hilfsvorrichtung (siehe Abb. 21.2 beim Tyrannosaurus). Daran befestige ich das Werkstück mit einer Klemme und bohre vorsichtig das Loch für den Stößel. Dazu nehme ich einen Forstnerbohrer, da dieser kaum wandert.

Entfernen Sie nun den Abfallbereich, der die Bohrung ermöglicht hat. Schleifen Sie die Kontur mit dem Kantenschleifer (zuerst Körnung 80, dann 120). Dann schleifen Sie die Außenflächen des Körpers mit dem stationären Bandschleifer (zuerst Körnung 80, dann 120). Bearbeiten Sie die gesamte Kontur mit der Oberfräse (6-mm-Viertelstabfräser).

Um die Schultern zurechtzuschneiden, übertragen Sie die entsprechenden Schnittlinien auf den Bereich des Hinterkopfes (siehe Foto auf Abb. 13.1 – orientieren Sie sich an der oberen gestrichelten Linie; siehe auch die Hals-Vorderansicht auf S. 105). Sie können die Schnitte freihändig mit der Bandsäge machen oder den Anschlag der Bandsäge entsprechend einstellen und Stopper verwenden, um präziser zu schneiden. In jedem Fall schneiden Sie das Abfallholz mit schönen, schwungvollen Kurvenschnitten weg. Dann behandeln Sie diese Bereiche mit dem Kantenschleifer (Körnung 80, dann 120). Platzieren Sie den Walrosskörper dabei mit dem Schwanz nach oben auf dem Schleiftisch und führen Sie ihn mit einer gleichmäßigen, schwungvollen Bewegung leicht gegen das Schleifband. Abschließend runden Sie den Bereich um Kopf und Schultern von Hand mit Schleifpapier der Körnung 120 ab.

Flossen

Übertragen Sie die Vorlagen für zwei Flossen auf ein 1,3 cm starkes Brett mit parallelen Kanten, bei dem Sie problemlos die notwendigen Bohrungen mit der Standbohrmaschine machen können. Achten Sie darauf, dass jenes Ende jeder Flosse, in das Sie das 6-mm-Dübelloch bohren wollen, bündig mit einer Kante abschließt. Sie können einen 6-mm-Dübel in jedes Loch stecken, ohne ihn festzuleimen. Damit lässt sich der Umriss der Flosse viel gefahrloser aussägen und abschleifen (Abb. 13.2).

Sägen Sie die Flossen aus, schleifen Sie die Kontur mit dem Kantenschleifer (zuerst Körnung 80, dann 120) und beide Außenflächen mit dem stationären Bandschleifer (Körnung 120). Entfernen Sie die Dübel und schleifen Sie alle Kanten von Hand mit Schleifpapier der Körnung 120.

Kopf

Übertragen Sie die Vorlage für die beiden Kopf-Seitenteile (doppelt) auf 1,3 cm starkes Holz. Bohren Sie in beide Teile die Augenlöcher und sägen Sie beide Teile sorgfältig mit der Dekupier- oder der Bandsäge aus, und zwar etwas größer als notwendig. Dann schleifen Sie die Teile mit dem Kantenschleifer (Körnung 120) sorgfältig bis zur Vorlagelinie ab; überspringen Sie dabei die Bereiche oben und unten, wo der Mittelteil auf die Seitenteile trifft. Versuchen Sie zwei annähernd deckungsgleiche Teile zu arbeiten (wichtig für den Zusammenbau!). Schleifen Sie die Außenflächen mit dem stationären Bandschleifer (Körnung 80, dann 120).

Übertragen Sie die Vorlage für den Kopf-Mittelteil auf 2,2 cm starkes Holz. Sägen Sie ihn sorgfältig mit der Dekupiersäge aus. Schleifen Sie die Unterseite, wo der Teil die Stoßzähne berührt, mit dem Kantenschleifer. Legen Sie den Mittelteil beiseite; er wird mit den anderen Teilen zusammengebaut, wenn die Stoßzähne fertig sind.

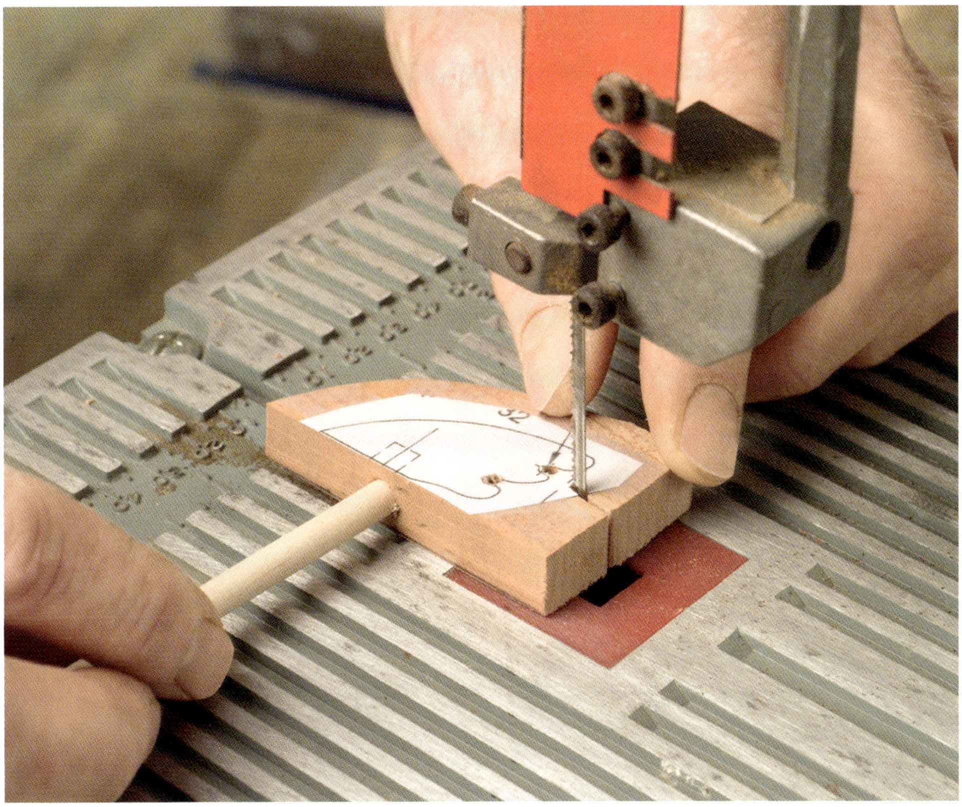

Abb. 13.2 Ein Dübel als provisorischer Haltegriff macht das Aussägen und Schleifen der Flossen einfacher und sicherer.

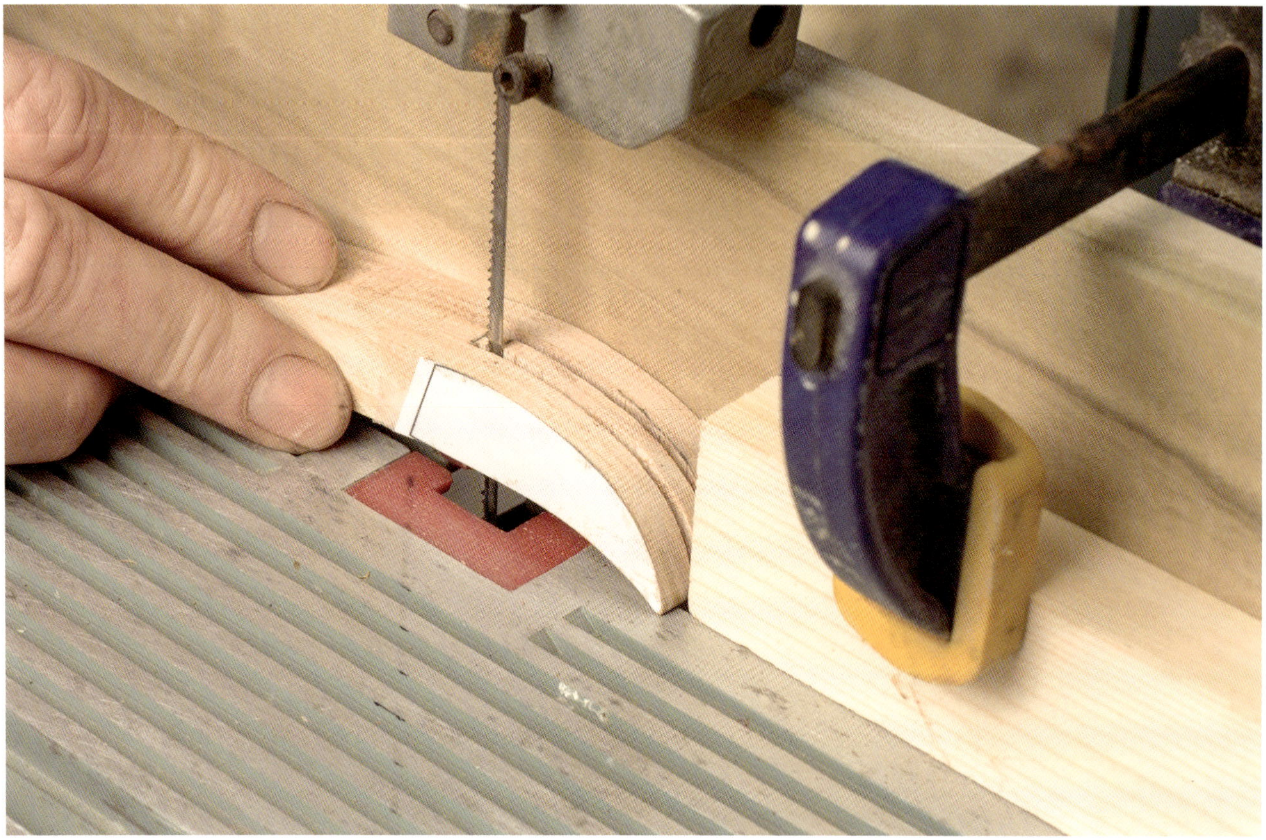

Abb. 13.3 Nehmen Sie den Anschlag der Bandsäge zu Hilfe, um die Stoßzähne exakt auszuschneiden.

Stoßzähne

Übertragen Sie die Vorlage auf 2,2 cm starkes Holz. Sie können jede robuste, helle Holzart nehmen – Ahorn, Esche, Stechpalme oder auch Pappel. Sägen Sie den Teil mit der Bandsäge aus und lassen Sie einen größeren Abfallbereich stehen, um die weiteren Arbeitsschritte möglichst sicher durchführen zu können. Schleifen Sie Kontur und Außenflächen mit Schleifbändern der Körnung 80 und 120. Verwenden Sie den Anschlag der Bandsäge, um an den Innenseiten beider Stoßzähne entlangzuschneiden (Abb. 13.3). Dann schneiden Sie vorsichtig und ohne Anschlag das Abfallholz zwischen den Stoßzähnen kleinweise weg. Schleifen Sie die Kanten beider Stoßzähne händisch ab. Zuletzt schneiden Sie den stehengelassenen Abfallbereich weg und schleifen Sie die Kontur mit dem Kantenschleifer, damit Stoßzähne und Mittelteil exakt zusammenpassen.

Zusammenbau des Kopfes

Beim präzisen Zusammenbau des Kopfes hilft eine einfache Vorrichtung: Bohren Sie ein Loch mit 6 mm Durchmesser in einen Holzklotz und leimen Sie einen 7,6 cm langen, 6 mm starken Dübel in das Loch. Runden Sie das Ende des Dübels von Hand mit Schleifpapier etwas ab (siehe Seite 40, Abb. 3.14). Verteilen Sie etwas Leim auf beiden Seiten des Mittelteils, ebenso auf dem Teil der Stoßzähne, der auf die Kopf-Seitenteile treffen wird. (Ich verstreiche den Leim von der Kante nach innen, damit nicht zu viel herausgedrückt wird.) Fixieren Sie die Seitenteile mit einer Klemme am Mittelteil und richten Sie mithilfe der Vorrichtung alle Teile genau aus. Wenn die Anordnung völlig getrocknet ist, behandeln Sie den Bereich, wo der Mittelteil auf die Seitenteile trifft, mit dem Kantenschleifer (Vorsicht: Stoßzähne nicht beschädigen!). Schleifen Sie alle Kanten der Anordnung von Hand mit Schleifpapier der Körnung 120.

Räder, Nocke

Die Räder (4,4 cm Durchmesser) können Sie fertig kaufen oder mit der Lochsäge herstellen. Verdübeln Sie die Achslöcher und schleifen Sie die Dübel bündig ab. Dann bohren Sie nach der Abbildung die neuen, exzentrischen Löcher, die für den typischen Watschelgang der Riesenrobbe verantwortlich sind. Wiederholen Sie den Vorgang bei der Nocke, die Sie allerdings mit einer Lochsäge mit 2,5 cm Innendurchmesser aussägen müssen. Behandeln Sie die fertige Nocke mit dem Kantenschleifer; achten Sie darauf, dass sie dabei ihre runde Form behält. Dann schleifen Sie noch schnell die Außenflächen mit dem Bandschleifer (Körnung 120). Wenn Sie das Loch in der Nocke etwas größer bohren (8,5 mm), verringert sich die Gefahr, dass es beim Zusammenbau ausbricht.

Zusammenbau

Als Erstes befestigen Sie die Flossen. Längen Sie den 6-mm-Dübel ab und runden Sie die Enden von Hand mit Schleifpapier leicht ab. Geben Sie etwas Leim in die Löcher in den Flossen und im Körper. Verteilen Sie ihn mit einem Streichholz oder einem Zahnstocher auf der Innenseite der Löcher. Hämmern Sie den Dübel in den Körper, bis noch ein Stück in der richtigen Länge heraussteht. Geben Sie ganz wenig Leim auf die Kanten der Flossen, die den Körper berühren sollen, und verstreichen Sie ihn von der Kante weg, damit kein Leim herausgedrückt wird. Drehen Sie die Flossen auf die Dübel, bis sie fast richtig sitzen, und hämmern Sie sie dann in die richtige Position, damit der Leim nicht verschmiert wird. Achten Sie darauf, dass die Flossen zueinander und zur Unterseite des Körpers parallel sind.

Nun längen Sie die Achsen ab und brechen Sie die Kanten an den Enden mit Schleifpapier der Körnung 120. Geben Sie Leim in das Achsloch an einem Rad und hämmern Sie die Achse hinein (Wachspapier unterlegen, damit kein Leim auf die Werkbank kommt!). Wischen Sie den ausgetretenen Leim ab. Platzieren Sie die Nocke in der Nut und richten Sie das Loch in der Nocke mit den Löchern im Körper aus. Halten Sie die Nocke mit einer Hand fest, schieben Sie mit der anderen die Achse durch den Körper und drehen Sie sie vorsichtig in das Loch in der Nocke. Stützen Sie die Körperhälfte auf die Werkbank, sodass die Faserrichtung im rechten Winkel zur Arbeitsfläche verläuft (damit der Teil nicht abbricht). Nun klopfen Sie mit dem Hammer auf das Rad und treiben Sie die Achse durch die Nocke und die andere Körperhälfte, bis der Abstand zwischen dem Ihnen zugewandten Rad und dem Körper 2 mm beträgt und die Nocke sich in der Mitte der Nut befindet. Verteilen Sie etwas Leim im Achsloch des zweiten Rades. Achten Sie auf die richtige Ausrichtung der exzentrischen Räder (eines nach oben, eines nach unten) und hämmern Sie das zweite Rad auf die Achse. Wischen Sie den ausgetretenen Leim ab.

Legen Sie das Walross auf dem Bohrtisch der Standbohrmaschine auf den Rücken. Bohren Sie durch den Mittelpunkt der Nocke und die Achse ein Loch mit 3 mm Durchmesser. Leimen Sie einen 3 mm starken Dübel in das Loch, damit die Nocke nicht frei auf der Achse rotiert. Wenn der Leim getrocknet ist, behandeln Sie die Enden der Radachsen mit dem Kantenschleifer. Wenn die Lauffläche der Nocke nicht ganz glatt ist, bearbeiten Sie sie mit einer kleinen Rundfeile, damit sie die Bewegung des Stößels nicht stört.

Um den Kopf zu befestigen, geben Sie etwas Leim in die dafür vorgesehenen Löcher im Körper. Platzieren Sie den Kopf auf dem Körper, schieben Sie einen Kopfdübel durch ein Augenloch im Kopf und drehen Sie ihn vorsichtig in das Loch im Körper. Der 3-mm-Abstandsmesser verhindert, dass Sie den Dübel zu weit in den Körper treiben (siehe Seite 39, Abb. 3.13).

Längen Sie den Stößel (mit etwas Überlänge) ab und testen Sie ihn. Kürzen Sie ihn, bis der Kopf sich nach oben bewegt, sobald die Nocke den Stößel anzuheben beginnt. Dann runden Sie beide Enden des Stößels mit dem Kantenschleifer und abschließend von Hand zu einer halbkugeligen Form. Wenn Sie den Stößel versehentlich zu stark abgeschliffen haben, machen Sie einen neuen.

Jetzt kann das Walross eingeölt werden. Ich hoffe, Sie sind mit Ihrem Werk zufrieden! Der stolze Stoßzahnträger ist als Schmuck fürs Wohnzimmer ebenso geeignet wie als Kinderspielzeug.

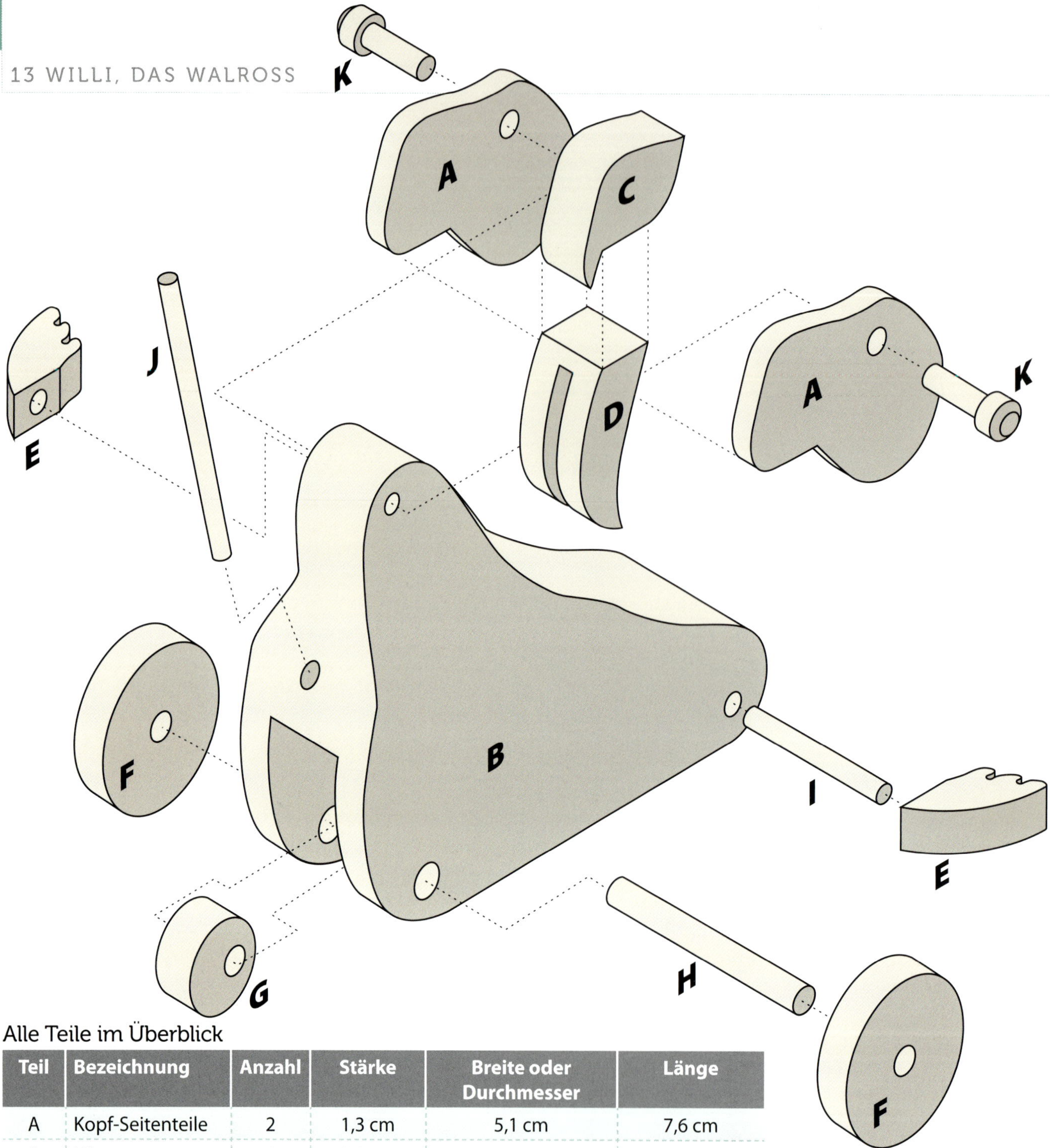

Alle Teile im Überblick

Teil	Bezeichnung	Anzahl	Stärke	Breite oder Durchmesser	Länge
A	Kopf-Seitenteile	2	1,3 cm	5,1 cm	7,6 cm
B	Körper	1	3,8 cm	10,2 cm	17,8 cm
C	Kopf-Mittelteil	1	2,2 cm	2,9 cm	5,1 cm
D	Stoßzähne	2	2,2 cm	2,5 cm	6,4 cm
E	Flossen	2	1,3 cm	2,9 cm	4,4 cm
F	Räder	2	1,3 cm	4,4 cm Ø	–
G	Nocke	1	1,3 cm	2,5 cm Ø	–
H	Vorderachse	1	–	8 mm Ø	6,7 cm
I	Flossen-Achse	1	–	6 mm Ø	5,3 cm
J	Stößel	1	–	8 mm Ø	ca. 8,6 cm
K	Kopfdübel	2	–	5,5 mm Ø	1,9 cm

Vorlagen © David Wakefield

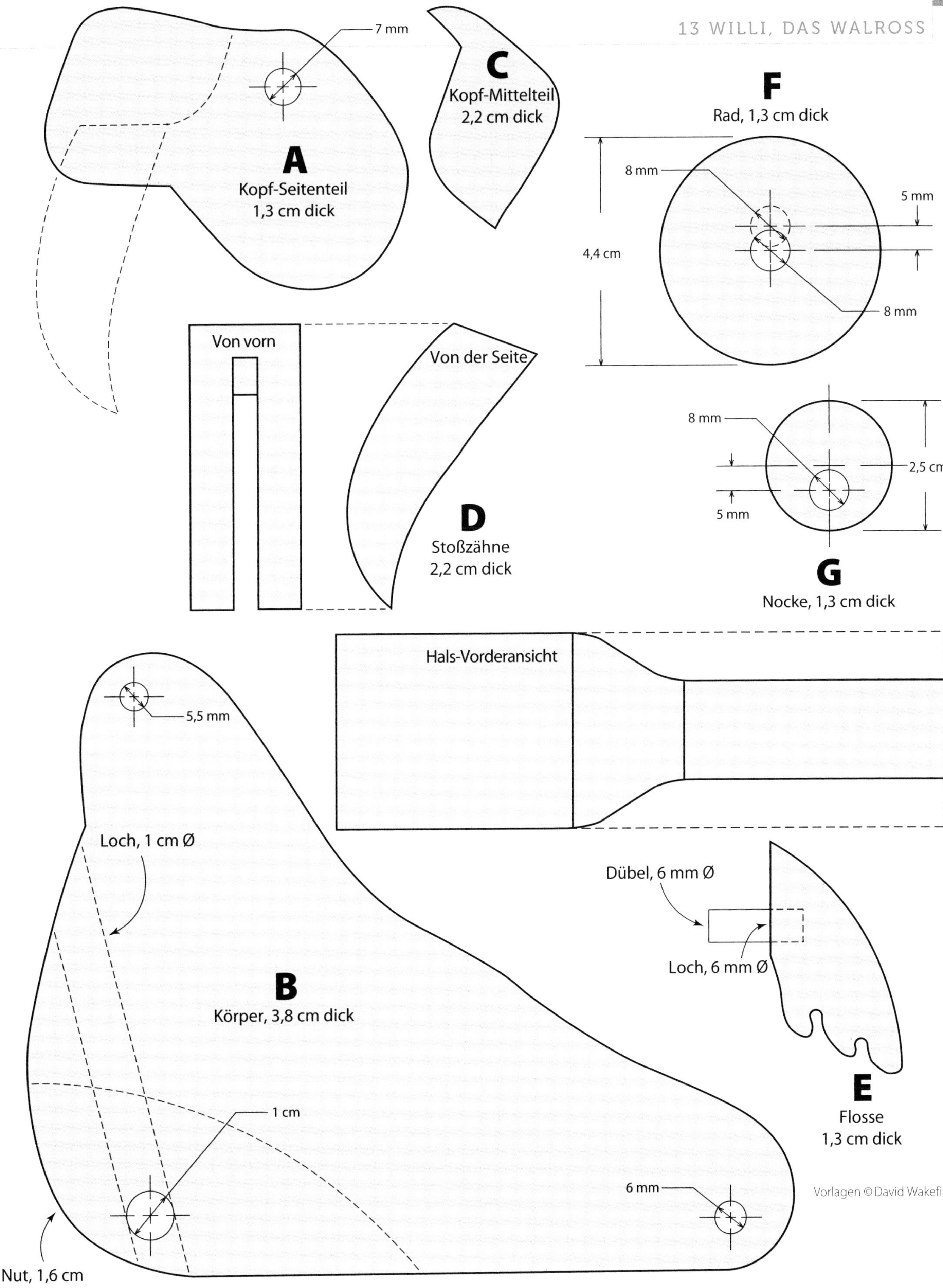

Vorlagen © David Wakefield

14 Hektor, der Hai

Vor Kurzem habe ich meinen Haifisch-Entwurf überarbeitet und einige Verbesserungen vorgenommen. Der Fisch mit dem Adlerprofil zeigt sich als Inbegriff des bösen Raubtiers, wenn er drohend das Maul aufreißt und mit furchterregendem Mampfen wieder zuklappt.

Körper

Übertragen Sie die Vorlage für den Körper auf einen 3,8 cm starken Rohling. Ich nehme am liebsten Kirschholz, weil es leicht und doch robust ist, durch Schleifen eine sehr schöne Oberfläche erhält, nicht zum Splittern neigt und mit einem Ölfinish besonders gut aussieht. Sie können aber jedes andere Hartholz nehmen. Sogar Weichholz wäre für den Körper fest genug, aber für den Kopf wohl nicht.

Bohren Sie die Augen- und die Achslöcher. Sägen Sie den Umriss mit der Bandsäge aus. Schleifen Sie die Kontur mit dem Kantenschleifer (Körnung 80, dann Körnung 120). Wenn Sie bei Ihrem Kantenschleifer (mit 2,5-cm-Schleifband) keine gebogene Führung haben, müssen Sie für die Innenrundungen an der Rückenflosse eine Schleiftrommel nehmen (Seite 33, Abb. 3.11).

Schleifen Sie beide Außenflächen mit dem stationären Bandschleifer (Körnung 80, dann 120) und bearbeiten Sie die Kontur mit der Oberfräse (6-mm-Viertelstabfräser). Mein Fräser hat eine Karbidspitze und ein Kugellager; so entstehen möglichst wenig Brandspuren.

Übertragen Sie die Vorlage für die Draufsicht auf die Oberseite des Körpers. Halten Sie das Werkstück fest auf dem Sägetisch der Bandsäge nieder und schneiden Sie die Abfallbereiche links und rechts vom Schwanz weg. Dann schleifen Sie diese Flächen mit dem Kantenschleifer (Körnung 80, dann 120). Schneiden Sie die Abfallbereiche links und rechts von der Rückenflosse mit einer Handsäge weg. Ich mache diese Schnitte nach Augenmaß; Sie können sie vor dem Schneiden grob vorzeichnen (Abb. 14.1).

Nun fixieren Sie den Körper so in einem Schraubstock, dass der Schwanz in einem Winkel von etwa 45° nach oben zeigt. Bearbeiten Sie die neu entstandenen Kanten des Schwanzes und der Rückenflosse zuerst mit der Raspel und dann mit der Feile. Anschließend schleifen Sie die Seitenflächen des Schwanzes und der Rückenflosse von Hand in Faserrichtung (zuerst mit Schleifpapier der Körnung 80, dann mit der Körnung 120), um alle Kratzer zu entfernen, die quer zur Faserrichtung verlaufen. Feilen Sie die Kanten aller Zähne aus beiden Richtungen mit einer kleinen Flachfeile, sodass jeder Zahn eine saubere Fase bekommt (Abb. 14.2). Schleifen Sie die Fräskanten des gesamten Umrisses von Hand.

Brustflosse

Übertragen Sie die Vorlage für die Brustflosse auf einen 1,3 cm starken Rohling und sägen Sie den Umriss mit der Bandsäge aus. Schleifen Sie die Kontur und die Seitenflächen wie gewohnt zuerst mit Schleifbändern der Körnung 80, dann mit der Körnung 120. Brechen Sie die Kanten durch Schleifen von Hand mit Schleifpapier der Körnung 80 und 120.

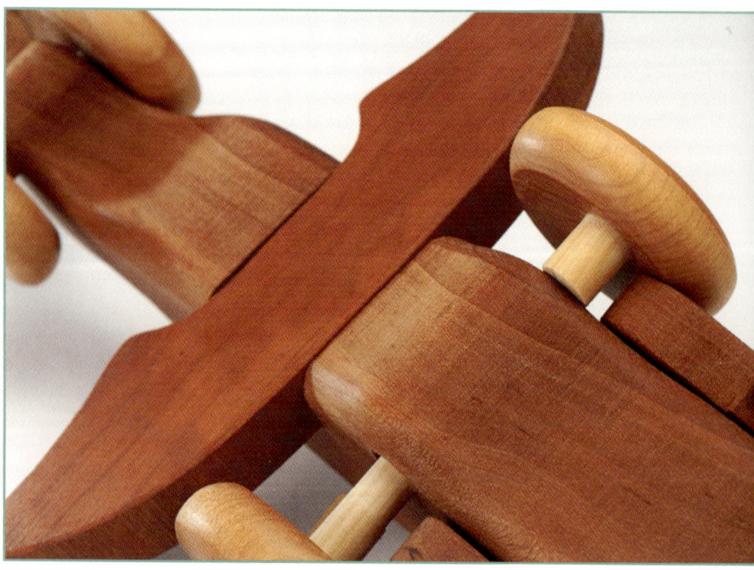

Die Brustflosse wird in eine Aussparung an der Unterseite des Körpers geleimt.

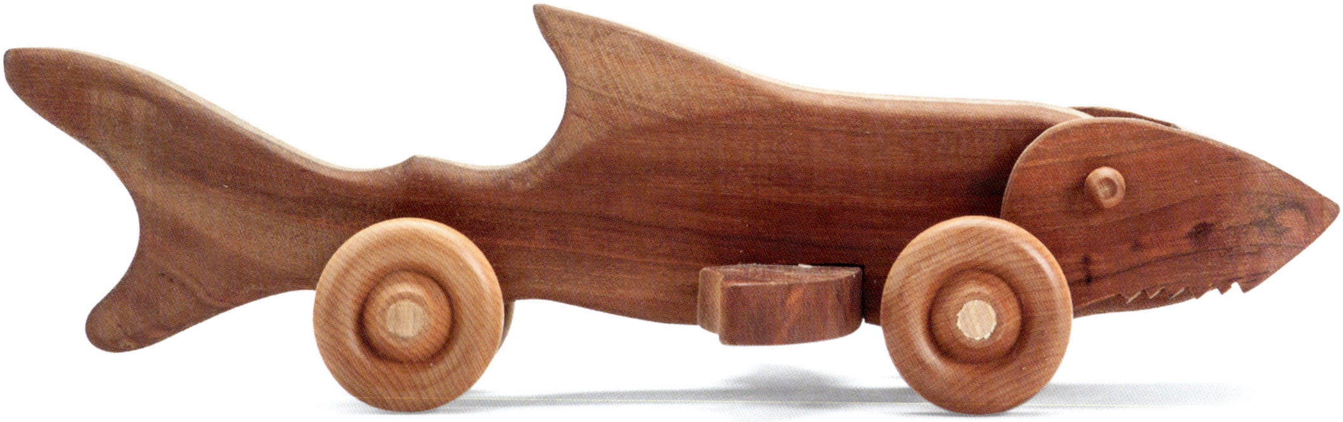

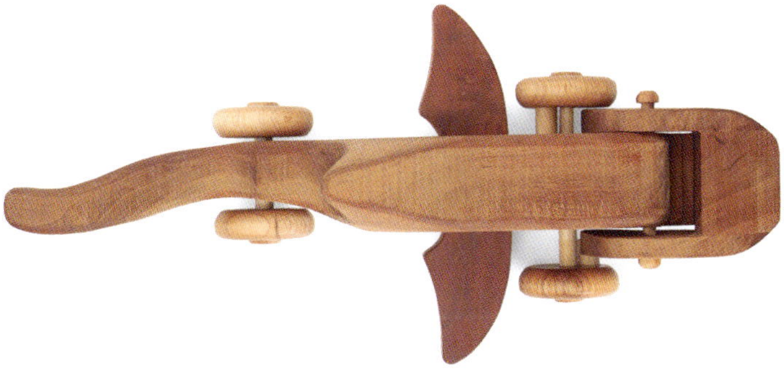

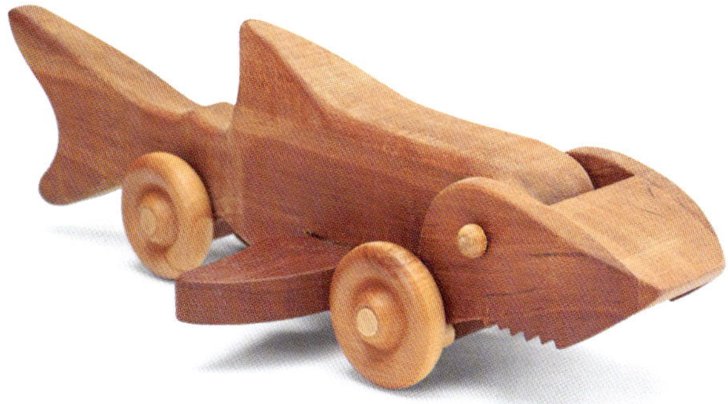

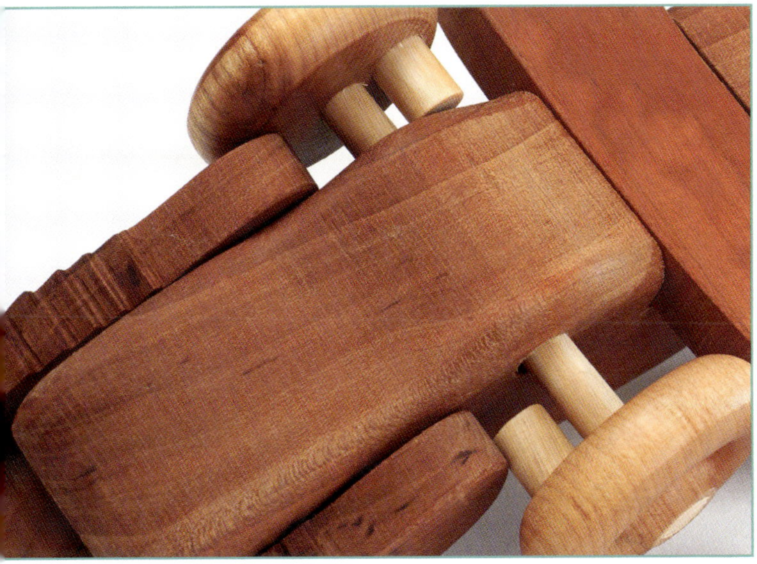

Die Dübel an den Vorderrädern schieben den Kiefer des Haifischs von hinten an, sodass er in die Höhe klappt.

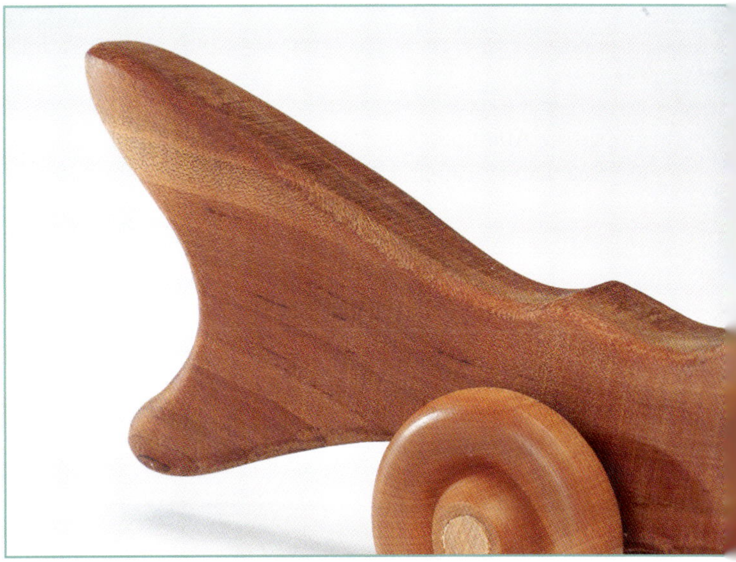

Durch die sorgfältig geformte Schwanzflosse sieht der Hai richtig „lebendig" aus.

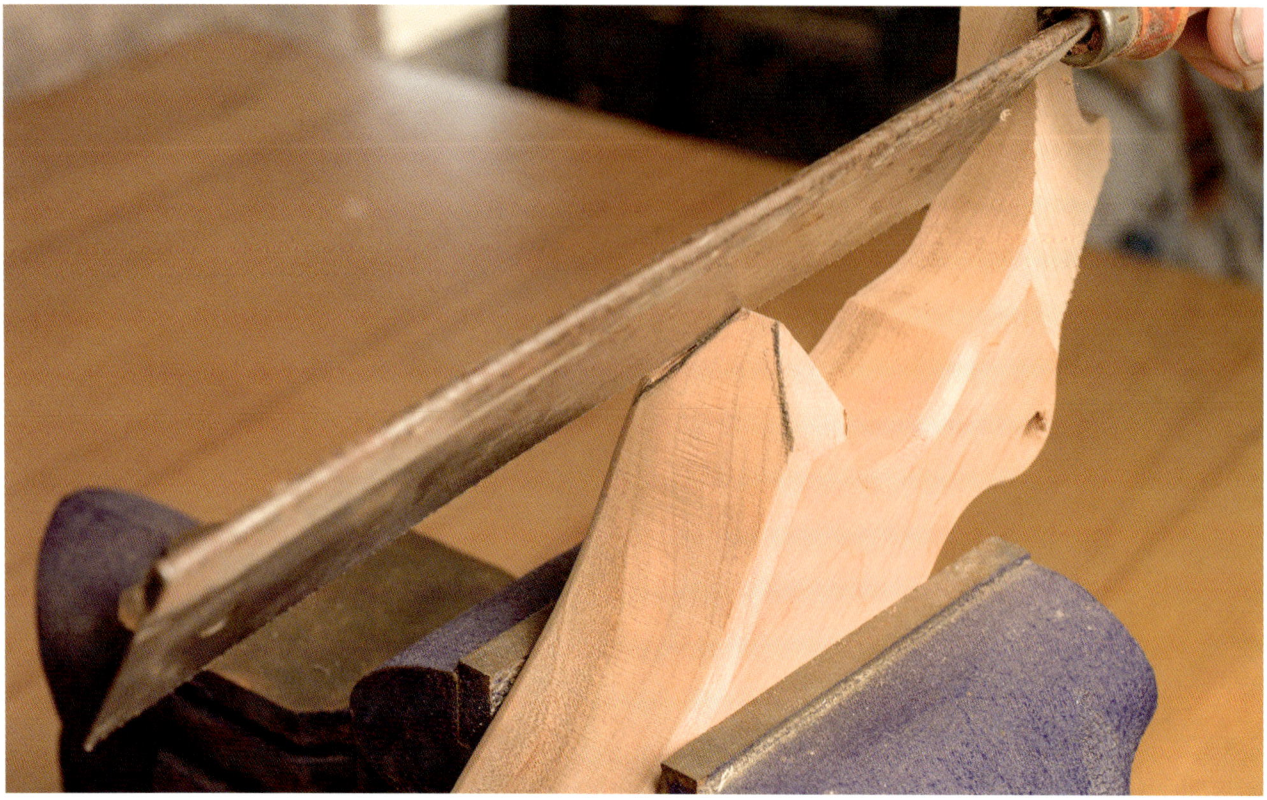

Abb. 14.1 Eine Bleistiftlinie hilft beim Absägen der Abfallbereiche links und rechts von der Rückenflosse.

Kopf

Übertragen Sie die Vorlagen für die beiden Kopf-Seitenteile auf 1 cm starkes Holz. Bohren Sie die Augenlöcher. Sägen Sie die Umrisse so aus, dass Sie zwei annähernd deckungsgleiche Teile erhalten. Behandeln Sie die Konturen beider Teile mit dem Kantenschleifer (Körnung 120), mit Ausnahme der Bereiche, wo der Mittelteil auf die Seitenteile trifft; diese werden nach dem Zusammenbau geschliffen. Schleifen Sie beide Seiten beider Teile mit dem stationären Bandschleifer (Körnung 80 und 120). Bearbeiten Sie die Außenkanten der Zähne mit einer kleinen Flachfeile, bis jeder Zahn sauber abgefast ist (Abb. 14.2).

Übertragen Sie die Vorlage für den Kopf-Mittelteil auf einen 4,1 cm starken Rohling. Lassen Sie einen größeren Abfallbereich stehen, damit sich der Teil sicherer mit der Bandsäge aussägen und mit dem Kantenschleifer schleifen lässt. Den letzten Schnitt zur Nasenspitze hin (diese wird nach dem Zusammenbau geschliffen) können Sie führen, nachdem Sie die anderen Kanten mit der Körnung 80 und 120 abgeschliffen haben.

Beim Zusammenbau des Kopfes nehme ich eine einfache Vorrichtung zu Hilfe (siehe Seite 40 und 41, Abb. 3.14, 3.15 und 3.16). Ich gebe Leim auf die Seitenflächen des Kopf-Mittelteils und verstreiche ihn von den Kanten nach innen, damit möglichst kein Leim herausgedrückt wird. Ich fixiere die Seitenteile mit einer Klemme am Mittelteil und richte mithilfe der Vorrichtung alle Teile genau aus.

Wenn die Anordnung völlig getrocknet ist, behandeln Sie die Ober- und die Vorderseite des Kiefers mit dem Kantenschleifer (Körnung 80 und 120). Übertragen Sie die Vorlage für die Draufsicht auf die Oberseite des Kopfes und schneiden Sie die Abfallbereiche links und rechts von der Nase mit der Bandsäge ab. Schleifen Sie die Nase zunächst mit dem Kantenschleifer und dann nochmals von Hand in Faserrichtung, zuerst mit der Körnung 80, dann mit der Körnung 120, um die quer zur Faserrichtung verlaufenden Kratzer zu entfernen. Schleifen Sie alle Kanten von Hand mit Schleifpapier der Körnung 120.

Räder

Die Räder (4,4 cm Durchmesser) können Sie fertig kaufen oder mit der Lochsäge herstellen. In jedem Fall müssen Sie bei jedem Vorderrad ein 8-mm-Loch markieren und bohren, um die Dübel zum Öffnen des Haifischmauls anzubringen. Längen Sie die Dübel ab und runden Sie beide Enden durch händisches Schleifen leicht ab. Verteilen Sie mit einem Streichholz oder einem Zahnstocher etwas Leim in den Löchern und treiben Sie die Dübel mit dem Hammer hinein. Die Dübel müssen senkrecht zur Radinnenfläche stehen!

Zusammenbau

Zuerst wird der Kopf angeleimt. Geben Sie etwas Leim in jedes Augenloch am Körper. Bringen Sie den Kopf in Position, schieben Sie einen Kopfdübel in das Augenloch im Kopf und drehen Sie ihn vorsichtig ein Stück in das Augenloch im Körper. Dann hämmern Sie ihn hinein, bis der Abstand zwischen dem Kopf und dem Körper etwa 2 mm beträgt. Hier hilft ein Abstandsmesser (siehe Seite 39, Abb. 3.13).

Die Hinterräder sind ganz einfach zu montieren: Längen Sie die Achse ab. Runden Sie die Enden durch händisches Schleifen ab. Geben Sie etwas Leim in die Achslöcher. Legen Sie ein Rad auf Wachspapier auf (damit kein Leim auf die Werkbank kommt) und hämmern Sie die Achse hinein. Wischen Sie den ausgetretenen Leim weg. Schieben Sie die Achse durch den Körper, legen Sie das andere Rad auf das Wachspapier, stecken Sie die Achse ein Stück weit ins Loch und hämmern Sie sie ganz hinein. Wischen Sie wieder den ausgetretenen Leim weg.

Die Vorderräder haben es in sich: Treiben Sie wie zuvor eine Achse in ein Rad. Dann vergewissern Sie sich, dass die Dübel auf der Radinnenseite einander diagonal gegenüberstehen (einer oben, einer unten), bevor Sie das zweite Rad auf die Achse hämmern. Die Räder dürfen nicht so eng aneinander stehen, dass der Kopf eingeklemmt wird. Wenn es doch passiert, sägen Sie die Achse durch, schneiden Sie die Teile der Achse bündig an den Rädern ab, bohren Sie neue Achslöcher, schneiden Sie eine neue (längere) Achse zu und versuchen Sie es noch einmal. Wischen Sie den ausgetretenen Leim ab. Schleifen Sie die Enden der Achsen mit dem Kantenschleifer, wenn der Leim getrocknet ist.

Zum Befestigen der Brustflosse bestreichen Sie einfach alle Kontaktflächen mit Leim, bringen Sie die Flosse in Position und fixieren Sie sie mit einer Klemme. Wenn der Leim überall getrocknet ist, bekommt der Hai sein Ölbad. Fertig! Mampf … mampf … mampf … Wenn die Erwachsenen brav waren, dürfen sie sich mit einem eigenen Haifisch fürs Wohnzimmer beschenken!

Abb. 14.2 Fasen Sie mit einer kleinen Flachfeile jeden Zahn sauber ab.

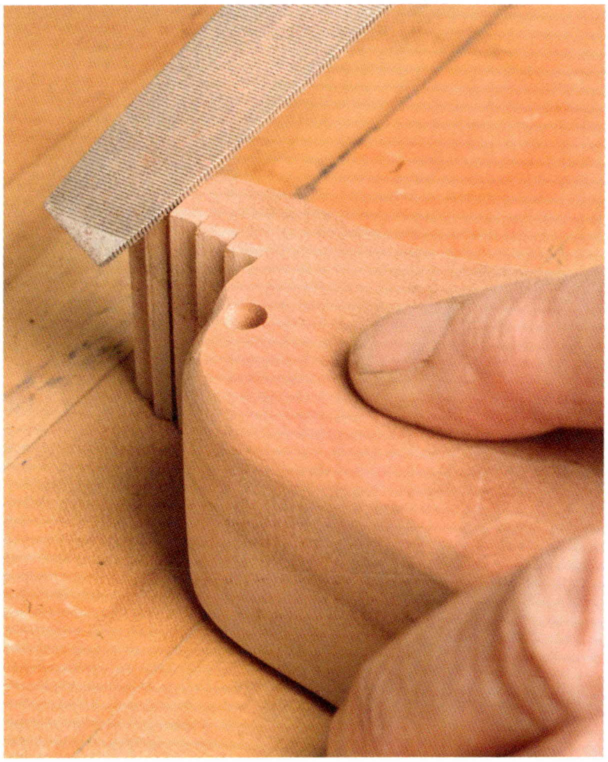

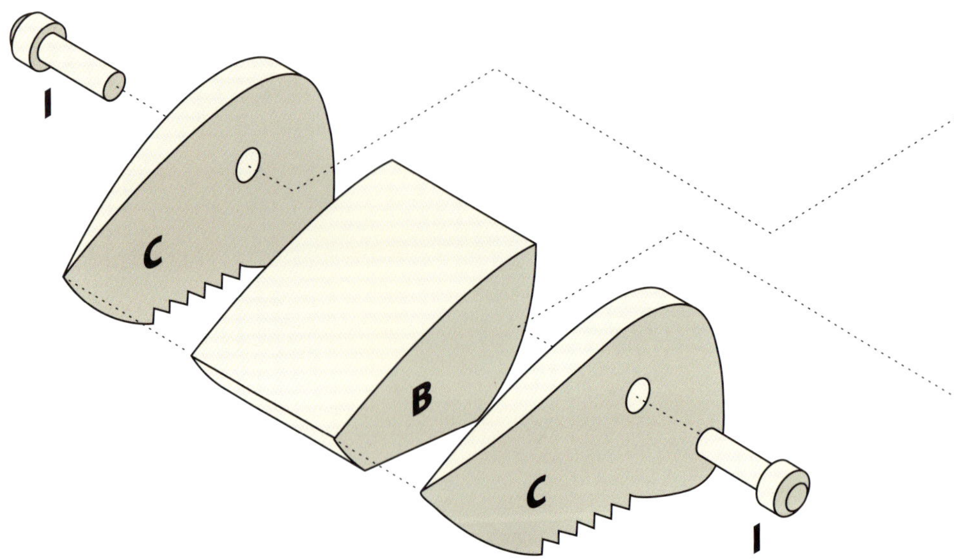

Vorlagen © David Wakefield

Alle Teile im Überblick

Teil	Bezeichnung	Anzahl	Stärke	Breite oder Durchmesser	Länge
A	Körper	1	3,8 cm	8,9 cm	31,1 cm
B	Kopf-Mittelteil	1	4,1 cm	2,5 cm	5,7 cm
C	Kopf-Seitenteile	2	1 cm	4,4 cm	8,9 cm
D	Hinterräder	2	1,3 cm	4,4 cm Ø	–
E	Vorderräder	2	1,3 cm	4,4 cm Ø	–
F	Brustflosse	1	1,3 cm	3,8 cm	15,2 cm
G	Achsen	2	–	8 mm Ø	9,2 cm
H	Dübel am Vorderrad	2	–	8 mm Ø	1,9 cm
I	Kopfdübel	2	–	5,5 mm Ø	2,7 cm

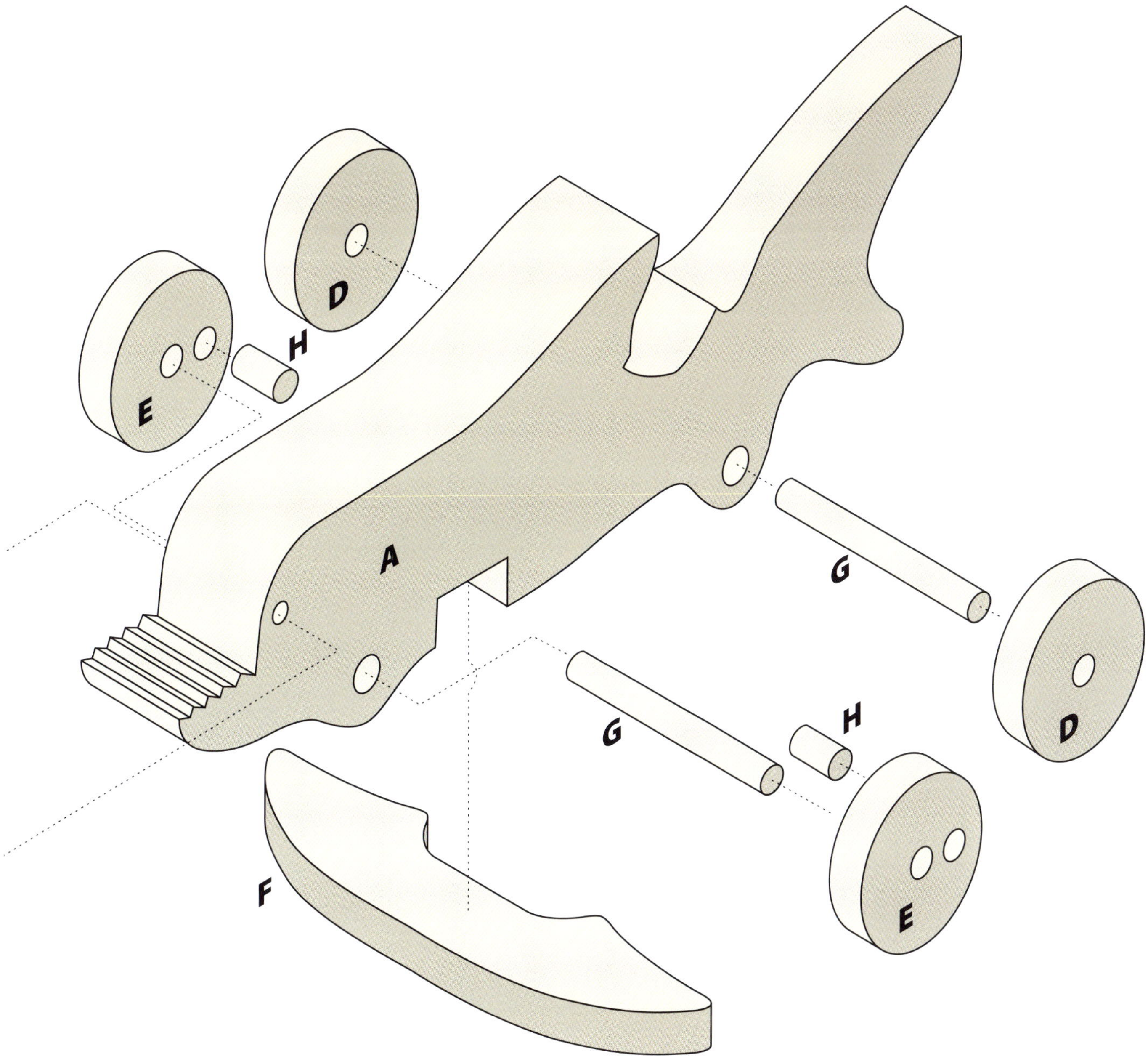

Vorlagen © David Wakefield

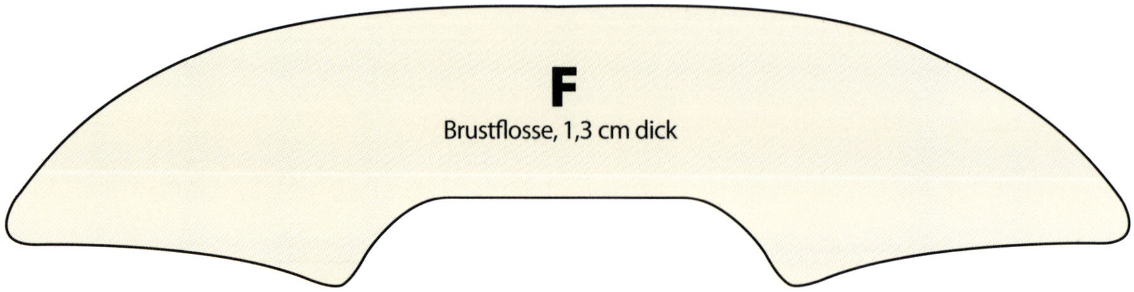

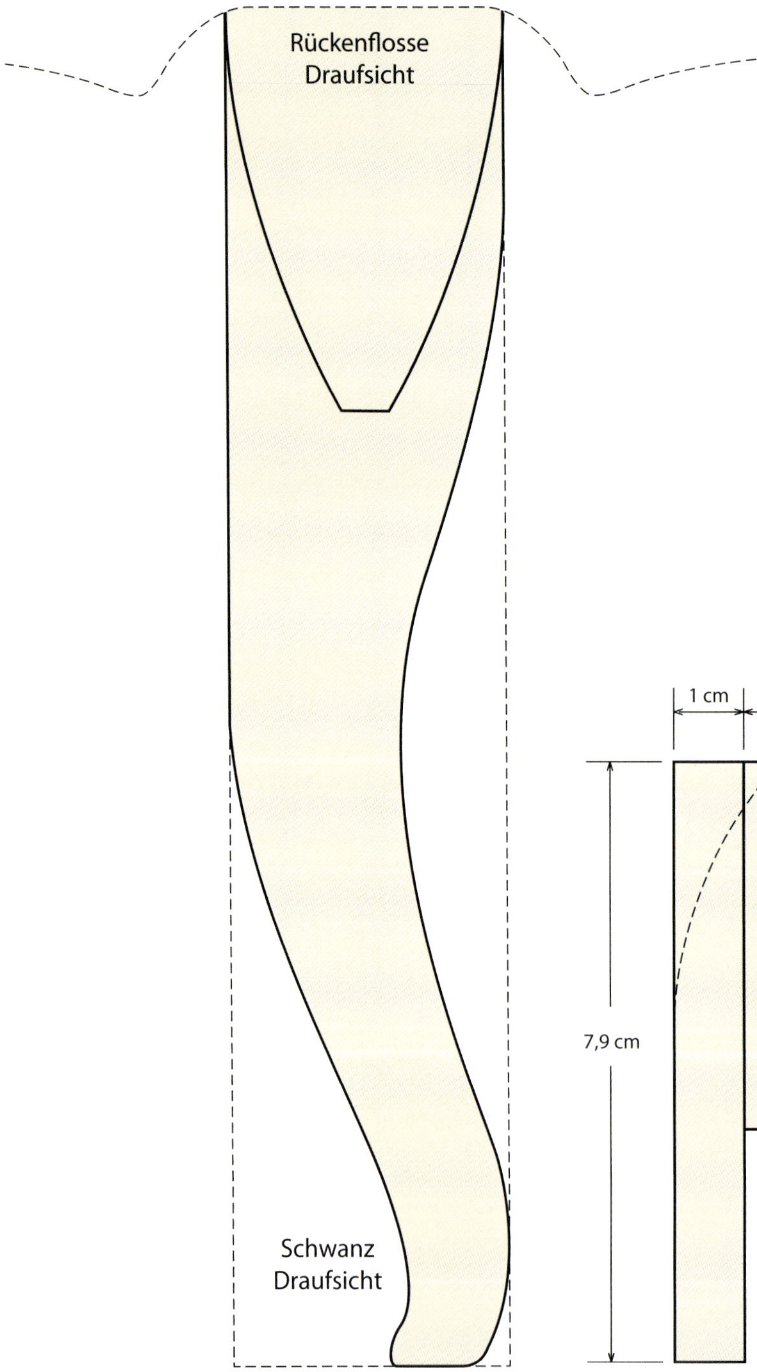

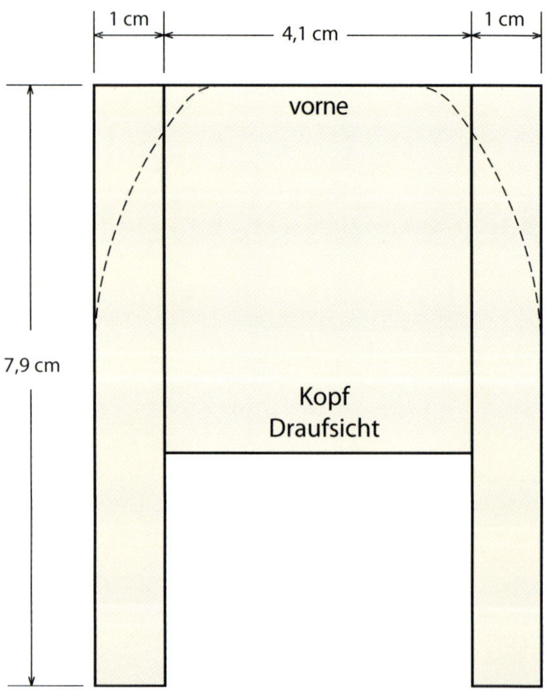

Vorlagen © David Wakefield

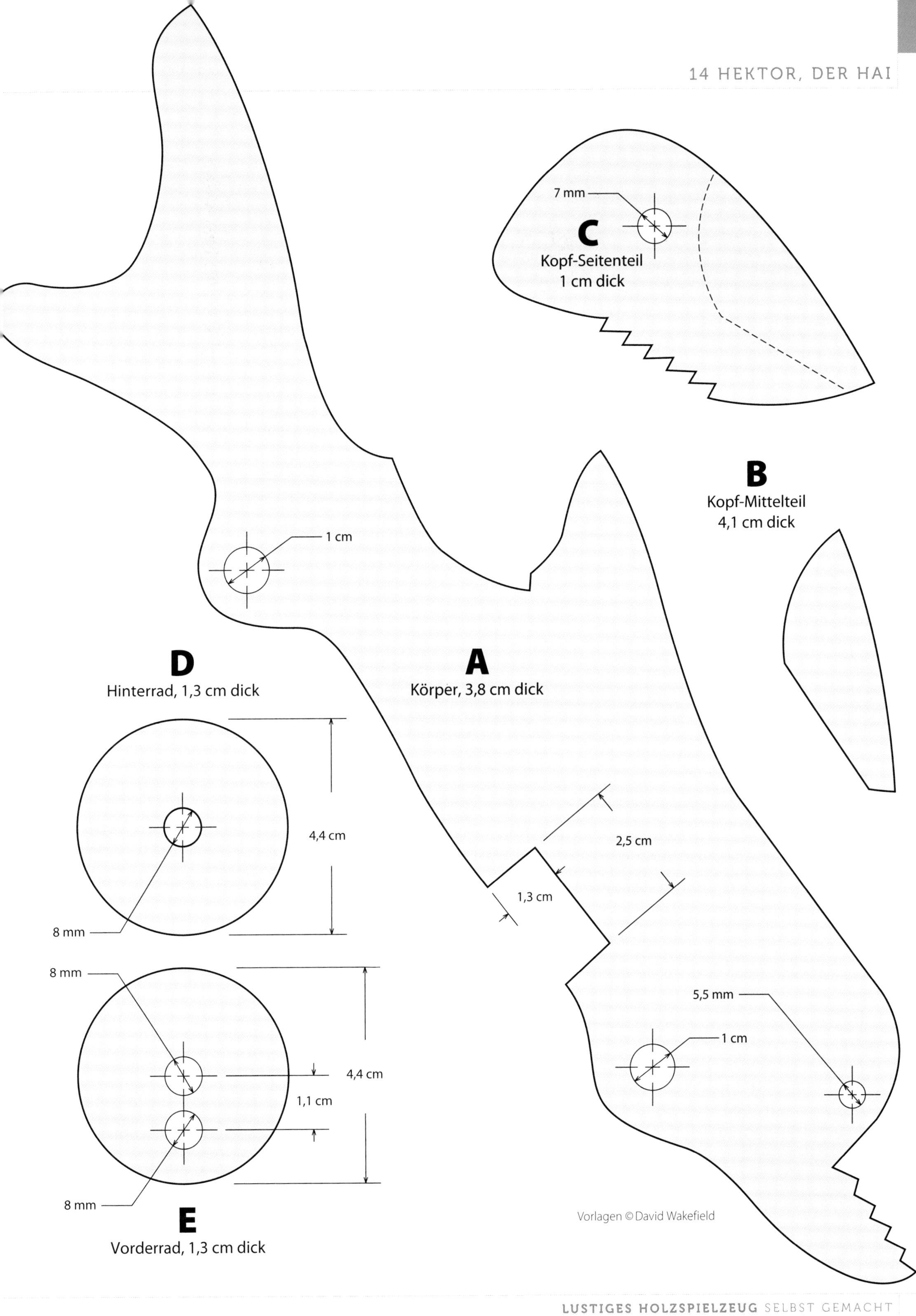
C
Kopf-Seitenteil
1 cm dick
7 mm
B
Kopf-Mittelteil
4,1 cm dick
A
Körper, 3,8 cm dick
1 cm
2,5 cm
1,3 cm
5,5 mm
1 cm
D
Hinterrad, 1,3 cm dick
4,4 cm
8 mm
8 mm
4,4 cm
1,1 cm
8 mm
E
Vorderrad, 1,3 cm dick
Vorlagen © David Wakefield

15 Hagen, der Hummer

Auch der Hummer ist unter die „Bösewichter" der Spielzeugwelt einzuordnen. Wenn der Dübel an der Innenseite des Rades sich am Rand der Schere vorbeidreht und ihn nach unten drückt, klappt die Schere durch die Hebelwirkung bedrohlich auseinander. Der Dübel dreht sich weiter, die Schere schnappt gefährlich zu, während sich die andere Schere öffnet … Aber ich will den Hummer nicht schlechtreden – er ist zweifellos ein faszinierendes Tier, das nie langweilig wird!

Holz auswählen

Der Körper des Hummers muss aus robustem Holz bestehen. Je mehr Schwungkraft er aufbauen kann, desto leichter lassen sich die Scheren anheben. Die Arme müssen fest sein, um die ständige Beanspruchung durch die zufallenden Scheren auszuhalten. Auch die Scheren müssen robust sein, sollen aber nicht zu viel Gewicht haben, damit sie problemlos aufgehen. Wenn man all dies bedenkt, ist Kirschholz eindeutig die richtige Wahl. Auch seine rötliche Farbe passt optimal.

Körper

Übertragen Sie die Vorlage so auf das Holz, dass die Unterseite des Körpers von einer geraden (gehobelten) Kante gebildet wird. So können Sie mithilfe des Parallelanschlags der Bandsäge eine exakte Aussparung für den Schwanz schneiden und erhalten eine festere Leimfuge.

Bohren Sie das 1,9-cm-Loch und sägen Sie den Umriss mit der Bandsäge aus. Behandeln Sie die Kontur mit dem Kantenschleifer (Körnung 80). Halten Sie den Körper mithilfe von Klemmen und/oder Holzklötzen im richtigen Winkel auf dem Bohrtisch der Standbohrmaschine und bohren Sie die Dübellöcher für die beiden Augen.

Schleifen Sie die Außenflächen des Körpers mit dem stationären Bandschleifer (Körnung 80, dann 120). Bearbeiten Sie alle Kanten (außer den Kanten der Aussparung für den Schwanz) mit der Oberfräse. Behandeln Sie die Kontur mit dem Kantenschleifer (Körnung 120) und schleifen Sie alle Fräskanten von Hand mit der Körnung 80 und danach mit der Körnung 120.

Arme

Übertragen Sie die Vorlage für die Arme so auf zwei Rohlinge, dass die Faserrichtung der Länge nach verläuft. Bohren Sie die 1,9-cm-Löcher mit dem Flachbohrer. Verwenden Sie den Körner der Bohrerspitze als Zentrierung und vollenden Sie die Bohrung mit einem 1-cm-Spiralbohrer. Unterlegen Sie den Arm mit einem Stück Restholz, damit das Holz nicht ausreißt. Bohren Sie die Löcher für die Kopfdübel. Schleifen Sie die Konturen und die größeren Flächen der Arme wie gewohnt mit der Körnung 80 und dann mit der Körnung 120. Schleifen Sie alle faserigen Ecken und Kanten von Hand mit der Körnung 120.

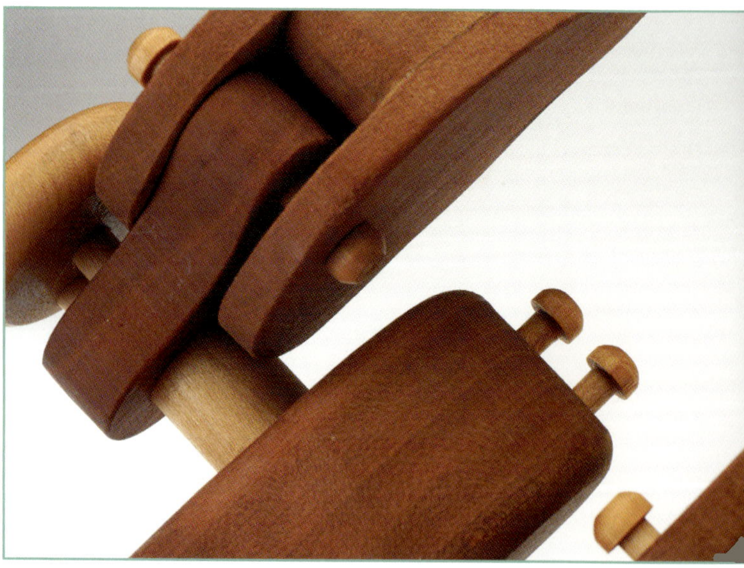

Durch das Achsgehäuse ist das Gewicht der großen Scheren leichter zu bewältigen.

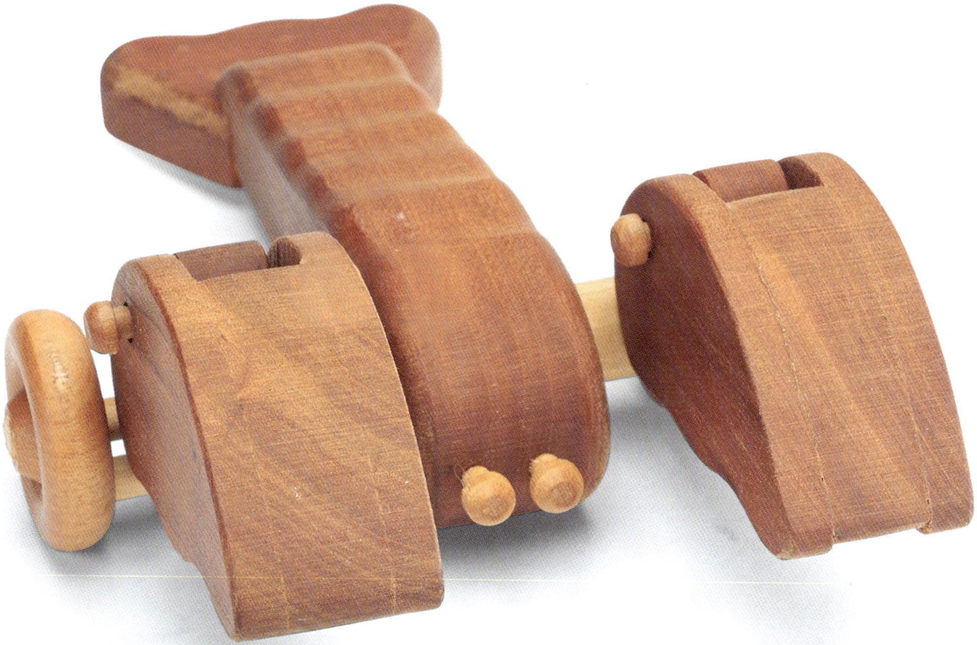

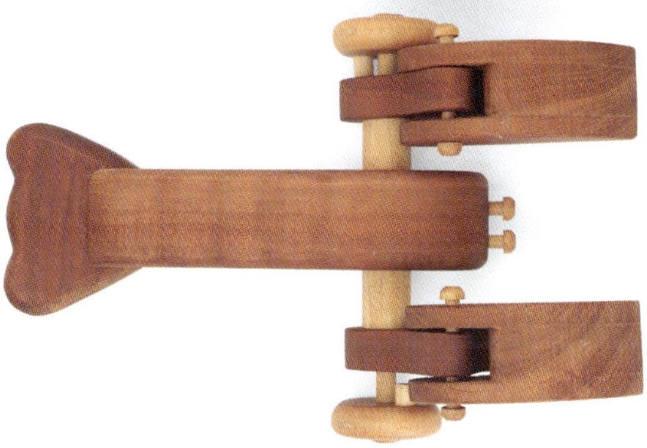

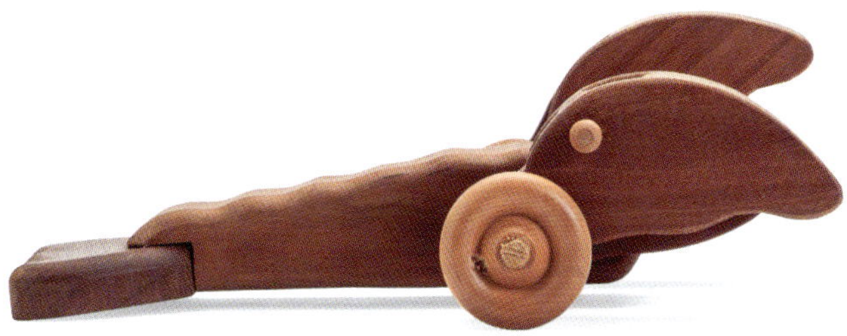

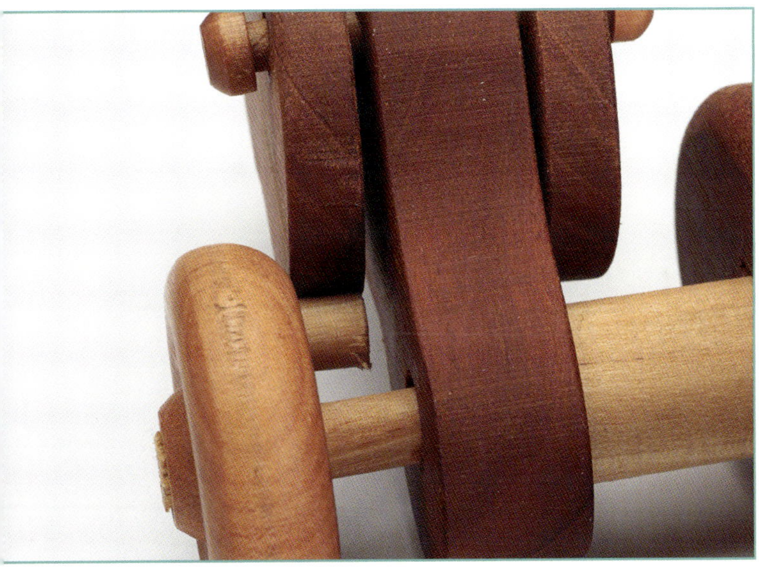

Die Dübel an den Vorderrädern drücken von hinten gegen den oberen Teil der Scheren, die sich dadurch öffnen und schließen.

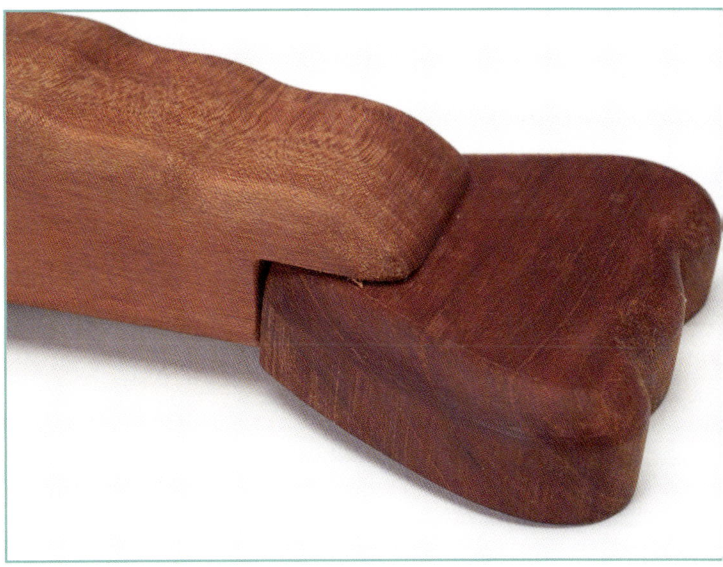

In die Aussparung an der Körperunterseite wird die Schwanzflosse geleimt.

Scheren

Übertragen Sie die Vorlage für die Scheren-Mittelteile auf 1,9 cm starkes Holz und sägen Sie die Teile mit der Bandsäge aus. Übertragen Sie die Vorlage für die Scheren-Seitenteile auf vier 6 mm starke Hartholzstücke. Schneiden Sie einen genügend großen Teil der Umrisse aus, um die Oberkanten beim Leimen auszurichten. Sägen Sie die Unterkanten jedoch nicht aus (Abb. 15.1).

Leimen Sie beide Scheren zusammen. Wenn der Leim trocken ist, ziehen Sie die Vorlagelinien auf den Teilen nach. So können Sie die Dübellöcher im Verhältnis zur hinteren Unterkante der Scheren richtig platzieren, damit der Dübel am Vorderrad die Schere auch wirklich erreicht. (Von diesem Abstand hängt das Funktionieren der Scheren ab!) Sägen Sie die Scheren mit der Bandsäge aus und bohren Sie die Dübellöcher. Behandeln Sie beide Scheren rundherum mit dem Kantenschleifer (Körnung 80). Schleifen Sie beide Außenflächen der Scheren mit dem stationären Bandschleifer (Körnung 80, dann 120). Bearbeiten Sie beide Scheren nochmals mit dem Kantenschleifer (Körnung 120) und schleifen Sie alle Kanten von Hand mit der Körnung 80 und dann mit der Körnung 120.

Schwanz

Übertragen Sie die Vorlage für den Schwanz so auf ein 1,6 cm starkes Brett, dass die Faserrichtung von vorne nach hinten verläuft und das Ende des Schwanzes von einer Hirnholzfläche gebildet wird. Sägen Sie den Schwanz mit der Bandsäge aus; behandeln Sie die Kontur mit dem Kantenschleifer (Körnung 80). Schleifen Sie die Flächen mit dem stationären Bandschleifer (Körnung 80, dann 120). Bearbeiten Sie die Oberkante mit der Oberfräse, mit Ausnahme der vorderen (Hirnholz-) Kante, die an den Körper anschließt. Behandeln Sie die Kontur mit dem Kantenschleifer (Körnung 120). Schleifen Sie alle Brandspuren und rauhen Stellen von Hand mit Schleifpapier der Körnung 80 ab. Dann schleifen Sie alle Kanten von Hand mit der Körnung 120.

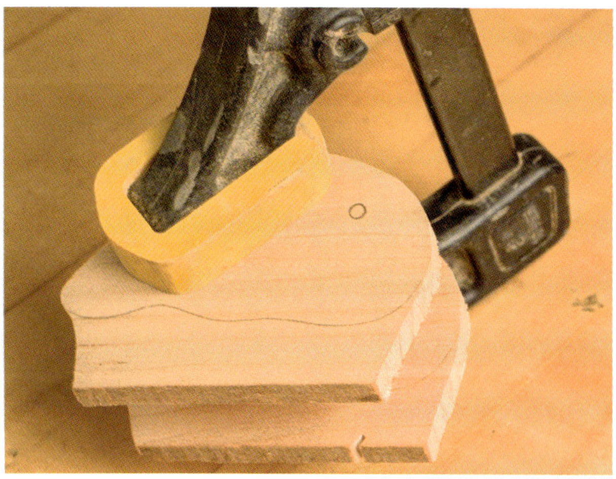

Abb. 15.1 Schneiden Sie einen genügend großen Teil des Umrisses der Scheren aus, um den Mittelteil richtig platzieren zu können. Leimen Sie beide Scheren-Anordnungen zusammen. Wenn der Leim trocken ist, können Sie die Dübellöcher exakt platzieren.

Achsgehäuse

Längen Sie die 1,9-cm-Dübelstange für das Achsgehäuse ab. Für die Achsbohrung brauchen Sie eine einfache Vorrichtung, um die Dübelstange senkrecht auf dem Bohrtisch der Standbohrmaschine zu halten. Nehmen Sie ein Kantholz, das lang genug ist, um sicher am Bohrtisch festgeklemmt zu werden. Stellen Sie es auf die Kante und bohren Sie ein mittiges Loch mit 2,1 cm Durchmesser bis zur Hälfte durch das Kantholz durch. Nun führen Sie den Dübel für das Achsgehäuse in dieses Loch ein, zentrieren Sie ihn unter dem 1-cm-Bohrer und klemmen Sie das Kantholz am Bohrtisch fest. Damit der Dübel sich beim Bohren nicht dreht, können Sie ihn mit einer Zange festhalten; ein Stück Fahrradschlauch schützt ihn dabei vor Beschädigung (Abb. 15.2). Bohren Sie bis etwas über die Hälfte seiner Länge, drehen Sie den Dübel um und wiederholen Sie den Vorgang. Schleifen Sie bei Bedarf die Außenseite des Dübels ab und runden Sie die Enden etwas ab, damit sie sich leichter in die Löcher an den Armen einführen lassen.

Räder

Bohren Sie mithilfe der dafür vorgesehenen Hilfsvorrichtung (S. 32, Abb. 3.9) Dübellöcher mit 1 cm Durchmesser in die Radinnenseiten. Längen Sie die Dübel ab, runden Sie die Enden ab und leimen Sie die Dübel so an, dass sie senkrecht zur Radinnenfläche stehen (Abb. 8.3).

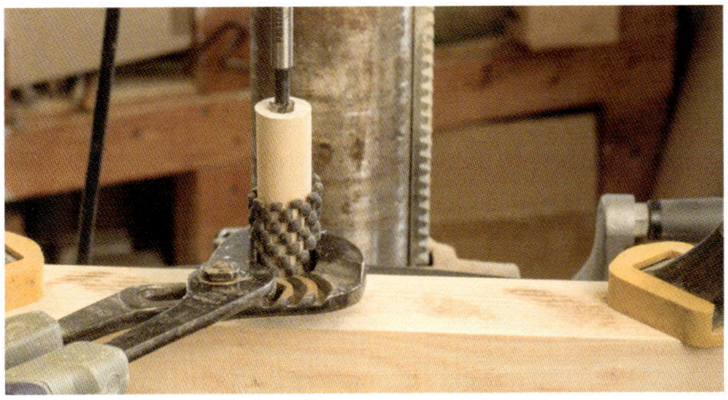

Abb. 15.2 Bohren Sie in ein Kantholz ein mittiges Loch (2,1 cm Ø, ca. 6,4 cm tief). Stecken Sie den 1,9-cm-Dübel in das Loch, zentrieren Sie ihn unter dem Bohrer und klemmen Sie das Kantholz am Bohrtisch fest. Um den Dübel mittig zu durchbohren, halten Sie ihn mit einer Gripzange fest und schützen Sie ihn dabei mit einem Stück Fahrradschlauch.

Zusammenbau

Zuerst werden die Augendübel festgeleimt. Dann kürzen Sie vier Kopfdübel auf die richtige Länge (Seite 30, Abb. 3.5) und runden Sie sie an den Enden mit Schleifpapier ab. Verteilen Sie Leim in den Dübellöchern der Arme. Bringen Sie zuerst eine und dann die andere Schere in Position und befestigen Sie sie an den Armen (eventuell Abstandsmesser verwenden – S. 39, Abb. 3.13). Während die Scheren trocknen, hämmern Sie das Achsgehäuse fast bis zur Mitte des Körpers hinein (schützen Sie das Ende der Dübelstange mit einem Holzklotz vor Beschädigungen). Dann bestreichen Sie die Dübelstange dort, wo sie auf den Körper trifft, rundherum mit etwas Leim und treiben Sie sie zur Gänze durch den Körper. Wischen Sie den ausgetretenen Leim ab.

Leimen Sie beide Scheren-Anordnungen auf die Enden des Achsgehäuses und fixieren Sie sie mit Klemmen. Beide Scheren müssen auf der gleichen Höhe (Restholz unterlegen!) und im gleichen Winkel befestigt werden (Abb. 15.3). Wenn sie zu hoch angebracht sind, gehen die Scheren zu weit auf und nicht mehr zu. Sind sie zu niedrig angebracht, lassen sie sich kaum anheben.

Nun leimen Sie den Schwanz fest und fixieren Sie ihn mit einer Klemme. Putzen Sie das 1-cm-Achsloch noch einmal durch, um herausgedrückten Leim zu entfernen.

Leimen Sie die Achse an einem der Räder an und stecken Sie sie durch das Achsgehäuse. Platzieren Sie das andere Rad so, dass die 1-cm-Dübel sich auf entgegengesetzten Seiten des Achsgehäuses befinden (einer oben, einer unten). Hämmern Sie das zweite Rad auf die Achse. Wenn der Leim getrocknet ist, schleifen Sie die Enden der Achsen mit dem Kantenschleifer. Lassen Sie den Hummer ein Stückchen rollen und überprüfen Sie, ob die Scheren funktionieren. Dies hängt vom richtigen Abstand zwischen den Dübeln auf der Radinnenseite und dem hinteren Rand der Scheren ab.

Wenn die Scheren nicht einwandfrei funktionieren, korrigieren Sie die Position der Dübel an der Radinnenseite. Wenn der Dübel zu nahe am Rand der Schere ist, versetzen Sie ihn näher zur Achse. Nur Geduld – solche Feinjustierungen gehören dazu!

Wenn der Mechanismus zu Ihrer Zufriedenheit funktioniert, lassen Sie den Leim vollständig trocknen. Dann ölen Sie das Ungeheuer ein. Na, wer fürchtet sich vorm wilden Hummer?

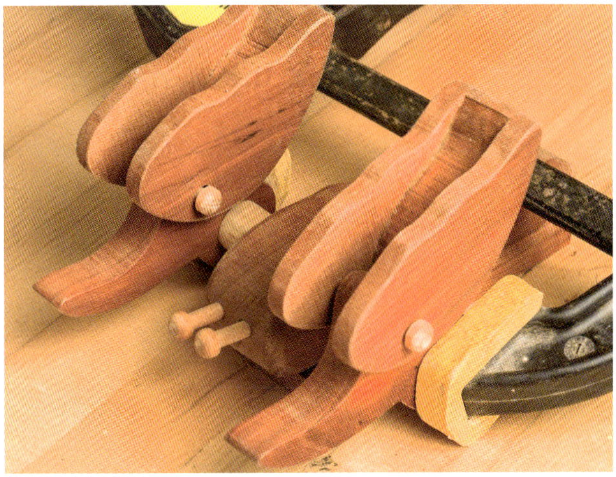

Abb. 15.3 Achten Sie darauf, dass beide Scheren im gleichen Winkel befestigt werden. Sind sie zu hoch angebracht, gehen sie zu weit auf und schließen sich nicht mehr. Sind sie zu niedrig angebracht, lassen sie sich nur schwer öffnen.

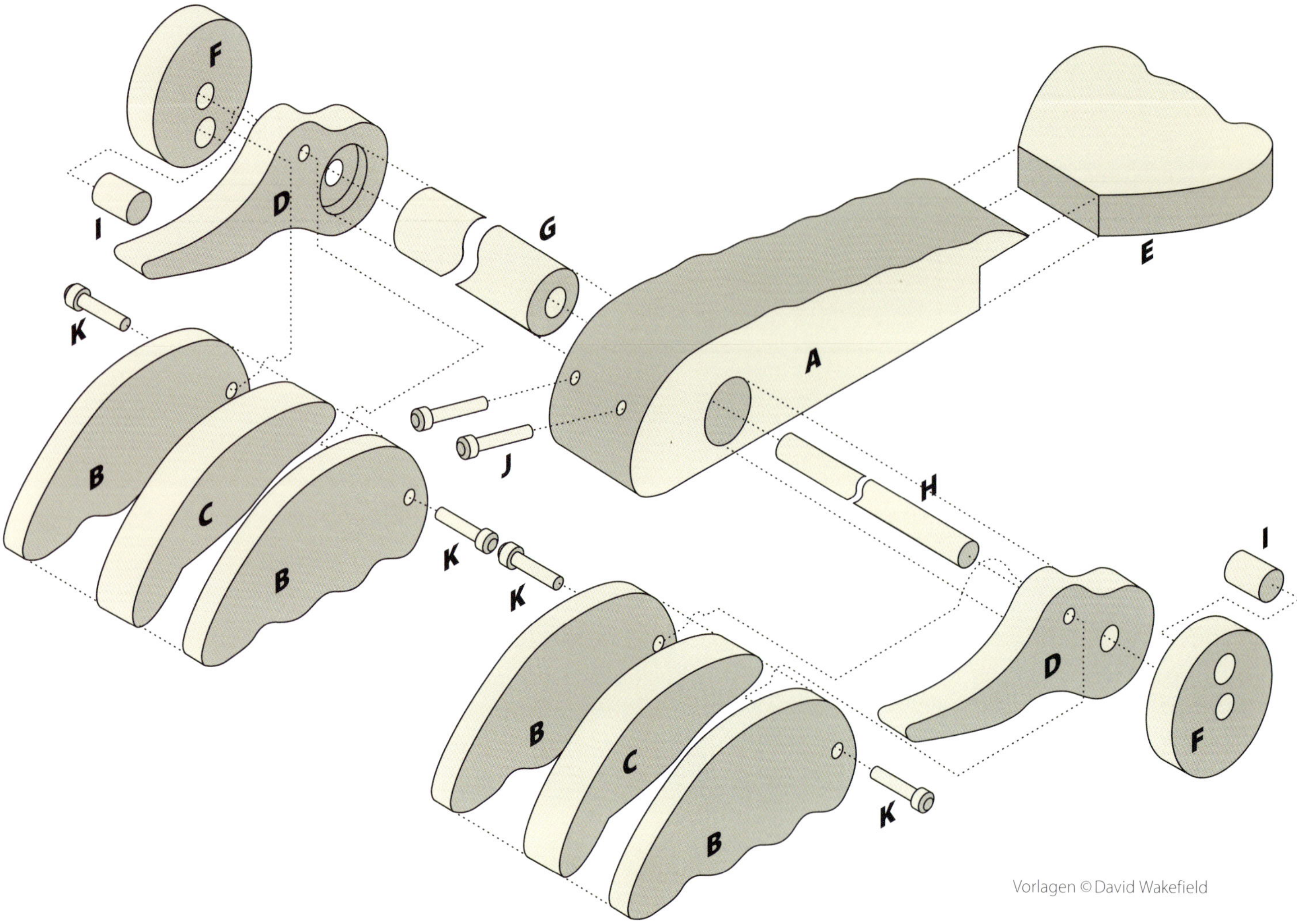

Vorlagen © David Wakefield

Alle Teile im Überblick

Teil	Bezeichnung	Anzahl	Stärke	Breite oder Durchmesser	Länge
A	Körper	1	3,8 cm	4,4 cm	17,1 cm
B	Obere Scheren-Seitenteile	4	6 mm	5,1 cm	9,8 cm
C	Oberer Scheren-Mittelteil	2	1,9 cm	2,5 cm	7 cm
D	Unterer Scherenteil	2	1,6 cm	6,4 cm	10,2 cm
E	Schwanzflosse	1	1,6 cm	7,6 cm	5,7 cm
F	Räder	2	1,3 cm	4,4 cm Ø	–
G	Achsgehäuse	1	–	1,9 cm Ø	9,8 cm
H	Achse	1	–	8 mm Ø	14,9 cm
I	Dübel am Rad	2	–	1 cm Ø	1,9 cm
J	Augen	2	–	5,5 mm Ø	1,9 cm
K	Kopfdübel	4	–	5,5 mm Ø	1,6 cm

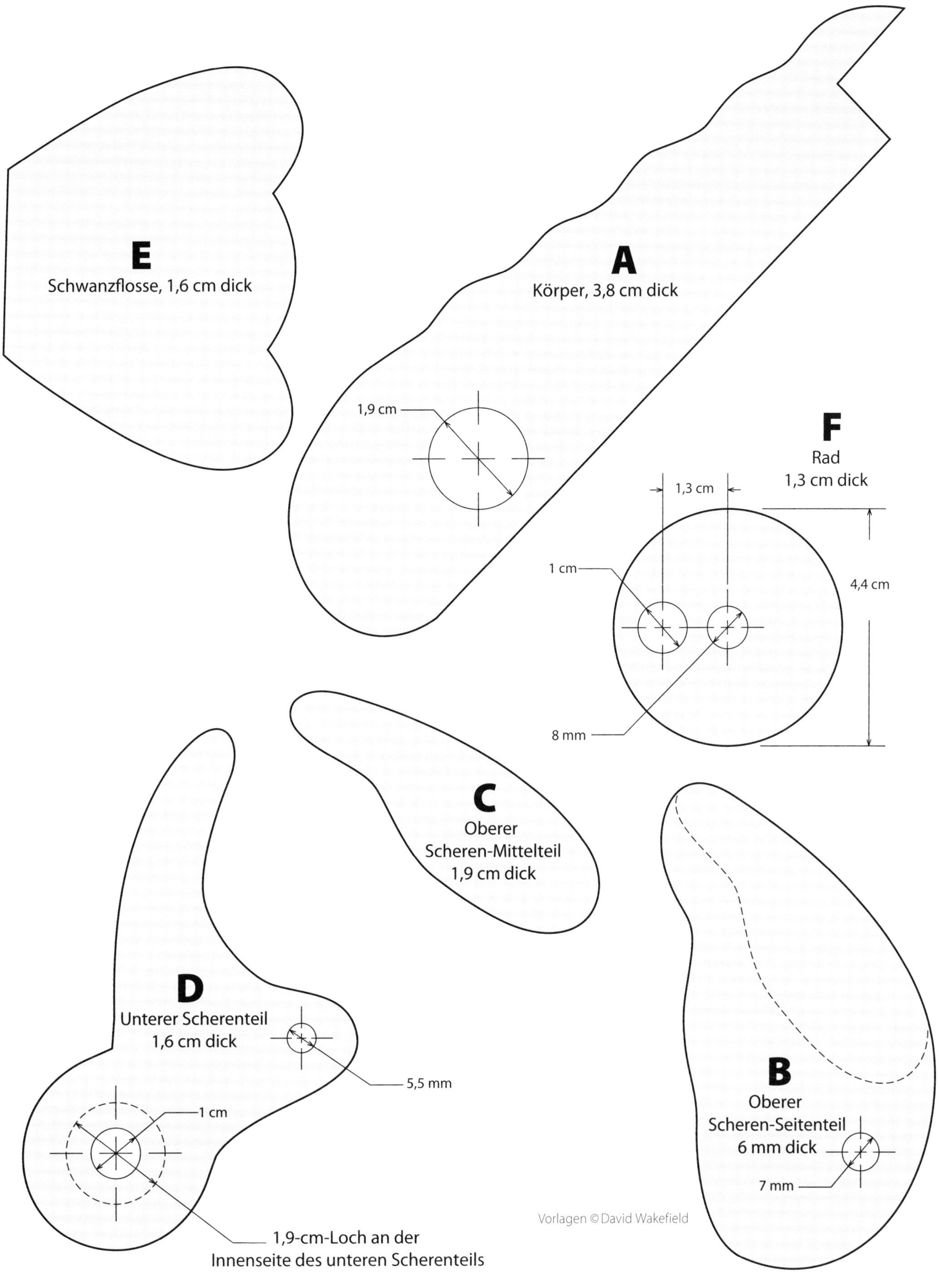

Vorlagen © David Wakefield

16 Wenzel, der Wolf

An diesem Tier, das am Anfang meiner Tätigkeit als Spielzeugbauer vor 35 Jahren eine wichtige Rolle gespielt hat, hänge ich besonders. Kleinteile und anspruchsvolle Gesichtsdetails sollen niemanden davon abhalten, sich an diesem Entwurf zu versuchen, denn der Wolf ist ein cooler Typ! Für die charakteristische „Heulgeste" ist eine Nocke verantwortlich, die zwischen den Vorderbeinen versteckt ist und einen Stößel auf und ab bewegt.

Körper

Übertragen Sie die Vorlage auf 3,8 cm starkes Holz. Bohren Sie das Loch für das Drehgelenk, das beim fertigen Tier durch das Ohr kaschiert wird, sowie die Achslöcher. Übertragen Sie die Linien, die das Bohrloch für den Stößel markieren, auf die Außenfläche des Körpers (Abb. 16.1). Ich schneide die Nut zwischen den Vorderbeinen, bevor ich den Umriss aussäge; dadurch bleibt vorläufig eine stabile Grundfläche erhalten, was bei der Bearbeitung mit der Tischkreissäge von Vorteil ist. Stellen Sie die Nutsägeblätter auf die halbe Höhe und die halbe Breite der Nut ein. Bringen Sie dort, wo der Schnitt enden wird, mit dem Stift eine Markierung auf dem Sägetisch an; machen Sie eine weitere Markierung auf der Außenfläche des Rohlings, damit Sie nicht zu weit schneiden (Abb. 16.1). Adjustieren Sie den Anschlag und schneiden Sie die zweite Hälfte der Nut. Nun heben Sie die Sägeblätter auf die volle Höhe des Schnittes, bringen Sie eine neue Markierung auf dem Tisch an, die das Ende des Schnittes anzeigt, und wiederholen Sie den Vorgang. Sie können stattdessen zwei Schnitte mit einer Rückensäge machen und das Abfallholz mit einem Stemmeisen herausstemmen.

Wenn die Nut fertig geschnitten ist, sägen Sie den Umriss mit der Bandsäge aus. Nun können Sie den Wolfskörper mit Klemmen an einer einfachen Vor-

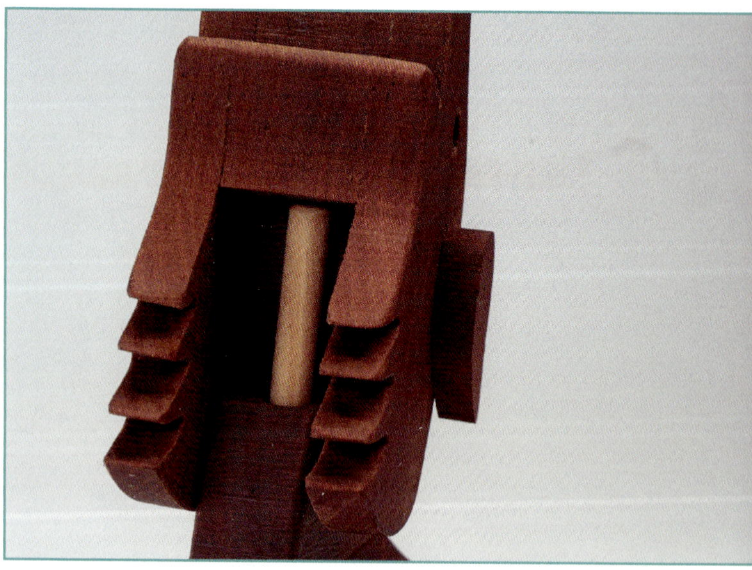

Der Stößel, der den Kopf hebt und senkt, ist in einem Bohrloch im Körper des Wolfes versteckt.

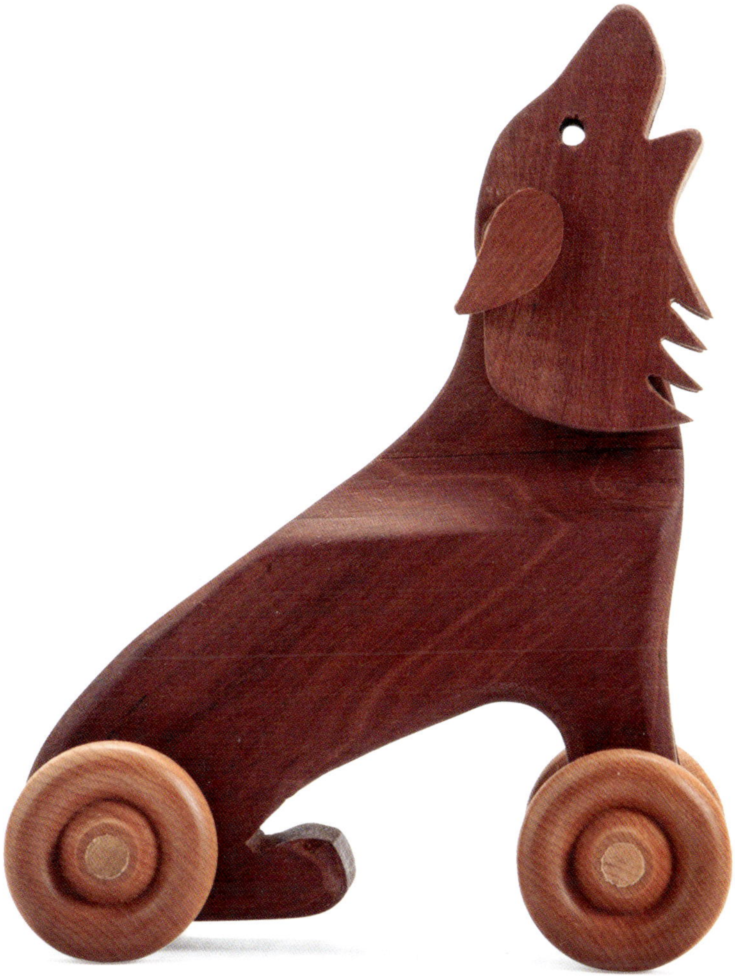

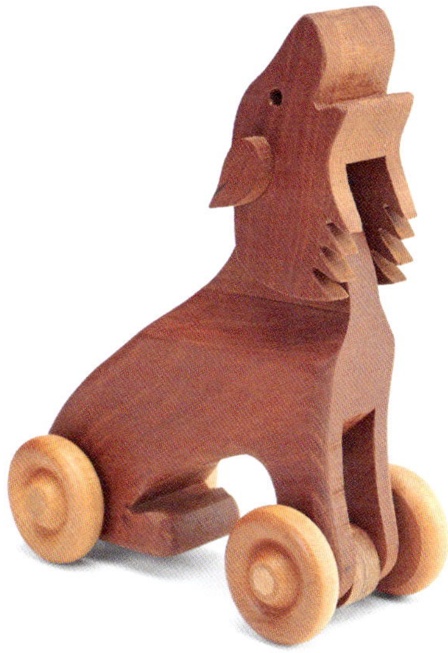

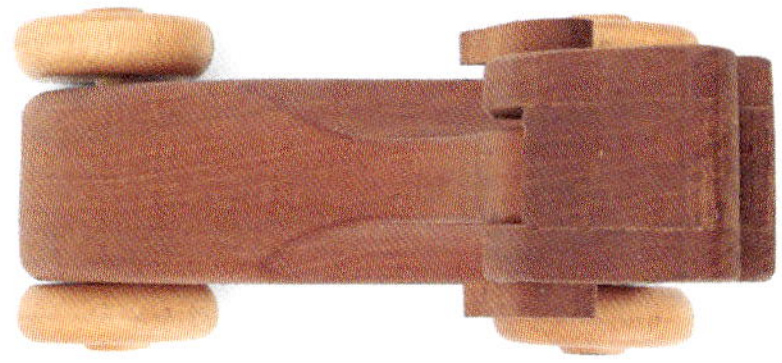

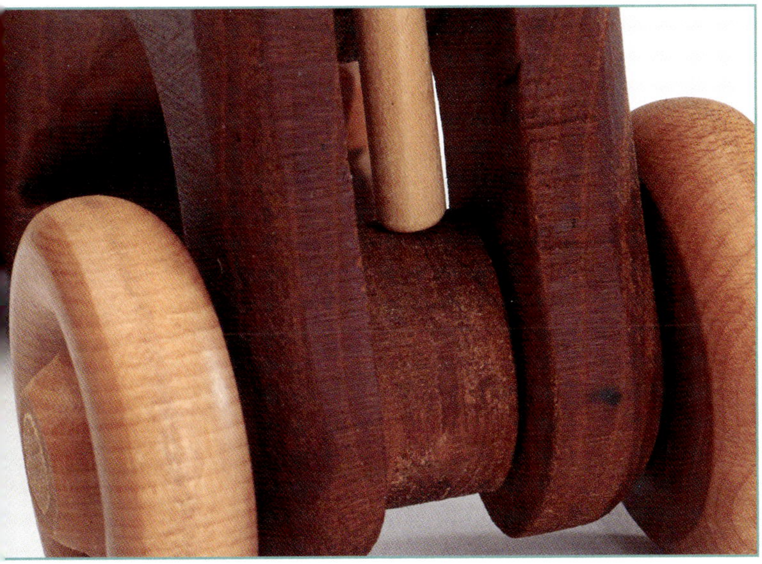

Die Nocke an der Vorderachse hebt und senkt den Stößel.

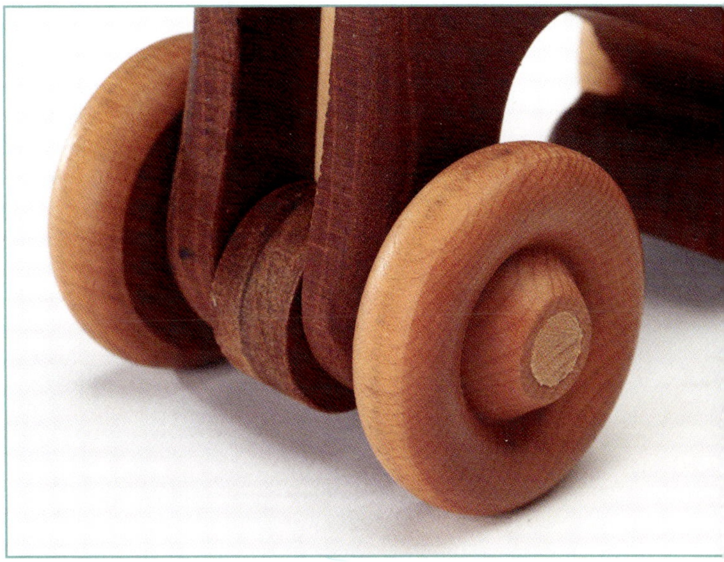

Die Vorderräder sind ganz „normale“ Räder mit zentrischer Achse.

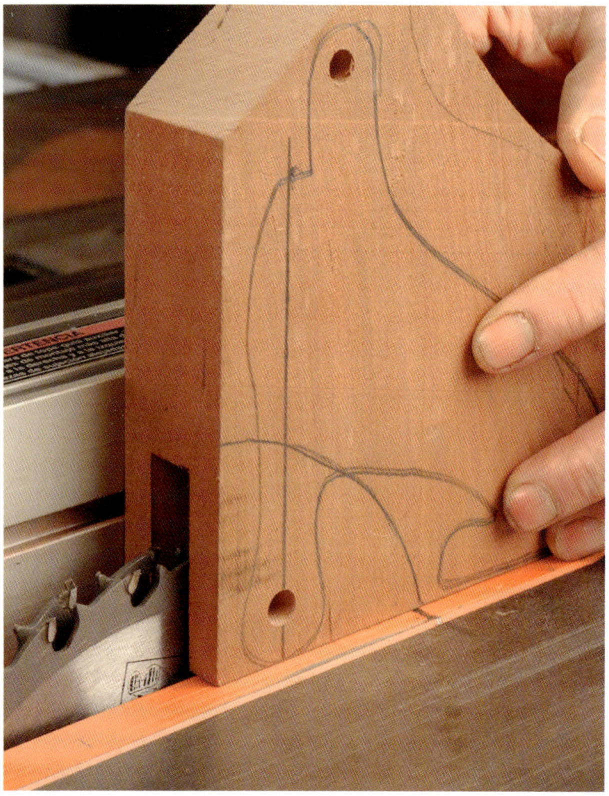

Abb. 16.1 Markieren Sie das Ende des Sägeblattes auf dem Sägetisch. Hier endet der Schnitt.

richtung auf dem Bohrtisch der Standbohrmaschine fixieren und das Loch für den Stößel bohren (Abb. 16.2). Dieses Loch steht rechtwinklig zur Grundfläche des Werkstücks, sodass Sie das 1-cm-Loch im richtigen Winkel bohren können, wenn Sie den Wolfskörper auf die Grundfläche setzen. Nehmen Sie einen Forstnerbohrer, da dieser kaum wandert.

Nun schneiden Sie den Umriss mit der Bandsäge aus und behandeln Sie die Kontur des Körpers mit dem Kantenschleifer (Körnung 80, dann 120). Behandeln Sie beide Außenflächen des Körpers mit dem stationären Bandschleifer (Körnung 80, dann 120) und bearbeiten Sie die ganze Kontur mit der Oberfräse. Schleifen Sie die Fräskanten von Hand mit Schleifpapier der Körnung 80 und dann mit der Körnung 120, um Brandspuren und rauhe Stellen zu entfernen.

Kopf

Übertragen Sie die beiden deckungsgleichen Kopf-Seitenteile auf das Holz und sägen Sie sie sehr sorgfältig aus. Mit der Dekupiersäge geht es am genauesten! Stapeln Sie die Seitenteile aufeinander, um genau übereinstimmende Löcher für Augen und Drehgelenk zu bohren. Schleifen

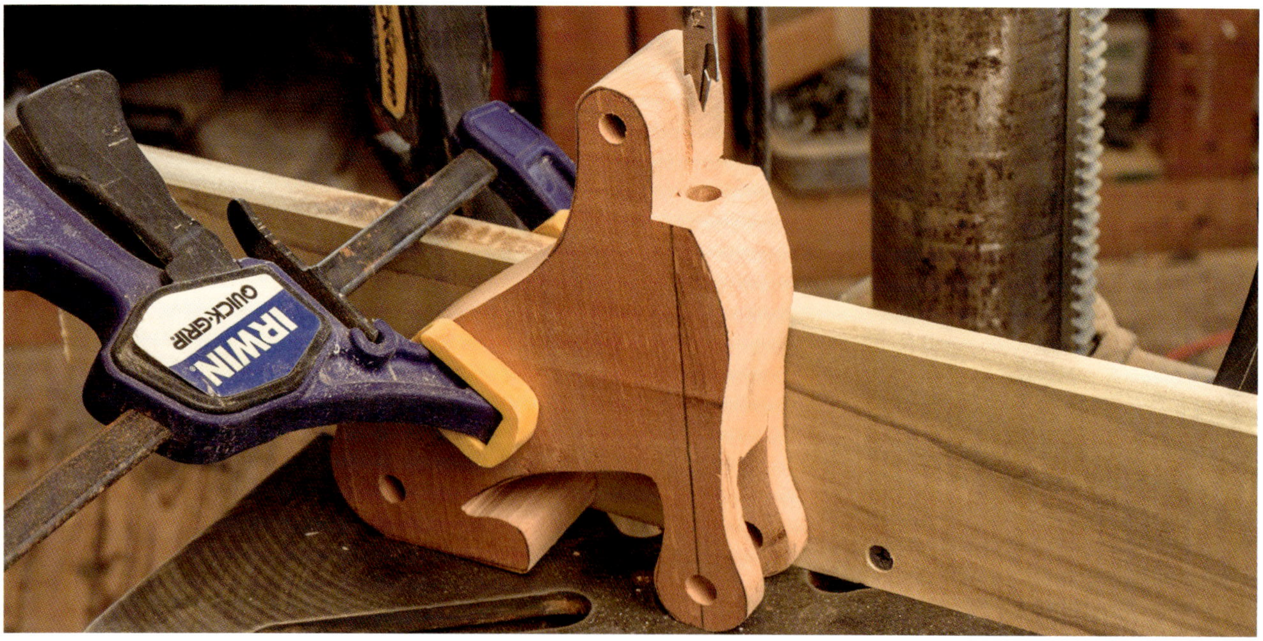

Abb. 16.2 Mit einer einfachen Vorrichtung aus zwei rechtwinklig zusammengeleimten Brettern können Sie den Wolfskörper in einer senkrechten Position fixieren, wenn Sie das Loch für den Stößel bohren.

Sie mit dem Kantenschleifer den Hinterkopf und das Fell am Hals – dies ist nicht mehr möglich, wenn der Kopf zusammengebaut ist. Übertragen Sie die Vorlage für den Kopf-Mittelteil auf einen größeren Holzblock, damit Sie etwas zum Festhalten haben, wenn Sie den letzten Schnitt führen (Abb. 16.3).

Geben Sie etwas Leim auf beide Seiten des Kopf-Mittelteils, fügen Sie die Anordnung möglichst genau zusammen und fixieren Sie die Kopf-Seitenteile mit einer Klemme. Wenn die Anordnung völlig getrocknet ist, schleifen Sie die Bereiche, wo der Mittelteil auf die Kanten trifft, mit dem Kantenschleifer. Arbeiten Sie mit leichter Hand und lassen Sie sich Zeit. Das Maul können Sie auch mit der Rundfeile bearbeiten. Dann brechen Sie die Kanten durch händisches Schleifen mit Schleifpapier der Körnung 120.

Sägen Sie die Ohren mit einer Dekupier- oder Laubsäge aus 6 mm starkem Holz aus. Schleifen Sie die Kanten und Flächen von Hand mit Schleifpapier der Körnung 120. Brechen Sie vorsichtig die Kanten.

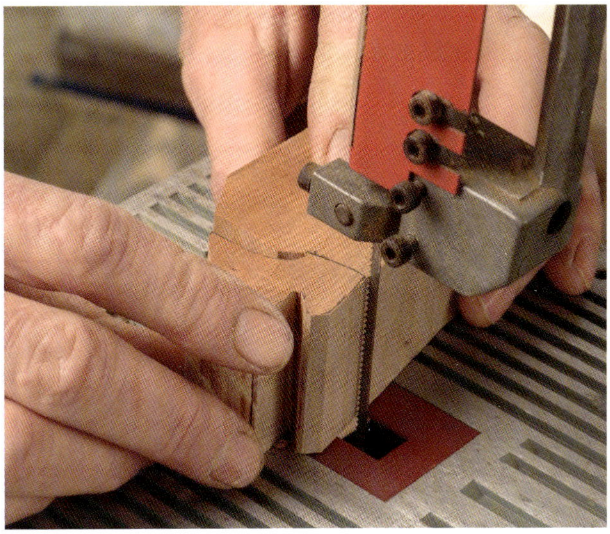

Abb. 16.3 Der große Abfallbereich hilft Ihnen, den Kopf-Mittelteil festzuhalten, ohne dass Sie mit den Fingern in die Schnittbahn der Band- oder Dekupiersäge geraten.

Zusammenbau

Sägen Sie mit einer Lochsäge die Nocke aus. Verdübeln Sie das Achsloch und bohren Sie nach der Abbildung ein neues Achsloch. Wenn Sie es um 0,4 mm größer bohren (8,5 mm), lässt sich die Achse leichter durchschieben und die Gefahr, dass die Nocke beim Zusammenbau bricht, wird verringert. Längen Sie die Achsen ab und schleifen Sie die Enden von Hand, um die Kanten zu brechen. Leimen Sie ein Rad an und schieben Sie die Achse hinten durch den Körper; leimen Sie das andere Rad an. Wiederholen Sie den Vorgang bei der Vorderachse; hier wird die Achse durch die Nocke in der Nut geschoben. Dann legen Sie den Wolf auf den Rücken, bohren Sie ein 2-mm-Loch durch Nocke und Achse und fixieren Sie die Teile, indem Sie einen Zahnstocher in dem Loch festleimen. Schneiden Sie das überstehende Ende ab und schleifen Sie es bündig mit der Oberfläche der Nocke ab. Wenn der Leim getrocknet ist, schleifen Sie die Enden der Achsen mit dem Kantenschleifer.

Längen Sie die 6-mm-Dübelstange ab – etwas länger als die Breite des Kopfes – und schleifen Sie beide Enden von Hand ab, um die Kanten zu brechen. Bringen Sie den Kopf in Position, richten Sie die Löcher aus und schieben Sie den Dübel durch, bis er in das Loch im anderen Seitenteil eintritt. Geben Sie etwas Leim auf die Außenseite des vorstehenden Dübels und in das Loch auf der Ihnen abgewandten Seite. Legen Sie den Kopf flach auf Wachspapier auf und treiben Sie den Dübel ganz durch. Behandeln Sie beide Seiten des Kopfes (in Faserrichtung) mit dem stationären Bandschleifer, um die Dübelenden zu glätten. Leimen Sie die Ohren an und fixieren Sie sie mit einer kleinen Klemme; achten Sie darauf, dass das Dübelende verdeckt ist und die Ohren zueinander parallel stehen.

Zuletzt längen Sie den Stößel ab, runden Sie beide Enden mit Schleifpapier ab und schieben Sie ihn in das dafür vorgesehene Bohrloch. Lassen Sie den Wolf ein Stückchen rollen und korrigieren Sie, wenn nötig, die Länge des Stößels (gegebenenfalls müssen Sie einen neuen machen). Wenn das Spielzeug zu Ihrer Zufriedenheit funktioniert, ölen Sie den Wolf ein. Jetzt kann er nach Herzenslust den Mond anheulen!

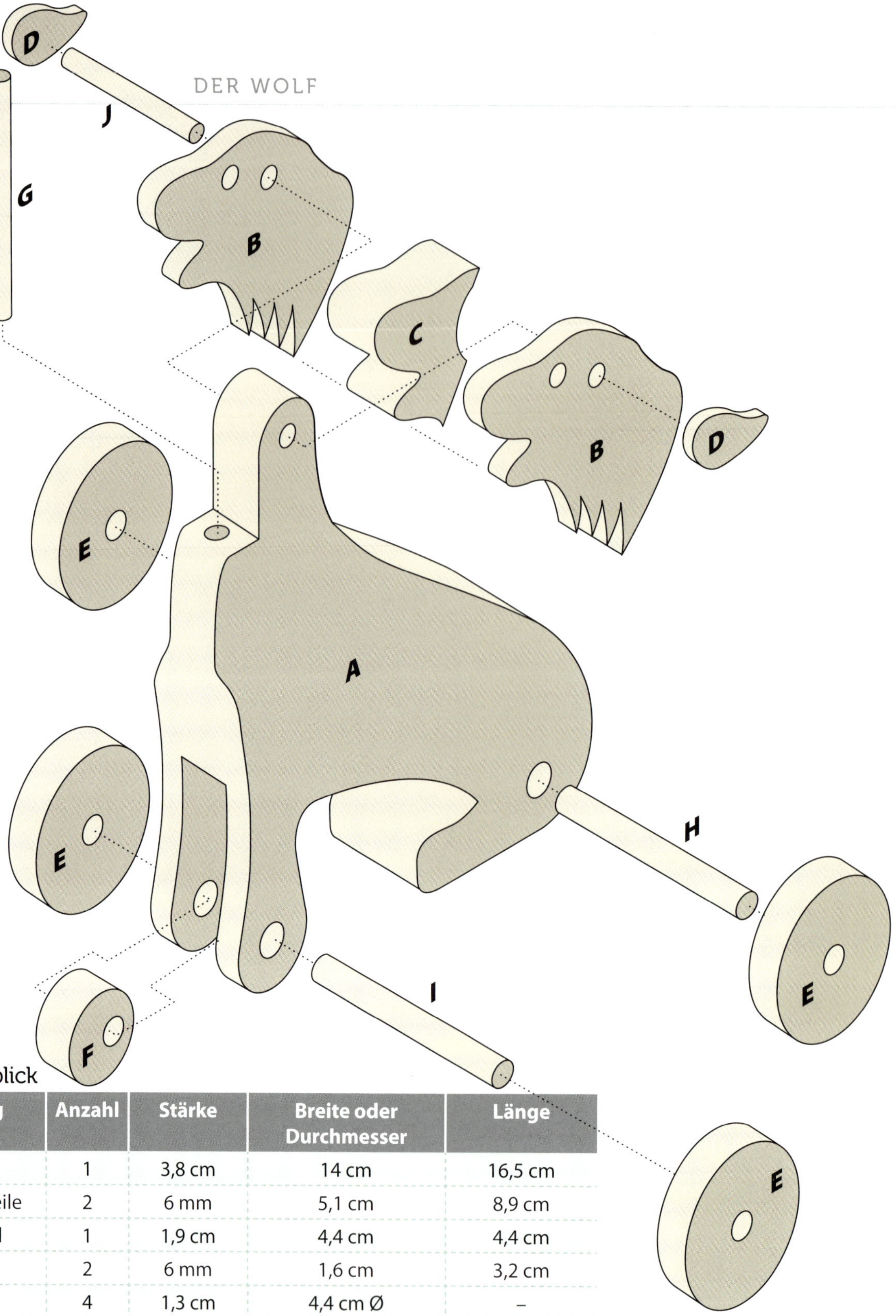

Alle Teile im Überblick

Teil	Bezeichnung	Anzahl	Stärke	Breite oder Durchmesser	Länge
A	Körper	1	3,8 cm	14 cm	16,5 cm
B	Kopf-Seitenteile	2	6 mm	5,1 cm	8,9 cm
C	Kopf-Mittelteil	1	1,9 cm	4,4 cm	4,4 cm
D	Ohren	2	6 mm	1,6 cm	3,2 cm
E	Räder	4	1,3 cm	4,4 cm Ø	–
F	Nocke	1	1,3 cm	2,5 cm Ø	–
G	Stößel	1	–	8 mm Ø	ca. 10,8 cm
H	Hinterachse	1	–	8 mm Ø	6,7 cm
I	Vorderachse	1	–	8 mm Ø	6,7 cm
J	Dübel für den Kopf	1	–	8 mm Ø	5,4 cm

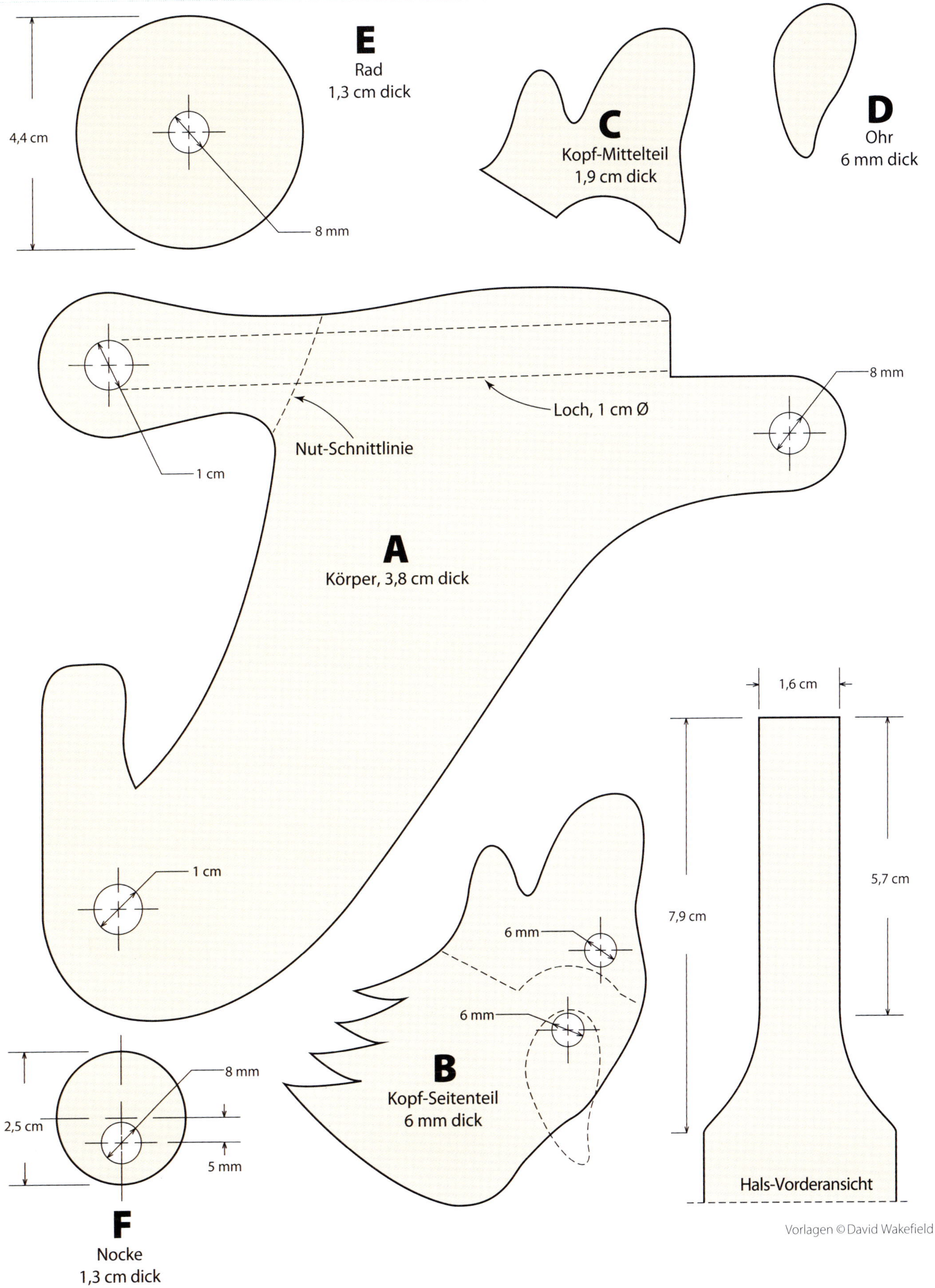
E
Rad
1,3 cm dick
4,4 cm
8 mm
C
Kopf-Mittelteil
1,9 cm dick
D
Ohr
6 mm dick
8 mm
Loch, 1 cm Ø
Nut-Schnittlinie
1 cm
A
Körper, 3,8 cm dick
1 cm
1,6 cm
5,7 cm
7,9 cm
6 mm
6 mm
B
Kopf-Seitenteil
6 mm dick
Hals-Vorderansicht
8 mm
2,5 cm
5 mm
F
Nocke
1,3 cm dick

17 Schleichi, die Schildkröte

Die Schildkröte ist einer meiner ersten Entwürfe und gehört ebenfalls zu meinen Lieblingen. Bevor sie fertig ist, gibt es einiges zu tun! Der einfache Mechanismus und die solide Bauweise garantieren jedoch jahrelanges reibungsloses Funktionieren und Spielspaß für Generationen von Kindern. Die Mühe lohnt sich also!

So wie andere Spielsachen auf meiner Webseite war die Schildkröte schon in meinem ersten Buch zu finden. Ich habe jedoch ein paar Änderungen vorgenommen. Vor allem habe ich die Schildkröte „redimensioniert", sprich verkleinert: Jetzt kann das Kind sie mühelos herumtragen und die kleinere Version scheint mir auch als vertrauter Spielgefährte besser geeignet.

Panzer

In dieses Spielzeug werden Sie einiges an Arbeit investieren. Ein Grund, ein besonderes Holz zu wählen! Die facettenartigen Panzerplatten bringen die Maserung effektvoll zur Geltung.

Übertragen Sie die Panzer-Vorlage so auf die Unterseite des Rohlings, dass die Faserrichtung der Länge nach verläuft.

Neigen Sie den Sägetisch der Bandsäge um 40°. Sägen Sie den Panzer sehr sorgfältig aus und folgen Sie genau den Vorlagelinien. Schneiden Sie ganz gerade, sonst wird die achteckige Form beim Schleifen verzerrt.

Vorsicht: Die nächsten beiden Schnitte sind die schwierigsten beim ganzen Projekt!

Übertragen Sie die Vorlage für das Kopf- und das Schwanzloch auf den Panzer. Lassen Sie den Tisch auf 40° eingestellt und sägen Sie diese Löcher mit einem scharfen Sägeblatt aus (Abb. 17.1). Ich verwende ein 3-mm-Sägeblatt, um möglichst kontrolliert schneiden zu können.

Der schwierigste Teil des ganzen Schnittes ist die zweite Hälfte der Kurve, vom Scheitelpunkt der Rundung bis zum Ende des Schnitts. Um ihn zu bewältigen, müssen Sie „vorausschauend" schneiden, also das Werkstück schon vor der Kurve zu drehen beginnen. Es empfiehlt sich, dies an einem Stück Abfallholz zu üben, bevor Sie den Schildkrötenpanzer bearbeiten.

Als Nächstes schleifen Sie alle Oberflächen, einschließlich der Ober- und Unterseite, mit dem stationären Bandschleifer (Körnung 80). Lassen Sie sich Zeit und sehen Sie sich die Oberflächen immer wieder an, um sicherzugehen, dass die oktogonale Form nicht

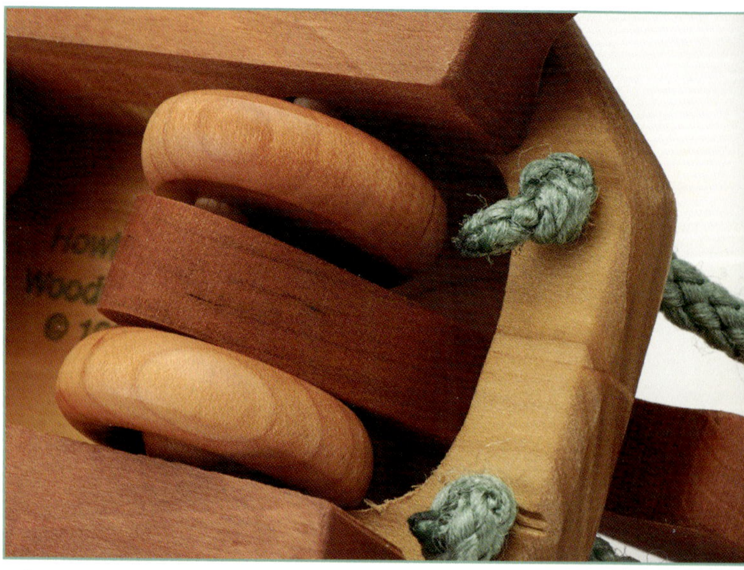

Alle vier Räder sind unter dem Schildkrötenpanzer zwischen den Beinen versteckt.

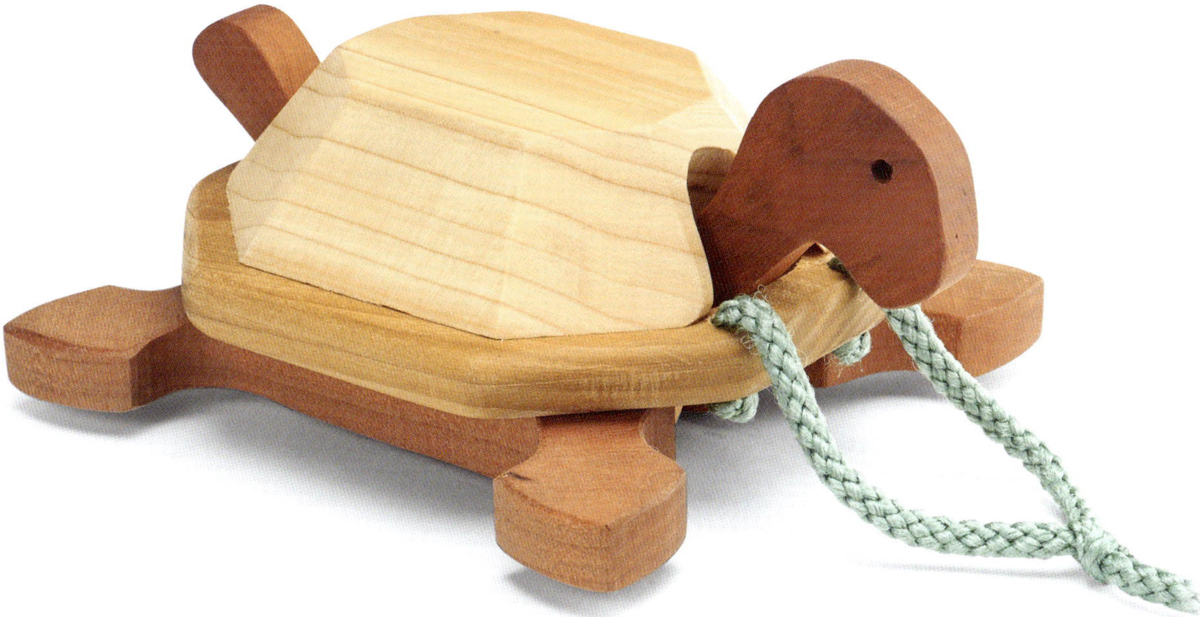

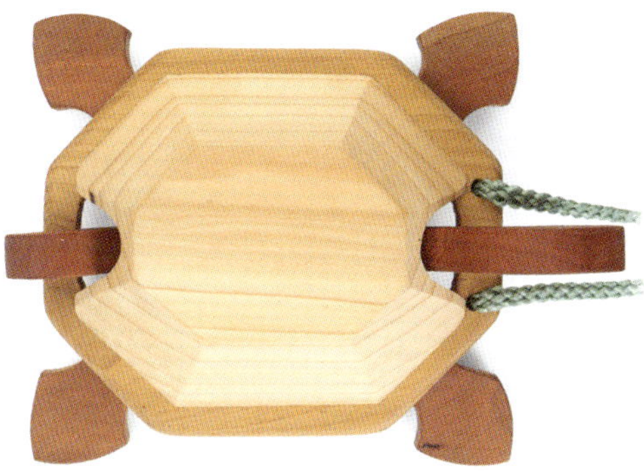

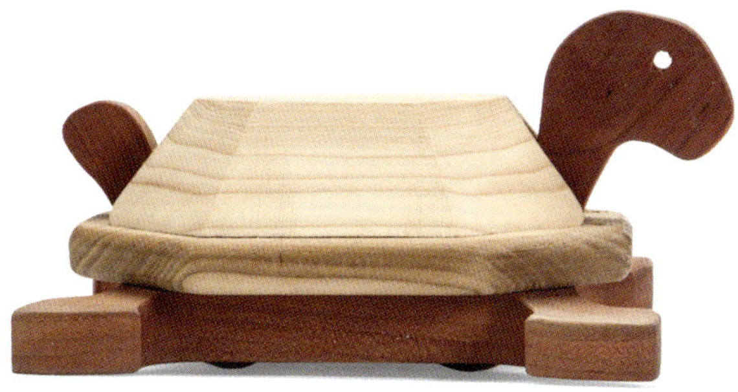

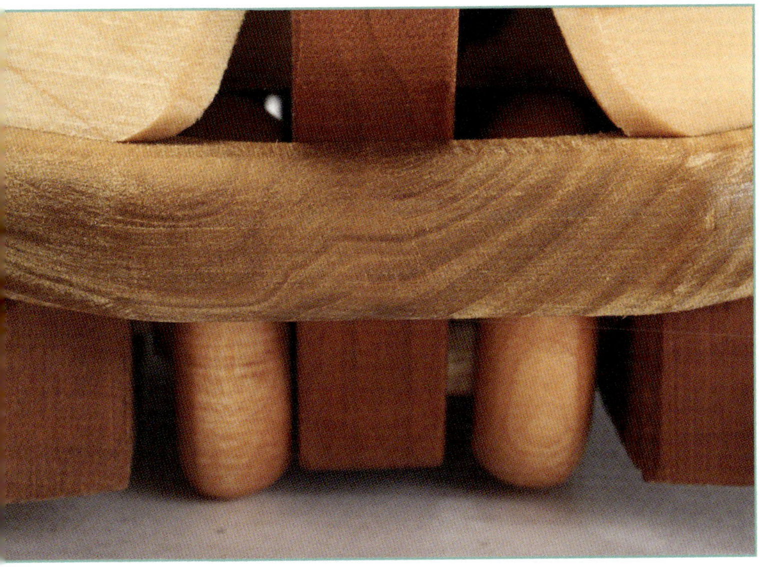

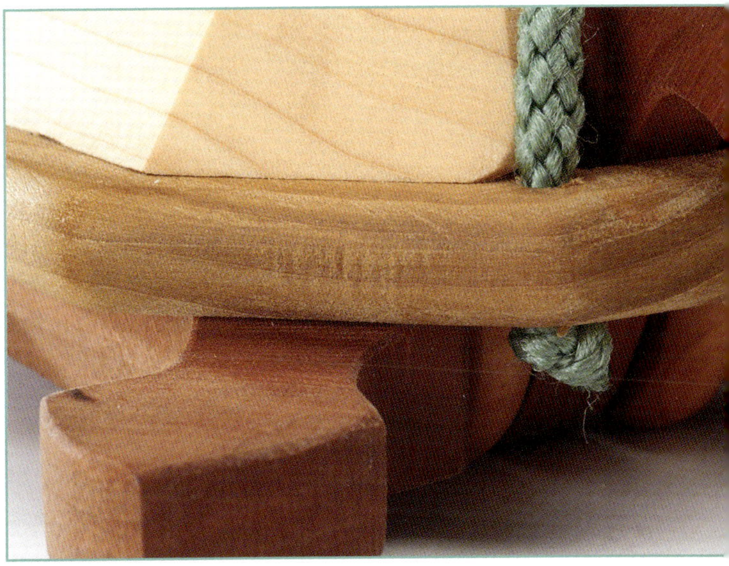

Die inneren Achsen sind mit exzentrischen Bohrlöchern an den Rädern montiert. Sie bewirken, dass die Schildkröte den Kopf und den Schwanz ausstreckt und einzieht.

Die „Ecken" an der Grundplatte und die abgefasten Flächen am Panzer geben der Schildkröte ein naturnahes Aussehen.

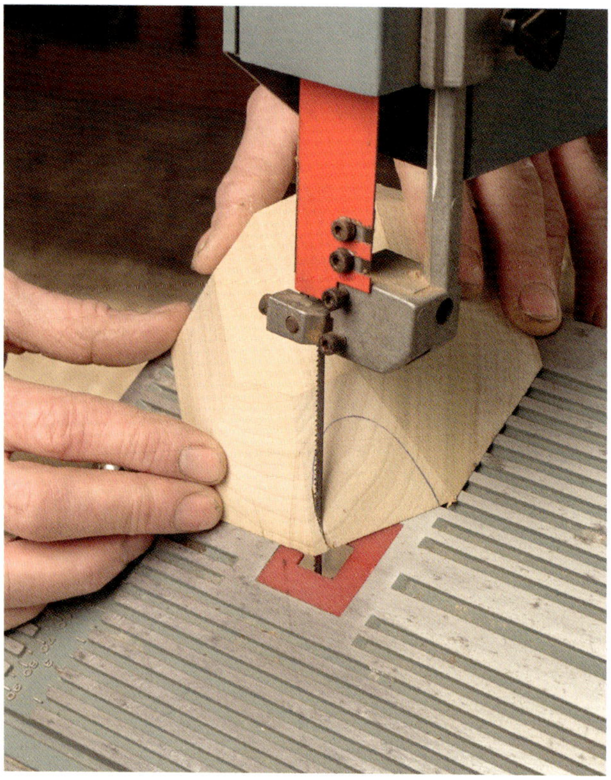

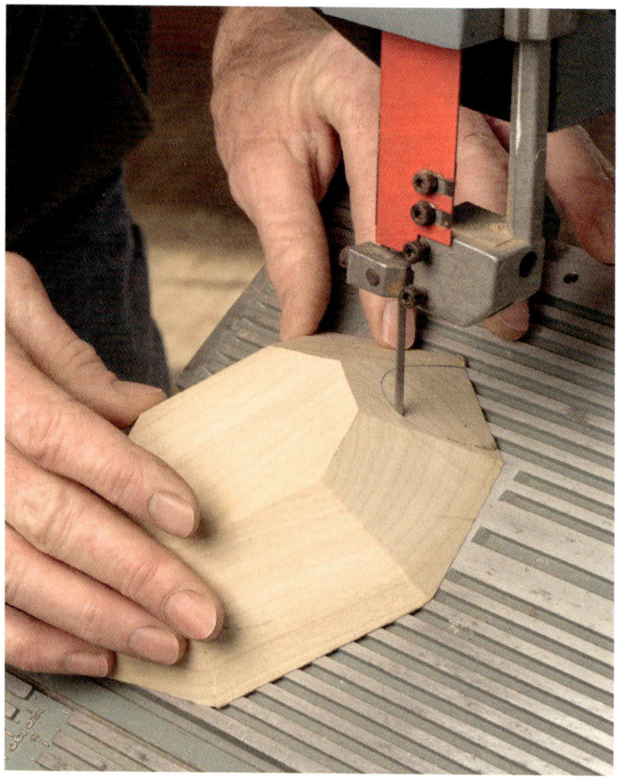

Abb. 17.1 Bei diesem schwierigen Schritt nehmen Sie sich Zeit und arbeiten Sie mit einem scharfen (3-mm-) Sägeblatt. Wenn Sie den Scheitelpunkt der Kurve passiert haben, versuchen Sie, „vorausschauend" zu schneiden, also das Werkstück schon vor der Kurve zu drehen – sonst kommen Sie von der Linie ab!

verändert wird. Schleifen Sie langsam und mit „leichter Hand".

Vorsicht bei der vorderen und der hinteren Oberfläche mit dem Kopf- bzw. Schwanzloch: Wenn Sie sie in ihrem derzeitigen Zustand belassen, werden sie dort, wo sie auf die Grundplatte des Panzers treffen, zu dünn sein.

Halten Sie diese Bereiche gerade an das Schleifband und führen Sie den Panzer mit einer gleichmäßig schaukelnden Bewegung auf Ihren Körper zu und wieder weg, um die Unterseite dort, wo sie auf die Grundplatte trifft, leicht abzurunden (Abb. 17.2).

Wiederholen Sie den Bandschleifvorgang mit der Körnung 120. (Die Unterseite des Panzers muss nicht mit der Körnung 120 geschliffen werden.) Dann schleifen Sie alle Ecken von Hand mit der Körnung 120.

Nun folgen einige leichtere Arbeitsschritte: Um die Grundplatte herzustellen, schneiden Sie mit Schnitten längs und quer zur Faser ein Rechteck in der richtigen Größe zu. Dann übertragen Sie die Vorlage auf das Rechteck und schneiden Sie mit der Band- oder Dekupiersäge die Ecken ab.

Um das Aussägen der Aussparung zu erleichtern, bohren Sie die in der Skizze (Seite 135) markierten Löcher in den Innenecken. Nun schneiden Sie mit der Bandsäge in gerader Linie bis zur Schmalseite der Aussparung. Sägen Sie die Aussparung aus, verleimen Sie den Sägeschlitz wieder und fixieren Sie ihn mit Klemmen.

Wenn Sie eine Dekupiersäge haben, können Sie das Sägeblatt durch eines der Löcher in den Innenecken fädeln, wieder befestigen und die Aussparung aussägen, ohne durch den Rand der Grundplatte schneiden zu müssen.

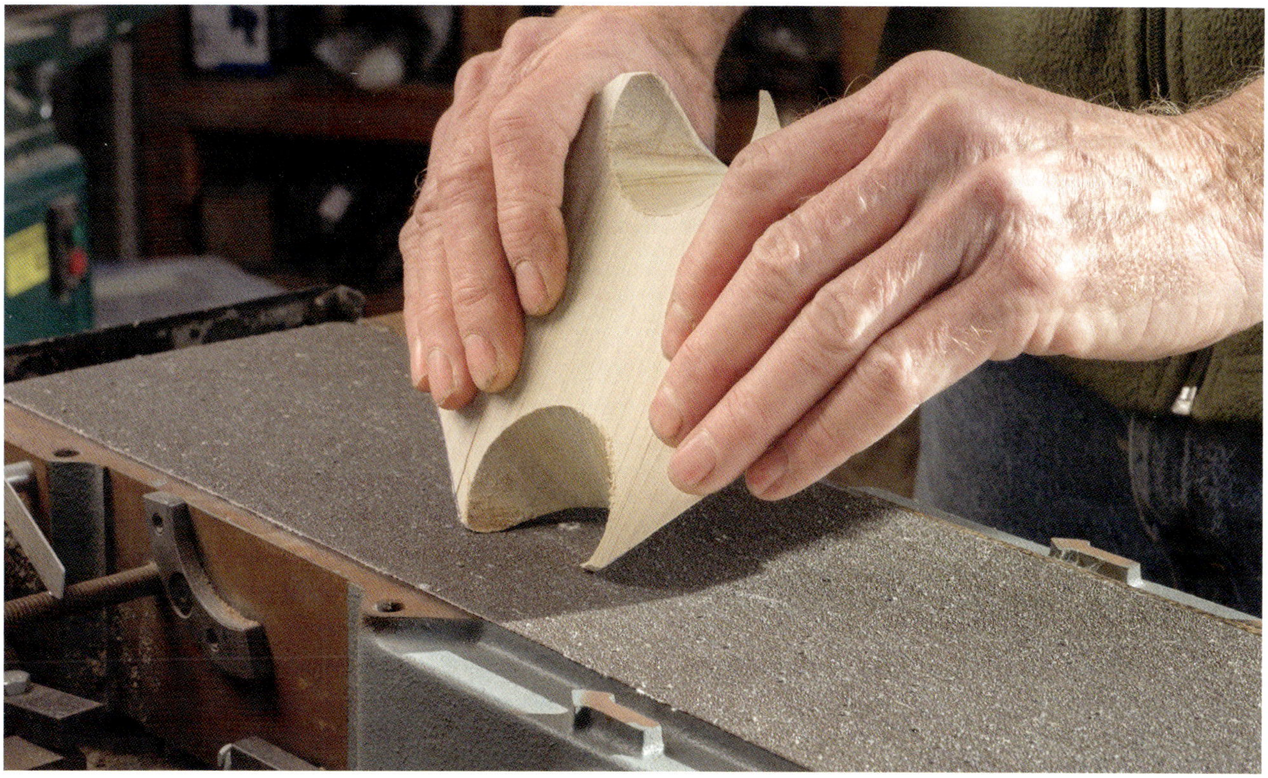

Abb. 17.2 Um die Unterseite des Kopf- sowie des Schwanzloches abzurunden, halten Sie die beiden Bereiche nacheinander leicht an das Schleifband und führen Sie sie mit einer gleichmäßig schaukelnden Bewegung auf Ihren Körper zu und wieder zurück.

Wenn der Leim vollständig getrocknet ist, schleifen Sie die Grundplatte mit dem stationären Bandschleifer (Körnung 80).

Nun schleifen Sie alle Außenkanten am stationären Bandschleifer. Halten Sie die Grundplatte dabei genau senkrecht! Überprüfen Sie immer wieder, ob die oktogonale Form auch wirklich erhalten bleibt. Machen Sie auch eine gleichmäßig-schwungvolle Schleifbewegung um jede Ecke, um diese behutsam abzurunden (Abb. 17.3).

Wiederholen Sie den ganzen Schleifvorgang mit der Körnung 120. Dann bearbeiten Sie alle Kanten – innen und außen, oben und unten – mit der Oberfräse. Zuletzt schleifen Sie alle Fräskanten von Hand.

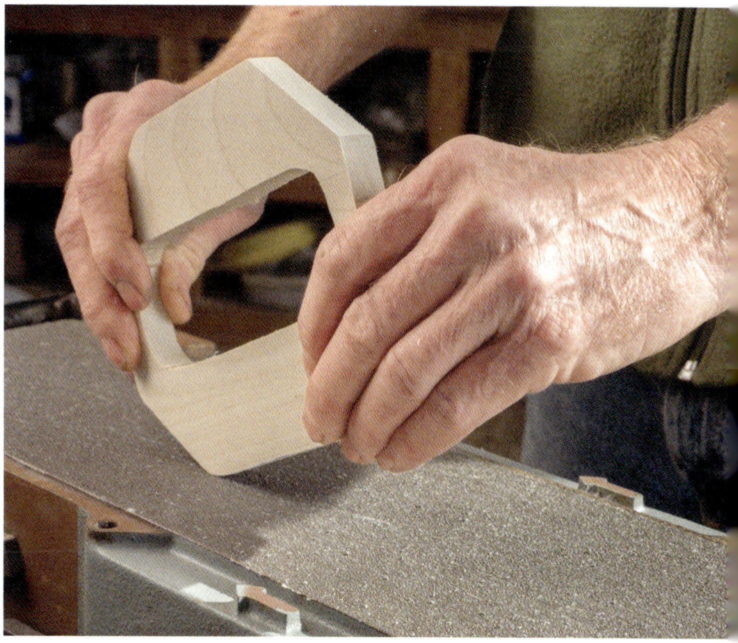

Abb. 17.3 Halten Sie die Grundplatte senkrecht an das Schleifband. Machen Sie eine gleichmäßig-schwungvolle Schleifbewegung um jede Ecke, um diese behutsam abzurunden.

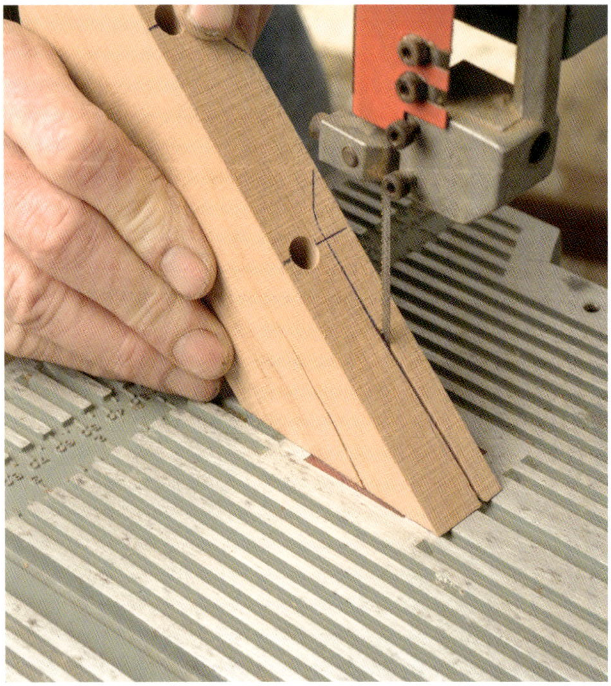

Abb. 17.4 Stellen Sie das 2-Füße-Set mit der schrägen Kante auf den Sägetisch der Bandsäge und halten Sie es gut fest, während Sie den oberen Bereich der Füße wegschneiden.

Kopf und Schwanz

Wählen Sie eine Holzart, die das Holz des Panzers optisch ergänzt. Übertragen Sie die Vorlage für Kopf und Schwanz auf den Rohling.

Bohren Sie die vorgesehenen Löcher in Kopf und Schwanz und sägen Sie beide Teile aus. Behandeln Sie Kopf und Schwanz mit dem Kantenschleifer, dann mit dem stationären Bandschleifer (zuerst Körnung 80, dann 120). Runden Sie alle Kanten durch händisches Schleifen mit Schleifpapier der Körnung 100 oder 120 leicht ab.

Füße

Für die beiden 2-Füße-Sets sägen Sie zunächst zwei trapezförmige Holzblöcke aus. Sie werden später beim Schneiden der Kurven mit der Bandsäge auf die schrägen Flächen gestützt; achten Sie also darauf, dass Sie diese schrägen Schnitte nicht verwackeln. Nun übertragen Sie die Vorlage für die Draufsicht auf die beiden Teile (siehe Abbildung Seite 136). Bohren Sie die Achslöcher (1 cm Durchmesser, 1,9 cm tief).

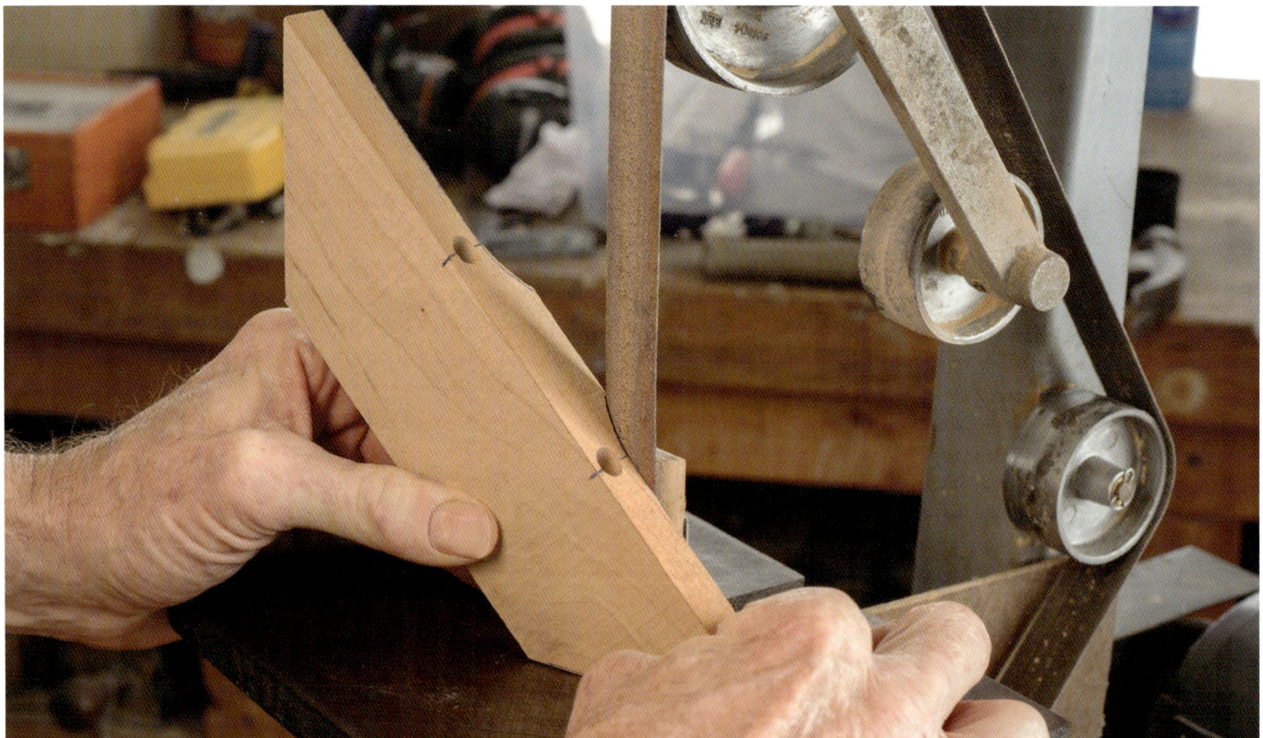

Abb. 17.5 Auch beim Schleifen stellen Sie das 2-Füße-Set auf die schräge Kante.

Übertragen Sie als Nächstes die Vorlage für die Seitenansicht auf die lange Seitenfläche beider Teile (siehe Abbildung Seite 136). Stellen Sie den Teil auf den Sägetisch der Band- oder Dekupiersäge, sodass er auf der schrägen Fläche aufrastet (Abb. 17.4).

Nun kann der Schnitt, mit dem die Dicke der Füße reduziert wird, im richtigen Winkel erfolgen. Führen Sie einen gleichmäßigen, schwungvollen Kurvenschnitt. Schleifen Sie die Schnittfläche mit dem Kantenschleifer (Körnung 80, dann 120; Abb. 17.5).

Eine halbrunde Führung hinter dem Schleifband ist eine große Hilfe beim Schleifen solcher Innenrundungen. Ich habe zu diesem Zweck eine 2,5-cm-Dübelstange der Länge nach halbiert und fix an der Führung festgeschraubt (siehe Seite 34).

Als Letztes sägen Sie den Umriss aus. Dieser Schnitt ist etwas heikel. Übertragen Sie die Vorlage auf die Unterseite beider 2-Füße-Sets. Nun drehen Sie die Teile um und sägen Sie sie mit der Band- oder Dekupiersäge aus. Halten Sie sie dabei fest und schneiden Sie langsam, da die Füße nicht gestützt werden. Nun können Sie die Teile wieder umdrehen und die Schnittfläche mit dem Kantenschleifer (Körnung 80, dann 120) behandeln.

Brechen Sie alle Kanten mit Schleifpapier der Körnung 120. Die Füße sind fertig.

Räder

Übertragen Sie die Markierungen für die 8-mm-Löcher auf die Innenseite der 4,4 cm großen Räder, die die Kopf- und die Schwanz-Anordnung bewegen sollen.

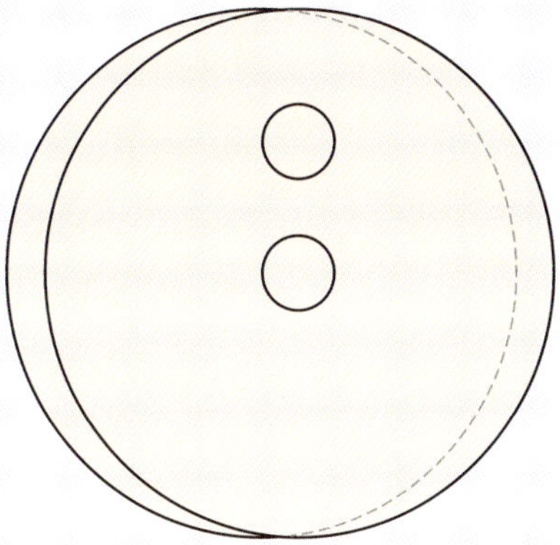

Vorlagen © David Wakefield

Abb. 17.6 Vergewissern Sie sich, dass die Räder einander deckungsgleich gegenüberstehen.

Zusammenbau

Längen Sie die vier 1 cm starken äußeren Achsen ab. Legen Sie Wachspapier auf die Werkbank und platzieren Sie die vier Räder mit der Außenfläche nach oben darauf. Verteilen Sie Leim in den inneren Achslöchern und treiben Sie die 1 cm starken Dübelstangen in die Löcher. Wenn der Leim trocken ist, entfernen Sie mit dem Bandschleifer allfällige Leimspuren von der Radinnenseite.

Längen Sie die beiden inneren Achsen ab. Verteilen Sie Leim in dem Loch auf der Innenseite eines der soeben bearbeiteten Räder. Vorsicht: Geben Sie nicht zu viel Leim hinein, sonst sitzt die Achse nicht richtig!

Stützen Sie das Rad auf die Kante der Werkbank und treiben Sie den Dübel möglichst weit hinein. Achten Sie darauf, dass der Dübel senkrecht zur Oberflä-

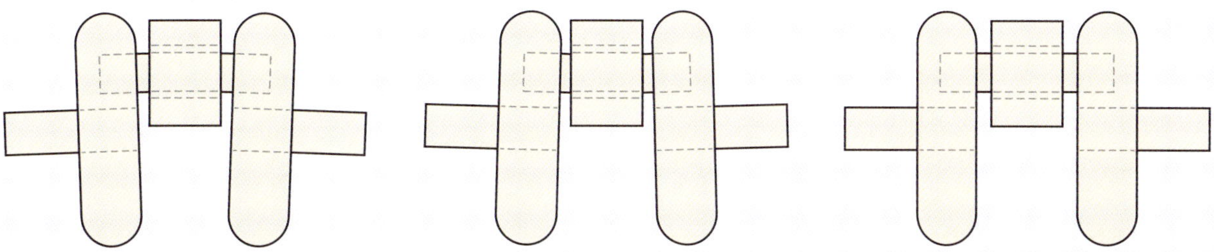

Abb. 17.7 Die Räder müssen genau parallel stehen.

Vorlagen © David Wakefield

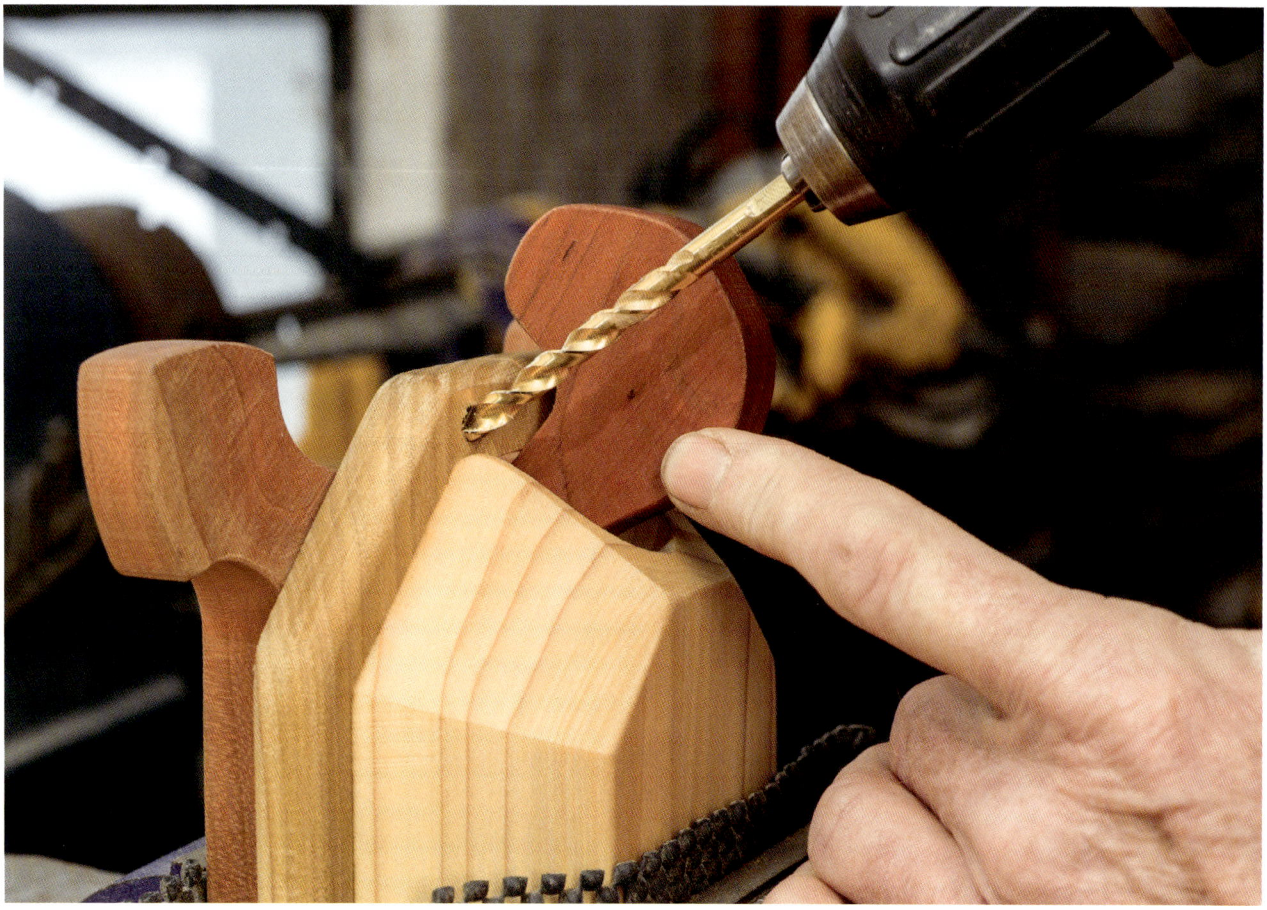

Abb. 17.8 Die angewinkelten Bohrlöcher für die Ziehschnur verlaufen schräg nach hinten.

che des Rades und parallel zu dem Dübel verläuft, der mittig in der anderen Seite des Rades steckt.

Lassen Sie das Rad auf die Kante der Werkbank gestützt und schieben Sie den Kopf der Schildkröte auf die soeben geleimte exzentrische Achse. Verteilen Sie Leim in dem Loch an einem anderen Rad. Platzieren Sie dieses zweite Rad so, dass die Achse in das Loch hineinragt und die beiden Räder einander deckungsgleich gegenüberstehen. Nun hämmern Sie das Rad auf die Achse; achten Sie wieder darauf, dass das Rad senkrecht zur Achse steht. Kontrollieren Sie die Anordnung noch einmal, bevor der Leim trocknet. Nur wenn sie sorgfältig gebaut und belastbar ist und alle rechten Winkel stimmen, wird die Schildkröte richtig funktionieren und lange halten (siehe Abb. 17.6 und 17.7).

Sehen Sie sich die Anordnung von vorne an: Sind die Räder parallel? Wenn nicht, justieren Sie sie. Sehen Sie sich das Ganze von der Seite an. Stehen die Räder einander deckungsgleich gegenüber? Wenn nicht, machen Sie Korrekturen. Nun lassen Sie die Anordnung über die Werkbank rollen. Wenn sie schwankt oder ruckelt, stehen die Räder einander nicht genau gegenüber. Korrigieren Sie dies und probieren Sie es noch einmal.

Wenn die beiden vorstehenden Achsen sich bei ihrer Drehung nach oben oder nach unten bewegen, sind die Räder noch nicht parallel. Justieren Sie sie mit der Hand oder klopfen Sie mit dem Hammer dagegen. Wenn Sie mit der Funktion der Kopf-Anordnung zufrieden sind, wiederholen Sie den Vorgang beim Schwanz.

Ich stelle gern die ganze Anordnung probeweise zusammen, noch ohne sie zu verleimen. Wenn es Probleme gibt, kann ich noch Material von den Enden der Grundplatte oder von der Innenseite der Hals- oder Schwanzöffnung wegnehmen, etwa mit der vierfachen Raspelfeile.

Wenn die Anordnung einwandfrei funktioniert, können Sie die Kopf-Anordnung und die Schwanz-Anordnung an der Grundplatte festleimen. Ich spanne dazu die Grundplatte in einen Schraubstock ein. Überprüfen Sie, ob Kopf und Schwanz in die richtige Richtung schauen. Geben Sie Leim auf die Fuß-Anordnungen; verstreichen Sie ihn von der Kante weg, damit kein Leim herausgedrückt wird. Fixieren Sie die Anordnung mit Klemmen an der Grundplatte; vergewissern Sie sich, dass Kopf und Schwanz nach unten zeigen und durch die Grundplatte passen und dass die 2-Füße-Sets von vorn nach hinten parallel verlaufen und exakt zentriert sind. Prüfen Sie noch einmal, ob der Mechanismus ungehindert funktioniert, und machen Sie, wenn nötig, Korrekturen.

Wenn die Anordnung getrocknet ist, bringen Sie den Panzer in Position und überprüfen Sie noch einmal, ob alle Bewegungen nach wie vor funktionieren. Wenn das der Fall ist, leimen Sie den Panzer fest und fixieren Sie ihn mit Klemmen.

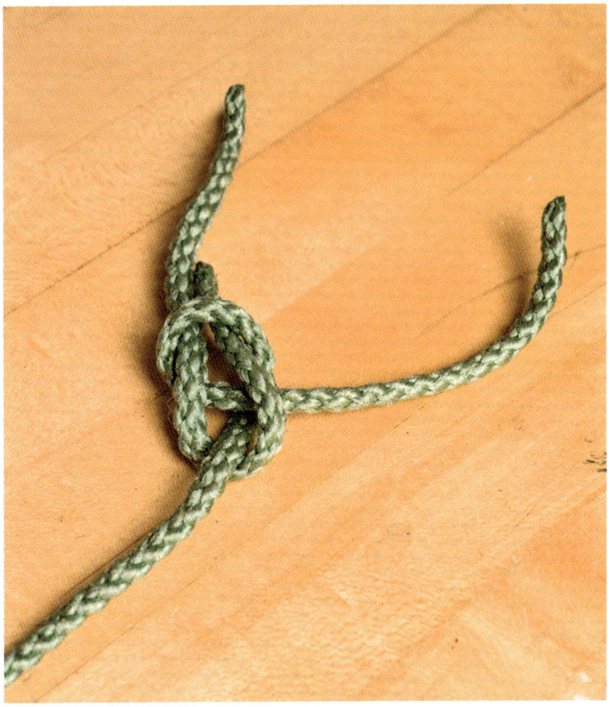

Abb. 17.9 Machen Sie in der Mitte der Ziehschnur eine Schlaufe und befestigen Sie daran mit einem Palstek-Knoten eine zusätzliche Schnur.

Ziehschnur

Spannen Sie die Schildkröte in einen Schraubstock, sodass der Kopf nach oben zeigt und der Oberkopf Ihnen zugewandt ist. Markieren Sie mit einem Hammer und einer Zentrierpunze oder einer Ahle die Position zweier kleiner Bohrlöcher für die Ziehschnur. Bohren Sie die angewinkelten Löcher mit einer elektrischen Handbohrmaschine und einem 6-mm-Holzspiralbohrer. Die Löcher verlaufen schräg nach hinten (Abb. 17.8). Überprüfen Sie anhand der Draufsicht und der Seitenansicht, ob der Winkel stimmt.

Jetzt empfiehlt es sich, die Schildkröte einzuölen, damit später kein Öl auf die Zugschnur kommt. Ich nehme Weißöl (Babyöl). Es ist ungiftig und verleiht dem Holz doch einigen Schutz; der Überzug kann jederzeit erneuert werden.

Wenn das Öl eingezogen ist, fädeln Sie die Ziehschnur von oben durch beide Löcher. Machen Sie an beiden Enden der Schnur je einen Überhandknoten und ziehen Sie ihn fest. Machen Sie in der Mitte der Ziehschnur eine Schlaufe und befestigen Sie mit einem Palstek-Knoten eine Zusatzschnur (Abb. 17.9).

Zentrieren Sie den Knoten und befestigen Sie mit einem Überhandknoten die Ziehkugel. Fertig! Schleichi, die Schildkröte, war gar nicht so einfach zu bauen. Spätestens wenn Sie einem Kind beim Spiel mit dem scheuen Tier zusehen, werden Sie überzeugt sein, dass die Mühe nicht umsonst war.

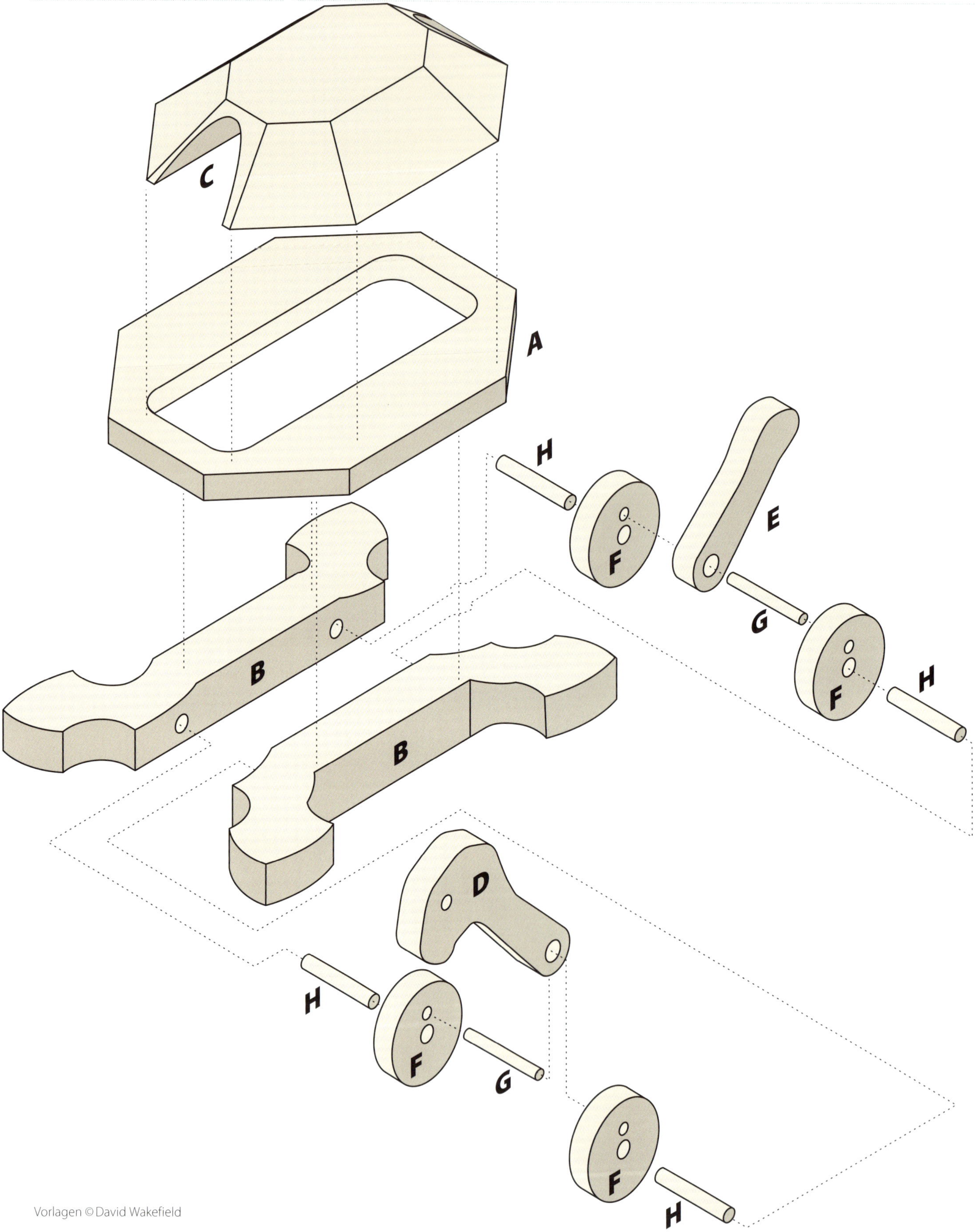

Vorlagen © David Wakefield

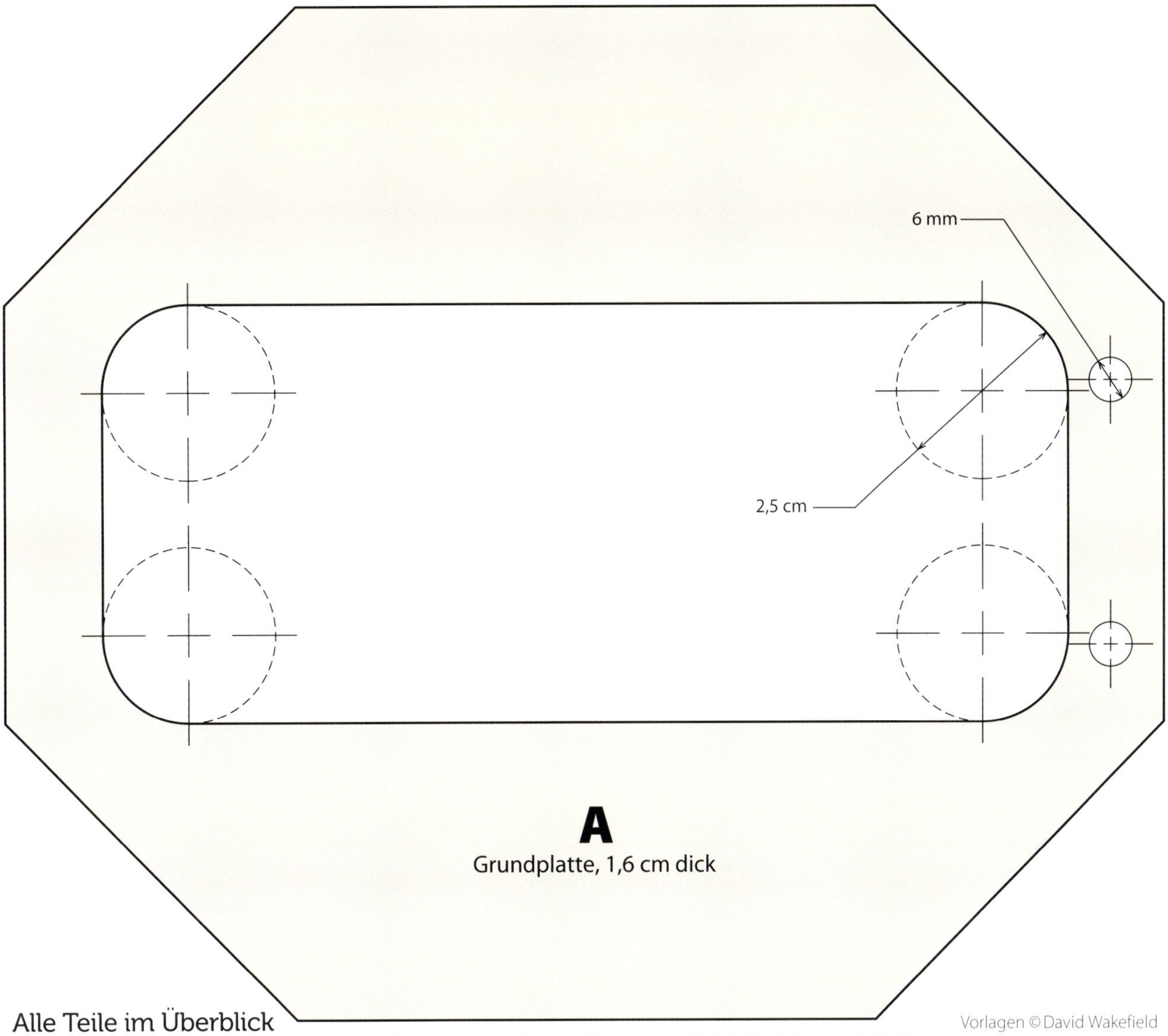

Vorlagen © David Wakefield

Alle Teile im Überblick

Teil	Bezeichnung	Anzahl	Stärke	Breite oder Durchmesser	Länge
A	Grundplatte	1	1,6 cm	14,6 cm	17,1 cm
B	Füße (2-Füße-Sets)	2	2,5 cm	5,7 cm	25,1 cm
C	Panzer	1	3,8 cm	12,7 cm	15,2 cm
D	Kopf	1	1,6 cm	5,7 cm	11,4 cm
E	Schwanz	1	1,6 cm	2,5 cm	9,2 cm
F	Räder	4	1,3 cm	4,4 cm Ø	–
G	innere Achsen	2	–	8 mm Ø	4,4 cm
H	äußere Achsen	4	–	8 mm Ø	3,2 cm
I	Zusatzschnur	1	–	6 mm Ø	20,3 cm
J	Ziehschnur	1	–	6 mm Ø	71 cm
K	Ziehkugel	1	–	2,5 cm Ø	–

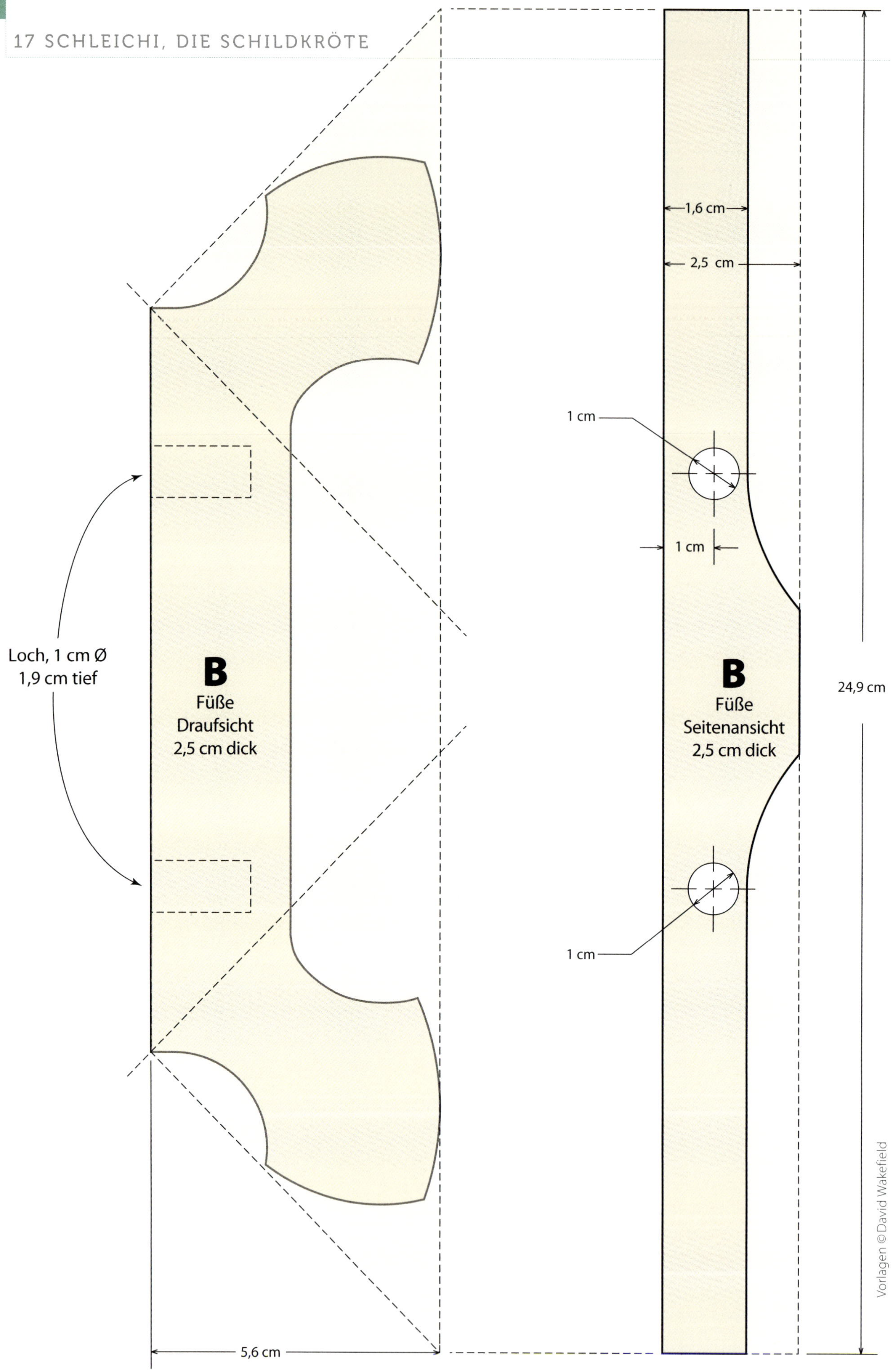
Loch, 1 cm Ø
1,9 cm tief
B
Füße
Draufsicht
2,5 cm dick
5,6 cm
1,6 cm
2,5 cm
1 cm
1 cm
1 cm
B
Füße
Seitenansicht
2,5 cm dick
24,9 cm
Vorlagen © David Wakefield

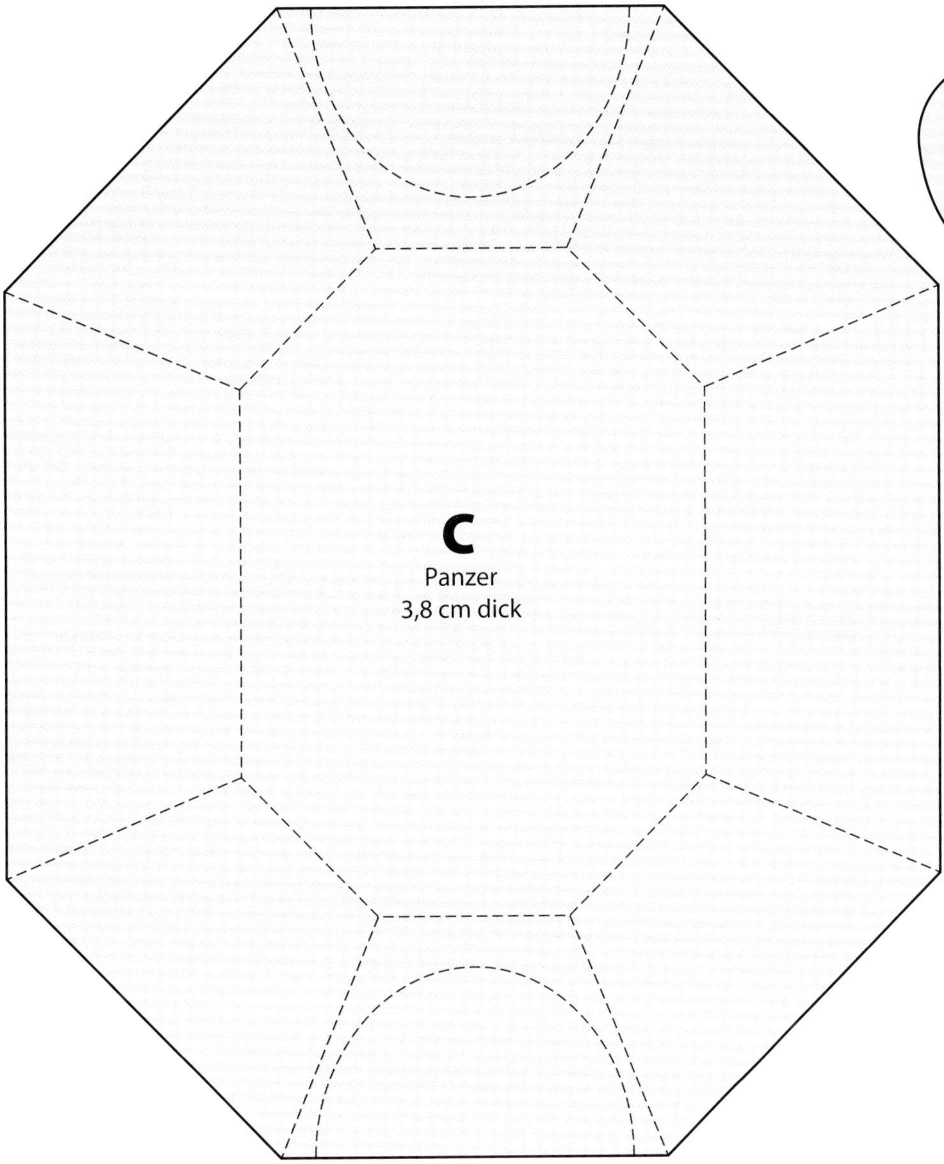

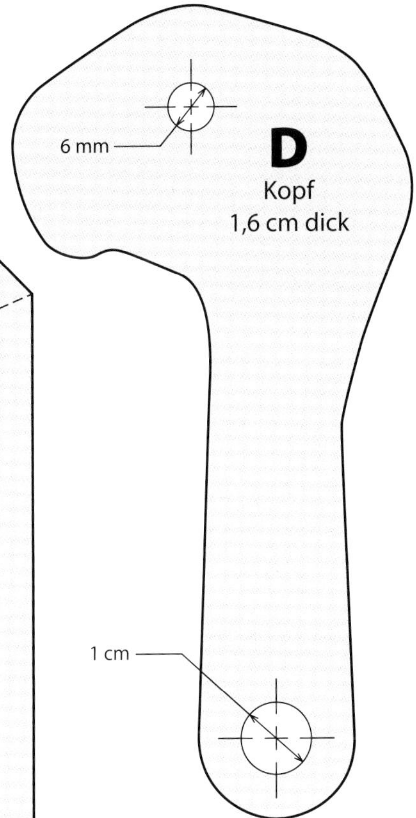

E

Schwanz
1,6 cm dick

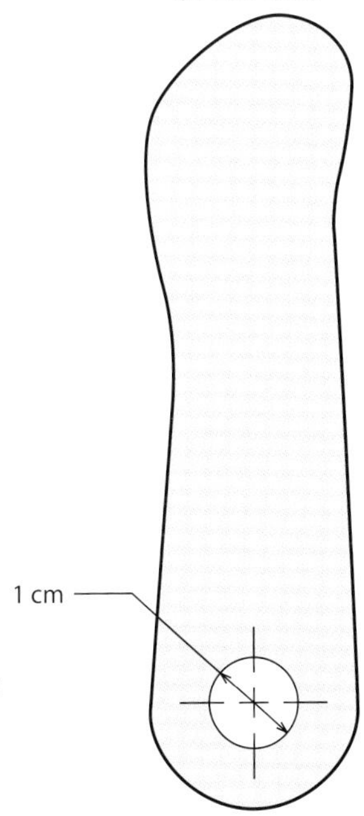

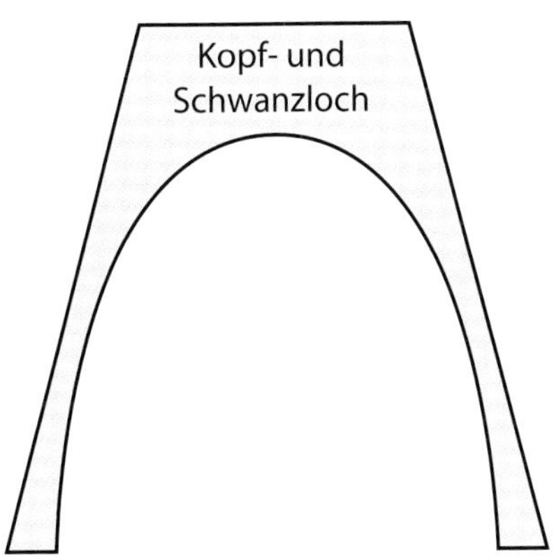

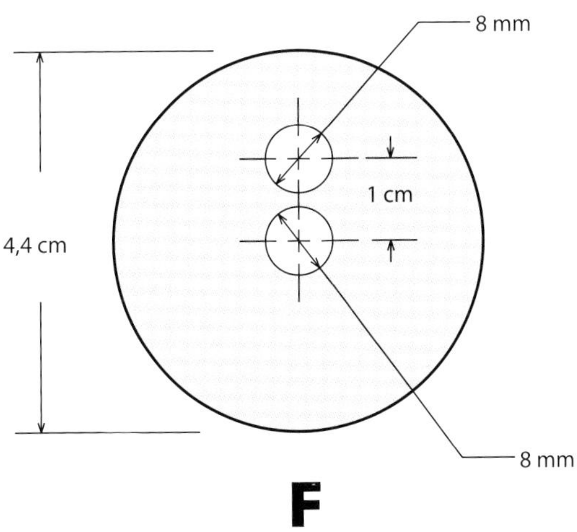

F

Rad, 1,3 cm dick

Vorlagen © David Wakefield

18 Hubert, der Hund

Der beste Freund des Menschen ist ein Klassiker des Kinderzimmers. Mit seinen Schlappohren und seinen Schnupperbewegungen könnte dieses Exemplar gar nicht hundetypischer sein. Die Vorderbeine sind diagonal versetzt an den Rädern montiert; wenn das Kind an der Schnur zieht, trottet der Hund vorwärts.

Die Pfoten drücken dabei von hinten gegen die Hängeohren und heben dadurch den Kopf an. So entsteht die charakteristische Bewegung eines Hundes, der prüfend die Luft durch die Nase zieht.

Körper

Den Körper können Sie aus fast jeder Holzart machen. Er muss weder besonders leicht noch besonders schwer sein; es gibt keine „Sollbruchstellen".

Übertragen Sie die Vorlage auf ein geeignetes Brett und bohren Sie alle Achs- und Dübellöcher. Sägen Sie den Körper mit der Bandsäge aus. Bringen Sie ihn auf dem Bohrtisch der Standbohrmaschine mithilfe von Klemmen und Holzklötzen in die richtige Position, um die Löcher für die Ziehschnur zu bohren. Bevor Sie das Schwanzloch bohren, schneiden Sie mit einem Teppichmesser ein Stück Leder für den Schwanz zu und wickeln Sie es um einen 1 cm starken Dübel. Nun können Sie beurteilen, wie groß das Schwanzloch sein muss, damit das Leder mitsamt dem Dübel akkurat hineinpasst (Abb. 18.1). Die Größe hängt von der Stärke des Leders ab (je steifer das Leder ist, desto besser). Jetzt bohren Sie das Loch.

Behandeln Sie die Konturen des Körpers mit dem Kantenschleifer (Körnung 80) und die Außenflächen mit dem stationären Bandschleifer (zuerst Körnung 80, dann 120). Bearbeiten Sie alle Kanten mit der Oberfräse und schleifen Sie die Kontur nochmals mit dem Kantenschleifer (Körnung 120). Schleifen Sie alle Oberflächen, die Sie mit der Oberfräse bearbeitet haben, von Hand mit Schleifpapier der Körnung 80 und dann der Körnung 120.

Beine und Pfoten

Übertragen Sie die Vorlagen für alle Teile der Beine auf ein mittelstarkes Stück Holz, das optisch gut zum Körper passt. Bohren Sie alle Achs- und Dübellöcher.

Sägen Sie die Teile mit der Bandsäge aus. Behandeln Sie alle Teile mit dem Kantenschleifer und dann mit dem Bandschleifer (zuerst Körnung 80, dann 120). Dann schleifen Sie von Hand mit Schleifpapier der Körnung 120 alle rauhen Stellen von den Kanten an den Vorderbeinen ab. Nun bearbeiten Sie die Hinterbeine mit der Oberfräse und schleifen sie zuerst mit der Körnung 80, dann mit der Körnung 120.

Bauen Sie mit den Kopfdübeln ein gegengleiches Paar Vorderbeine zusammen (wenn nötig Abstands-

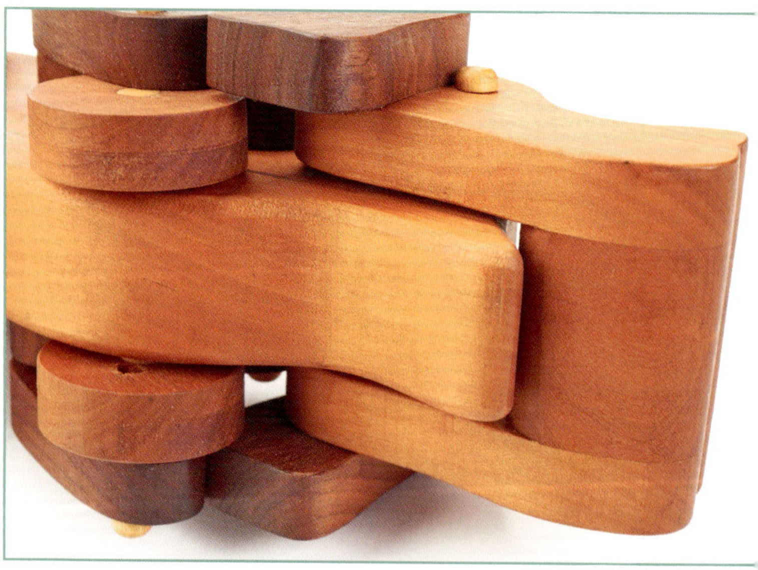

Die Vorderbeine bewegen sich mit den Rädern vor und zurück. Sie drücken von hinten gegen die Hängeohren und bewirken, dass der Hund die Nase schnüffelnd anhebt.

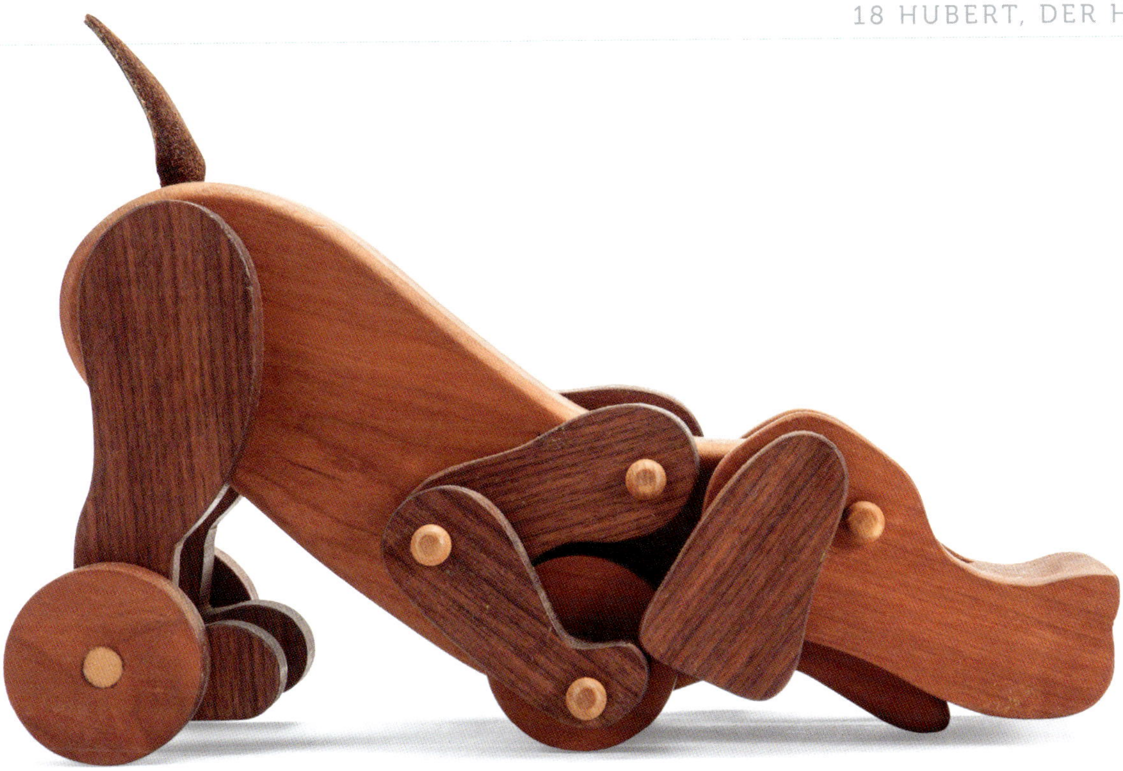

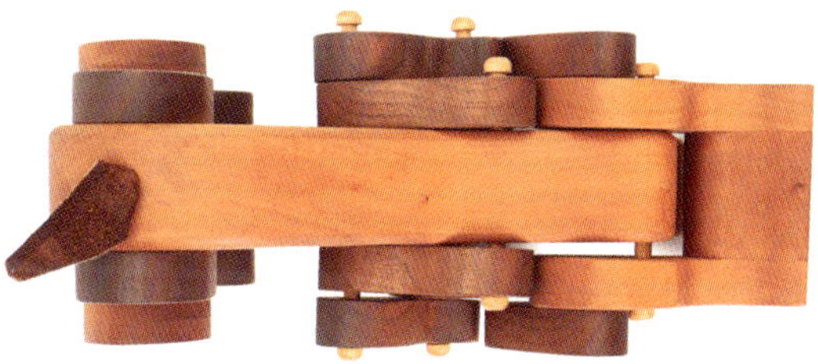

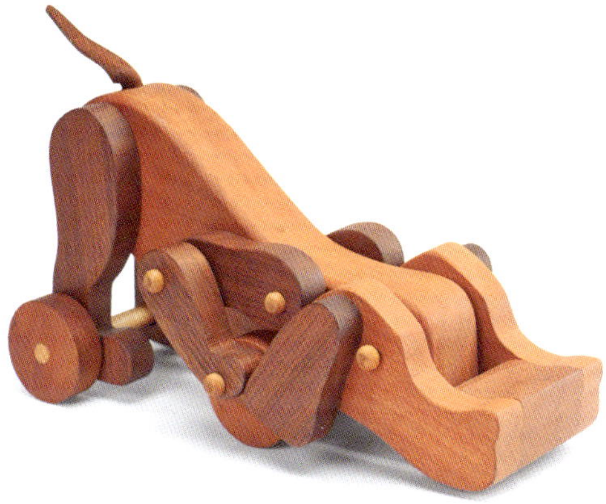

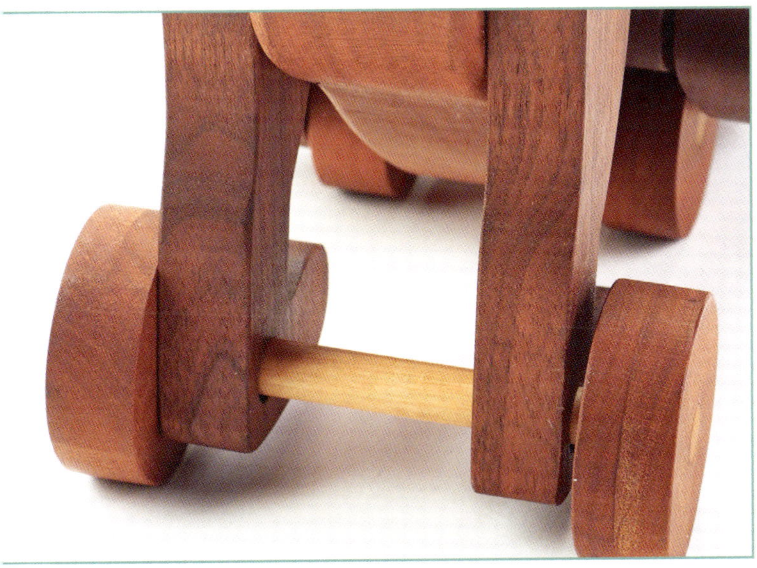

Die Hinterräder sind an einer ganz gewöhnlichen zentrischen Achse montiert.

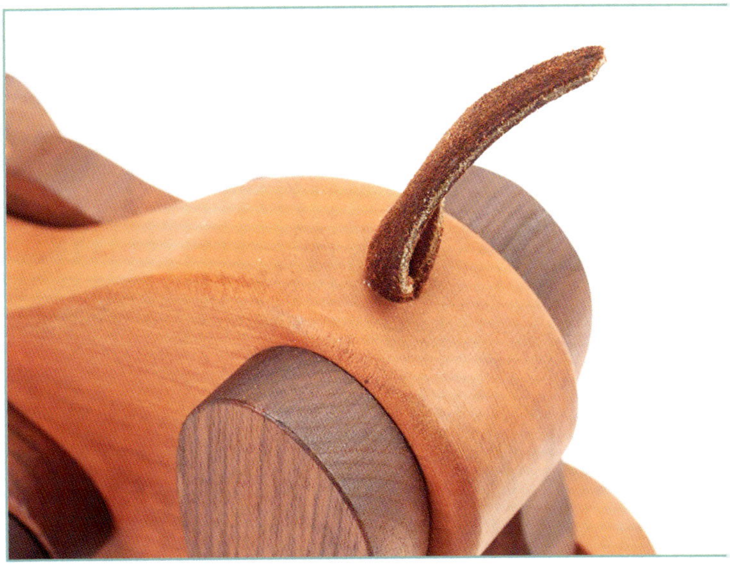

Der Schwanz ist ein lebensnahes Hunde-Detail.

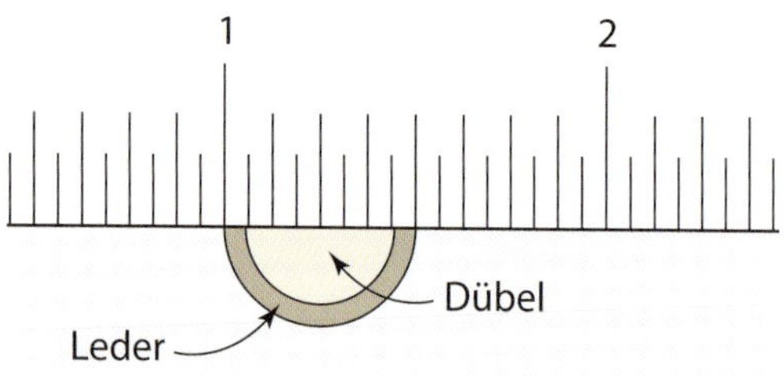

Abb. 18.1 Wickeln Sie für den Schwanz ein Stück Leder um einen 1 cm starken Dübel. Messen Sie den Durchmesser, um die Größe des Bohrloches zu ermitteln. Das Bohrloch soll etwas kleiner als der tatsächliche Durchmesser sein, damit der Schwanz nicht herausrutscht.

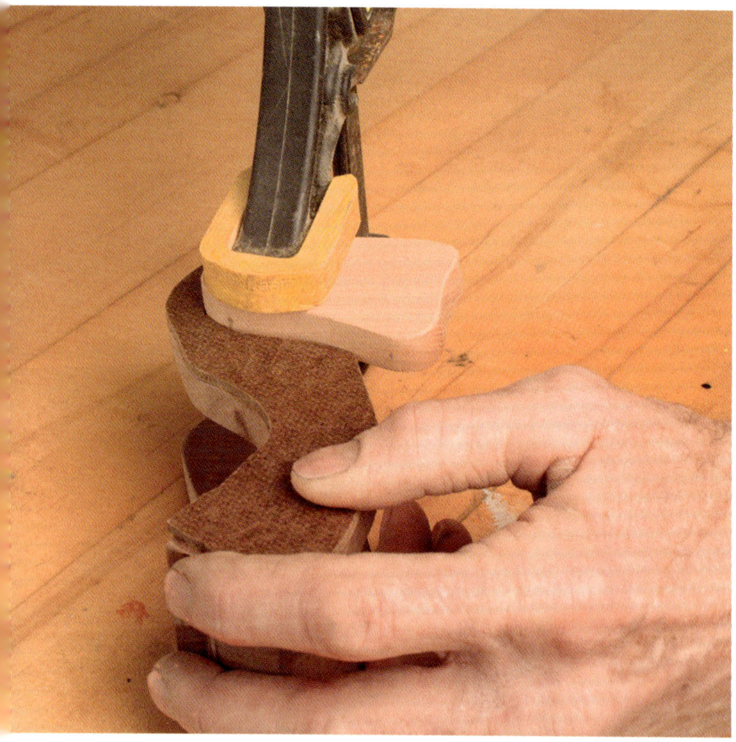

Abb. 18.2 Leimen Sie mithilfe dieser Schablone die Ohren einzeln an, sodass sie einander genau gegenüberstehen.

messer verwenden – siehe Seite 39, Abb. 3.13). Wenn der Leim trocken ist, schleifen Sie die Rückseite beider Anordnungen ab, um alle Reste von getrocknetem Leim zu entfernen.

Kopf

Übertragen Sie die Vorlage für die Kopf-Seitenteile auf 1,3 cm dickes Holz. Bohren Sie mit einem Holzspiralbohrer sorgfältig die Augenlöcher – sie sollen genau gleich sein, davon hängt die Funktion des Spielzeugs ab! – und sägen Sie die Teile etwas größer als notwendig aus. Schleifen Sie beide Teile mit dem Kantenschleifer (zuerst Körnung 80, dann Körnung 120) genau bis zur Vorlagelinie ab. Nun wiederholen Sie denselben Vorgang bei beiden Ohren (ohne die Bohrung). Sägen Sie den Kopf-Mittelteil aus 4,8 cm starkem Holz aus und behandeln Sie die Bereiche, die nach dem Zusammenbau nicht mehr zugänglich sind, mit dem Kantenschleifer. Glätten Sie die Übergangsbereiche. Nun leimen Sie den Mittelteil und die beiden Seitenteile des Kopfes unter Verwendung der Hilfsvorrichtung (Seite 40 und 41, Abb. 3.14, 3.15 und 3.16) zusammen. Wenn der Leim trocken ist, schleifen Sie den Kopf mit dem Kantenschleifer (zuerst Körnung 80, dann 120). Schleifen Sie die Außenflächen am stationären Bandschleifer (zuerst Körnung 80, dann 120). Entfernen Sie insbesondere alle Abdrücke der Klemmen. Schleifen Sie alle Kanten von Hand mit Schleifpapier der Körnung 120.

Um die Ohren anzubringen, zeichnen Sie zunächst eine Schablone in der Form des Kopfes auf ein Stück Spanplatte oder Sperrholz (siehe Seite 142), bei der der vom Ohr bedeckte Bereich ausgespart ist (Abb. 18.2). Schneiden Sie sie sorgfältig aus. Leimen Sie mithilfe der Schablone zuerst das eine und dann das andere Ohr am Kopf an und achten Sie darauf, dass die Ohren einander genau gegenüberstehen.

Räder

Bohren Sie gemäß der Abbildung Dübellöcher in die Vorderräder.

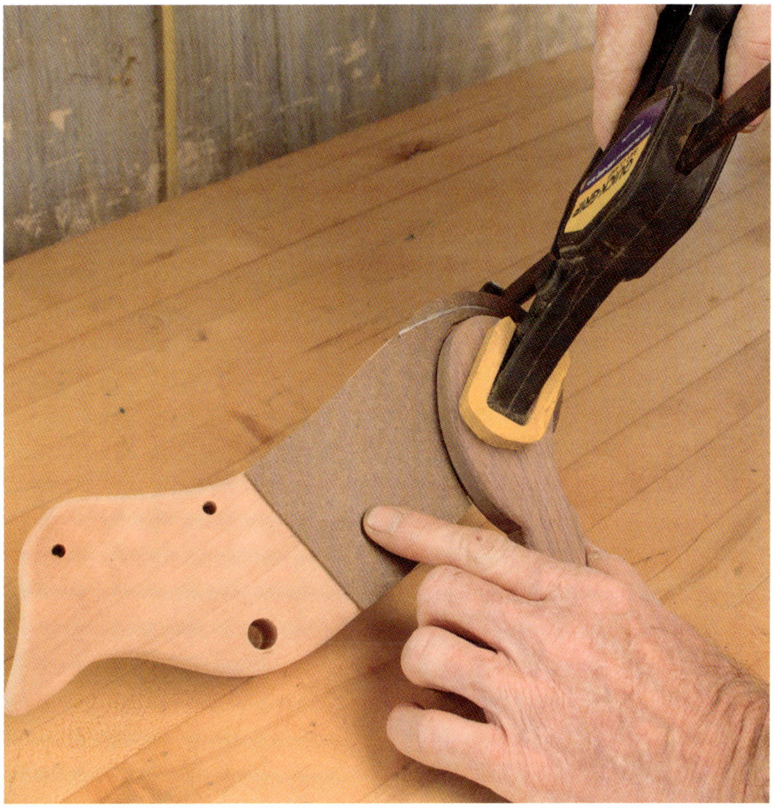

Abb. 18.3 Lassen Sie beim Hinterteil etwas mehr Material an der Schablone stehen, damit sie nicht abbricht. Platzieren Sie mithilfe der Schablone ein Hinterbein am Körper. Dann richten Sie das zweite Hinterbein genau nach dem ersten aus. Vergewissern Sie sich, dass die Achse gerade ist und sich frei drehen kann. Dann fixieren Sie die Beine mit Klemmen. Schützen Sie dabei die Holzoberfläche mit Schutzpolstern oder Restholzstücken.

Zusammenbau

Befestigen Sie den Kopf mithilfe des Abstandsmessers (Seite 39, Abb. 3.13) mit Kopfdübeln am Körper. Leimen Sie ein Rad an einer Achse fest. Schieben Sie sie durch den Körper und leimen Sie das zweite Rad fest. Vergewissern Sie sich, dass die Dübellöcher einander diagonal gegenüberstehen, sodass zugleich ein Fuß vorne und der andere hinten ist. Platzieren Sie die Räder so nahe wie möglich am Körper, sodass sie innerhalb der Ohren Platz haben und der Kopf zwischen zwei „Schnupperbewegungen" wieder ganz hinunterfällt. Wenn das nicht der Fall ist, feilen Sie etwas Material von der Innenseite der Ohren ab, bis die Räder Platz haben.

Vorderbeine

Befestigen Sie beide Schultern mit Kopfdübeln am Körper (Abstandsmesser verwenden!). Befestigen Sie die Pfoten an den Rädern; stützen Sie die Räder auf die Kante der Werkbank, wenn Sie die Kopfdübel hineinhämmern. Wischen Sie sorgfältig den ausgetretenen Leim von der Innenseite der Räder ab, bevor er auf dem Körper verschmiert wird.

Hinterbeine

Um die Länge der Hinterachse zu ermitteln, bringen Sie die Hinterbeine in Position und messen Sie den gesamten Abstand zwischen beiden Füßen. Zählen Sie die Dicke beider Räder und den Abstand von 3 mm hinzu und schneiden Sie die Achse auf diese Länge zu.

Befestigen Sie die Hinterachse an einem der Hinterräder. Schieben Sie den Dübel durch beide Hinterfüße hindurch und leimen Sie das zweite Rad an. Wenn der Leim trocken ist, schleifen Sie die Enden der Achsen mit dem Kantenschleifer.

Um die Hinterbeine zu befestigen, brauchen Sie eine Schablone in Form der hinteren Körperhälfte (siehe unten), bei der der vom Hinterbein bedeckte Bereich ausgespart ist (vgl. die Anbringung der Ohren). Lassen Sie beim Hinterteil etwas mehr Material an der Schablone stehen, damit sie nicht bricht (Abb. 18.3). Nun leimen Sie die Hinterbeine an und fixieren Sie sie mit Klemmen. Verwenden Sie die dafür vorgesehene Hilfsvorrichtung, um sie genau auszurichten. Beim Anleimen der Beine achten Sie darauf, dass sich die Nase knapp über dem Boden befindet – sonst schleift sie beim fertigen Hund am Boden! Überprüfen Sie, ob die Achse genau waagrecht ist und die Räder sich frei bewegen können.

Schwanz

Verteilen Sie Leim im Loch für den Schwanz. Dann verteilen Sie Leim am unteren Rand des Lederflecks für den Schwanz, und zwar vorne und hinten bis zu 1,9 cm oberhalb der Unterkante. Rollen Sie das Leder ein und platzieren Sie es im Bohrloch. Schieben Sie den 1 cm starken Dübel sorgfältig innerhalb des Leders in das Loch. Treiben Sie ihn mithilfe eines weiteren 1 cm starken Dübels zur Gänze hinein, um das Leder nicht mit dem Hammer zu beschädigen. Wenn Sie den Hund einölen, lassen Sie kein Öl an den Schwanz kommen, sonst wird er steif, wenn das Öl trocknet!

Nun bringen Sie noch die Ziehschnur an. Hubert hat schon Witterung aufgenommen!

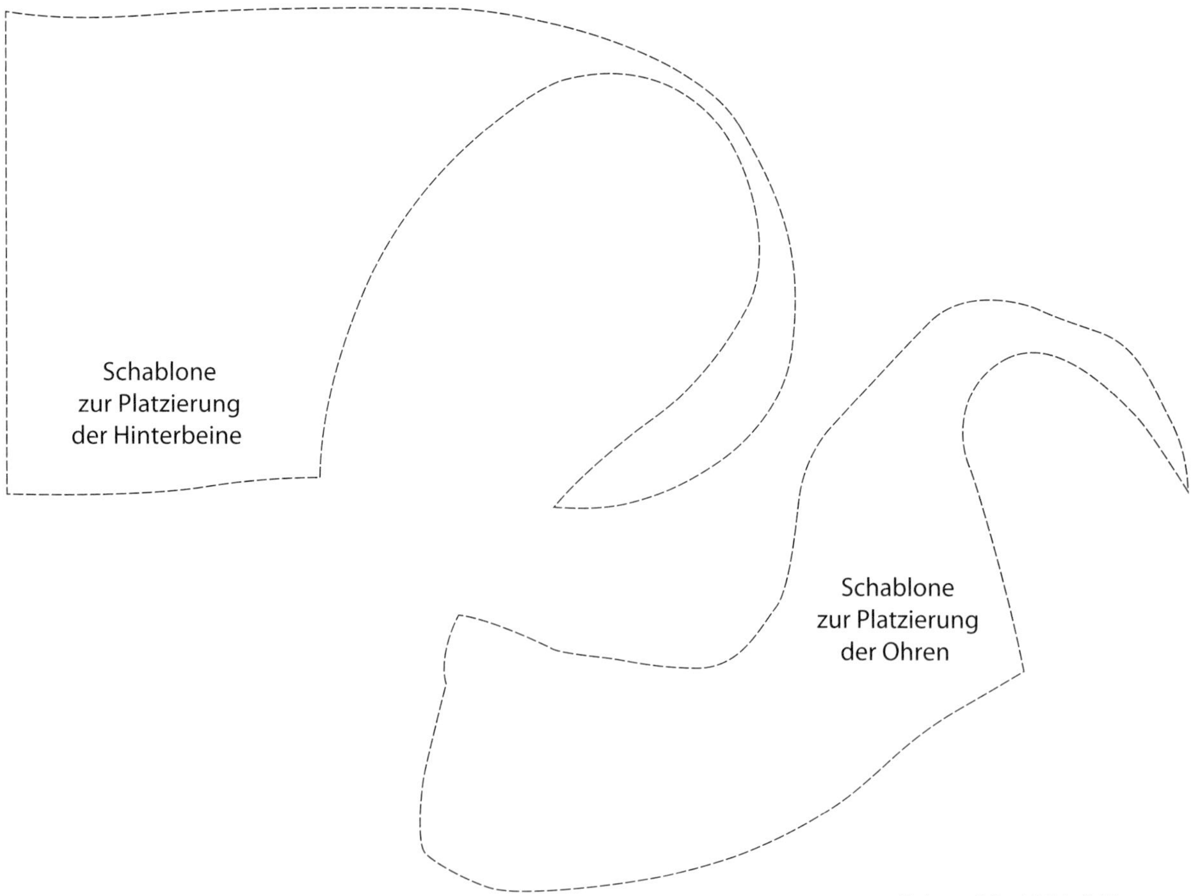

Vorlagen © David Wakefield

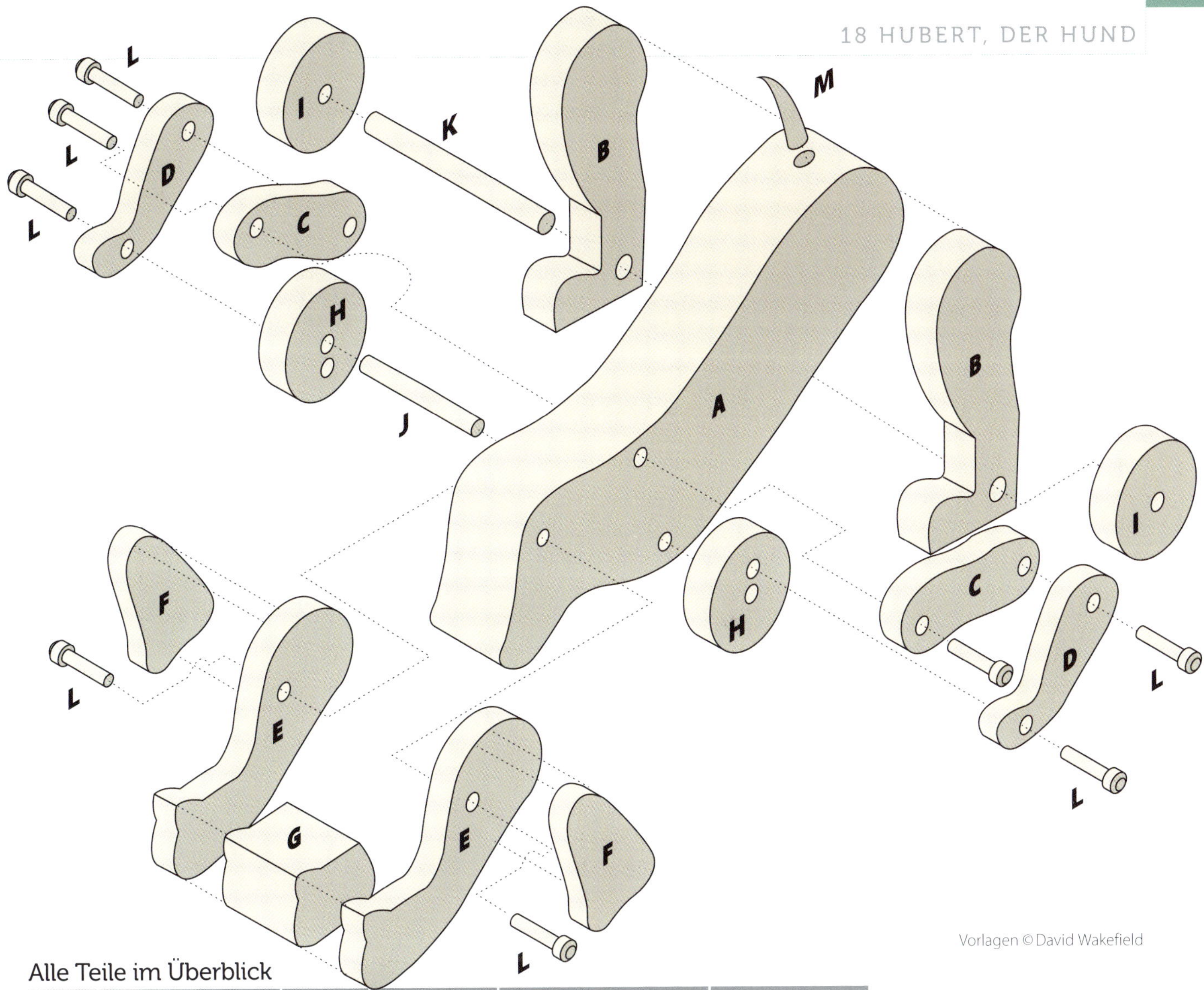

Vorlagen © David Wakefield

Alle Teile im Überblick

Teil	Bezeichnung	Anzahl	Stärke	Breite oder Durchmesser	Länge
A	Körper	1	4,4 cm	10,2 cm	24,1 cm
B	Hinterbeine	2	1,9 cm	5,1 cm	12,7 cm
C	Vorderbeine (Oberteile)	2	1,3 cm	3,2 cm	7,6 cm
D	Vorderbeine (Unterteile)	2	1,3 cm	3,2 cm	7,6 cm
E	Kopf-Seitenteile	2	1,3 cm	5,1 cm	12,7 cm
F	Ohren	2	1,3 cm	3,8 cm	6,4 cm
G	Kopf-Mittelteil	1	4,8 cm	3,5 cm	4,1 cm
H	Vorderräder	2	1,3 cm	4,4 cm Ø	–
I	Hinterräder	2	1,3 cm	4,4 cm Ø	–
J	Vorderachse	1	–	8 mm Ø	6,7 cm
K	Hinterachse	1	–	8 mm Ø	11,4 cm
L	Kopfdübel	8	–	5,5 mm Ø	2,7 cm
M	Schwanz	1	3 mm	2,5 cm Ø	7 cm

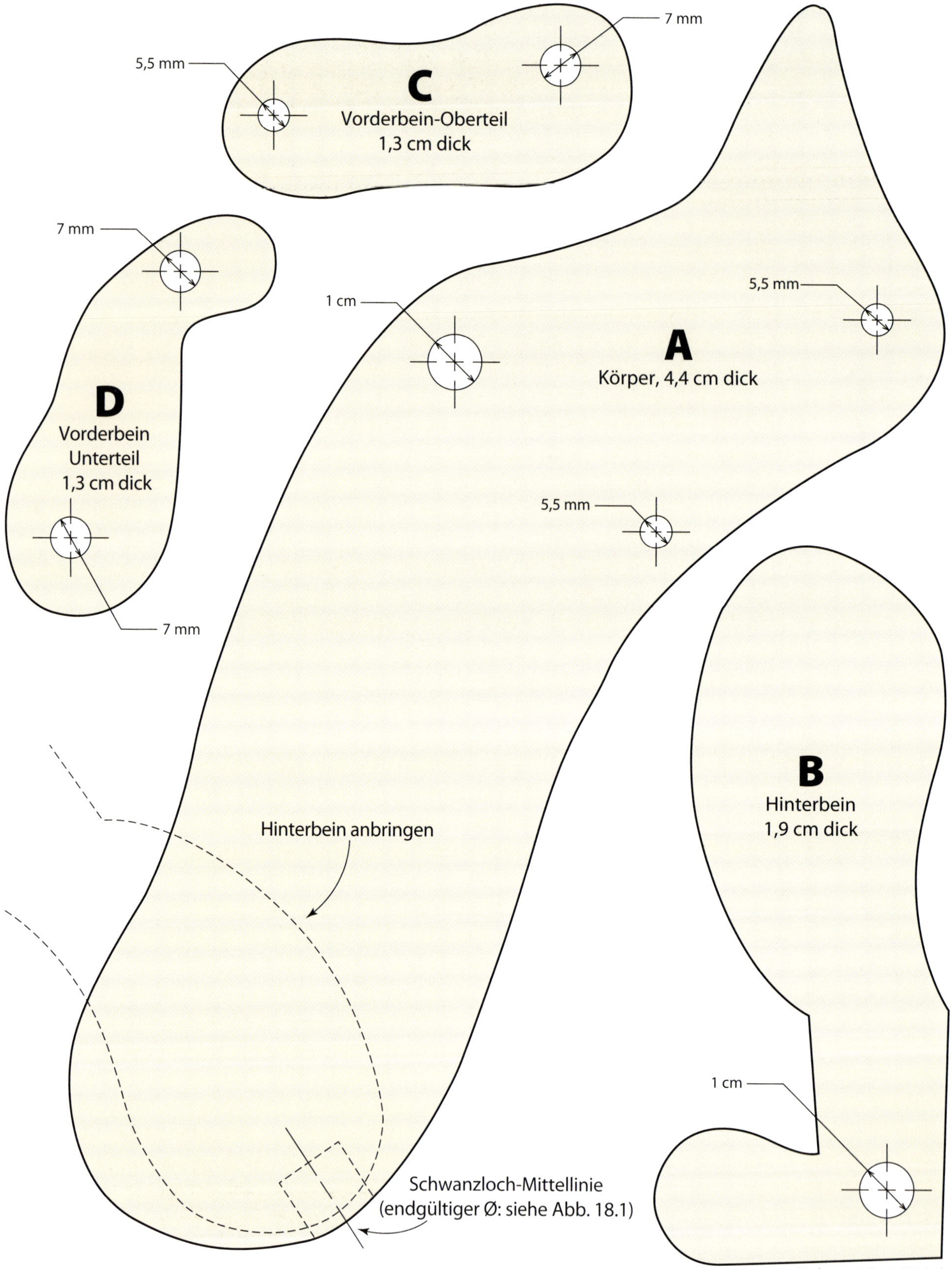

Vorlagen © David Wakefield

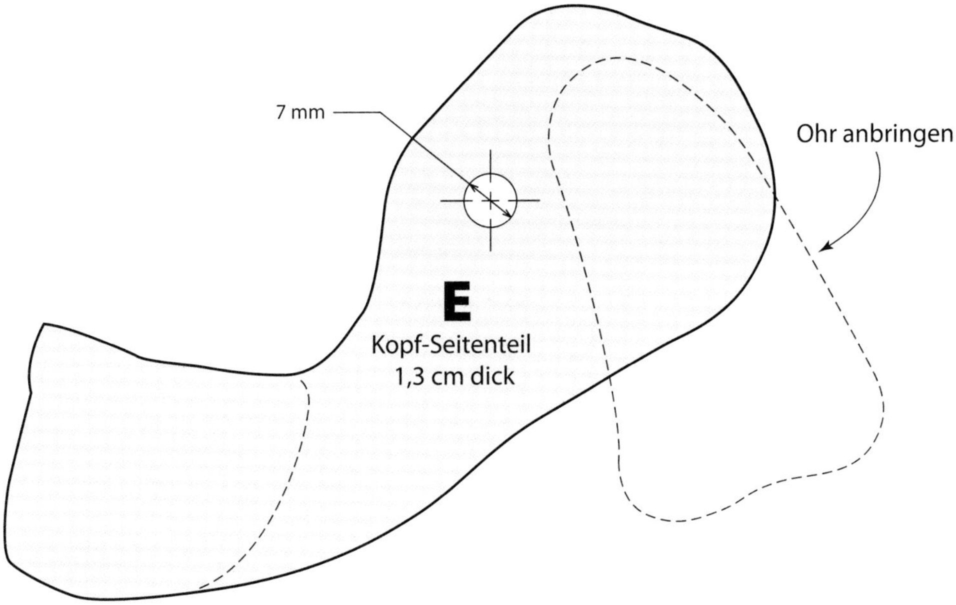

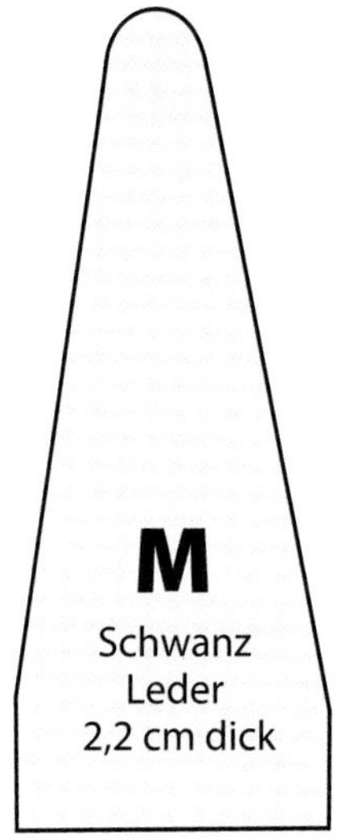

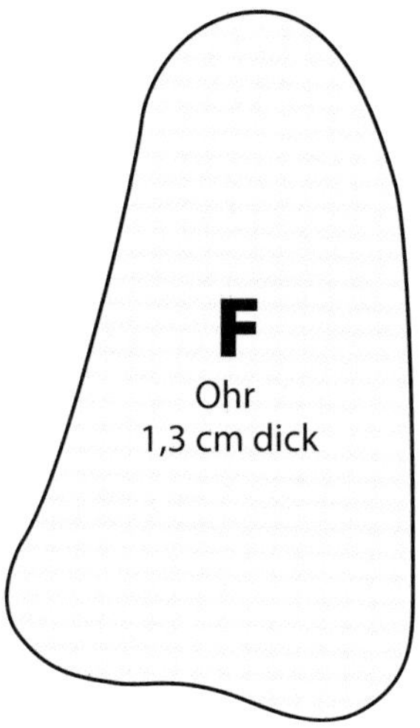

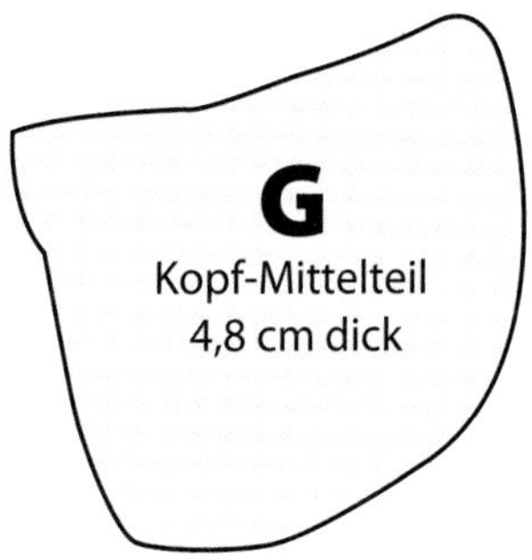

H

Vorderrad, 1,3 cm dick

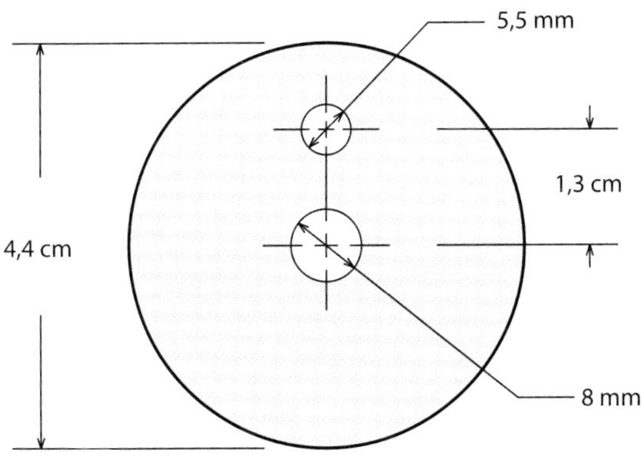

I

Hinterrad, 1,3 cm dick

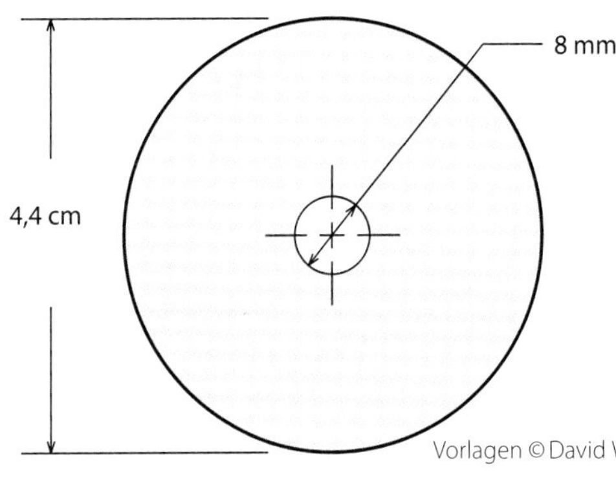

19 Branko, der Brontosaurus

Hier kommt der größte Vegetarier aller Zeiten! Ob es stimmt, dass der Brontosaurus über ein zweites Gehirn in der hinteren Körperhälfte verfügte? Jedenfalls schwingt sein Schwanz ebenso graziös auf und ab wie der Hals, wenn der gewichtige Urzeit-Gigant auf seinen muskulösen Beinen daherkommt.

In meinem ersten Buch habe ich eine Riesenausgabe dieses Sauriers vorgestellt, in meinem zweiten Buch eine Miniaturausgabe. Jetzt wähle ich den goldenen Mittelweg. Die neue, handliche Größe finde ich ideal für ein Kinderspielzeug, aber auch für einen Zimmerschmuck.

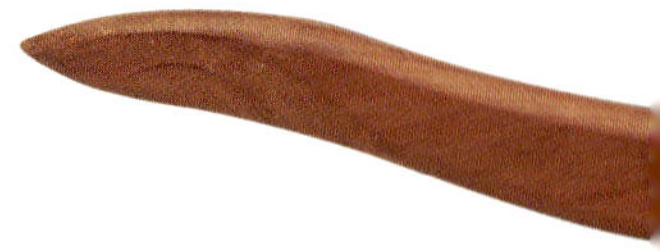

Kopf und Schwanz

Übertragen Sie die Vorlage für den Kopf-Schwanz-Teil auf ein fehlerfreies, 1,6 cm starkes Brett aus festem Holz. Bohren Sie das 6-mm-Augenloch und das 1-cm-Loch für das Drehgelenk. Beim Aussägen der Kontur mit der Bandsäge achten Sie auf die Rundungen des Saurier-Gesichts – diese Details machen den „Charakter" des sympathischen Urzeitriesen aus! Behandeln Sie den Umriss mit dem Kantenschleifer (Körnung 80, dann 120) und achten Sie wieder auf die Details im Bereich des Kopfes (Abb. 19.1).

Der Teil ist so lang, dass Sie zum Schleifen der beiden Außenflächen (Körnung 80 und dann Körnung 120) statt des stationären Bandschleifers ein kleineres Bandschleifgerät nehmen müssen. Brechen Sie alle Kanten durch händisches Schleifen mit der Körnung 120.

Beine

Übertragen Sie die Vorlagen für alle 8 Teile der Beine auf 1 cm starkes Holz. Bohren Sie alle Löcher und sägen Sie die Teile mit der Bandsäge aus. Wichtig: Die Löcher für die „Knie" und „Ellbogen" (an den „Oberteilen" der Vorder- und Hinterbeine) sind kleiner (5,5 mm), sodass die Kopfdübel fest darin sitzen, während sich in den übrigen Löchern (7 mm) die Kopfdübel frei drehen können. Behandeln Sie die Teile mit dem Kantenschleifer und dem stationären Bandschleifer und schleifen Sie sie dann von Hand.

Sie müssen die Kopfdübel etwas kürzen (siehe Seite 30, Abb. 3.5). Bauen Sie die gegengleichen Beinpaare zusammen und entfernen Sie den ausgetretenen Leim von der Rückseite. Schleifen Sie die Rückseite der Anordnungen mit dem Bandschleifer (Körnung 120), um getrocknete Leimreste zu entfernen.

Körper

Übertragen Sie die Vorlagen für die spiegelbildlichen Körper-Seitenteile auf 1 cm starkes Holz und sägen Sie sie mit der Bandsäge aus. Übertragen Sie die

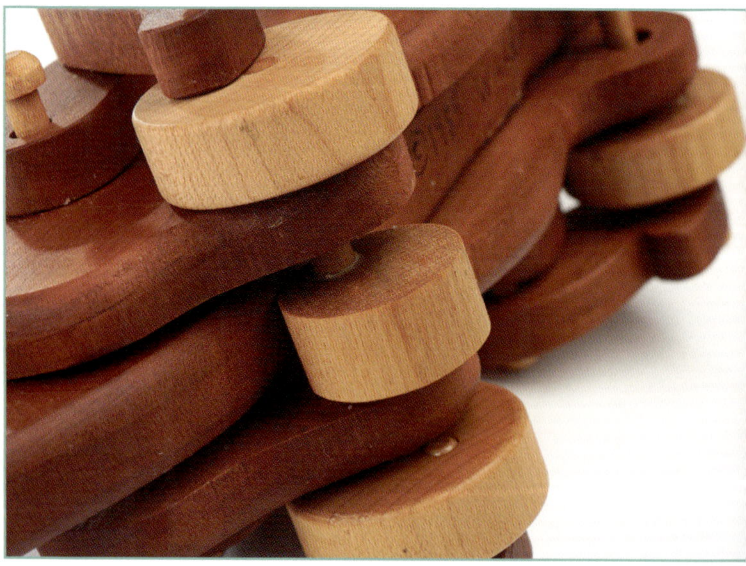

Die Nocke ist zwischen den Körper-Seitenteilen versteckt. Ihre Drehung bewirkt, dass sich Kopf und Schwanz auf- und abbewegen.

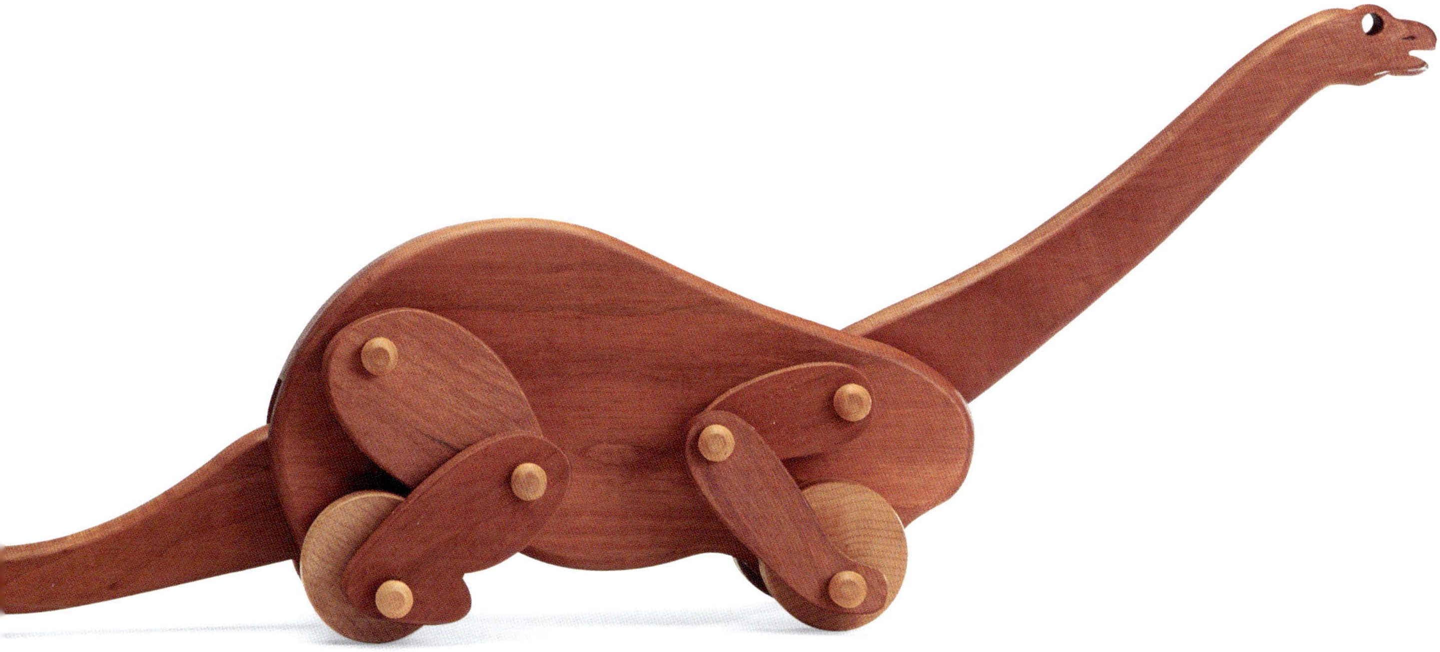

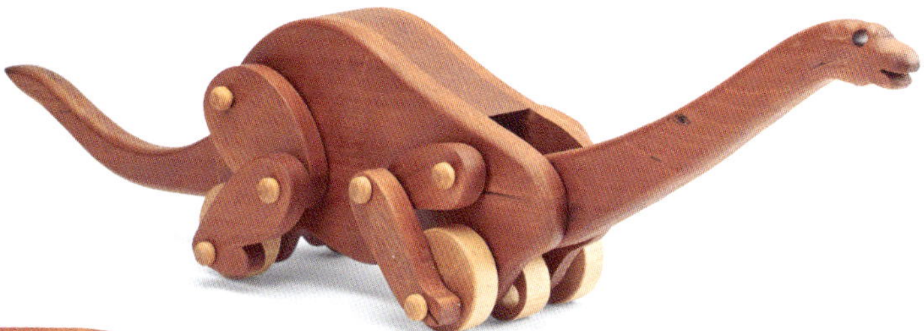

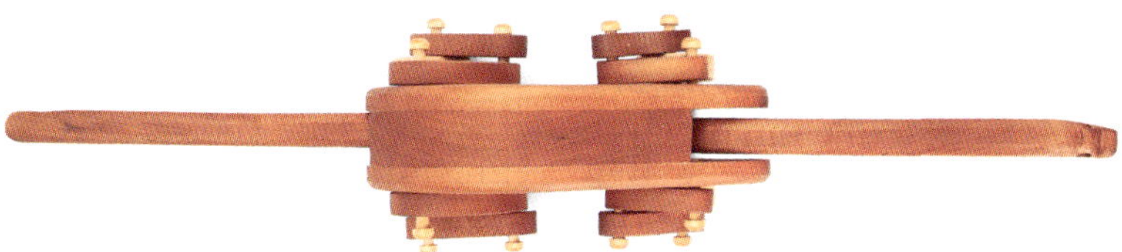

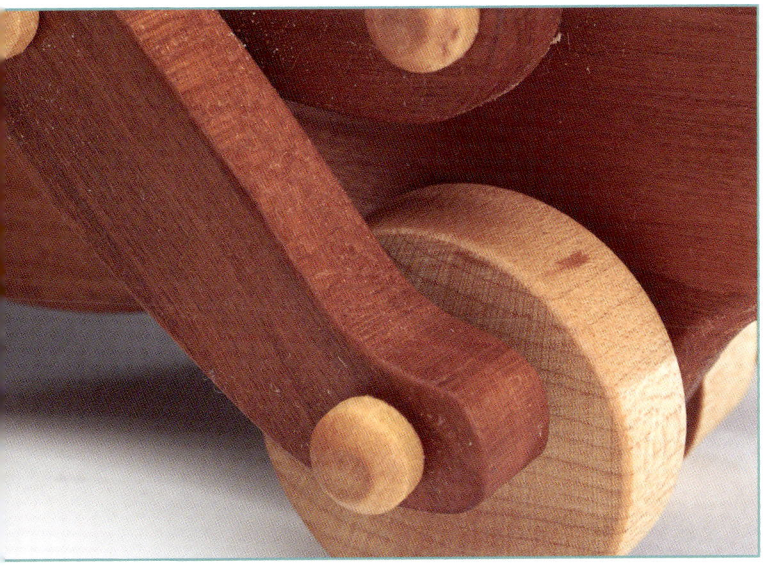

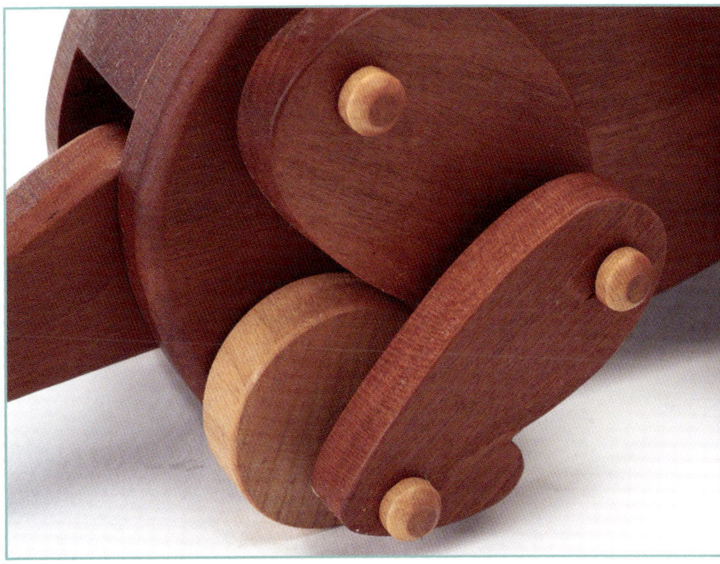

Die Vorderbeine sind diagonal versetzt an den Vorderrädern montiert; so entstehen die schwerfälligen Trampelschritte des Urzeitriesen.

Auch die Hinterbeine sind mit Kopfdübeln an den Rädern montiert. Wenn der Saurier angeschoben wird, sind alle vier Beine in Bewegung.

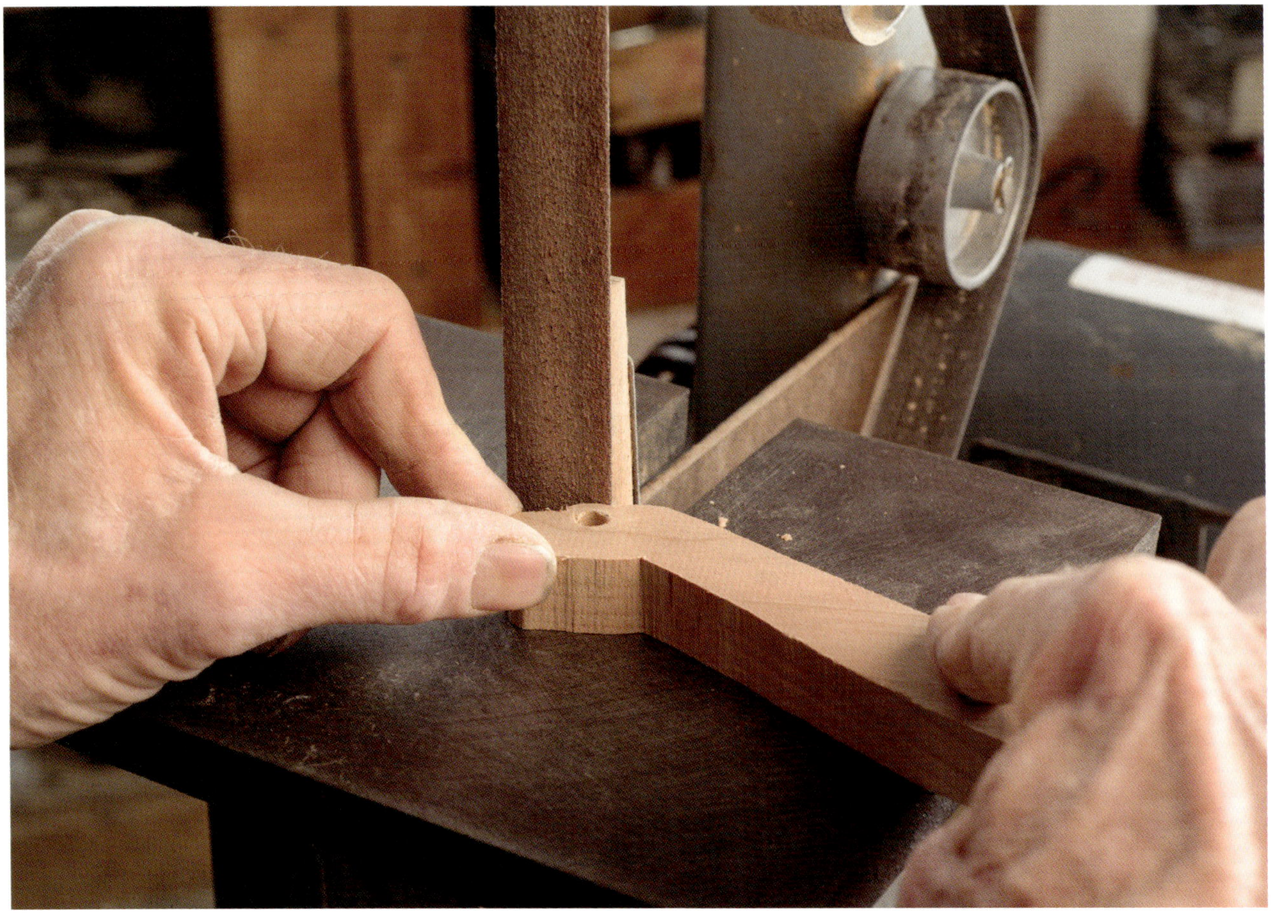

Abb. 19.1 Achten Sie beim Aussägen und beim Schleifen besonders auf die Details des Saurier-Gesichts.

Markierungen für die Löcher auf einen der beiden Teile und legen Sie diesen Teil über den anderen, um mit der Standbohrmaschine sämtliche Löcher zu bohren. So erhalten Sie zwei Teile mit identischen Bohrlöchern. Ich nehme einen Forstnerbohrer, der kaum wandert. Achten Sie darauf, dass der Bohrer beim Übergang vom oberen in das untere Werkstück nicht verrutscht.

Nun sägen Sie den Körper-Mittelteil aus und behandeln Sie mit dem Kantenschleifer die vorderen und hinteren Übergangsbereiche, die nach dem Zusammenbau sichtbar bleiben werden (und später nicht mehr geschliffen werden können). Geben Sie Leim auf eine Seite des Mittelteils und platzieren Sie ihn sorgfältig auf einem der Körper-Seitenteile, sodass dessen „Schauseite" nach außen zeigt. Bringen Sie den zweiten Seitenteil an. Platzieren Sie die Anordnung auf der Werkbank, schieben Sie in jedes Achsloch eine 8 mm starke Achse und richten Sie die beiden Teile möglichst genau aus. Fixieren Sie die Anordnung bestmöglich mit mehreren Klemmen (beim Anziehen der Klemmen darf nichts verrutschen!). Machen Sie alle erforderlichen Korrekturen und stellen Sie die Anordnung zum Trocknen beiseite.

Wenn der Leim völlig getrocknet ist, schleifen Sie sämtliche Konturen am Körper mit dem Kantenschleifer (zuerst Körnung 80, dann 120). Passen Sie auf, dass sich das Schleifband bei den Übergängen vom Bereich mit Mittelteil zu den Bereichen ohne Mittelteil (die dem Schleifband weniger Widerstand entgegensetzen) nicht „eingräbt". Behandeln Sie beide Außenflächen der Anordnung mit dem stationären Bandschleifer (zuerst Körnung 80, dann 120). Dann formen Sie die gesamte Kontur mit der Oberfräse. Schleifen Sie rauhe Stellen an den Fräskanten von Hand mit Schleifpapier der Körnung 80 und dann der Körnung 120 ab.

Räder, Nocke

Bohren Sie nach der Vorlage die Dübellöcher in die Räder (siehe Seite 32, Abb. 3.9). Bei der Nocke (einem Rad mit 2,5 cm Durchmesser, das ich stets mit der Lochsäge aussäge) verdübeln Sie das Achsloch und bohren Sie nach der Vorlage ein neues, exzentrisches Loch. Wenn Sie das Loch etwas größer bohren (8,5 mm), verringert sich die Gefahr, dass es beim Zusammenbau ausbricht. Wenn Sie die Lauffläche der Nocke mit dem Kantenschleifer behandeln, achten Sie darauf, dass die runde Form erhalten bleibt.

Zusammenbau

Platzieren Sie den Kopf-Schwanz-Teil in der Mitte des Körpers und richten Sie alle Löcher aus. Längen Sie die Drehachse ab (etwas länger als die Breite der Anordnung) und treiben Sie sie durch die eine Körperseite, bis sie in das Loch auf der anderen Seite einzutreten beginnt. Nun tragen Sie auf die Oberfläche der vorstehenden Achse rundherum etwas Leim auf. Geben Sie auch etwas Leim in das Loch auf der Ihnen abgewandten Seite (Abb. 19.2). Treiben Sie die Achse ganz durch, sodass sie an beiden Seiten leicht vorsteht. Wischen Sie den überschüssigen Leim ab. Lassen Sie die geleimten Stellen trocknen. Dann behandeln Sie die Anordnung mit dem Bandschleifer (Körnung 120), um die Dübelenden auf beiden Seiten und allfällige verbliebene Leimspuren wegzuschleifen.

Längen Sie die beiden Radachsen ab. Leimen Sie ein Hinterrad an der Hinterachse fest. Schieben Sie diese durch das hintere Achsloch. Wenn Sie das zweite Rad mithilfe von Leim und Hammer befestigen, achten Sie darauf, dass die Dübellöcher einander diagonal gegenüberstehen (eines oben, eines unten).

Wiederholen Sie den Vorgang bei der Vorderachse. Halten Sie die Nocke in Position und schieben Sie die Achse durch die Achslöcher. Legen Sie den Brontosaurus auf den Rücken und platzieren Sie ihn auf dem Bohrtisch. Zentrieren Sie die Nocke und achten Sie darauf, dass sich der größere Teil dieses exzentrischen Rades unter der Achse befindet. Bohren Sie ein 2-mm-Loch durch Nocke und Achse. Leimen Sie einen Zahnstocher in das Loch; brechen oder sägen Sie das überstehende Ende ab. Wenn der Leim getrocknet ist, schleifen Sie das Zahnstocher-Ende bündig mit der Oberfläche der Nocke ab und behandeln Sie alle vier Achsen-Enden mit dem Kantenschleifer.

Befestigen Sie die Bein-Anordnungen. Beim Einschlagen der Kopfdübel stützen Sie das Rad auf der Kante der Werkbank ab.

Wenn der Leim getrocknet ist, ölen Sie das Spielzeug ein. Und schon kann der freundliche Riese die Welt erkunden!

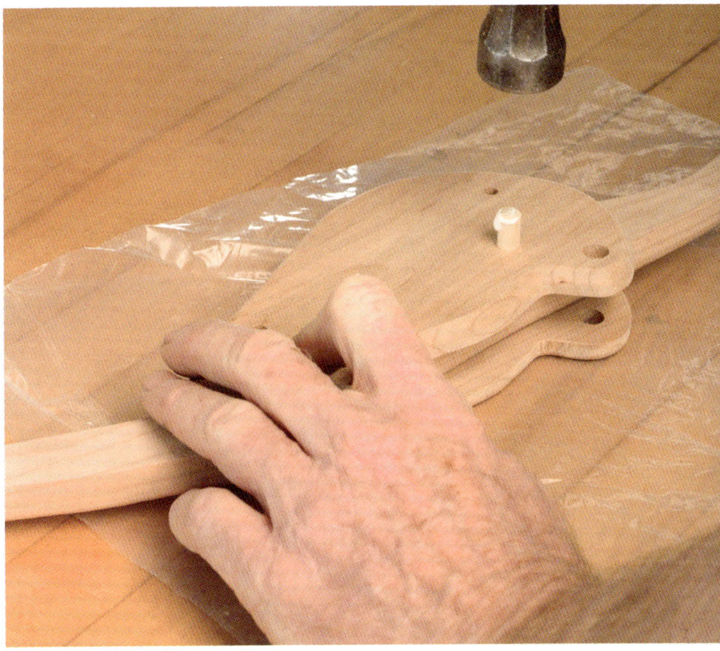

Abb. 19.2 Verteilen Sie etwas Leim im Bohrloch sowie auf der Oberfläche der vorstehenden Achse. Dann treiben Sie die Achse zur Gänze durch den Saurierkörper.

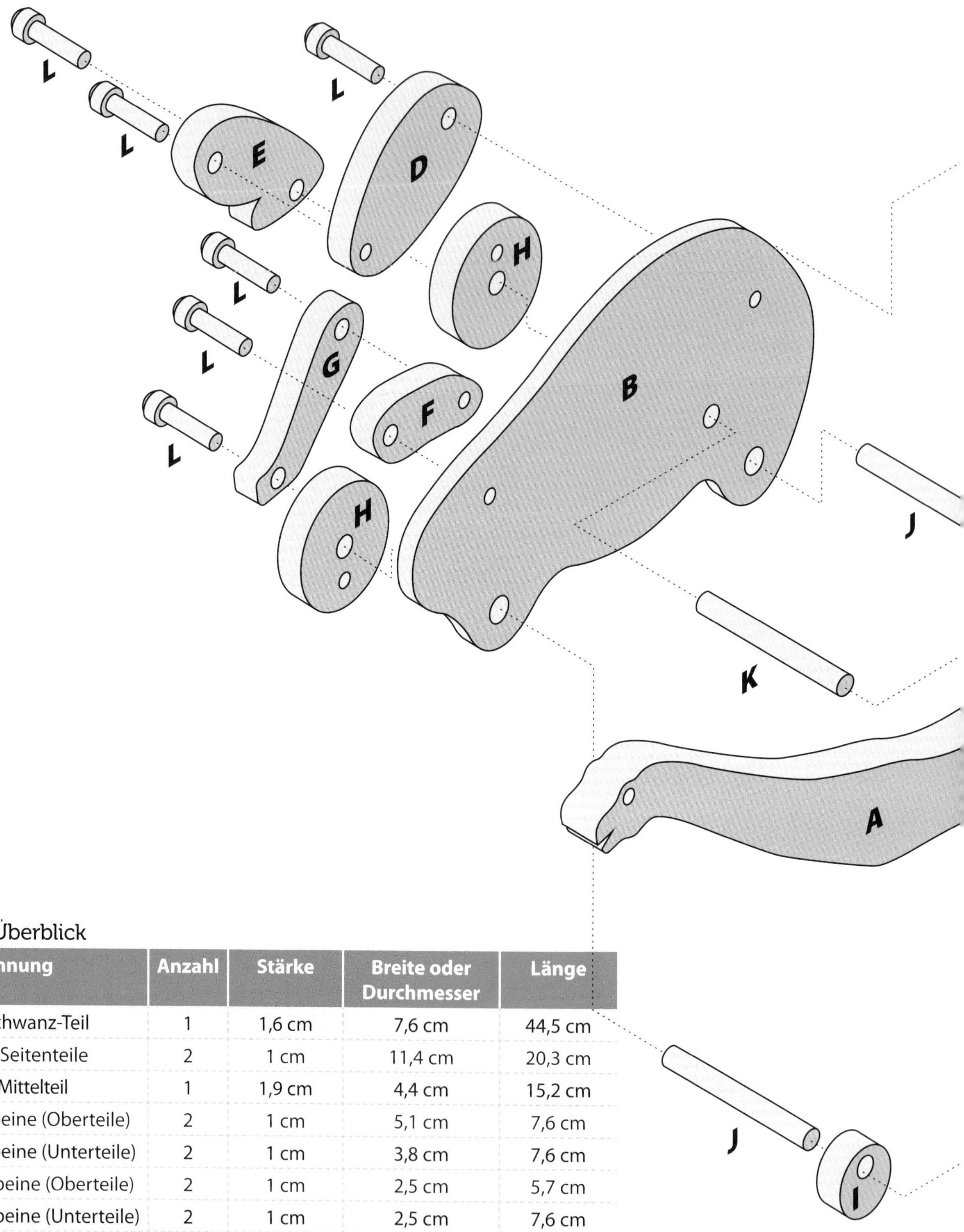

Alle Teile im Überblick

Teil	Bezeichnung	Anzahl	Stärke	Breite oder Durchmesser	Länge
A	Kopf-Schwanz-Teil	1	1,6 cm	7,6 cm	44,5 cm
B	Körper-Seitenteile	2	1 cm	11,4 cm	20,3 cm
C	Körper-Mittelteil	1	1,9 cm	4,4 cm	15,2 cm
D	Hinterbeine (Oberteile)	2	1 cm	5,1 cm	7,6 cm
E	Hinterbeine (Unterteile)	2	1 cm	3,8 cm	7,6 cm
F	Vorderbeine (Oberteile)	2	1 cm	2,5 cm	5,7 cm
G	Vorderbeine (Unterteile)	2	1 cm	2,5 cm	7,6 cm
H	Räder	4	1,3 cm	4,4 cm Ø	–
I	Nocke	1	1,3 cm	2,5 cm Ø	–
J	Radachsen	2	–	8 mm Ø	6,7 cm
K	Drehachse	1	–	8 mm Ø	3,9 cm
L	Kopfdübel	12	–	5,5 mm Ø	2,7 cm

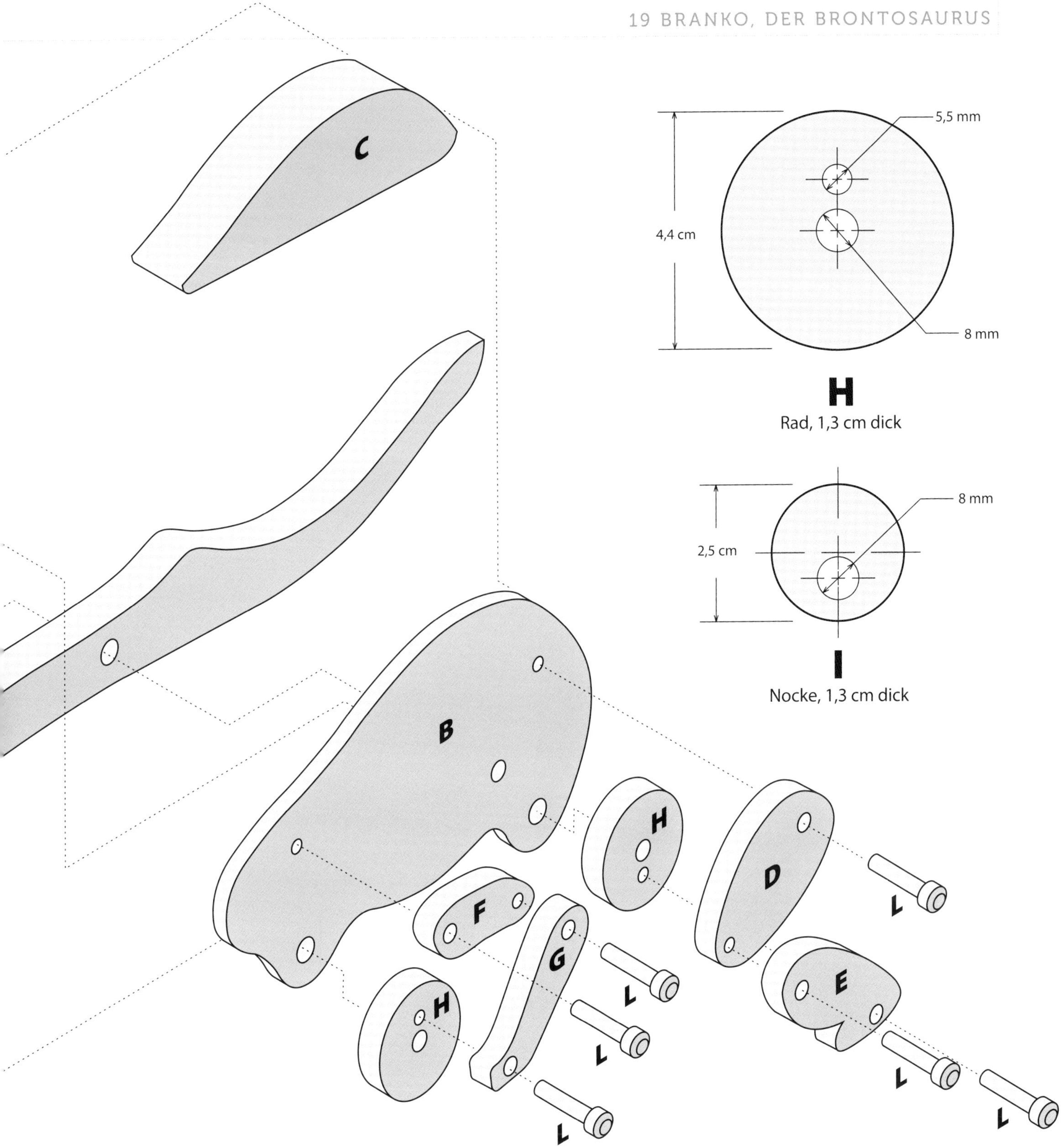

H

Rad, 1,3 cm dick

I

Nocke, 1,3 cm dick

Vorlagen © David Wakefield

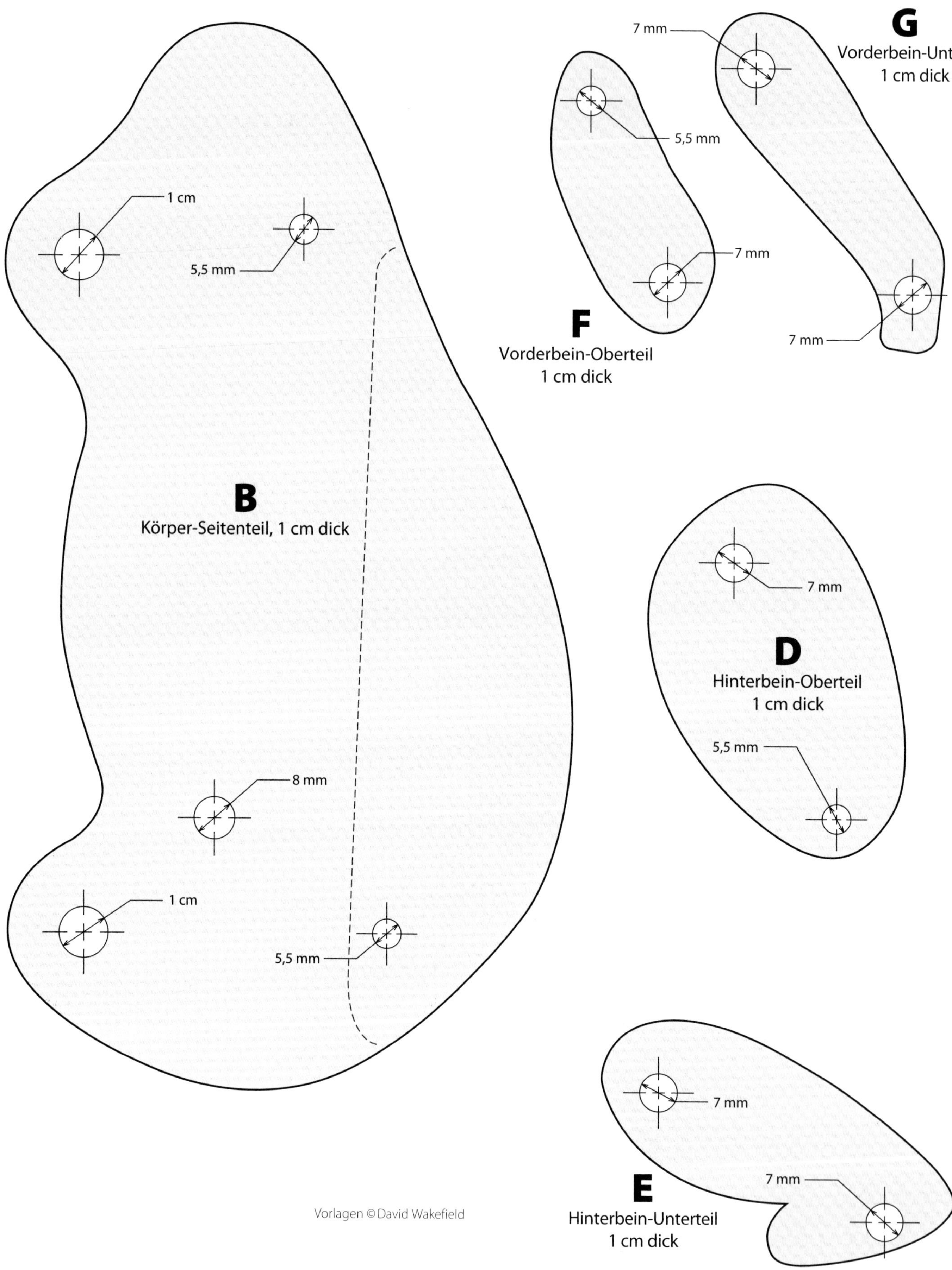
B
Körper-Seitenteil, 1 cm dick
1 cm
5,5 mm
8 mm
1 cm
5,5 mm
F
Vorderbein-Oberteil
1 cm dick
5,5 mm
7 mm
G
Vorderbein-Unterteil
1 cm dick
7 mm
7 mm
D
Hinterbein-Oberteil
1 cm dick
7 mm
5,5 mm
E
Hinterbein-Unterteil
1 cm dick
7 mm
7 mm

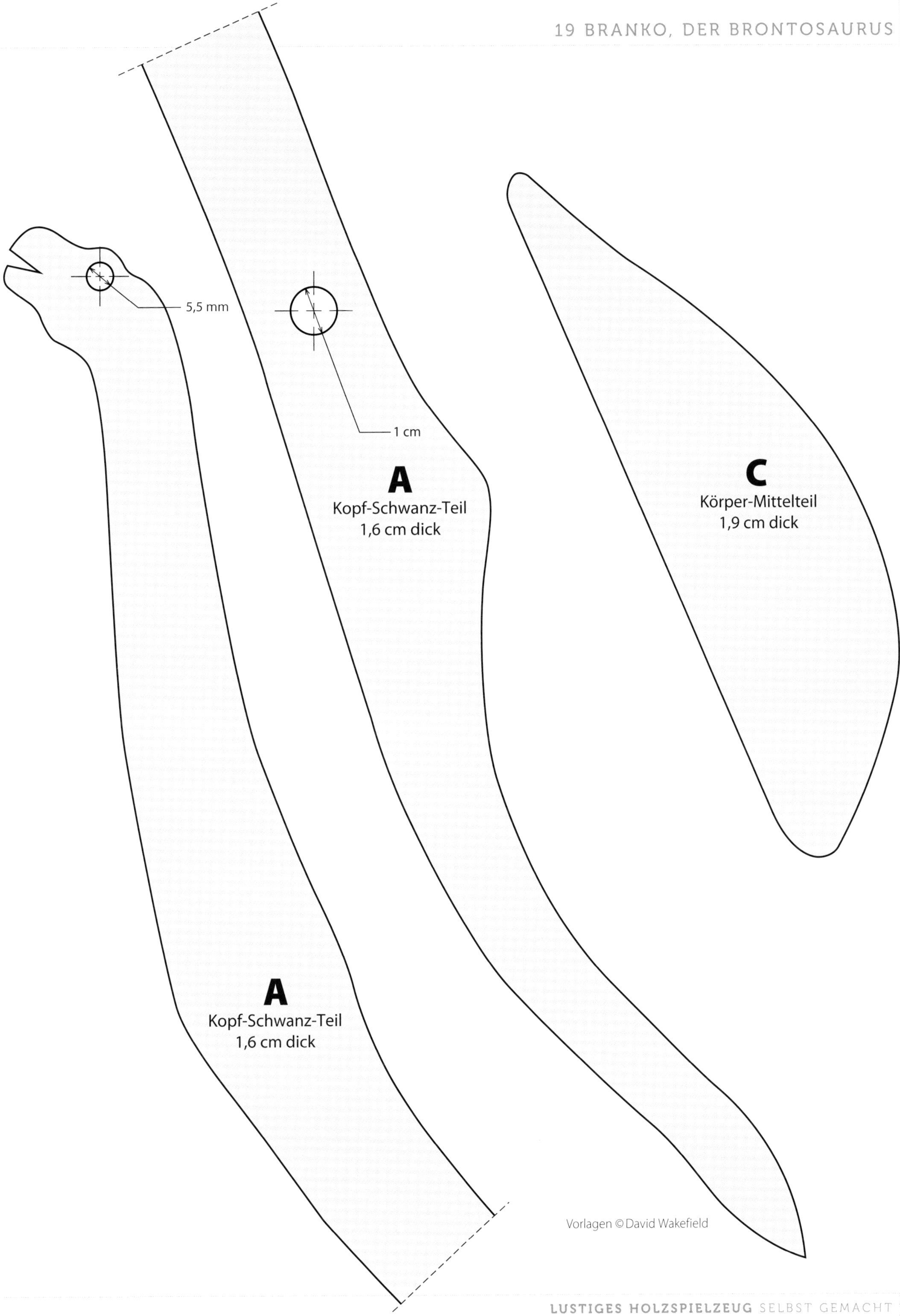

Vorlagen © David Wakefield

20 Stacherl, der Stegosaurus

Wie die meisten Saurier, die ich hier vorstelle, kam auch diese Echse schon in meinem zweiten Buch vor – in einer hochkomplizierten Maxi-Version und in einer Mini-Ausführung. Der neue, mittelgroße Stegosaurus scheint mir genau richtig – sowohl für Kinderhände als auch als urzeitlicher Aufputz für Büro oder Wohnzimmer. Der Mechanismus ist recht einfach. Die Nocke an der Hinterachse hebt und senkt die Wirbelsäule, und die Beine … leisten Beinarbeit! Die größte Herausforderung besteht darin, die Knochenplatten und Stacheln auszusägen – und abzuschleifen.

Körper

Übertragen Sie die Vorlage für die Körper-Seitenteile auf 1 cm starkes Holz und sägen Sie die beiden Umrisse sorgfältig mit der Bandsäge aus. Legen Sie beide Teile übereinander und bohren Sie alle Löcher außer dem vorderen Achsloch – dieses kommt erst dran, wenn der Körper-Mittelteil festgeleimt ist. Damit der Bohrer nicht wandert (vor allem beim Übergang vom oberen zum unteren Werkstück), nehmen Sie einen Forstner- oder Holzspiralbohrer. Behandeln Sie sämtliche Konturen mit dem Kantenschleifer (Körnung 80, dann 120), mit Ausnahme des Bereichs am Bauch, wo der Mittelteil angeleimt wird. Behandeln Sie beide Außenflächen beider Teile mit dem stationären Bandschleifer und die Konturen mit der Oberfräse, wieder mit Ausnahme des Bauchbereiches. Schleifen Sie alle Kanten von Hand, um Brandspuren und Grate zu entfernen. Übertragen Sie die Vorlage für den Körper-Mittelteil auf 1,3 cm starkes Holz und sägen Sie den Umriss aus.

Geben Sie Leim auf beide Seiten des Mittelteils – verstreichen Sie ihn von der Kante nach innen, damit nicht zu viel Leim herausgedrückt wird. Schieben Sie Dübelstangen durch alle Löcher für die Hinterachse und die Drehachsen, um die Teile vor dem Fixieren genau auszurichten (6-mm-Dübelstangen für 8-mm-Löcher, 8-mm-Dübelstangen für 1-cm-Löcher). Wenn die Anordnung aufrecht steht, müssen die Dübelstangen waagrecht verlaufen und am tiefsten Punkt der Löcher aufliegen (Abb. 20.1). Wenn der Leim getrocknet ist, können Sie den Bauchbereich mit dem Kantenschleifer und die noch nicht gefräste Kontur mit der Oberfräse behandeln sowie das vordere Achsloch markieren und bohren.

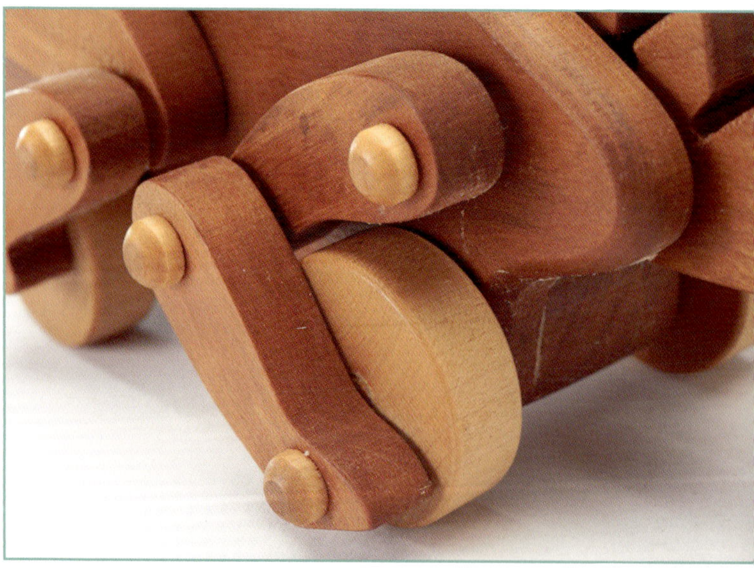

Alles dreht sich, alles bewegt sich! Beim Stegosaurus sind alle vier Beine mit Kopfdübeln an den Rädern befestigt.

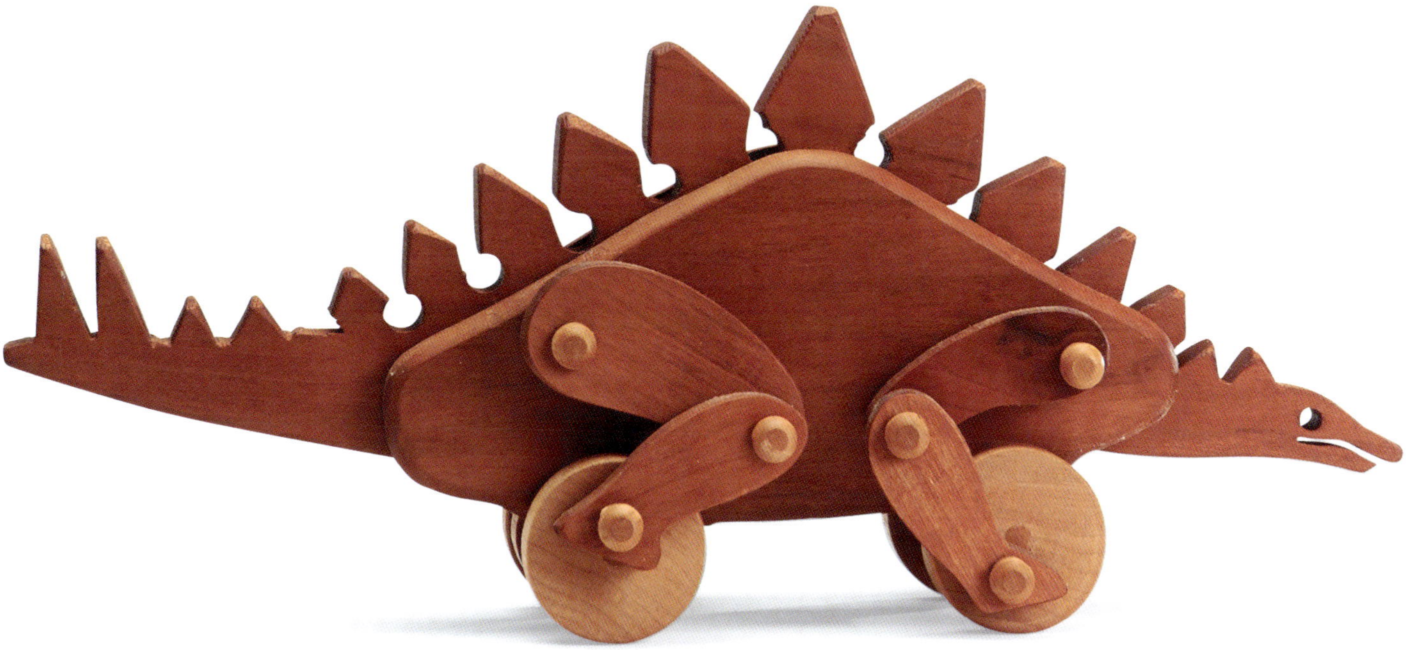

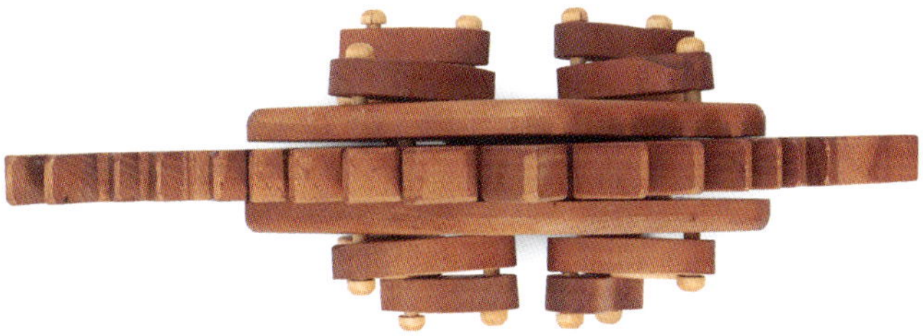

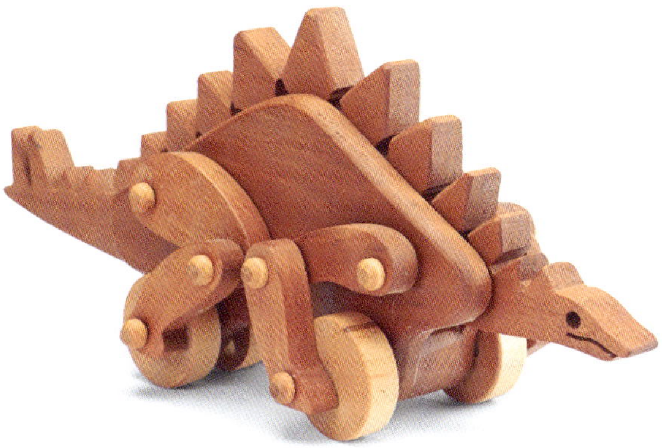

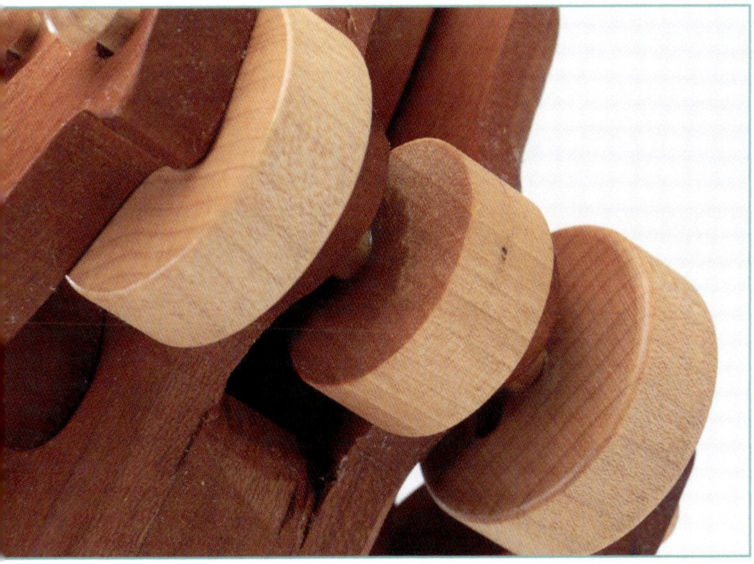

Die Nocke ist auf der Hinterachse montiert. Sie hebt und senkt die Wirbelsäule, wenn sich die Achse dreht.

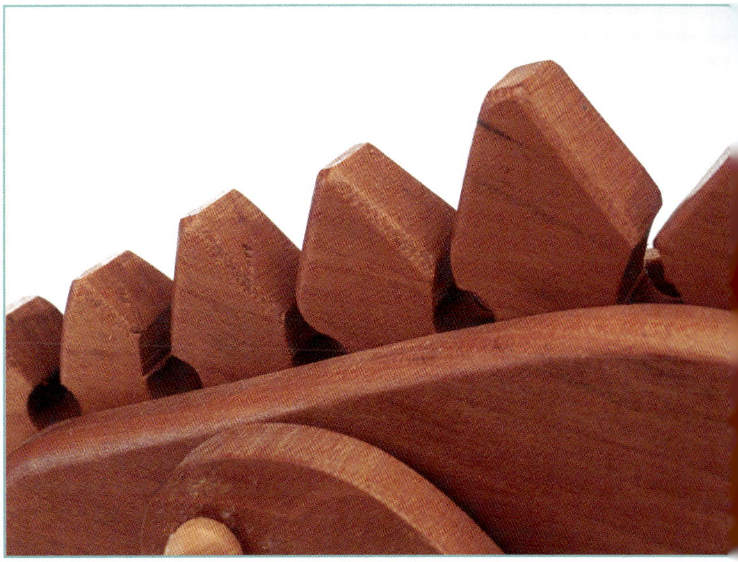

Das Aussägen und Schleifen der Knochenplatten braucht seine Zeit, aber das Ergebnis kann sich sehen lassen.

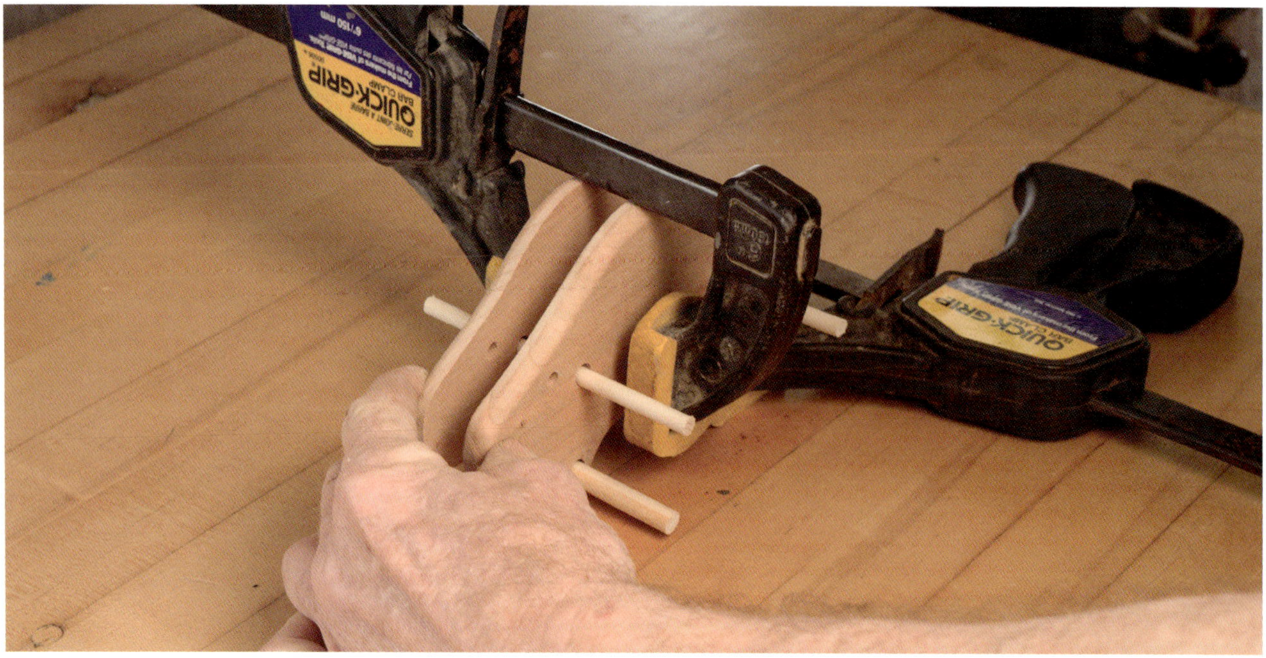

Abb. 20.1 Richten Sie beide Körper-Seitenteile so genau wie möglich aus. Nehmen Sie Dübelstangen zu Hilfe, die am tiefsten Punkt der Löcher aufrasten müssen.

Wirbelsäule

Übertragen Sie die Vorlage für die Wirbelsäule auf 1,3 cm starkes Holz. Markieren Sie unbedingt den Mittelpunkt aller 8-mm-Löcher zwischen den Knochenplatten! Die Löcher sind eine große Hilfe beim Aussägen! Bohren Sie alle Löcher und sägen Sie den Umriss mit dem 3-mm-Sägeblatt der Bandsäge oder mit der Dekupiersäge sorgfältig aus. Beim Kantenschleifen müssen Sie mit „leichter Hand" arbeiten. Ich schleife diesen Teil nur mit der Körnung 120.

Auch beim Schleifen mit dem stationären Bandschleifer genügt ein Schleifband der Körnung 120. Fasen Sie mit einer Flachfeile alle geraden Kanten an den Knochenplatten und Stacheln sauber ab. Brechen Sie alle übrigen Kanten durch händisches Schleifen mit der Körnung 120.

Beine

Übertragen Sie die Vorlage der Beine (zwei Vorder-, zwei Hinterbeine) auf 1 cm starkes Holz und bohren Sie die Löcher. Beachten Sie, dass die Löcher für die Knie- und Ellbogengelenke (an den „Oberteilen" der Vorder- und Hinterbeine) einen Durchmesser von 5,5 mm (nicht 7 mm) haben, sodass die Kopfdübel nach dem Einkleben fest sitzen. Die Beine bestehen aus ziemlich kleinen Teilen. Wenn Sie sich das Aussägen mit der Bandsäge nicht hundertprozentig zutrauen, empfehle ich, eine Dekupiersäge oder auch eine Laubsäge zu verwenden. Behandeln Sie die Teile mit dem Kantenschleifer und dem stationären Bandschleifer. Brechen Sie die Kanten durch händisches Schleifen mit der Körnung 120.

Räder, Nocke

Bohren Sie nach der Vorlage die Achslöcher mit 8 mm Durchmesser und die Dübellöcher mit 5,5 mm Durchmesser. Sägen Sie die Nocke mit einer Lochsäge mit 2,5 cm Innendurchmesser aus. Verdübeln Sie das dabei entstandene Achsloch und bohren Sie ein exzentrisches Loch. Halten Sie die Nocke dabei mit einer Gripzange auf dem Bohrtisch der Standbohrmaschine fest. Wenn Sie das Loch etwas größer bohren (8,5 mm), verringert sich die Gefahr, dass es beim Zusammenbau ausbricht.

Zusammenbau

Bringen Sie die Wirbelsäule in Position und richten Sie die Löcher aus. Schneiden Sie die 8-mm-Dübelstangen für die Drehachsen etwas länger als die Breite der Anordnung zu und runden Sie die Enden mit Schleifpapier ab. Treiben Sie die Dübelstangen in die Löcher, bis sie in den anderen Körper-Seitenteil vorzudringen beginnen. Nun geben Sie nacheinander etwas Leim in die Löcher auf der Ihnen abgewandten Seite; verteilen Sie auch rundherum etwas Leim auf den hervorstehenden Dübeln. Legen Sie das Werkstück auf Wachspapier auf und treiben Sie die Dübel ganz hindurch. Wischen Sie den ausgetretenen Leim ab. Wenn der Leim getrocknet ist, schleifen Sie beide Außenflächen leicht mit dem stationären Bandschleifer ab (Körnung 120), um die Enden der Dübel und etwaige Leimreste zu entfernen.

Leimen Sie ein Rad an der hinteren Radachse an. Schieben Sie die Achse durch die Nocke und dann in den Ihnen abgewandten Teil des Körpers. Eventuell müssen Sie die Achse mit dem Hammer durch die Löcher treiben und den Körper dabei auf die Kante der Werkbank stützen.

Leimen Sie das zweite Rad an und vergewissern Sie sich dabei, dass die Löcher zum Anbringen der Beine einander diagonal gegenüberstehen (eines oben, eines unten). Achten Sie auf gleichmäßige Abstände (eventuell Abstandsmesser verwenden – Seite 39, Abb. 3.13). Wiederholen Sie den Vorgang bei der Vorderachse (ohne Nocke). Halten Sie den Saurier auf dem Bohrtisch der Standbohrmaschine in Rückenlage fest und bohren Sie ein 2-mm-Loch durch Nocke und Achse. Kleben Sie zum Fixieren einen Zahnstocher in das Loch. Brechen oder sägen Sie das überstehende Ende ab und schleifen Sie es bündig ab.

Sie müssen alle Kopfdübel etwas kürzen, damit sie nicht an der Rückseite vorstehen (Seite 30, Abb. 3.5). Stellen Sie die Teile für die Beine zu zwei gegengleichen Beinpaaren zusammen; schleifen Sie den ausgetretenen Leim von der Rückseite der Beine ab. Befestigen Sie sie mit Leim und Kopfdübeln am Körper, dann an den Rädern (Abstandsmesser – Seite 39, Abb. 3.13). Wenn der Leim trocken ist, können Sie den Stegosaurus einölen und ein neues Mitglied in Ihrem Privatzoo begrüßen!

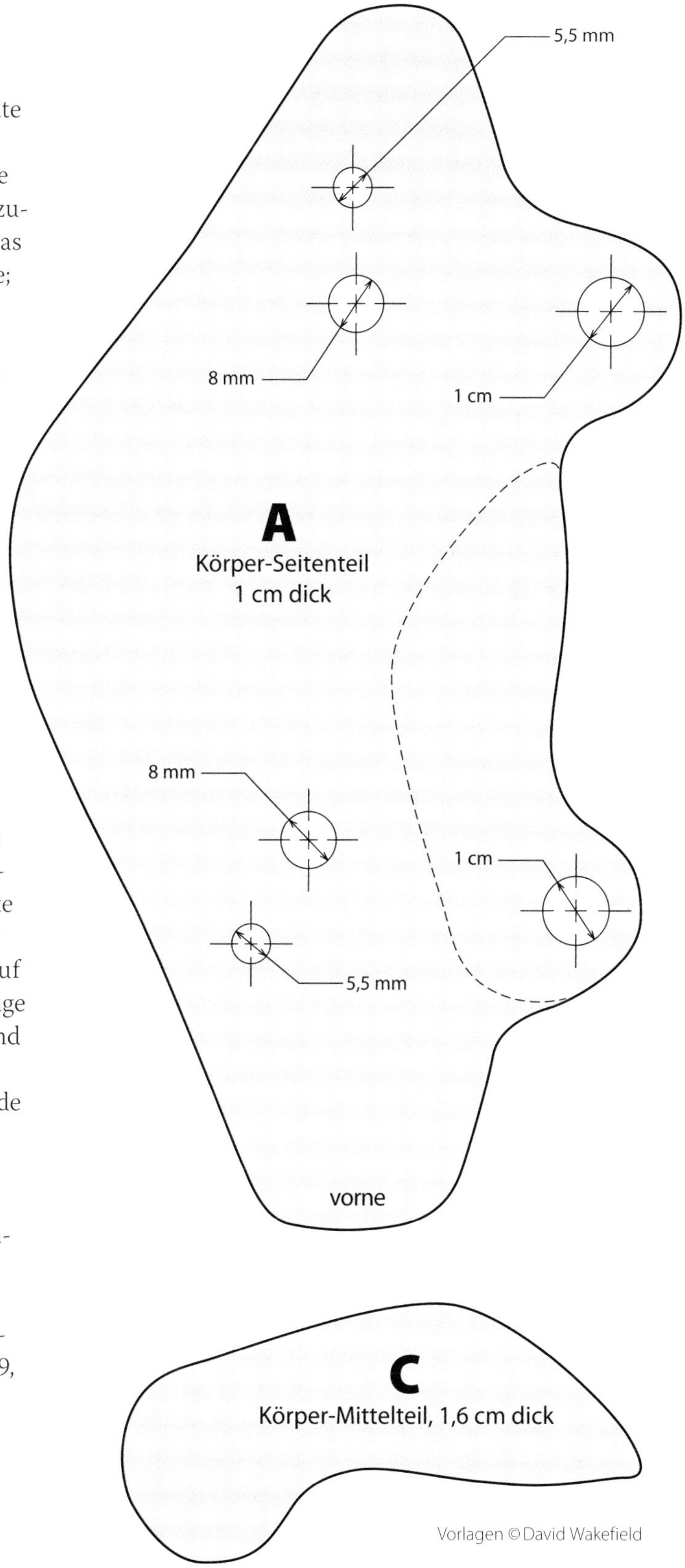

Vorlagen © David Wakefield

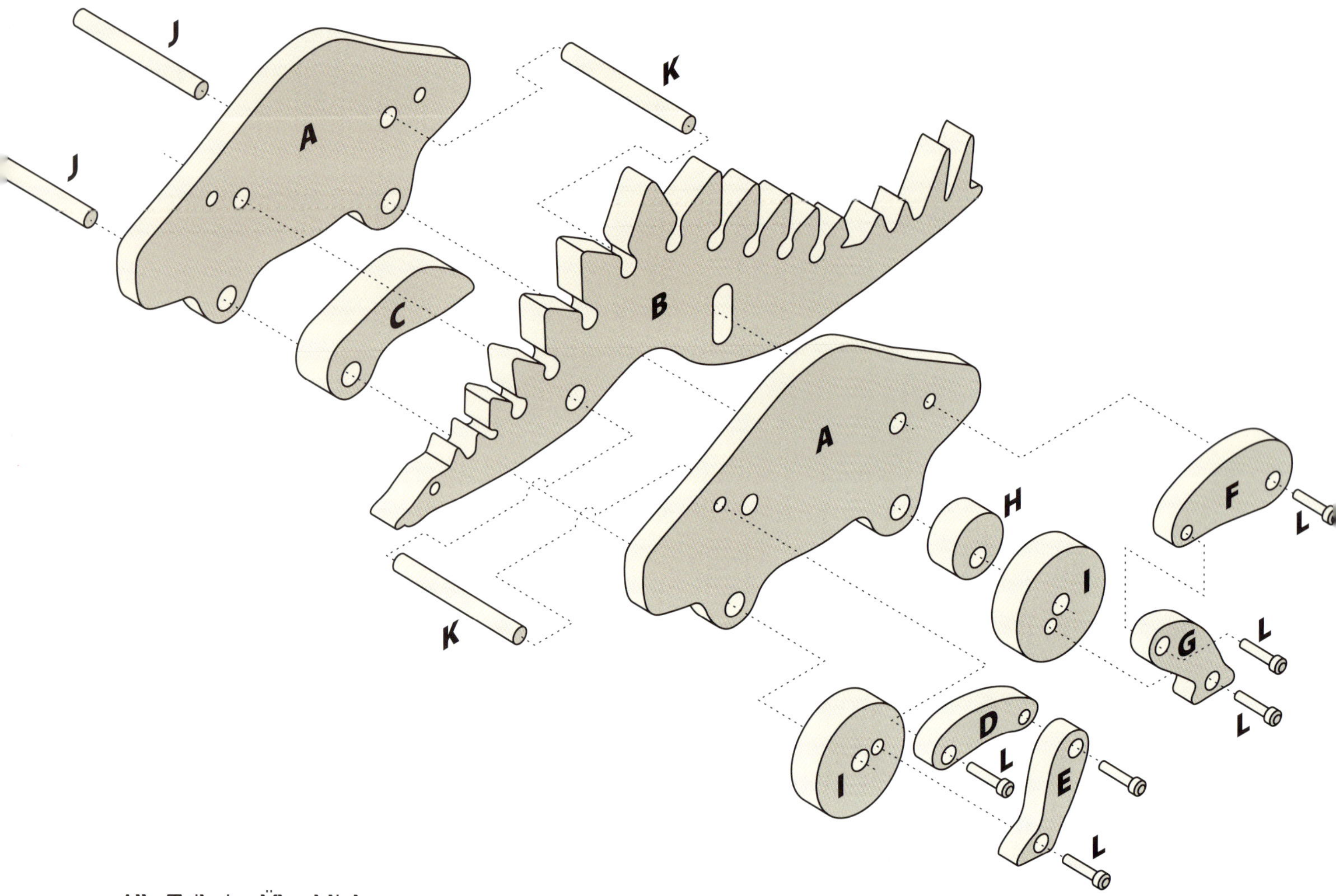

Vorlagen © David Wakefield

Alle Teile im Überblick

Teil	Bezeichnung	Anzahl	Stärke	Breite oder Durchmesser	Länge
A	Körper-Seitenteile	2	1 cm	9,5 cm	17,8 cm
B	Wirbelsäule	1	1,3 cm	9,5 cm	30,5 cm
C	Körper-Mittelteil	1	1,6 cm	3,8 cm	7,6 cm
D	Vorderbeine (Oberteile)	2	1 cm	2,5 cm	5,7 cm
E	Vorderbeine (Unterteile)	2	1 cm	2,5 cm	5,7 cm
F	Hinterbeine (Oberteile)	2	1 cm	3,2 cm	6,4 cm
G	Hinterbeine (Unterteile)	2	1 cm	2,5 cm	5,7 cm
H	Nocke	1	1,3 cm	2,5 cm Ø	–
I	Räder	4	1,3 cm	4,4 cm Ø	–
J	Drehachsen	2	–	8 mm Ø	3,5 cm
K	Radachsen	2	–	8 mm Ø	6,4 cm
L	Kopfdübel	12	–	5,5 mm Ø	2,7 cm

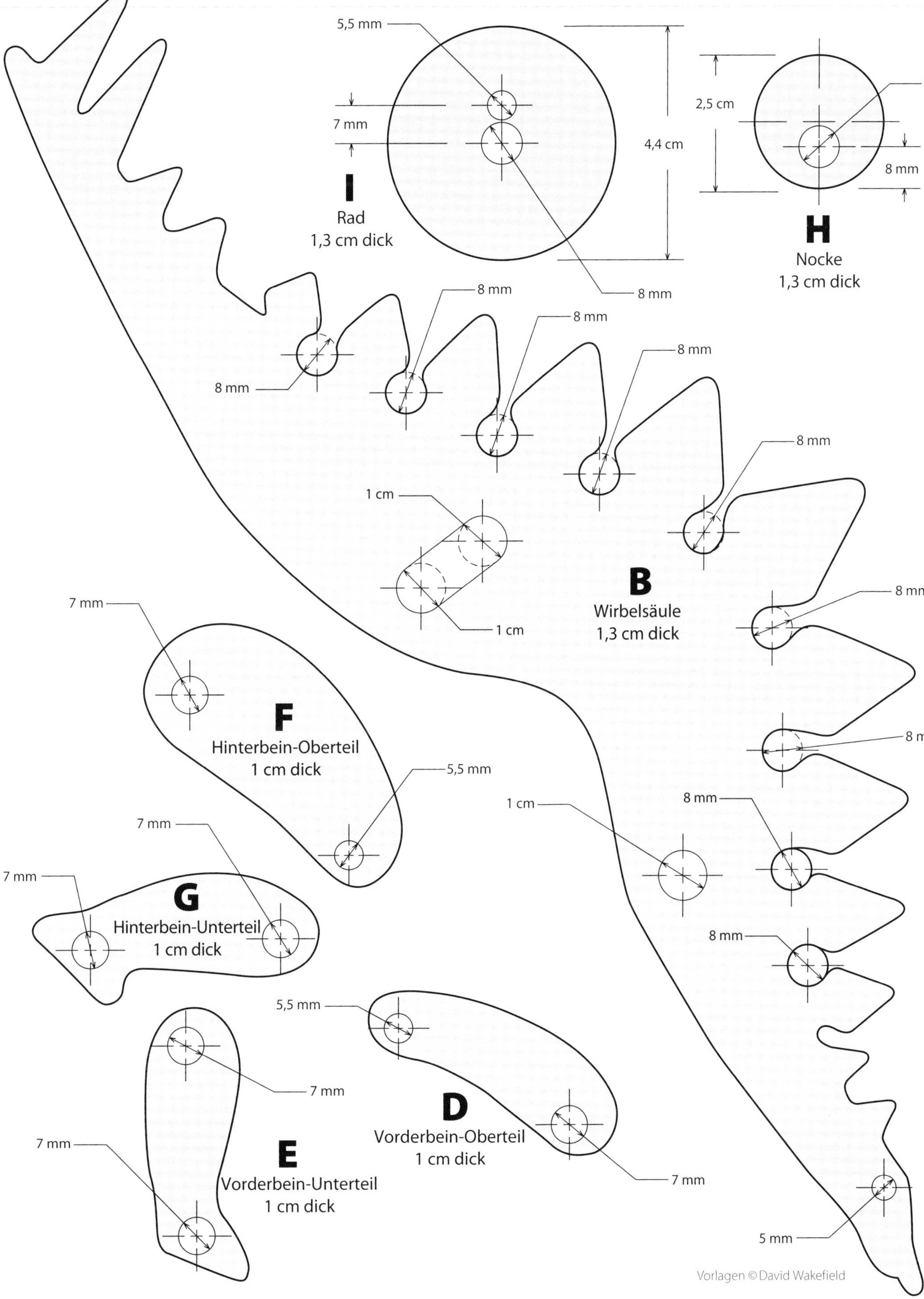
5,5 mm
7 mm
4,4 cm
8 mm
I
Rad
1,3 cm dick
2,5 cm
8 mm
8 mm
H
Nocke
1,3 cm dick
8 mm
8 mm
8 mm
8 mm
8 mm
8 mm
1 cm
1 cm
B
Wirbelsäule
1,3 cm dick
8 mm
7 mm
F
Hinterbein-Oberteil
1 cm dick
5,5 mm
8 mm
1 cm
8 mm
7 mm
7 mm
G
Hinterbein-Unterteil
1 cm dick
8 mm
5,5 mm
7 mm
D
Vorderbein-Oberteil
1 cm dick
7 mm
E
Vorderbein-Unterteil
1 cm dick
7 mm
5 mm

21 Rex, der Tyrannosaurus

Der T-Rex ist vielleicht der bekannteste Saurier überhaupt. Er galt lange als das gefährlichste Raubtier aller Zeiten. Nach anderen Forschungsergebnissen könnte er aber auch ein Aasfresser gewesen sein, der vom Geruch verwesenden Fleisches magisch angezogen wurde.

Wie funktioniert Rex?

Wenn man den Saurier am Schwanz festhält und anschiebt, geht sein zähnestarrendes Maul auf und zu. Eine Nocke und ein Stößel machen es möglich. Die Beine sind an exzentrischen Rädern montiert, die für den bedrohlich wiegenden Gang verantwortlich sind.

Die einzige Schwierigkeit beim Bau des Tyrannosaurus Rex ist die geringe Größe mancher Teile.

Auch bei diesem Saurier habe ich die Größe verändert: In meinem ersten Buch war er riesig, im zweiten war er auf Miniaturgröße geschrumpft. Das mittelgroße Modell ist meiner Meinung nach sowohl als Kinderspielzeug als auch als Schmuck für Ihren Schreibtisch gerade richtig.

Körper

Übertragen Sie die Vorlage so auf den Rohling, dass die Unterseite der Nut parallel zu einer geraden (gehobelten) Kante verläuft (Abb. 21.1). So lässt sich die Nut leicht und gefahrlos schneiden. Vorher aber bohren Sie das Achsloch. Es empfiehlt sich, auch gleich die Dübellöcher zum Befestigen des Kopfes und der Beine zu bohren.

Zum Schneiden der Nut verwende ich Nutsägeblätter. Ich stelle die Breite mit 1,6 cm ein und schneide in zwei Arbeitsgängen; beim ersten Mal stelle ich die halbe Höhe ein. Ich stütze das Werkstück auf die lange gehobelte Kante des Rohlings, um gefahrlos schneiden zu können.

Beim Aussägen des Umrisses schneiden Sie in gerader Linie an den Spitzen der Zähne entlang, ohne die Zähne einzeln auszusägen. So lässt sich das Loch für den 8 mm starken Stößel leichter bohren.

Zum Bohren verwende ich eine einfache Hilfsvorrichtung aus zwei rechtwinklig zusammengeleimten Brettern. Sie hält den Körper in senkrechter Position, während ein Keil unter dem Achsloch ihn im richtigen Winkel abstützt. Messen Sie diesen Winkel sicherheitshalber nach und fixieren Sie das Werkstück mit Klemmen in der richtigen Position (Abb. 21.2). Bohren Sie das 1-cm-Loch für den Stößel mit einem Forstnerbohrer, da dieser kaum wandert.

Jetzt können Sie die Zähne aussägen. Dann platzieren Sie die Papiervorlage für die Schwanz-Draufsicht auf dem Körper; achten Sie darauf, dass das Papier flach auf dem welligen Schwanz liegt. Halten Sie den

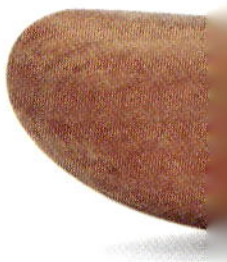

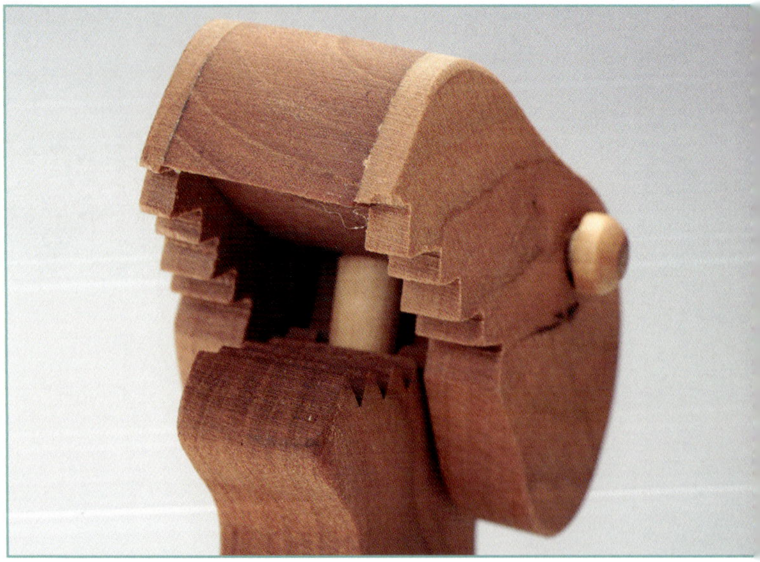

Der Stößel wird durch ein Bohrloch in den Körper geschoben. Er öffnet und schließt das gewaltige Maul. Fast glaubt man das Brüllen des T-Rex zu hören …

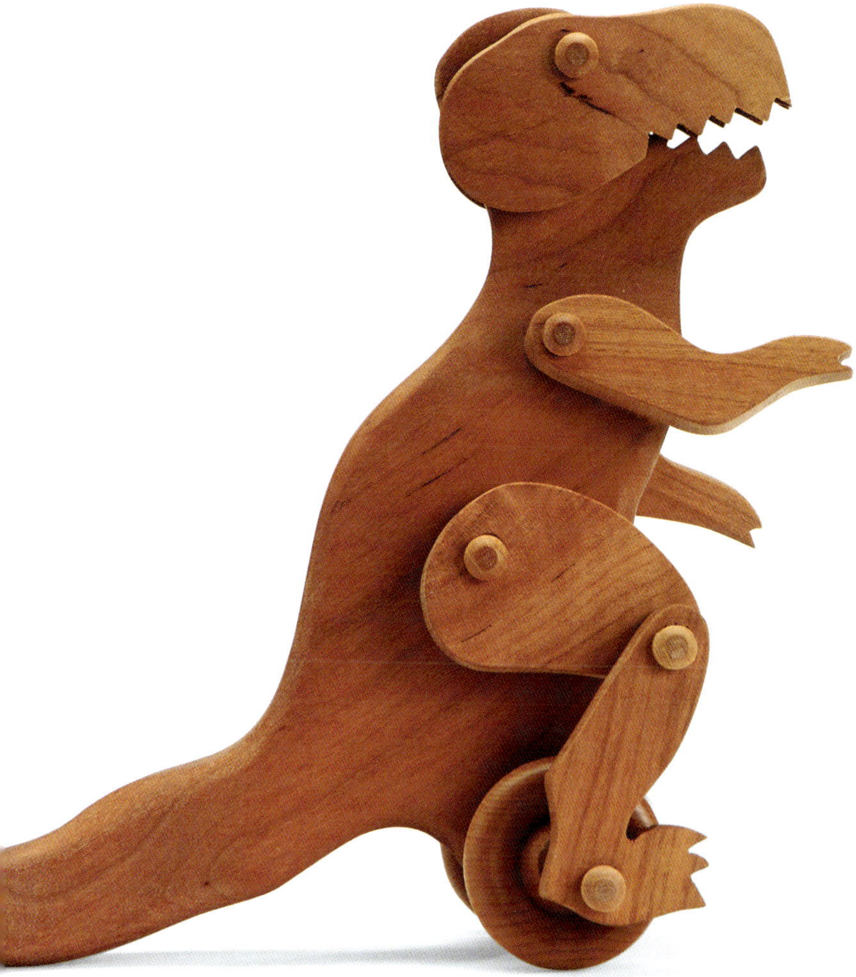

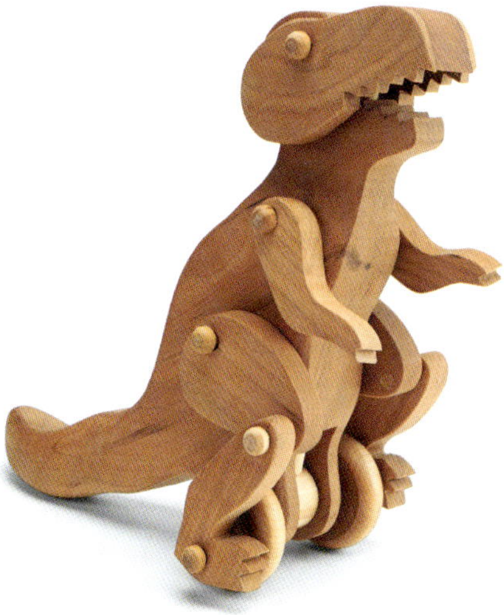

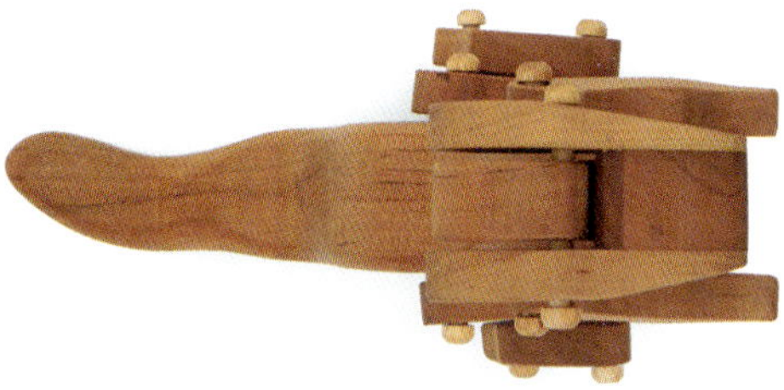

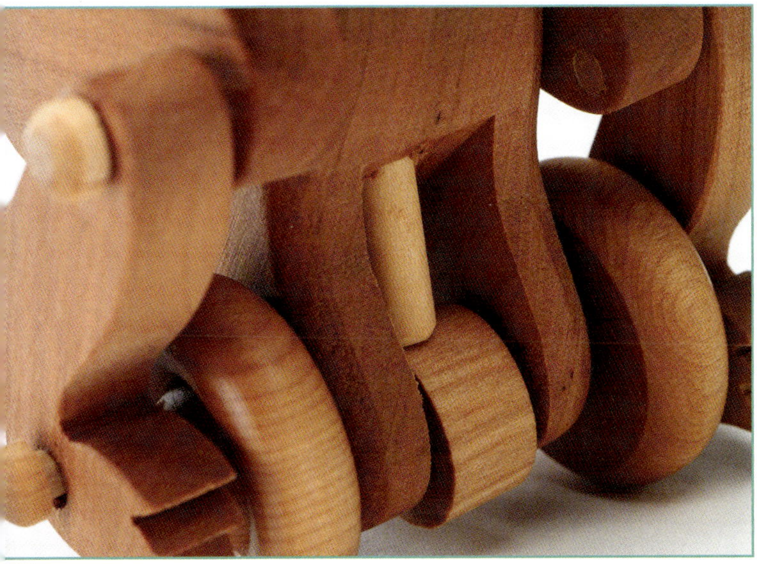

Die Nocke ist an der Vorderachse befestigt und hebt und senkt den Stößel.

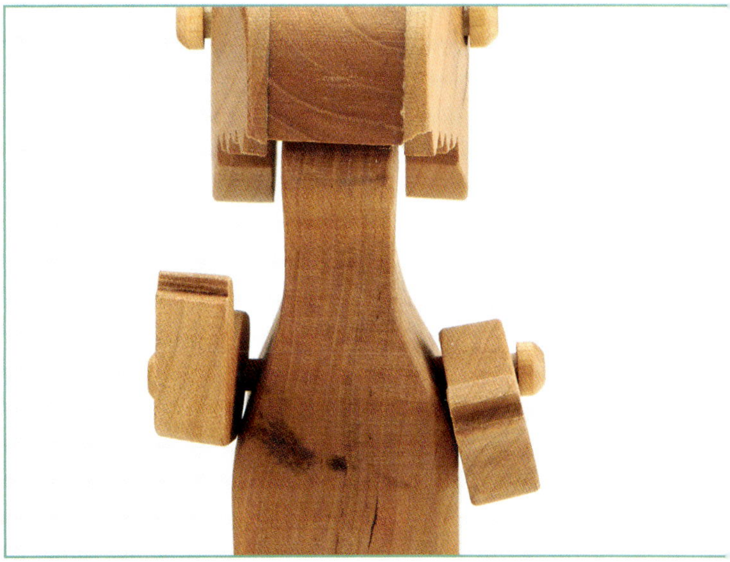

Die Verjüngung des Halses sorgt für die richtigen Proportionen.

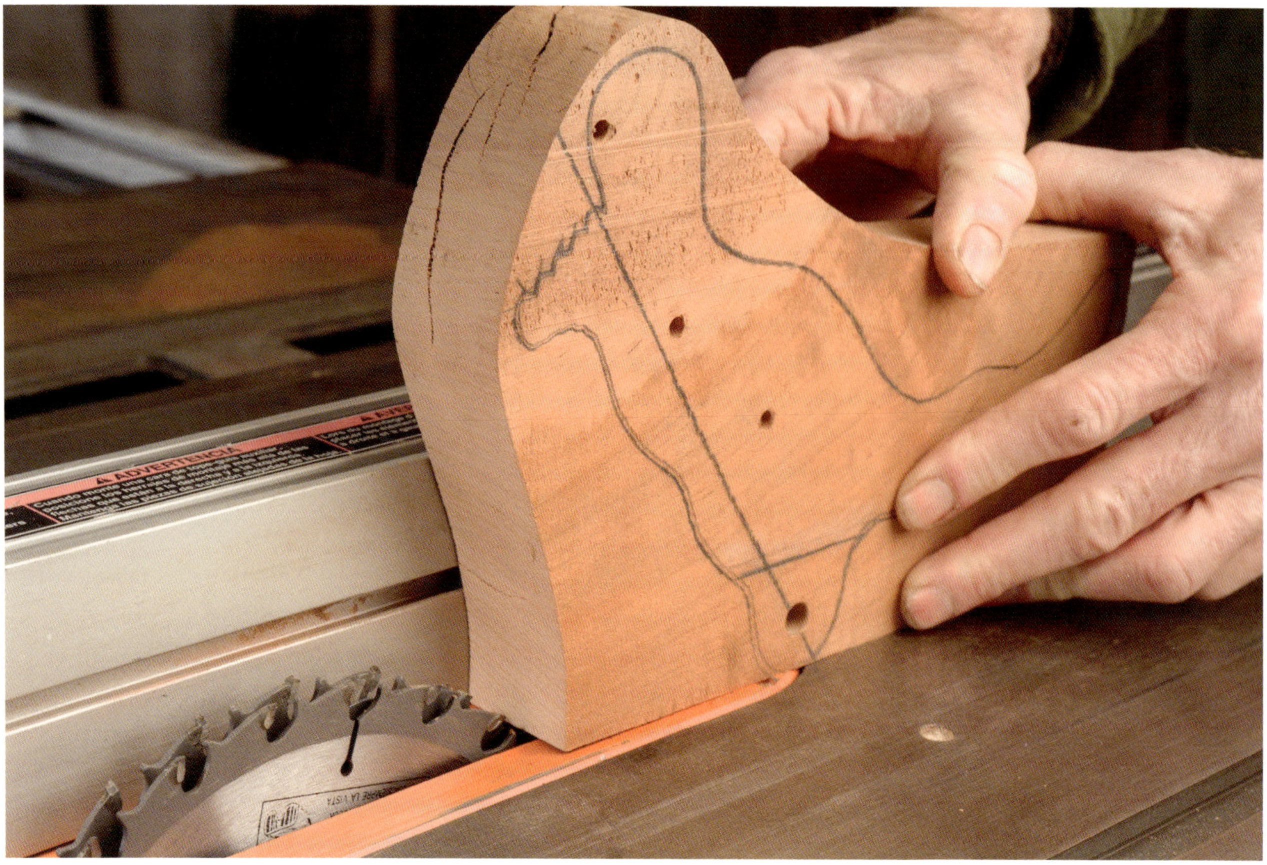

Abb. 21.1 Übertragen Sie die Vorlage so auf den Rohling, dass die Unterseite der Nut parallel zu einer geraden (gehobelten) Kante verläuft. Nun lässt sich die Nut leicht und gefahrlos mit den Nutsägeblättern schneiden.

aufrecht stehenden Saurierkörper fest und schneiden Sie die seitlichen Abfallbereiche vom Schwanz ab.

Behandeln Sie beide Außenflächen des Körpers mit dem stationären Bandschleifer und die gesamte Kontur mit dem Kantenschleifer.

Bearbeiten Sie die Kontur mit Ausnahme des Kopfbereiches und des Schwanzes mit der Oberfräse. Dann spannen Sie den Körper kopfunter in einen Schraubstock ein und runden Sie die Kanten des Schwanzes mit einer vierfachen Kombi-Raspelfeile ab. Es empfiehlt sich, den Schwanz gleich von Hand zu schleifen, solange der Körper eingespannt ist.

Machen Sie auf dem abwärts zeigenden Kopfbereich zwei Markierungen, die anzeigen, wo Sie die seitlichen Abfallbereiche für die Verjüngung wegschneiden müssen. Stellen Sie den Parallelanschlag der Bandsäge auf einen Abstand von 4,4 cm vom Oberkopf ein, zuerst zum Schneiden der einen und dann der anderen Seite. Achten Sie darauf, dass der fertig bearbeitete Kopfbereich noch etwas dicker als 1,9 cm ist, sodass er nach dem Kantenschleifen genau 1,9 cm dick ist. Dann setzen Sie diese Schnitte ohne Parallelanschlag schräg bis zur Kante des Werkstücks fort. Es kommt dabei nicht so sehr auf den Schnittwinkel an als auf zwei genau gleiche Schnitte.

Schleifen Sie diese Schnittflächen mit dem Kantenschleifer (der Kopf zeigt dabei immer noch nach unten). Schleifen Sie den ganzen Körper von Hand, entfernen Sie alle rauhen Stellen und alle Kratzer, die quer zur Faserrichtung verlaufen, und glätten Sie alle gefrästen und ungefrästen Kanten. Brechen Sie mit einer Flachfeile auf beiden Seiten die Kanten an allen Zähnen.

Kopf

Übertragen Sie die Vorlage für die beiden Kopf-Seitenteile auf 1 cm starkes Holz und die Vorlage für den Kopf-Mittelteil auf 2,2 cm starkes Holz. Sägen Sie die Seitenteile aus (auch die Zähne) und behandeln Sie sie mit dem Bandschleifer. Stapeln Sie die Teile übereinander, um die Augenlöcher zu bohren, damit diese auf beiden Teilen genau gleich sind und sich beim Zusammenbau exakt ausrichten lassen. Behandeln Sie die Kontur des Mittelteils mit dem Kantenschleifer, außer oben, wo die Seitenteile und der Mittelteil aufeinandertreffen.

Verwenden Sie die Hilfsvorrichtung, um die Seitenteile und den Mittelteil präzise zusammenzuleimen (Seite 40 und 41, Abb. 3.14, 3.15 und 3.16). Nehmen Sie die Anordnung von der Hilfsvorrichtung herunter, um eine zweite Klemme anzubringen (ohne dass dabei etwas verrutscht!).

Wenn der Leim vollständig getrocknet ist, schleifen Sie die Kontur (Ausnahme: Zähne) mit dem Kantenschleifer. Die Zähne können Sie mit einer Flachfeile glätten.

Übertragen Sie die Vorlage für die Kopf-Draufsicht auf das Werkstück. Stützen Sie die Zähne auf dem Sägetisch der Bandsäge ab und schneiden Sie die seitlichen Verjüngungen. Behandeln Sie die soeben gesägten Bereiche mit dem Bandschleifer. Dann bewegen Sie das Werkstück mit einer schaukelnden Bewegung auf dem Schleifband hin und her, um den Rest der Außenfläche zu schleifen und die Übergänge zwischen den beiden Oberflächen zu glätten. Runden Sie die Kanten mit Schleifpapier ab. Eine Feile hilft beim Brechen der scharfen Kanten an den Zähnen und erzeugt saubere Fasen.

Beine und Arme

Übertragen Sie die Vorlage für Beine und Arme, bohren Sie die Löcher und sägen Sie die Teile aus. Beachten Sie die verschieden großen Bohrlöcher: In manchen sitzt der Dübel fest, in anderen soll er sich frei drehen können.

Wenn Sie es sich hundertprozentig zutrauen, dann sägen Sie die Teile mit der Bandsäge aus. Wenn Sie auch nur ein bisschen unsicher sind, nehmen Sie eine Dekupier- oder Laubsäge. Auch das Schleifen ist maschinell oder von Hand möglich, je nach Ihrer Erfahrung und Sicherheit.

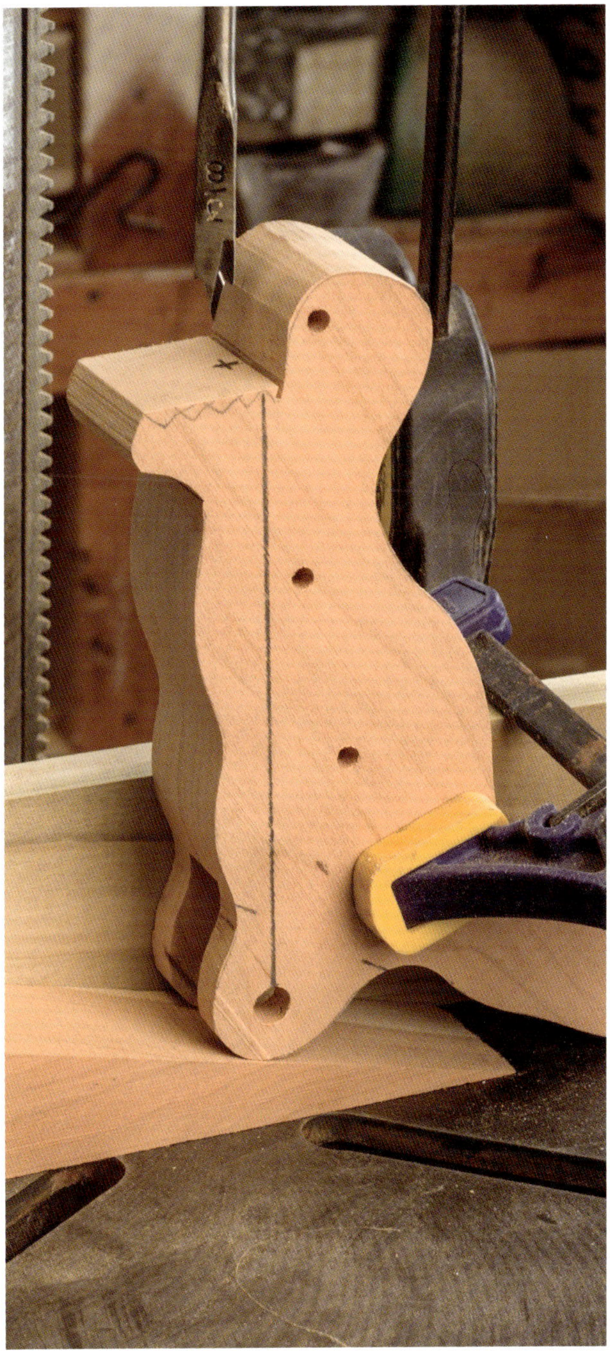

Abb. 21.2 Hier wurde der Körper mit einer Klemme an einer einfachen Hilfsvorrichtung fixiert und ein Keil unter das Achsloch gelegt. Nun kann das lange 1-cm-Bohrloch für den Stößel gebohrt werden.

Räder, Nocke

Verdübeln Sie die Achslöcher an den Rädern mit kurzen Dübelabschnitten. Bohren Sie nach der Vorlage neue, etwas exzentrische Achslöcher (siehe Seite 32, Abb. 3.9 und 3.10). Dann bohren Sie die Löcher zum Befestigen der Beine. (Die Vorlage zeigt, dass dieses Loch sich in jener Hälfte des Rades befindet, die dem neu gebohrten Achsloch gegenüberliegt.)

Sägen Sie mit einer Lochsäge die Nocke (2,5 cm Durchmesser) aus. Verdübeln Sie das zentrische Loch und bohren Sie nach der Vorlage ein neues Achsloch. Halten Sie die Nocke mit der Gripzange, damit sie sich beim Bohren nicht dreht. Wenn Sie das Loch etwas größer bohren (ca. 8,5 mm), verringert sich die Gefahr, dass es beim Zusammenbau ausbricht.

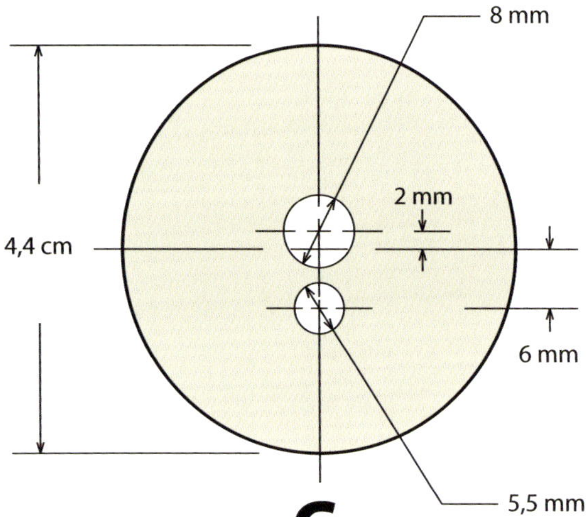

G

Rad, 1,3 cm dick

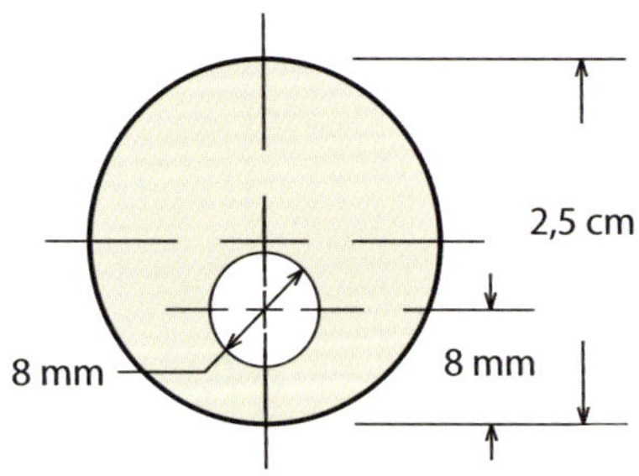

H

Nocke, 1,3 cm dick

Vorlagen © David Wakefield

Zusammenbau, Fertigstellung

Längen Sie die Achse ab, leimen Sie sie an einem Rad fest, schieben Sie sie durch den Saurierkörper und durch die Nocke. Leimen Sie das andere Rad an und achten Sie darauf, dass sich ein Dübelloch oben und eines unten befindet.

Wenn der Leim trocken ist, schleifen Sie die Enden der Achsen mit einem Schleifgerät oder von Hand.

Bohren Sie ein kleines Loch durch Nocke und Achse und fixieren Sie diese Teile, indem Sie einen Zahnstocher in dem Loch festleimen. Schneiden Sie den überstehenden Teil ab und schleifen Sie ihn bündig ab.

Eventuell müssen Sie die Kopfdübel etwas kürzen, um die Beine zusammenzustellen und an den Rädern zu befestigen (Seite 30, Abb. 3.5). Bauen Sie mit Kopfdübeln und Leim ein gegengleiches Beinpaar zusammen (Abstandsmesser verwenden – siehe Seite 39, Abb. 3.13). Dann befestigen Sie die Beine mit Leim und Kopfdübeln am Körper und an den Rädern. Befestigen Sie die Arme mit Leim und fest sitzenden Kopfdübeln am Körper. Führen Sie den an beiden Enden leicht abgerundeten Stößel ein und befestigen Sie den Kopf – nicht zu fest und noch ohne Leim. (Wahrscheinlich müssen Sie auch hier die Kopfdübel etwas kürzen.) Korrigieren Sie, wenn nötig, die Länge des Stößels. Nun befestigen Sie den Kopf mit Leim und Dübeln. Lassen Sie auf beiden Seiten gleich viel Spielraum, damit das Maul ungehindert auf- und zugeht. Wenn der Leim getrocknet ist, ölen Sie den T-Rex ein. Ein respektgebietendes Tier – trotz der reduzierten Größe!

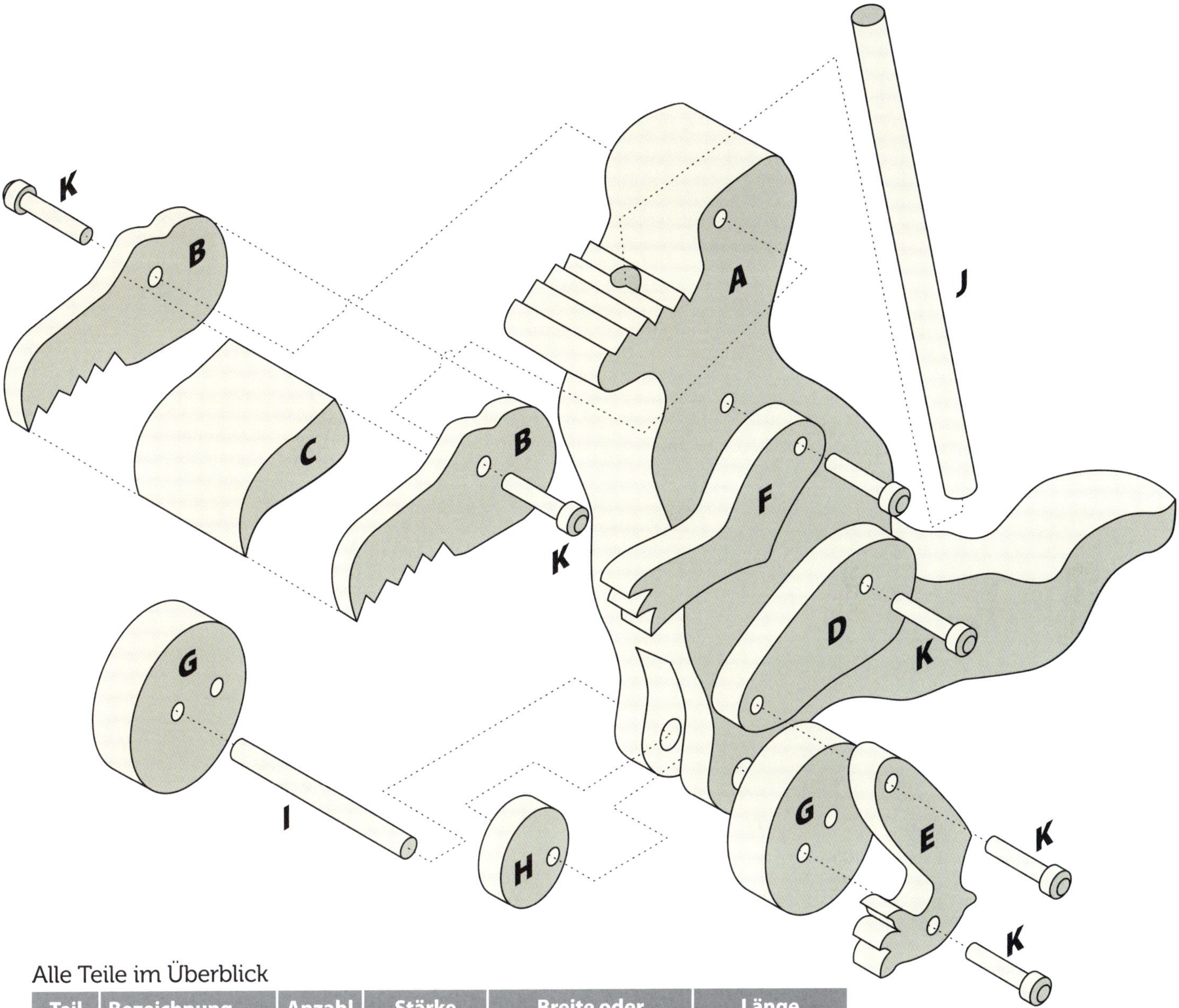

Vorlagen © David Wakefield

Alle Teile im Überblick

Teil	Bezeichnung	Anzahl	Stärke	Breite oder Durchmesser	Länge
A	Körper	1	3,8 cm	15,2 cm	26 cm
B	Kopf-Seitenteile	2	1 cm	3,8 cm	7,9 cm
C	Kopf-Mittelteil	1	2,2 cm	2,5 cm	5,1 cm
D	Beine (Oberteile)	2	1 cm	3,8 cm	6,4 cm
E	Beine (Unterteile)	2	1 cm	4,1 cm	7 cm
F	Arme	2	1 cm	2,5 cm	7,6 cm
G	Räder	2	1,3 cm	4,4 cm Ø	–
H	Nocke	1	1,3 cm	2,5 cm Ø	–
I	Achse	1	–	8 mm Ø	6,7 cm
J	Stößel	1	–	8 mm Ø	ca. 15,2 cm
K	Kopfdübel	10	–	5,5 mm Ø	2,7 cm

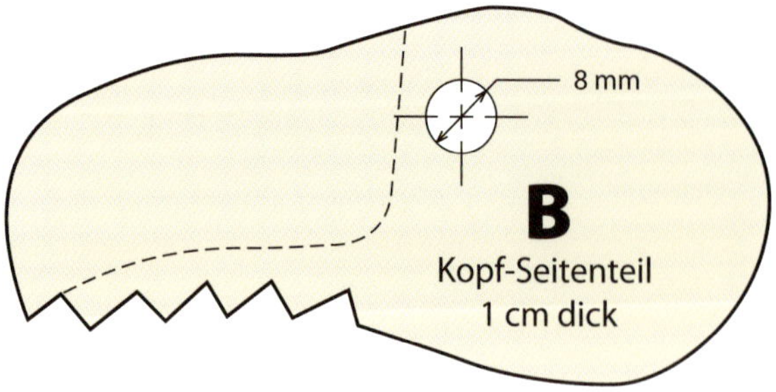

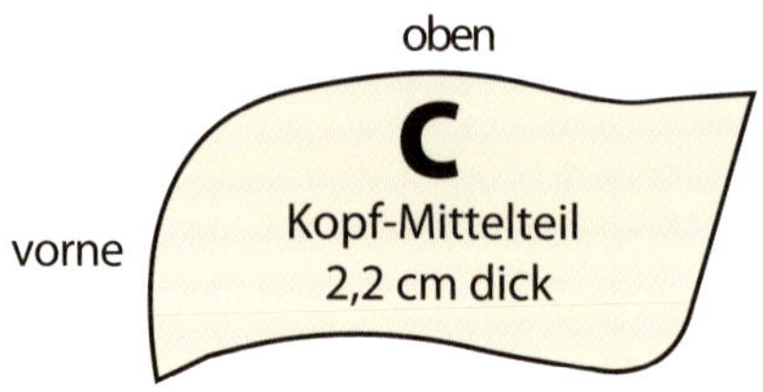

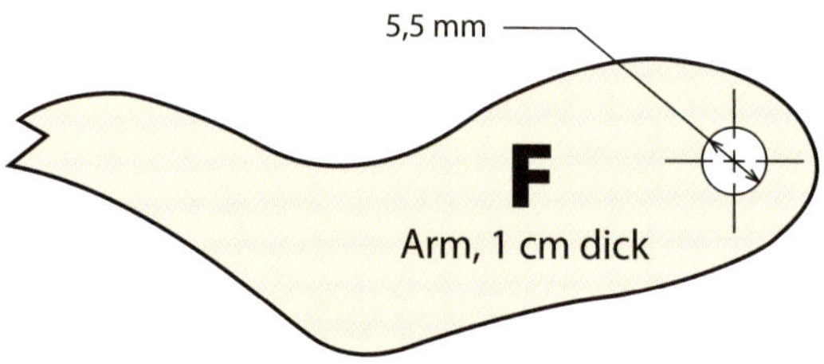

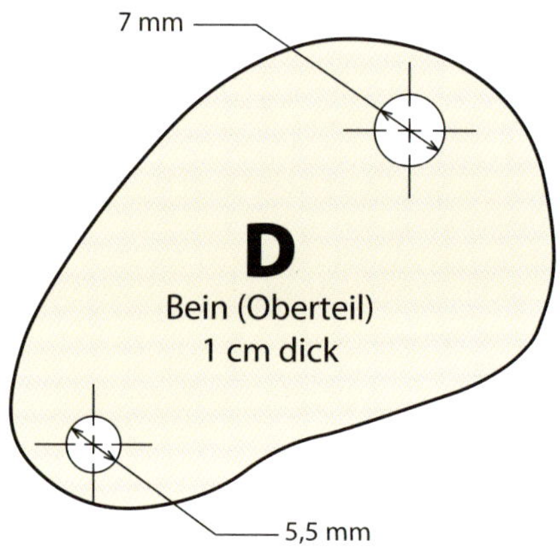

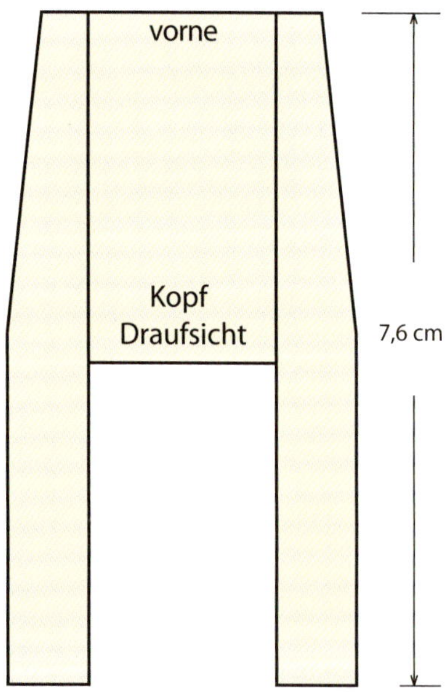

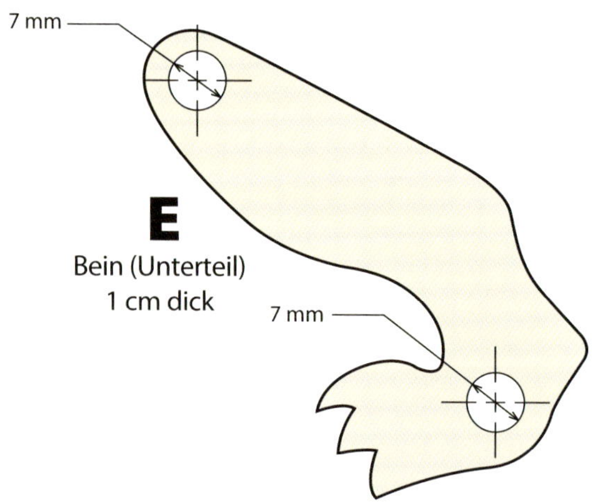

Vorlagen © David Wakefield

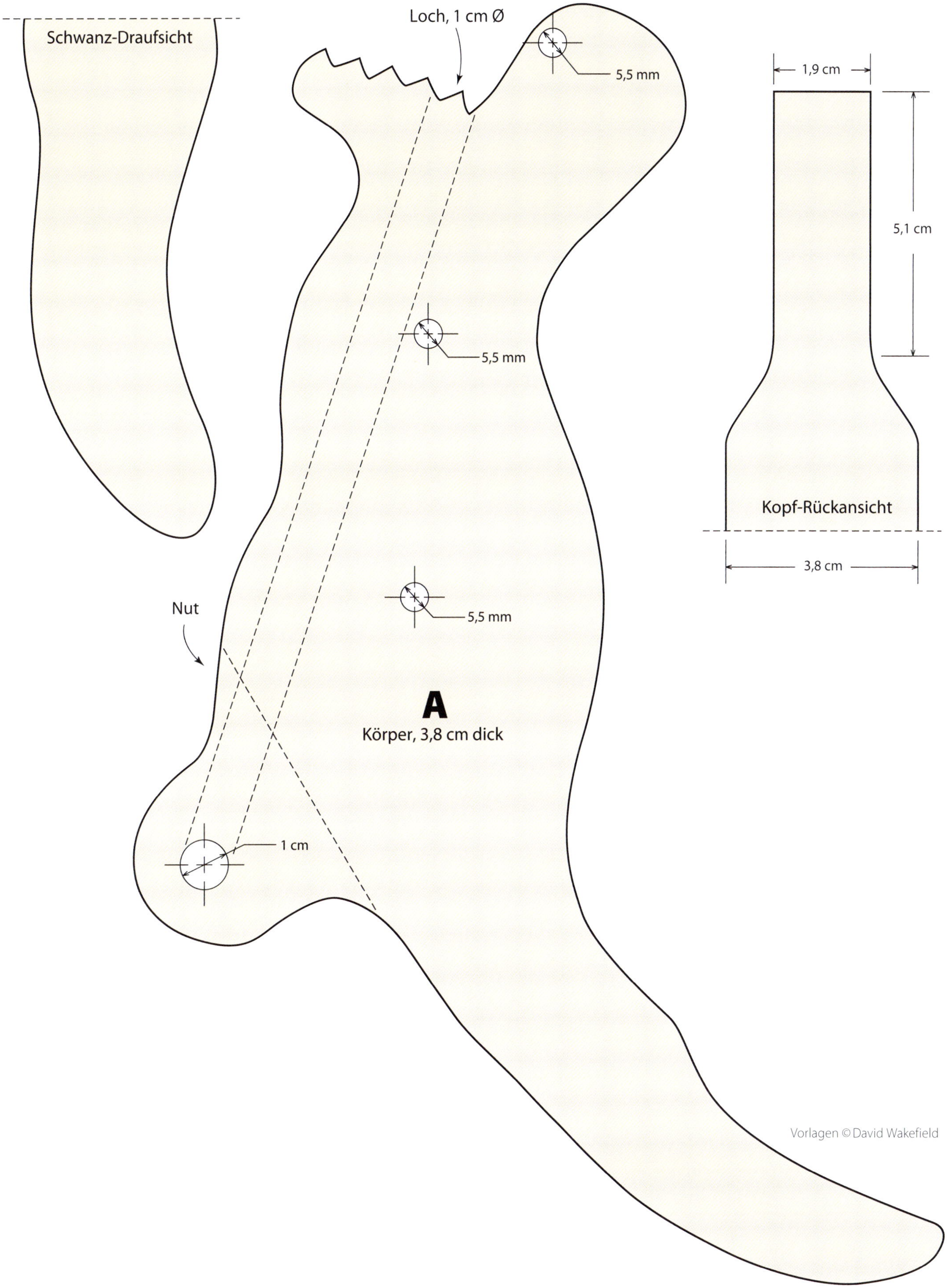
Schwanz-Draufsicht
Loch, 1 cm Ø
5,5 mm
5,5 mm
5,5 mm
Nut
1 cm
A
Körper, 3,8 cm dick
1,9 cm
5,1 cm
Kopf-Rückansicht
3,8 cm

22 Didi, der Dimetrodon

100 Millionen Jahre vor dem T-Rex bewohnte dieses Tier unseren Planeten. Bei meinem Dimetrodon bewegt sich das Rückensegel auf und ab und das Raubtiermaul geht auf und zu. Für beides ist die Nocke auf der Hinterachse zuständig. Das dreiteilige Rückensegel ist gar nicht so leicht zu bauen. Dafür sieht die Riesenechse aber auch besonders beeindruckend und richtig urzeitlich aus!

Körper

Übertragen Sie die Vorlagen für die Körper-Seitenteile auf 1 cm starkes Holz. Legen Sie die Teile übereinander und bohren Sie sorgfältig die Löcher (mit Ausnahme des Augenloches und des vorderen Achsloches – diese werden erst gebohrt, wenn Sie die Mittelteile angeleimt haben). Damit der Bohrer nicht wandert, nehmen Sie einen Forstnerbohrer oder einen Holzspiralbohrer. Achten Sie darauf, dass der untere Teil nicht verrutscht, wenn der Bohrer ihn erreicht. Die Seitenteile müssen genau gleich sein, um einen exakten Zusammenbau und ein reibungsloses Funktionieren zu gewährleisten. Behandeln Sie alle Kanten, die der Mittelteil nicht berührt, mit dem Kantenschleifer: die Rückenpartien links und rechts vom Rückensegel, die Brust und die Bereiche um beide Achslöcher. Behandeln Sie beide Seiten beider Teile mit dem stationären Bandschleifer (zuerst Körnung 80, dann 120).

Übertragen Sie die Vorlagen für die beiden Mittelteile auf 2,2 cm starkes Holz und sägen Sie die Teile aus. Behandeln Sie die Übergangsbereiche jener Kanten, die nach dem Zusammenbau nicht mehr geschliffen werden können, mit dem Kantenschleifer: die Vorderseite des Schwanz-Mittelteils sowie die Rückseite und die Unterseite des Kopf-Mittelteils.

Tragen Sie Leim auf beide Seiten beider Mittelteile auf. Verstreichen Sie ihn von den Kanten nach innen, damit nicht zu viel Leim herausgedrückt wird. Platzieren Sie die Teile vorsichtig auf der Innenseite eines der Körper-Seitenteile. Legen Sie den anderen Seitenteil obenauf und drücken Sie die Anordnung mit den Händen fest zusammen, bevor Sie für jeden Mittelteil-Bereich mindestens 2 Klemmen anbringen (es darf dabei nichts verrutschen!). Wenn der Leim getrocknet ist, markieren und bohren Sie das Augenloch und das vordere Achsloch und sägen Sie vorsichtig die Zähne aus.

Dann behandeln Sie die Kanten der Mittelteile mit dem Kantenschleifer (zuerst Körnung 80, dann 120) und versuchen Sie, harmonische Übergänge vom Bereich ohne Mittelteil zum Bereich mit Mittelteil herzustellen. Für die Zähne eignet sich eine Flachfeile besser als der Kantenschleifer. Bearbeiten Sie die gesamte Kontur, mit Ausnahme der Zähne, mit der Oberfräse. Nehmen Sie die Flachfeile, um jeden Zahn auf beiden Seiten sauber abzufasen.

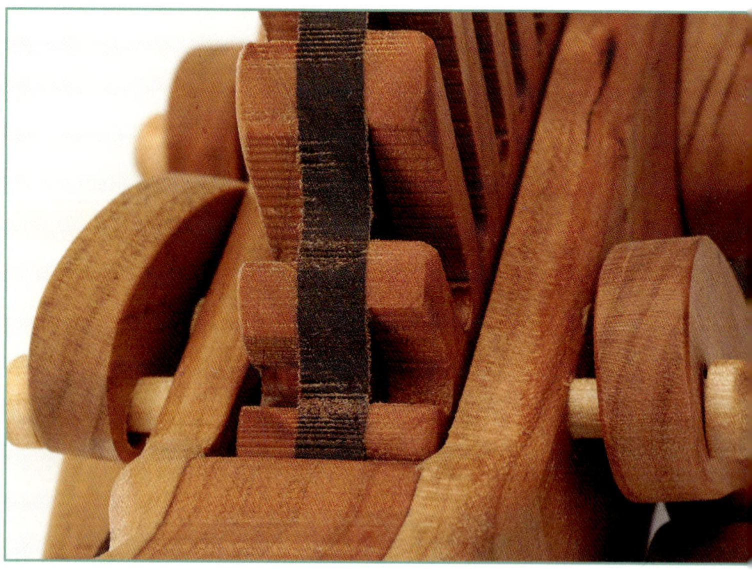

Alle vier Beine des Dimetrodon sind mit Kopfdübeln an den Rädern befestigt und werden von diesen in Bewegung gehalten.

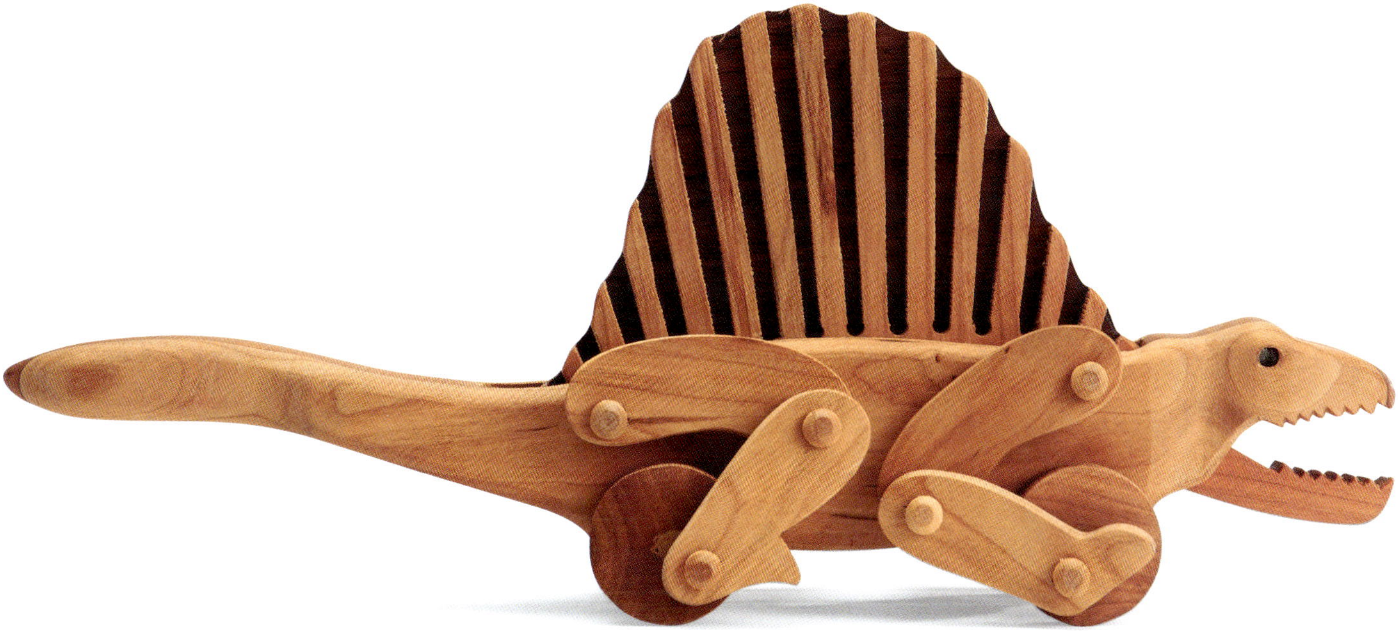

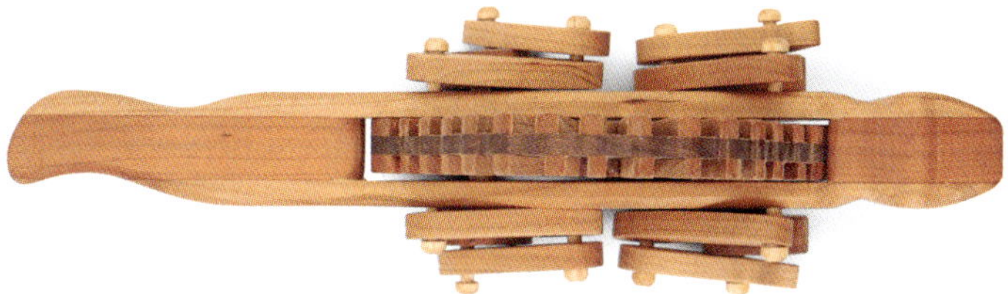

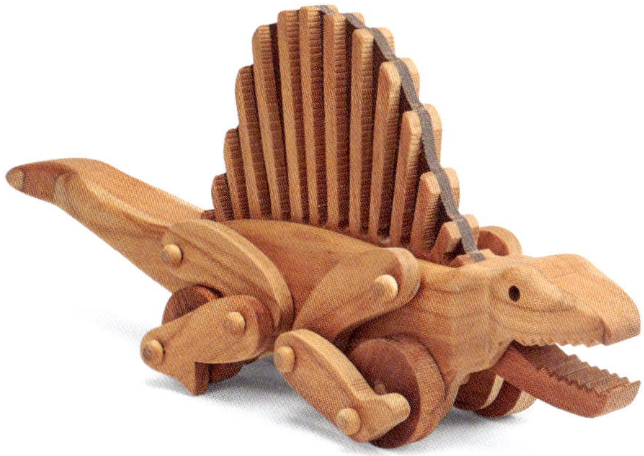

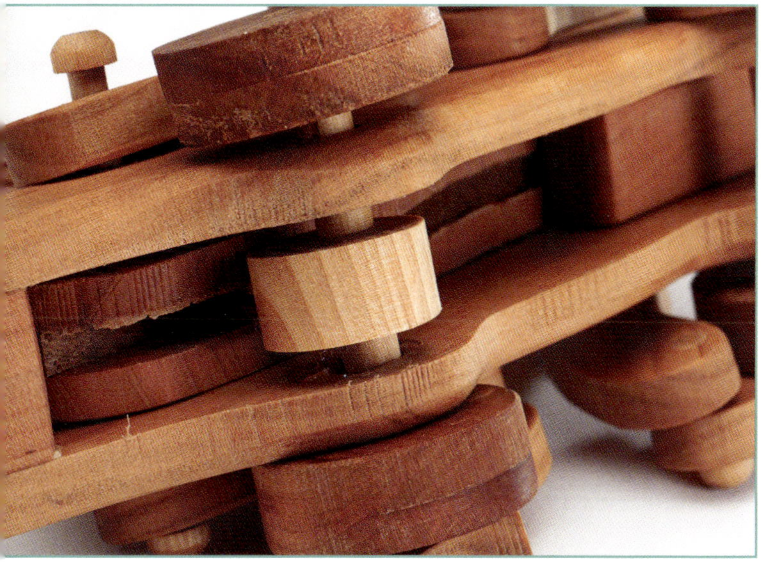

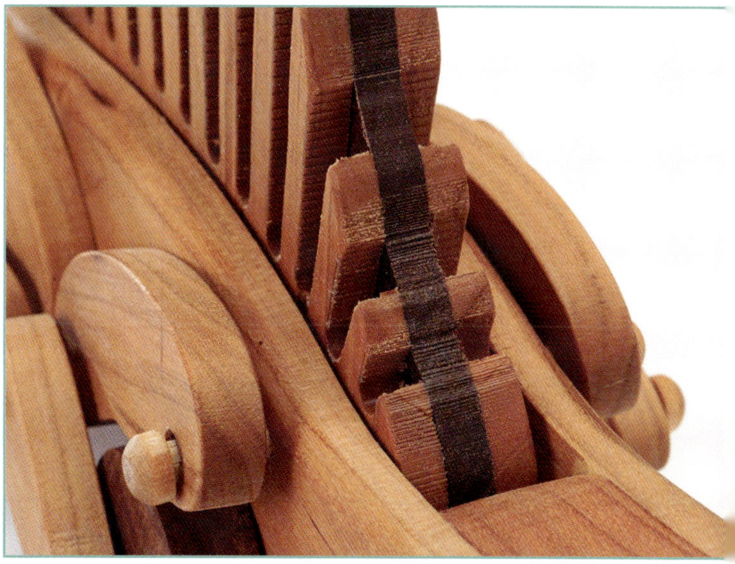

Die Nocke ist an der Hinterachse montiert und sorgt dafür, dass das Rückensegel sich hebt und senkt und das Maul auf- und zugeht.

Besonders schön sieht es aus, wenn Sie für die Teile des Rückensegels kontrastierende Hölzer verwenden.

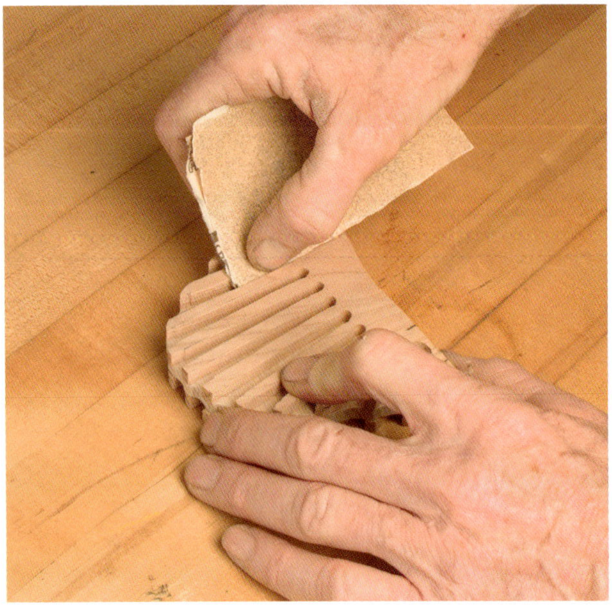

Abb. 22.1 Halten Sie jede „Rippe" fest nieder, während Sie die Kanten leicht abschleifen.

Übertragen Sie die Draufsicht von Kopf und Schwanz auf die Oberseite. Stützen Sie den Körper gut auf den Achsenbereichen ab und schneiden Sie die seitlichen Abfallbereiche am Kopf und am Schwanz weg. Halten Sie den Körper in aufrechter Position und schleifen Sie die Seitenflächen an Kopf und Schwanz mit dem Kantenschleifer (Körnung 80, dann 120). Spannen Sie das Werkstück so in einen Schraubstock ein, dass der Schwanz nach oben zeigt, und feilen Sie den ganzen Schwanz mit einer vierfachen Kombi-Raspelfeile ab.

Dann schleifen Sie ihn von Hand mit Schleifpapier der Körnung 80 und 120. Bearbeiten Sie ebenso den Kopf mit Raspel, Feile und Schleifpapier.

Rückensegel, Unterkiefer

Der Mittelteil des Segels wirft keine Probleme auf. Übertragen Sie die Vorlage so auf das Holz, dass die Faserrichtung von rechts nach links verläuft. Eine kontrastierende Holzart sieht bei diesem Teil besonders eindrucksvoll aus. Die Löcher werden nach dem Zusammenbau gebohrt. Sägen Sie den Umriss so genau wie möglich aus. Schleifen Sie beide Außenflächen mit dem stationären Bandschleifer (Körnung 80, dann 120).

Schleifen Sie beide Seiten der Rohlinge für die rippenartigen Seitenteile mit dem stationären Bandschleifer (Körnung 80, dann 120), bevor Sie die Vorlage auf das Holz übertragen – später ist dies nicht mehr möglich. Bei diesen Teilen soll die Faserrichtung senkrecht verlaufen, um die Festigkeit der „Rippen" zu erhöhen. Bohren Sie sorgfältig die Löcher am Ansatz jeder „Rippe" und halten Sie sich beim Aussägen der unteren Kante so genau wie möglich an die Vorlagelinie, sodass sie mit dem Mittelteil übereinstimmt. Sägen Sie die Oberkante und lassen Sie etwa 3 mm Material außerhalb der Vorlagelinie stehen.

Nun schneiden Sie vorsichtig an jeder Rippe entlang bis zu dem Loch an ihrem Ansatz. Ich nehme dazu die Bandsäge und ein 3-mm-Sägeblatt; Sie können stattdessen eine Dekupiersäge nehmen. Lassen Sie sich dabei Zeit – maschinelles Kantenschleifen und Korrigieren ist bei diesen Schnitten unmöglich. Wenn Sie mit den senkrechten Schnitten fertig sind, schneiden Sie vorsichtig die Spitzen der Rippen im richtigen Winkel auf die richtige Länge zu. Schleifen Sie die Kanten der Rippen auf der Rückseite (= der dem Mittelteil zugewandten Seite) von Hand, um alle Grate vom Aussägen zu entfernen (Abb. 22.1). Die Kanten auf den Außenseiten können nach dem Zusammenbau geschliffen werden.

Geben Sie Leim auf die Rückseite eines der gerippten Seitenteile. Verteilen Sie dabei auch ganz wenig Leim auf der gesamten Länge jeder Rippe. Fahren Sie mit dem Finger an jeder Kante entlang, um den Leim von den Kanten zurückzuschieben, damit kein Leim herausgedrückt wird, wenn Sie die Anordnung mit Klemmen fixieren. Platzieren Sie den Seitenteil vorsichtig auf dem Mittelteil, drehen Sie die Anordnung um und legen Sie sie auf ein kleines Brett, mit dessen Hilfe Sie den Druck über die ganze Fläche verteilen können, wenn Sie die Anordnung mit Klemmen fixieren. Wenn der Leim getrocknet ist, wiederholen Sie den Vorgang auf der anderen Seite.

Jetzt können Sie das 1-cm-Loch am vorderen Teil des Segels und die 1,3-cm-Löcher für die längliche Öffnung am hinteren Teil auf den Mittelteil übertragen und bohren. Für die überlappenden Löcher, aus denen diese Öffnung entsteht, brauchen Sie einen Forstnerbohrer. Tragen Sie das restliche Abfallholz mit einer Rundfeile oder einer Riffelfeile von den Seitenflächen der Öffnung ab.

Die Unterkante der Anordnung können Sie mit dem Kantenschleifer behandeln; für die übrigen Kanten des Rückensegels verwenden Sie jedoch eine Schleiftrommel oder einen mit Schleifpapier umwickelten Dübel (Seite 33, Abb. 3.11). Schleifen Sie das Segel noch kurz von Hand ab.

Nun übertragen Sie die Vorlage für den Unterkiefer auf 1,9 cm starkes Holz und sägen Sie den Teil aus. Behandeln Sie die Kontur mit Ausnahme der Zähne mit dem Kantenschleifer (Körnung 80, dann 120). Feilen Sie die Zähne mit einer Flachfeile. Dann spannen Sie das Werkstück in einen Schraubstock ein und fasen Sie jeden Zahn sauber ab. Überprüfen Sie, ob die Flächen am Unterkiefer und am Rückensegel, die nachher verleimt werden, eben sind und genau zusammenpassen.

Wegen der Form des Rückensegels ist das Zusammenleimen dieser Teile schwierig. Ich habe dazu in ein 1,9 cm starkes Stück Holz eine Ausnehmung in der Form des oberen Teiles des Rückensegels geschnitten und die Teile mit Klemmen darin fixiert (Abb. 22.2).

Beine

Übertragen Sie die Vorlage für jedes Bein zweimal auf 1 cm starkes Holz. Beachten Sie: Die Löcher für „Knie" und „Ellbogen" an den Oberteilen der vier Beine sind kleiner (5,5 mm), sodass die Kopfdübel fest darin sitzen, während sich in den übrigen Löchern die Kopfdübel frei drehen können. Sägen Sie die Beine aus. Behandeln Sie alle Teile mit dem Kantenschleifer und dem stationären Bandschleifer (Körnung 120). Brechen Sie alle Kanten durch händisches Schleifen mit der Körnung 120. Die Kopfdübel werden Sie kürzen müssen (Seite 30, Abb. 3.5). Bauen Sie die Beine zu zwei gegengleichen Beinpaaren zusammen (Abstandsmesser verwenden – Seite 39, Abb. 3.13). Wenn der Leim getrocknet ist, schleifen Sie mit dem stationären Bandschleifer den ausgetretenen Leim von der Rückseite der Beine ab.

Räder, Nocke

Sägen Sie die Nocke mit einer Lochsäge mit 2,5 cm Innendurchmesser aus. Verdübeln Sie das zentrische Loch und bohren Sie nach der Vorlage ein neues, exzentrisches Achsloch. Halten Sie dabei die Nocke mit einer Gripzange am Bohrtisch fest. Wenn Sie das Loch etwas größer bohren (ca. 8,5 mm), verringert sich die Gefahr, dass es beim Zusammenbau ausbricht. Wenn Sie die Lauffläche mit dem Kantenschleifer behandeln, achten Sie darauf, dass die runde Form erhalten bleibt.

Bohren Sie nach der Vorlage die Löcher für die Kopfdübel in alle vier Räder. Klemmen Sie ein Brett am Bohrtisch der Standbohrmaschine fest, das als Stopper dient und für den richtigen Abstand zur Kante des Rades sorgt (Seite 32, Abb. 3.9).

Zusammenbau

Bringen Sie das zusammengebaute Rückensegel in Position und richten Sie die Löcher mit jenen am Körper aus. Schneiden Sie die 8-mm-Dübelstangen mit etwas Überlänge zu und runden Sie die Enden mit Schleifpapier etwas ab. Treiben Sie sie durch den Körper, bis sie gerade in das Loch im anderen Seitenteil eintreten. Nun verteilen Sie rundherum etwas Leim auf den vorstehenden Dübelenden und geben Sie Leim in die Löcher auf der Ihnen abgewandten Seite. Legen Sie das Werkstück auf Wachspapier auf und treiben Sie die Dübel ganz durch. Wischen Sie den ausgetretenen Leim ab. Wenn der Leim getrocknet ist, schleifen Sie beide Seiten leicht mit dem stationären Bandschleifer (Körnung 120), um getrocknete Leimreste zu entfernen.

Längen Sie die Achsen ab und runden Sie die Enden durch händisches Schleifen leicht ab. Geben Sie Leim in das Loch in einem der Räder. Legen Sie das Rad auf Wachspapier auf und treiben Sie den Dübel hinein. Wischen Sie den ausgetretenen Leim ab. Schieben Sie die Dübelstange durch die vorderen Achslöcher, geben Sie Leim in das Loch im zweiten Rad und hämmern Sie es auf die Achse. Vergewissern Sie sich, dass die Dübellöcher einander diagonal gegenüberstehen (eines oben, eines unten). Wiederholen

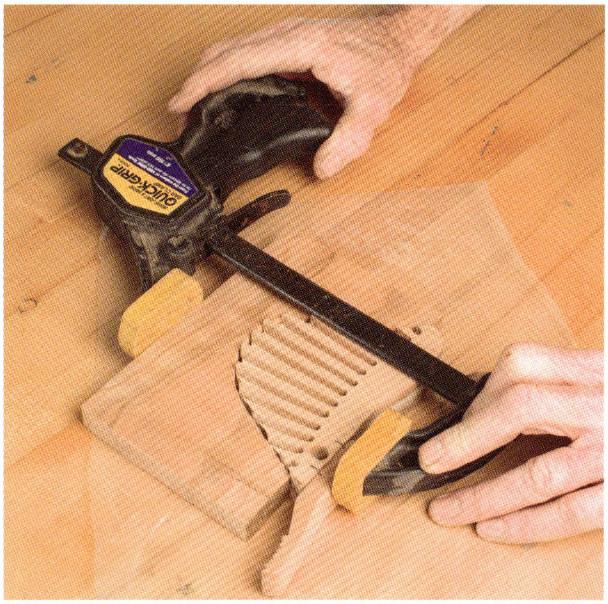

Abb. 22.2 Zum Anbringen des Unterkiefers habe ich in ein 1,9 cm starkes Stück Holz eine Ausnehmung in der Form des Rückensegels geschnitten und die Teile mit Klemmen darin fixiert.

Sie den Vorgang bei der Hinterachse. Platzieren Sie die Nocke zwischen den Körper-Seitenteilen und treiben Sie die Dübelstange durch das Werkstück.

Halten Sie das Spielzeug kopfunter, sodass sich der größere Teil der Nocke unter der Achse befindet. Bohren Sie mit einem Handbohrer ein 2-mm-Loch durch Nocke und Achse. Leimen Sie einen Zahnstocher in das Loch, brechen Sie das Ende ab und schleifen Sie den Zahnstocher bündig zur Oberfläche ab. Kürzen Sie 8 Kopfdübel (Hilfsvorrichtung: siehe Seite 30, Abb. 3.5) auf die richtige Länge. Nun befestigen Sie die Beine am Körper und an den Rädern (Kopfdübel, Leim, Abstandsmesser – Seite 39, Abb. 3.13).

Wenn der Leim überall völlig getrocknet ist, können Sie den Urzeitriesen einölen. Ihr privater Dino-Park hat wieder eine Attraktion dazugewonnen!

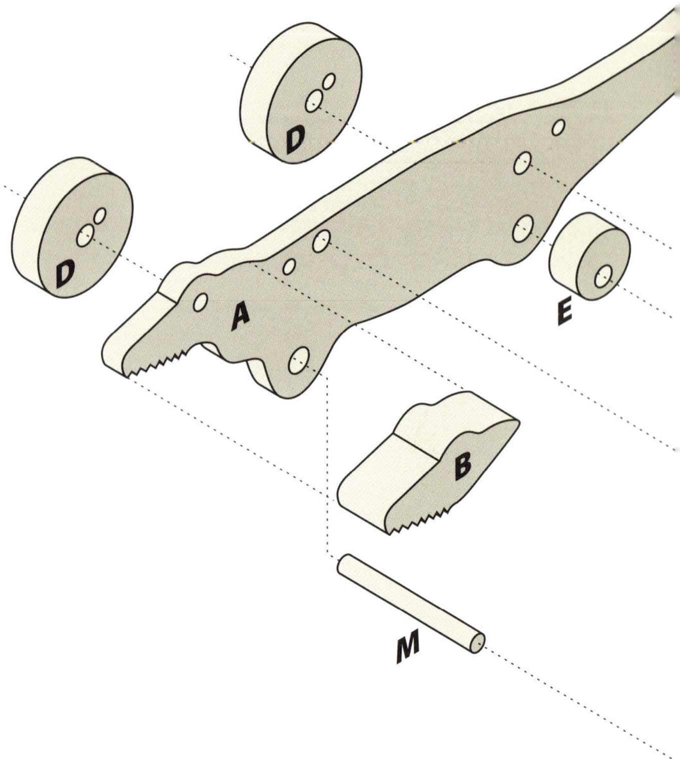

Vorlagen © David Wakefield

Alle Teile im Überblick

Teil	Bezeichnung	Anzahl	Stärke	Breite oder Durchmesser	Länge
A	Körper-Seitenteile	2	1 cm	7,6 cm	36,2 cm
B	Kopf-Mittelteil	1	2,2 cm	3,2 cm	7 cm
C	Schwanz-Mittelteil	1	2,2 cm	3,2 cm	12,7 cm
D	Räder	4	1,3 cm	4,4 cm Ø	–
E	Nocke	1	1,3 cm	2,5 cm Ø	–
F	Rückensegel-Seitenteile	2	6 mm	17,1 cm	11,4 cm
G	Rückensegel-Mittelteil	1	6 mm	11,4 cm	17,1 cm
H	Unterkiefer	1	1,9 cm	2,5 cm	11,7 cm
I	Vorderbeine (Oberteile)	2	1 cm	3,2 cm	7,6 cm
J	Hinterbeine (Oberteile)	2	1 cm	3,2 cm	7,6 cm
K	Vorderbeine (Unterteile)	2	1 cm	3,8 cm	7 cm
L	Hinterbeine (Unterteile)	2	1 cm	2,5 cm	7,6 cm
M	Radachsen	2	–	8 mm Ø	7 cm
N	Rückensegel-Achsen	2	–	8 mm Ø	4,1 cm
O	Kopfdübel	12	–	5,5 mm Ø	2,7 cm

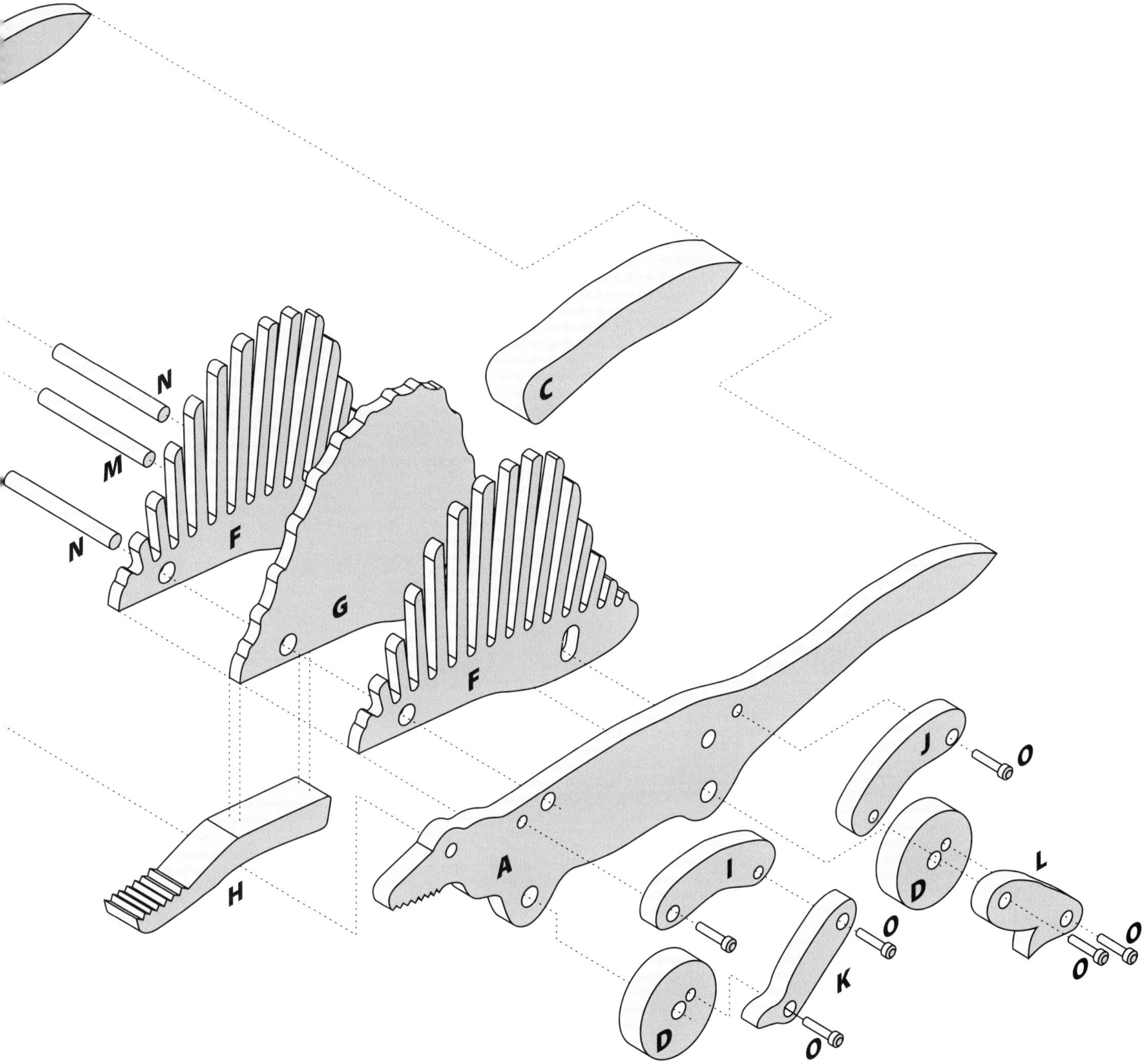

Vorlagen © David Wakefield

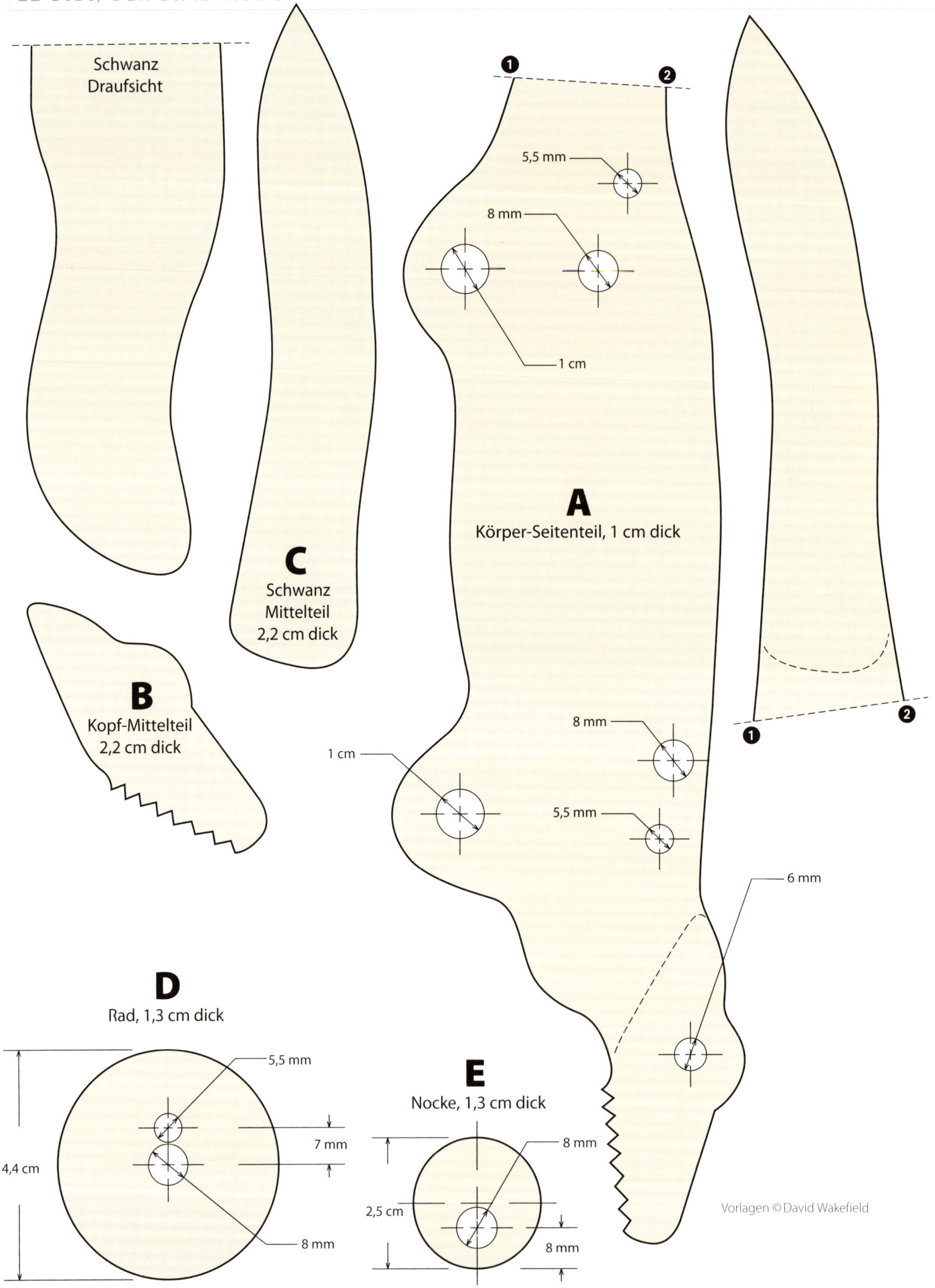

Vorlagen © David Wakefield

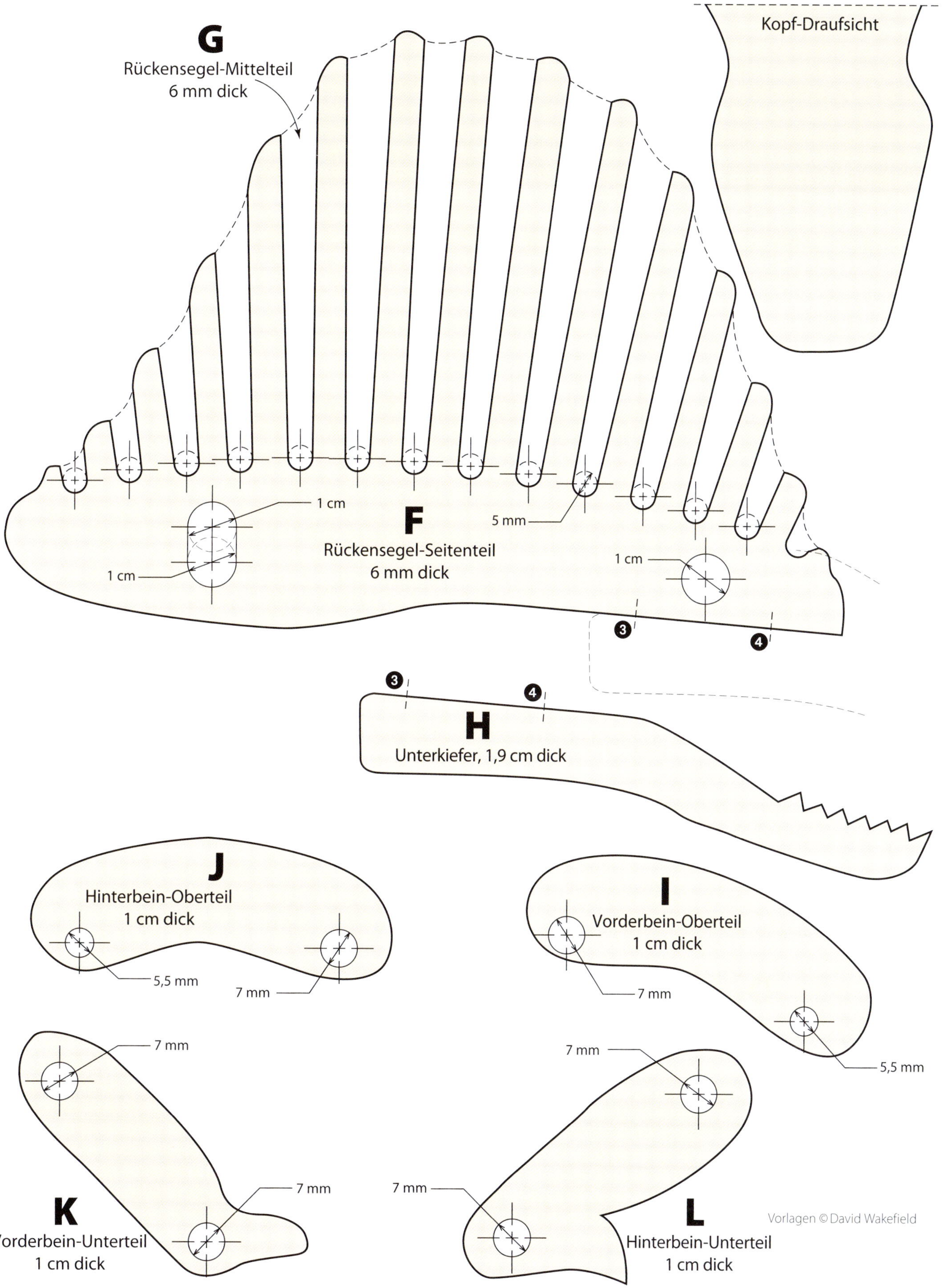
Kopf-Draufsicht
G
Rückensegel-Mittelteil
6 mm dick
F
Rückensegel-Seitenteil
6 mm dick
1 cm
1 cm
5 mm
1 cm
3
4
3
4
H
Unterkiefer, 1,9 cm dick
J
Hinterbein-Oberteil
1 cm dick
5,5 mm
7 mm
I
Vorderbein-Oberteil
1 cm dick
7 mm
5,5 mm
7 mm
7 mm
K
Vorderbein-Unterteil
1 cm dick
7 mm
7 mm
L
Hinterbein-Unterteil
1 cm dick

23 Nessie, der Plesiosaurus

Der Plesiosaurus war eine riesige urzeitliche Meeresechse. In Australien hat man Überreste eines Plesiosaurus entdeckt, dessen Kopf allein 2,45 m lang war. Bis heute wird spekuliert, ob das sagenhafte Ungeheuer von Loch Ness, dessen Kopf, Hals oder Schwanz immer wieder gesichtet wird, ein Plesiosaurus sein könnte ...

Wie funktioniert Nessie?

Nessie, der Plesiosaurus, ist mir von all meinen Spielzeug-Entwürfen am besten gelungen, hat aber auch am meisten Probleme gemacht. An mehreren Stellen wird es knifflig ... Geduld ist gefragt!

Nessies Hals neigt sich anmutig von der einen zur anderen Seite. Diesen Effekt bewirken zwei ovale, seitlich gekippte Räder auf der Vorderachse sowie ein Gelenk im Halsbereich. Eine 6 mm starke Dübelstange, die zwischen die beiden ovalen Räder hinunterreicht, bewegt das hintere Ende des Kopf-Teiles vor und zurück; der Kopf macht dadurch eine schlängelnde Bewegung nach rechts und links. Ein 2,5-cm-Rad hinten am Kopf-Teil vermindert den Reibungswiderstand und sorgt für freie Beweglichkeit (Abb. 23.1).

Die Flossen werden von kurzen Lenkarmen auf- und abbewegt, die an den Rädern montiert sind (Abb. 23.2).

Körper

Der Körper besteht aus drei Teilen: der Grundplatte (A – 2,5 cm dick), dem Oberteil (B – 4,4 cm dick) und dem Kamm (C – 3,2 cm dick). Die Form von Teil C orientiert sich an der Oberseite von Teil B.

Übertragen Sie die Vorlage für Teil A auf ein 2,5 cm starkes Brett. Die Achsen müssen senkrecht zu den parallelen Kantenflächen des – exakt aufgetrennten und gehobelten – Brettes verlaufen. Übertragen Sie die Markierungen für die Achsen auf eine Kantenfläche. Die Achslöcher sollten etwas unterhalb der Mitte platziert werden, damit der Körper trotz des kleinen Durchmessers der Räder nicht am Boden schleift. Klemmen Sie das Brett genau im rechten Winkel zum Bohrtisch fest und bohren Sie die beiden Achslöcher. Für die rechteckige Öffnung oberhalb des Achsloches bohren Sie in allen vier Ecken des Rechtecks je ein Loch und schneiden Sie das Abfallholz mit einer Stich- oder Laubsäge heraus. Stellen Sie die Bandsäge auf einen Winkel von 45° ein und sägen Sie den Umriss der Grundplatte aus.

Nun übertragen Sie die Vorlage für Teil B auf ein 4,4 cm starkes Brett. Stellen Sie den Sägetisch der Bandsäge genau senkrecht zum Sägeblatt und sägen Sie den Umriss und die Öffnung für Kopf und Hals aus.

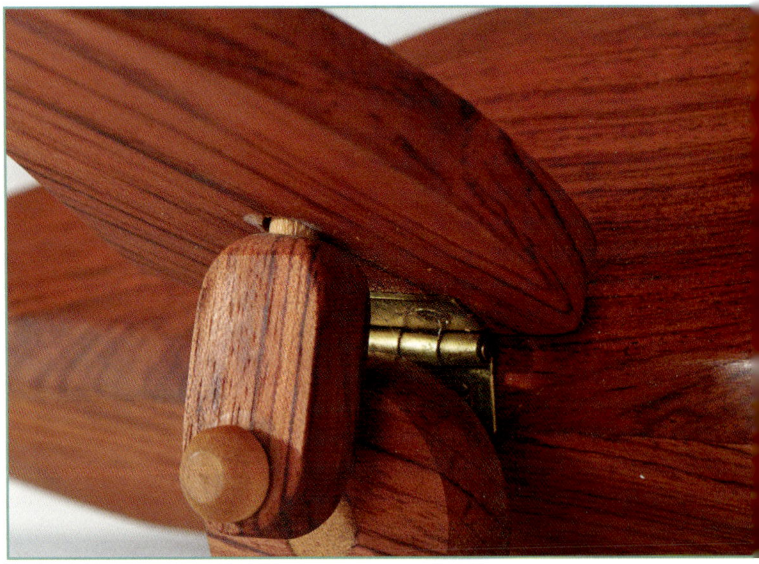

Die Lenkarme sind an den Rädern montiert und bewegen die Flossen auf und ab, damit Nessie „schwimmen" kann.

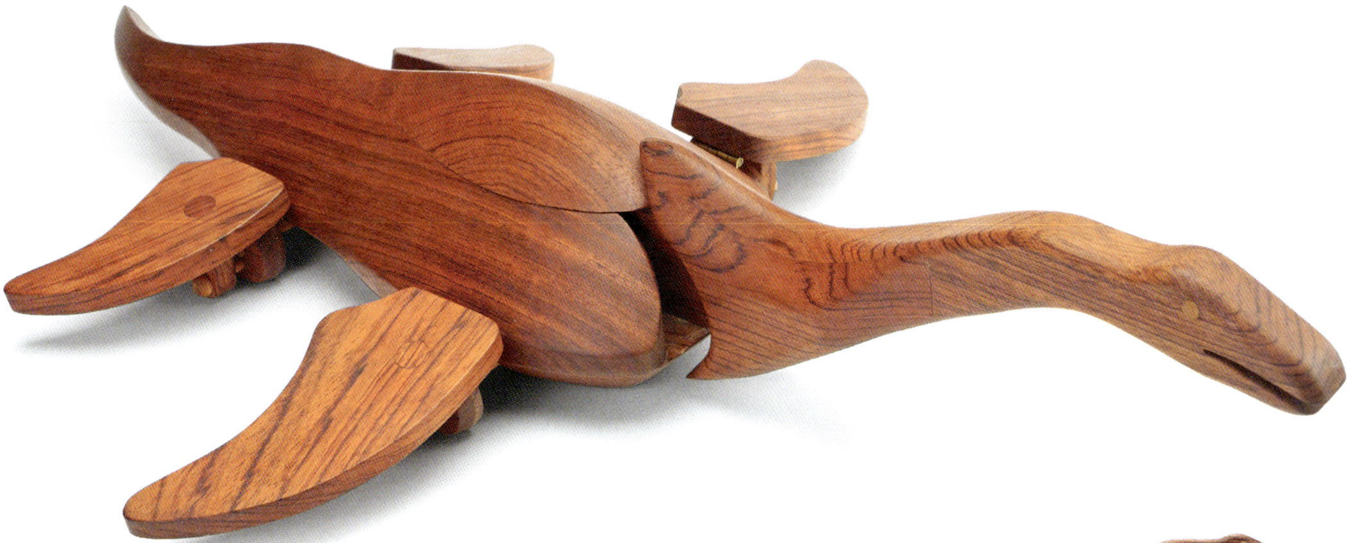

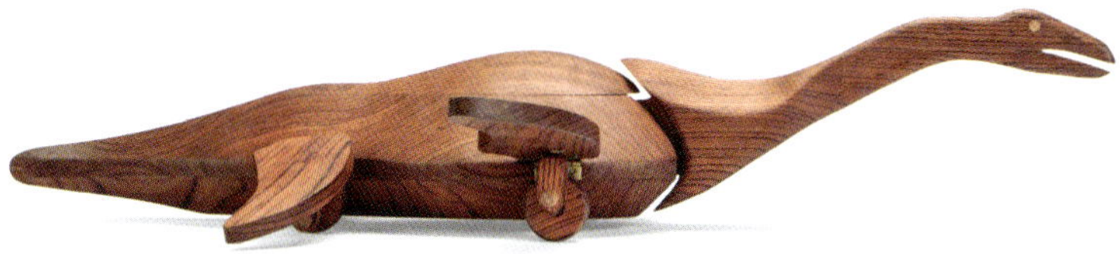

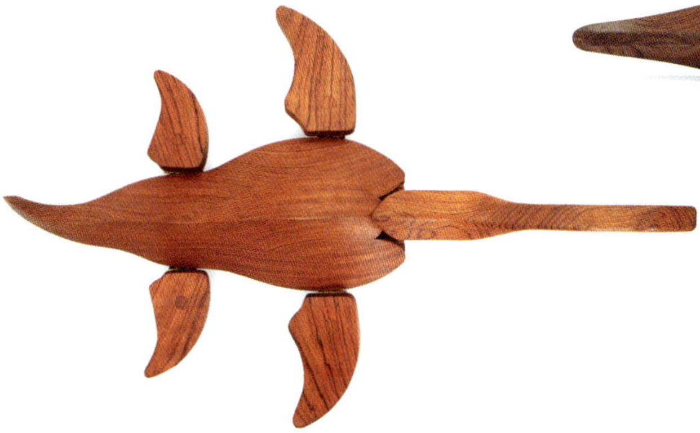

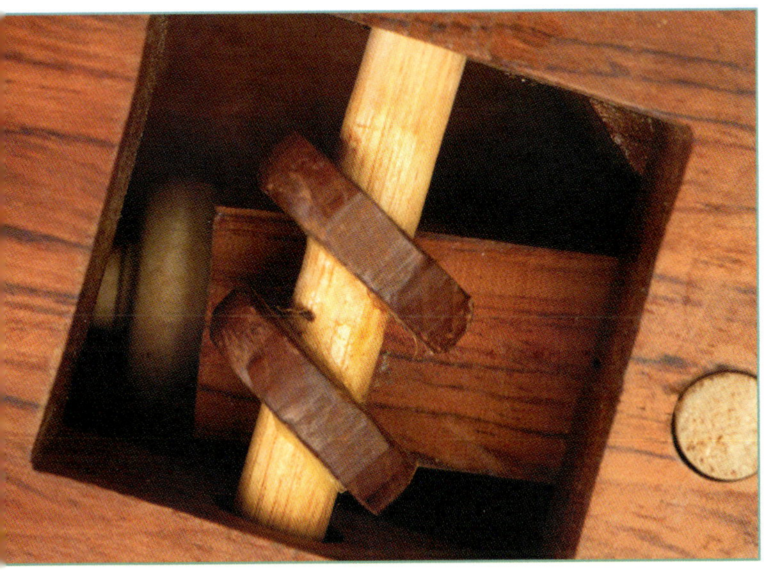

Die beiden ovalen Räder auf der Vorderachse bewirken, dass Nessies Kopf sich einmal zur einen, einmal zur anderen Seite neigt.

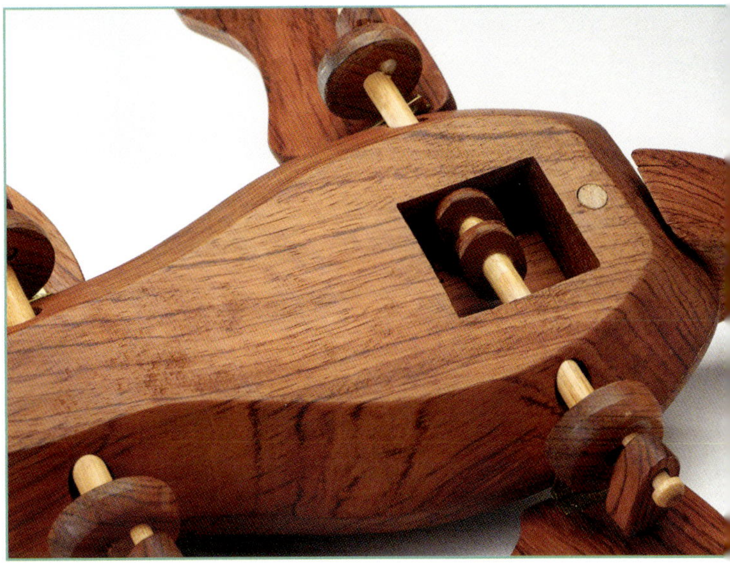

Dieses Spielzeug ist besonders breit und braucht entsprechend lange Radachsen.

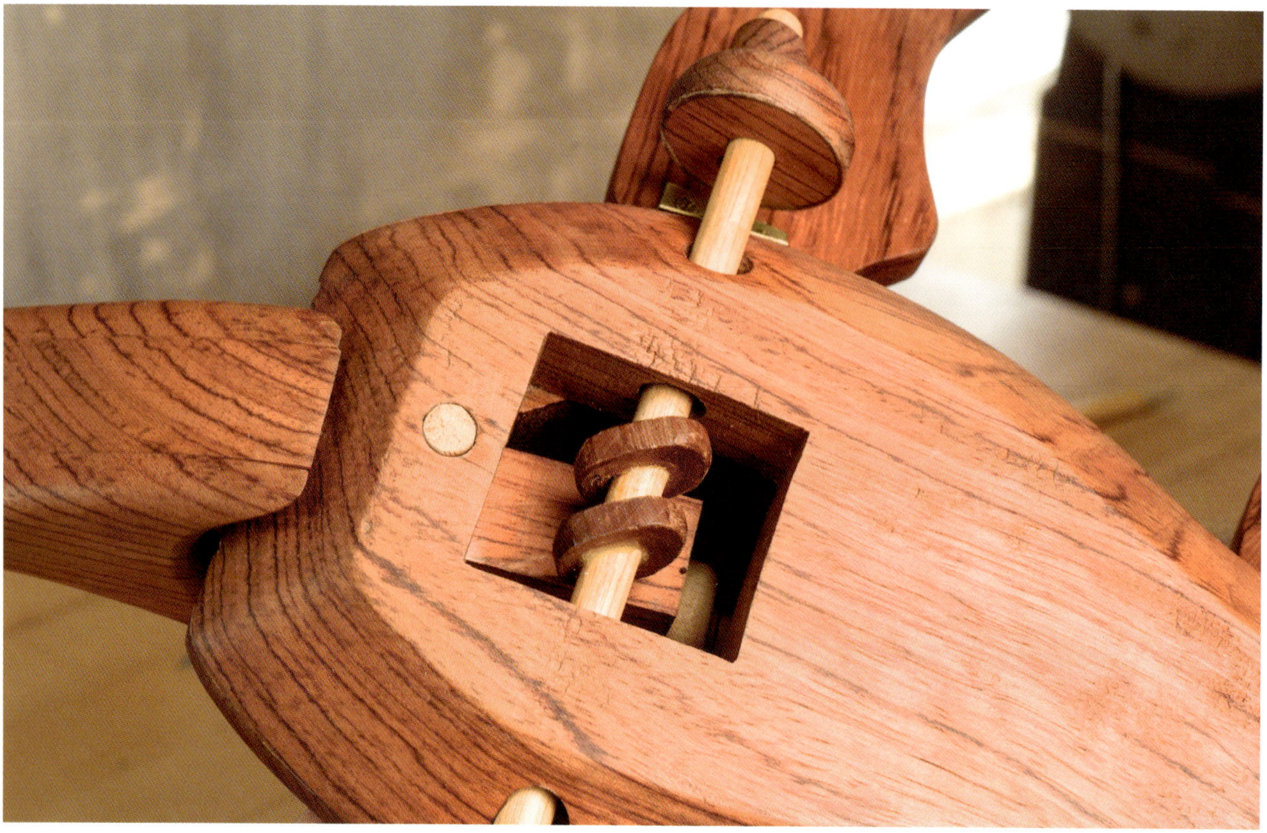

Abb. 23.1 Wenn sich die Achse dreht, kippen die Ovale zuerst auf die eine und dann auf die andere Seite. Zwischen den Ovalen befindet sich ein Stift, der Kopf und Hals vor- und zurückbewegt. Durch das 2,5-cm-Rad wird der Reibungswiderstand verringert und der Kopf lässt sich leichter bewegen.

Ziehen Sie entlang des gesamten Umrisses, 1 cm von der Unterkante, eine Bleistiftlinie. Es empfiehlt sich, den Teil dabei auf die Grundplatte zu legen, um sicherzugehen, dass Sie auch wirklich von der Unterkante aus messen. Auf dem 1 cm breiten Streifen werden die Scharniere für die Flossen befestigt.

Stellen Sie die Bandsäge auf einen Winkel von 45° ein und schneiden Sie an der Bleistiftlinie entlang, sodass eine 1 cm breite, ebene Fläche rund um die Unterseite des Oberteiles entsteht. Setzen Sie den Schnitt nicht in die Öffnung hinein fort, sondern hören Sie beim Wendepunkt vor der Öffnung zu schneiden auf.

Schleifen Sie den Rand der Öffnung (der nach dem Zusammenbau sichtbar bleibt) mit dem Kantenschleifer.

Legen Sie den Oberteil des Körpers mit der Oberseite nach unten auf ein 3,2 cm starkes Brett und ziehen Sie die Umrisslinie auf dem Brett nach (= Umriss des Kammes, siehe Vorlage S. 185). Sägen Sie diesen Umriss mit der Bandsäge aus und neigen Sie dabei den Sägetisch um 45°. Am Ende des Schnittes wird das Werkstück von unten kaum gestützt. Ein Korrigieren schlampiger Schnitte wird dadurch unmöglich. Vergewissern Sie sich, dass Sie genau geschnitten haben, bevor Sie den Schnitt abschließen und den Teil aus dem Abfallholz lösen.

Nun können Sie den Körper zusammenleimen. Zuerst verleimen Sie die beiden großen Teile und legen Sie sie sandwichartig zwischen zwei große Bretter, um sie besser zusammenklemmen zu können (Abb. 23.3). Beachten Sie die zusätzliche Klemme beim Schwanz, den die Bretter nicht berühren.

Stellen Sie den Schleiftisch des Kantenschleifers auf 90° ein und schleifen Sie die 1 cm breite, ebene Fläche rund um den Körper (zum Anbringen der Scharniere). Dann stellen Sie den Schleiftisch auf 45° ein und schleifen Sie den darunterliegenden Teil des Körpers.

Die Oberseite des Körpers lässt sich am besten freihändig mit dem Kantenschleifer schleifen. Sie spüren dabei, ob die ganze Oberfläche das Schleifband berührt oder nicht. Bewegen Sie das Werkstück in gleichmäßigen, schwungvoll-fließenden Bewegungen um die Kurven. So sollten sich auch alle Sägespuren entfernen lassen.

Runden Sie den Kamm-Teil mit dem Kantenschleifer freihändig auf etwa 60° ab (die Bandsäge lässt sich maximal um 45° kippen). Tragen Sie auf beiden Seiten gleich viel Material ab und achten Sie darauf, dass sich die „Kammlinie" genau in der Mitte bildet.

Zuletzt schleifen Sie die Teile sorgfältig in Faserrichtung, bis alle quer zur Faserrichtung verlaufenden Schleifspuren entfernt sind; runden Sie auch die Kanten ab.

Nun können Sie von unten das Loch für das Gelenk bohren. Stecken Sie provisorische Achsen durch den Körper und stützen Sie sie auf zwei gleich dicken Brettern ab, sodass der Körper parallel zum Bohrtisch der Standbohrmaschine gehalten wird (Abb. 23.4). Das Loch muss präzise gebohrt werden – damit der Bohrer nicht wandert, nehmen Sie einen Forstner- oder einen Holzspiralbohrer. Stellen Sie die Bohrtiefe so ein, dass der 1-cm-Bohrer durch den unteren Teil bis in den oberen („Kamm"-) Teil dringt, ohne an der Oberseite durchzustoßen.

Kopf und Hals

Beim Übertragen der Vorlage für den Kopf markieren Sie die Mittelpunkte der Löcher präzise auf den Seitenflächen des Rohlings. Bohren und verdübeln Sie das Augenloch. Schleifen Sie die unmarkierte Seite des Rohlings mit dem stationären Bandschleifer, sodass sie völlig plan am Sägetisch der Bandsäge aufliegt. Sägen Sie den Umriss mit der Bandsäge aus. Übertragen Sie die Markierungen für die Löcher (für das Gelenk, den Kopfdübel für das Rad und den 6-mm-Dübel zwischen den ovalen Rädern) mit dem Winkel von der Seitenfläche auf die Ober-, Unter- und Rückseite. Bevor Sie diese Löcher bohren, bringen Sie den Kopf am Körper in Position und drehen Sie ihn mitsamt dem Körper um. Wenn Sie von der Markierung für das Gelenk durch das 1-cm-Loch nach unten schauen, befindet sich das 6-mm-Loch direkt oberhalb der Vorderachse. Überprüfen Sie, ob hinter dem Kopf-Teil Platz für das 1 cm dicke Rad ist.

Bohren Sie alle Löcher genau im rechten Winkel zur Oberfläche! Behandeln Sie den Kopf-Teil mit dem Kanten- und dem stationären Bandschleifer.

Sägen Sie die beiden Hals-Seitenteile aus. Die Faserrichtung soll nach Möglichkeit zu jener am Kopf-Teil passen. Platzieren Sie die Hals-Seitenteile links und rechts vom Kopf-Teil und markieren Sie vorne und hinten die Stellen, wo sie mit dem Kopf-Teil zusammentreffen. Bearbeiten Sie die Kontur des Kopf-Teils bis zu

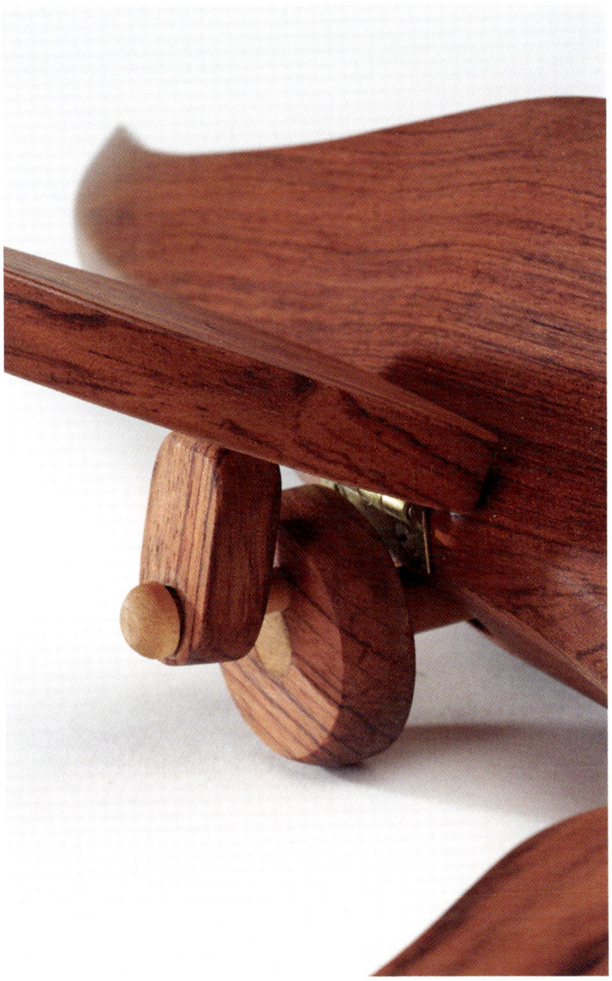

Abb. 23.2 Wenn sich die Räder drehen, werden die mit Scharnieren befestigten Flossen von den Lenkarmen angehoben, die exzentrisch an den Außenseiten der Räder angebracht sind.

der Stelle, wo die Hals-Seitenteile angebracht werden, mit der Oberfräse. Vor dem Zusammenbau runden Sie diese Kanten mit einer vierfachen Kombi-Raspelfeile und Schleifpapier ab.

Leimen Sie die Seitenteile am Hals fest. Wenn der Leim getrocknet ist, schleifen Sie in dem Bereich, wo die Teile eine gemeinsame Kante haben, die obere und untere Kante. Halten Sie das Werkstück verkehrt am Sägetisch der Bandsäge und schneiden Sie die geschwungenen Kurven an beiden Seiten des Kopfes, sodass sich der Hals von den angeleimten Teilen hin zum Kopf verjüngt.

Drehen Sie den Teil wieder um und markieren Sie mit 2 Bleistiftlinien einen 1 cm breiten Streifen, der in der Mitte der Oberseite des Halses verläuft. Neigen Sie den Sägetisch der Bandsäge um 45° und schneiden Sie an dieser Linie entlang.

Beginnen Sie an der Außenkante, schwenken Sie mit einer Kurve auf die Linie ein, folgen Sie ihr und verlassen Sie sie am anderen Ende ebenfalls mit einer Kurve.

Diese schrägen Schnitte können mit dem Schleifgerät geschliffen werden. Danach schleifen Sie von Hand in Faserrichtung, um die gegen die Faser verlaufenden Kratzer zu entfernen und die Kanten abzurunden. Warten Sie mit dem Festleimen der Dübelstangen und der Kopfdübel bis zum Zusammenbau!

Flossen

Übertragen Sie die Vorlagen für die Flossen auf das Holz und sägen Sie sie mit der Bandsäge aus. Markieren und bohren Sie die Löcher zum Anbringen der Lenkarme. Zuerst bohren Sie ein Loch mit 1,3 cm Durchmesser, das sich auf einen Durchmesser von

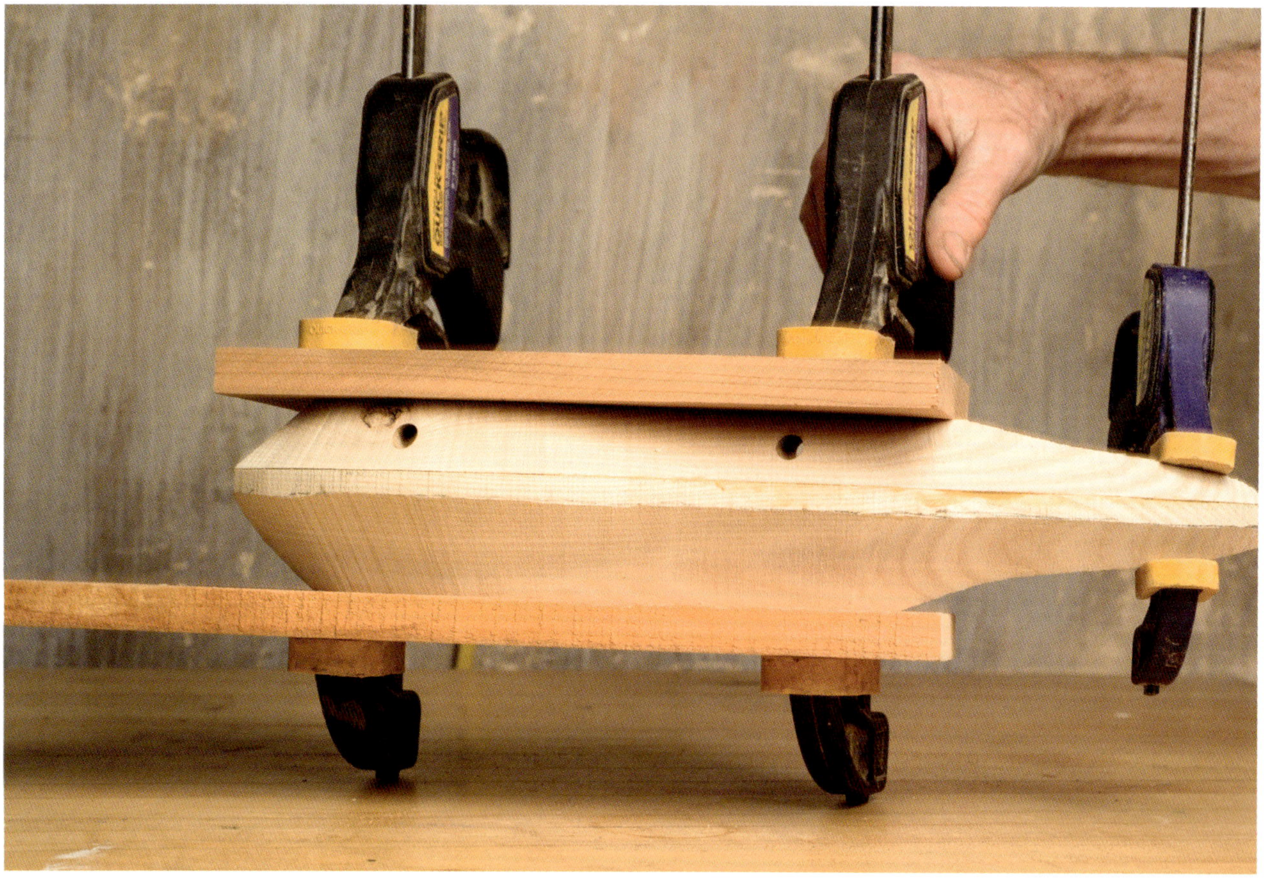

Abb. 23.3 Beim Verleimen der beiden größeren Teile des Körpers wird der Klemmdruck über die Fläche zweier Bretter verteilt, die auch die Anbringung der Klemmen erleichtern.

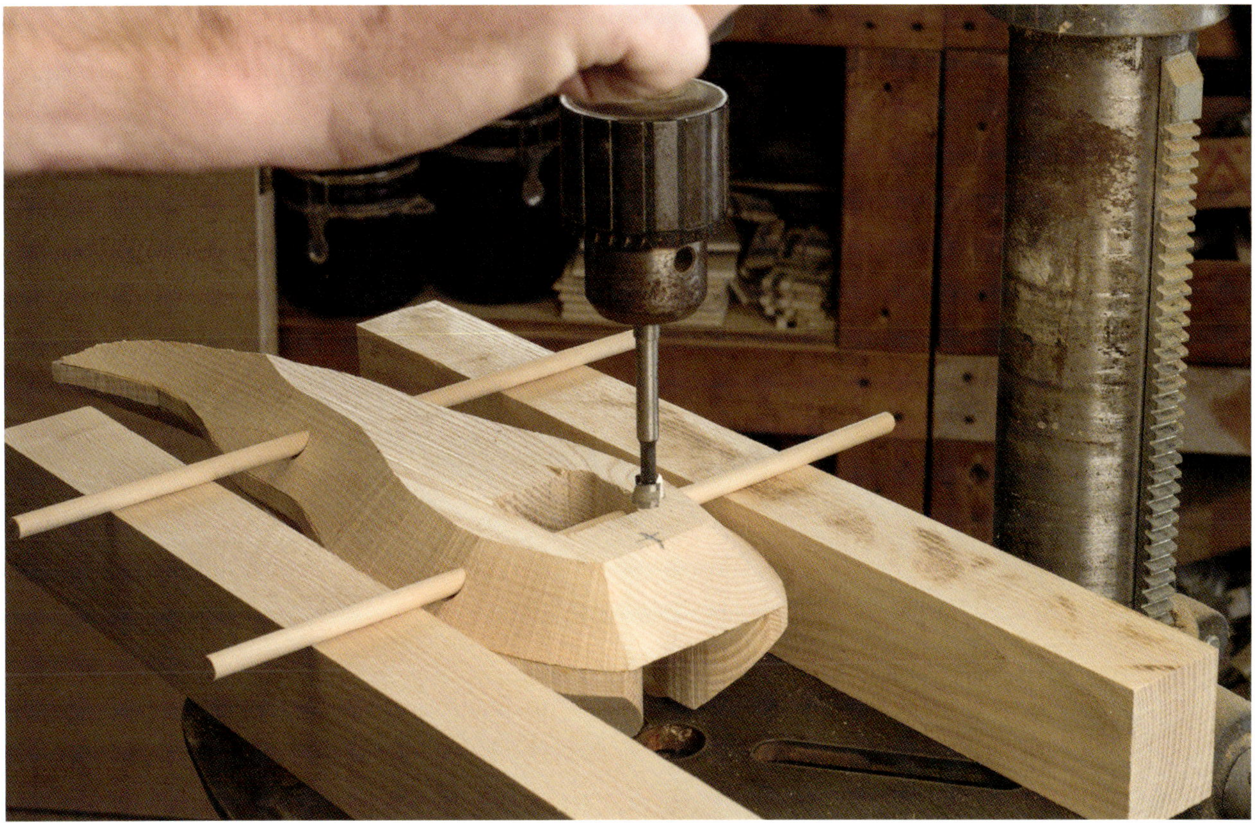

Abb. 23.4 Schieben Sie provisorische Achsen durch den Körper des Sauriers und stützen Sie sie auf zwei gleich dicke Bretter. Nun können Sie das Loch für das Gelenk trotz der sperrigen Form des Werkstücks präzise bohren.

8,5 cm oder weniger verjüngt. Dann bohren Sie mit 7 mm Durchmesser weiter. Damit der Kopfdübel mehr Bewegungsfreiheit erhält, erweitern Sie das Bohrloch, indem Sie es mit einem Neigungswinkel von ca. 45° um den eingeschalteten Bohrer kreisen lassen (Abb. 23.5). Das Loch soll in der Mitte 7 mm Durchmesser haben und sowohl oben als auch unten größer sein. Sie können dasselbe Ergebnis auch mit einer kleinen Rundfeile erzielen.

Vorsicht: Die Kanten des 1,3-cm-Loches dürfen nicht beschädigt werden. Ein Stöpsel mit 1,3 cm Durchmesser muss das Loch vollkommen ausfüllen.

Nun behandeln Sie die Flossen mit dem stationären Bandschleifer sowie dem Kantenschleifer und schleifen Sie sie zuletzt von Hand ab. Das Kaschieren der Löcher ist nicht so einfach, da die Kopfdübel frei beweglich darin rotieren sollen. Schneiden Sie mit einem Zapfenschneider Holzstöpsel (1,3 cm Durchmesser, 6 mm dick) aus demselben Material wie die Flossen oder schneiden Sie von einer 1,3-cm-Dübelstange Scheiben ab. Platzieren Sie den Kopfdübel in dem Loch und leimen Sie den Stöpsel ein (quer zur Faserrichtung!), sodass er nur 2 mm in das Loch hineinragt (Vorsicht: es darf kein Leim auf den Kopfdübel kommen).

Wenn der Leim vollständig getrocknet ist, schleifen Sie den vorstehenden Teil der Scheiben bündig mit der Oberfläche der Flossen zurück.

Übertragen Sie die Markierung für den Mittelpunkt des Scharniers von der Vorlage auf die Innenkante an der Unterseite der Flossen. Markieren Sie die Löcher für die Scharnierschrauben so, dass die Scharnierachse über die Kante der Flosse hinaussteht. Achten Sie darauf, dass das Scharnier genau rechtwinklig zur Kantenfläche der Flosse montiert wird. Die Größe der Löcher für die Schrauben ist sehr wichtig. Sind

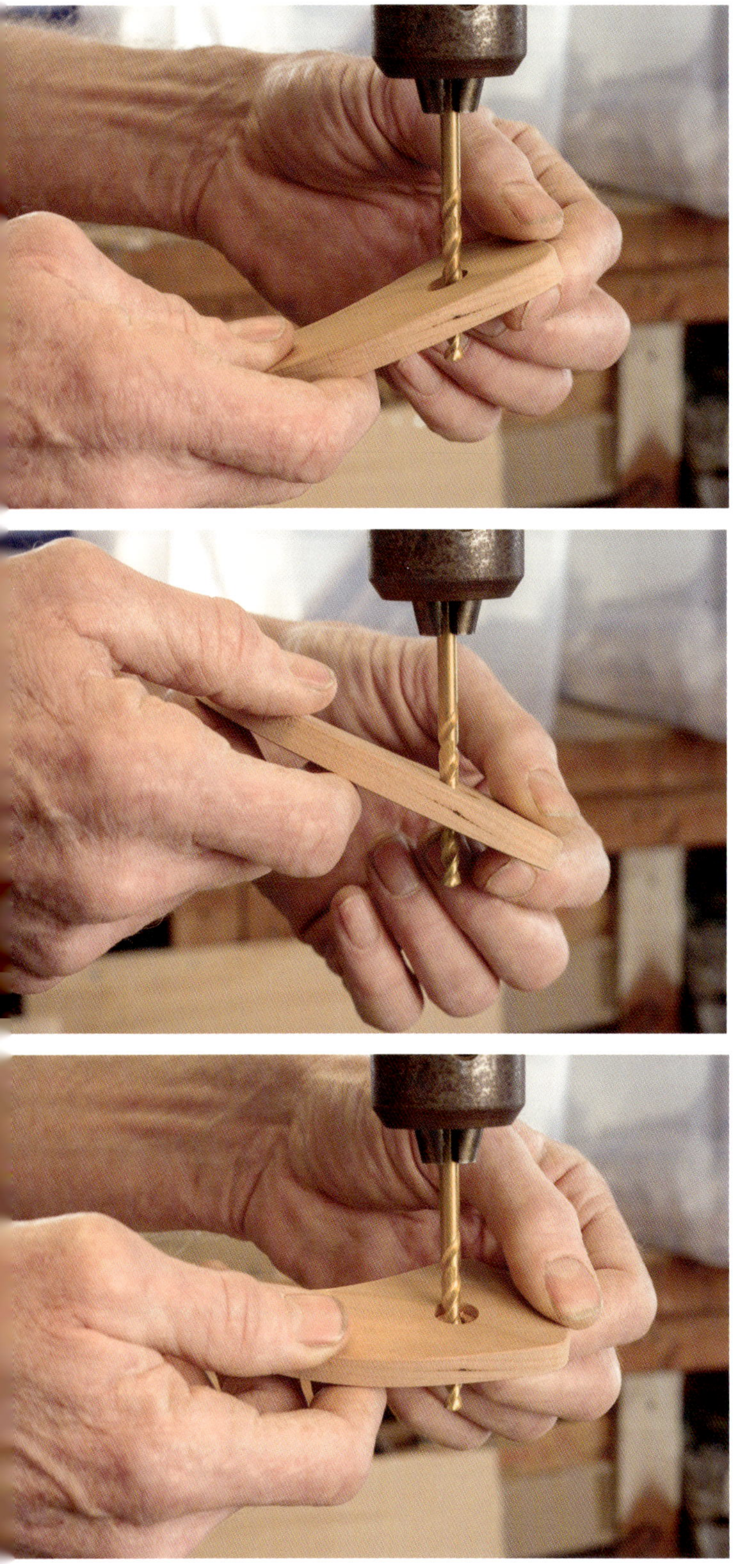

Abb 23.5. Lassen Sie das Bohrloch in der Flosse mit einem Neigungswinkel von ca. 45° um den eingeschalteten Bohrer kreisen. So erhält es eine nach oben und unten hin ausgestellte Form.

die Löcher zu groß, halten die Schrauben nicht; sind sie zu klein, brechen die weichen Messingschrauben im Loch ab. Mein Tipp: Bohren Sie zuerst ein Loch in ein Stück Restholz und probieren Sie, ob die Größe stimmt. Dann bohren Sie alle Löcher, aber ohne durch die Flossen durchzubohren!

Ziehen Sie von jedem Achsloch aufwärts eine Linie über den Körper. Ermitteln Sie mithilfe dieser Linien die Stellen zum Anbringen der Scharniere auf der 1 cm breiten Fläche rund um den Körper. Bohren Sie die entsprechenden Löcher.

Runde und ovale Räder, Lenkarme

Die äußere Kante der Räder, auf denen Nessie rollt, muss abgefast werden, damit für die Abwärtsbewegung der Flossen genug Platz bleibt. Fertig gekaufte Räder sind dafür nicht geeignet.

Sägen Sie die Räder (J) mit einer Loch-, Band- oder Stichsäge aus. Welche Säge Sie auch nehmen, bohren Sie vor dem Aussägen das Achsloch, denn bei nachträglichem Bohren könnte das kleine Rad brechen.

Markieren Sie im Abstand von 1,3 cm von der Kante der Räder eine (kreisförmige) Linie. Neigen Sie den Sägetisch der Stich- oder Dekupiersäge um 45° und fasen Sie das Rad rundherum ab.

Wenn Sie sehr vorsichtig arbeiten, können Sie die Fase (und die senkrechte Kante) mit einem Schleifgerät schleifen, indem Sie den Schleiftisch um 45° kippen. Schleifen Sie zügig und mit leichter Hand, damit das Rad nicht unrund wird. Sie können die Kanten auch von Hand schleifen.

Zusammenbau

Führen Sie jede Phase des Zusammenbaus zuerst probeweise durch, ohne zu leimen.

Befestigen Sie das 2,5-cm-Rad auf der Rückseite des Kopf-Teiles. Schieben Sie den Kopf-Teil in den Körper. Stecken Sie den 6-mm-Dübel in die Unterseite des Kopfes. Schieben Sie den 1-cm-Dübel durch Kopf und Körper (schneiden Sie ihn länger als nötig zu, damit Sie ihn nach dem probeweisen Zusammenbau wieder herausziehen können). Notieren Sie sich alle notwendigen Änderungen, nehmen Sie den Kopf wieder ab und machen Sie alle erforderlichen Korrekturen. Nun schneiden Sie die Vorderachse 21,6 cm lang zu (= 5,1 cm länger als notwendig) und schieben Sie sie durch den Körper und die ovalen Räder.

Stecken Sie einen 6-mm-Dübel hinunter zwischen die beiden ovalen Räder und drehen Sie an der Achse, um jenen Abstand zwischen den ovalen Rädern herauszufinden, bei dem der 6-mm-Dübel nicht klemmt. (Die Ovale sollen so nahe wie möglich beieinander stehen, ohne den Dübel einzuklemmen.)

Wenn Sie die optimale Position der Ovale ermittelt haben, leimen Sie sie fest: Geben Sie Leim auf die Achse und schieben Sie die Ovale auf den Leim. Dann verteilen Sie mit einem Auftragstab oder einem Zahnstocher auf jeder Seite von jedem Oval einen Tropfen Leim rund um die Achse. Vergewissern Sie sich, dass die (Kipp-)Stellung bei beiden Ovalen identisch ist, dass sie genau zentriert und richtig positioniert sind, um funktionieren zu können.

Wenn der Leim vollständig getrocknet ist, bringen Sie den Kopf ebenso in Position wie beim ersten Probe-Zusammenbau. Versuchen Sie durch Drehen der Achse festzustellen, ob der Kopf sich gleichmäßig bewegt. Machen Sie alle notwendigen Korrekturen. Nun bringen Sie mithilfe von Leim und einem Kopfdübel das 2,5-cm-Rad an. Geben Sie mit einem Auftragstab oder einem Zahnstocher Leim in das auf der Oberseite des Körpers befindliche 1-cm-Bohrloch für den 1-cm-Dübel (Schwenkarm). Schieben Sie den Kopf in den Körper und leimen Sie den 6-mm-Dübel an der richtigen Stelle ein. Schieben Sie den 1-cm-Dübel (Schwenkarm) von unten durch den Körper und den Kopf. Hämmern Sie ihn in das mit Leim bestrichene Loch und schneiden Sie den Überstand bündig ab.

Der folgende Arbeitsschritt ist besonders wichtig und muss perfekt gelingen – lassen Sie sich Zeit dazu: Drehen Sie den Körper um und drehen Sie an der Achse, bis die Ovale von Seite zu Seite – nicht auf und ab – kippen. Der Kopf muss genau nach vorne zeigen – drehen Sie an der Achse, bis er in der richtigen Position ist. Wenn Sie die Achse auf beiden Seiten direkt neben dem Körper zwischen Daumen und Zeigefinger halten und vor und zurück drehen, soll sich der Kopf zuerst auf die eine, dann auf die andere Seite bewegen und dann in die Mitte zurückkehren.

Wenn Sie die Ovale genau zentriert haben, markieren Sie die Enden der Achsen zum Abschneiden. Lassen Sie neben dem Körper einen Abstand, der der Dicke des Rades zuzüglich 2 mm entspricht. Dann schneiden Sie die Enden der Dübelstange ab.

Wegen der Position der Scharniere müssen die Flossen befestigt werden, bevor Sie die Räder montieren. Damit die Dübellöcher nicht ausbrechen, geben Sie einen Dübel (ohne Leim) in jedes Loch, wenn Sie die Räder festleimen. Achten Sie darauf, dass die Dübel genau gleich positioniert sind (beide oben oder beide unten). Nehmen Sie die Dübel wieder heraus.

Längen Sie die Hinterachse ab; rechnen Sie dabei 2 mm Abstand auf jeder Seite des Körpers ein. Leimen Sie die Hinterräder ebenso an wie die Vorderräder; entfernen Sie die Dübel. Wenn der Leim getrocknet ist, schleifen Sie von Hand die Außenseite der Räder, um Leimreste zu entfernen und die Enden der Achsen zu glätten.

Nun fehlt noch ein Arbeitsschritt, der höchst frustrierend sein kann. Wenn Sie alles genau zugeschnitten und gebohrt haben, können die Lenkarme mit etwas Glück auch beim ersten Versuch funktionieren. Ebenso kann es passieren, dass Sie sie neu anfertigen müssen, um die richtige Länge zu treffen. Auf jeden Fall bauen Sie sie zunächst probeweise ein, ohne zu leimen. Schieben Sie den Dübel nicht zu weit in den Lenkarm, da dies die Beweglichkeit einschränkt. Dasselbe gilt für die Dübel, mit denen die Lenkarme an den Rädern befestigt werden.

Noch etwas: Wenn der Lenkarm zu kurz ist, berührt die Flosse den Boden, auf dem das Spielzeug fährt. Wenn er zu lang ist, klemmt er am Anfang des Bewegungsablaufes. Optimalerweise sollte die Flosse den Boden knapp nicht berühren.

Wenn die Lenkarme die optimale Länge haben, leimen Sie alle Dübel in die Räder und in die Lenkarme. Wenn der Leim trocken ist, bekommt Nessie ihr Ölbad. Jetzt kann keiner mehr behaupten, dass es das Ungeheuer von Loch Ness gar nicht gibt!

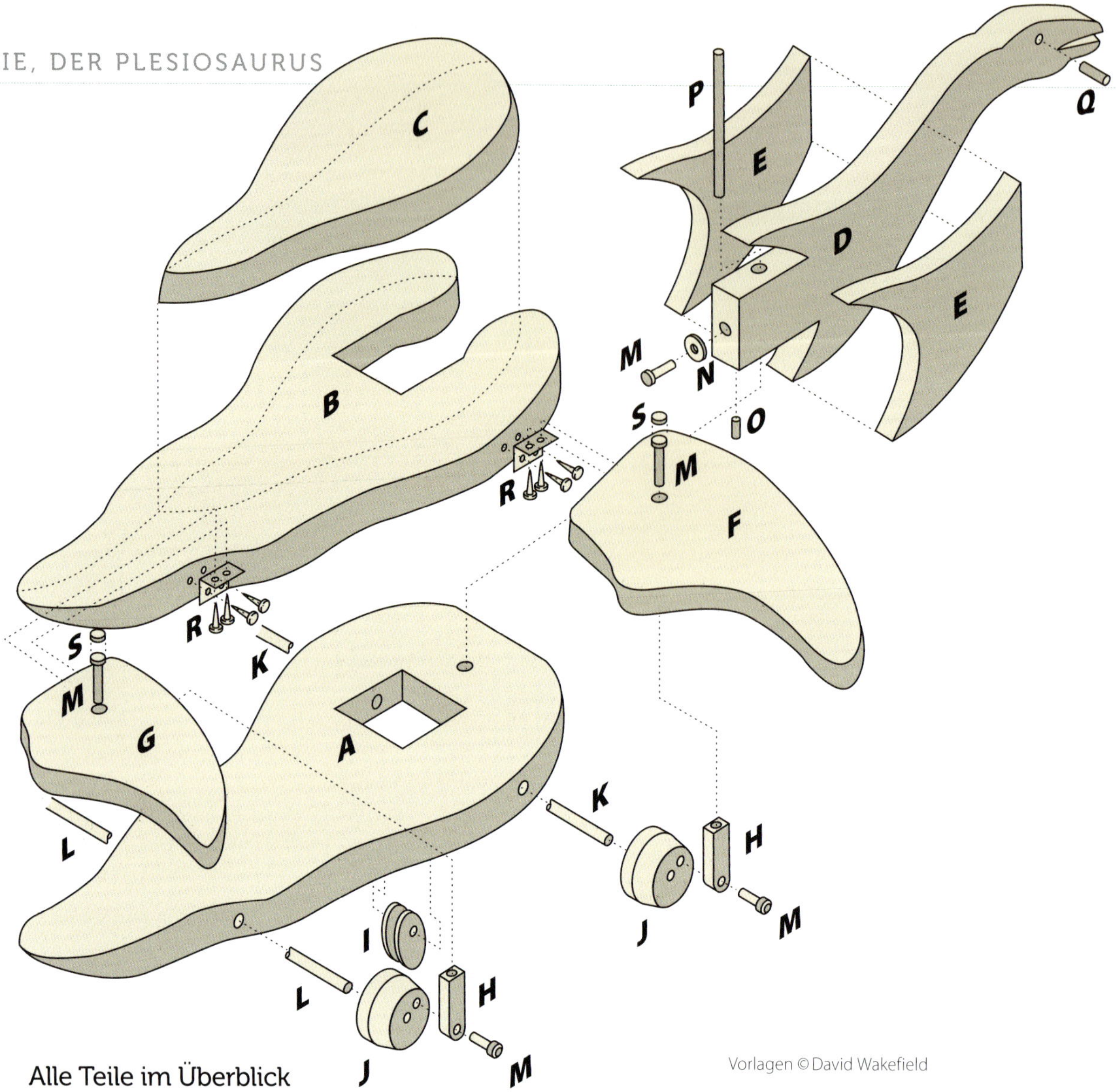

Vorlagen © David Wakefield

Alle Teile im Überblick

Teil	Bezeichnung	Anzahl	Stärke	Breite oder Durchmesser	Länge
A	Körper-Unterteil	1	2,5 cm	14 cm	38,1 cm
B	Körper-Oberteil	1	4,4 cm	14 cm	38,1 cm
C	Kamm	1	3,2 cm	7,6 cm	24,1 cm
D	Kopf	1	2,2 cm	8,9 cm	33,7 cm
E	Hals-Seitenteile	2	1 cm	8,9 cm	14,3 cm
F	Vorderflossen	2	1 cm	6,7 cm	13,3 cm
G	Hinterflossen	2	1 cm	5,4 cm	10,2 cm
H	Lenkarme	4	1 cm	1,6 cm	5,4 cm
I	ovale Räder	2	6 mm	1,9 cm	3,5 cm
J	Räder	4	1,3 cm	3,8 cm Ø	–
K	Vorderachse	1	–	1 cm Ø	16,5 cm
L	Hinterachse	1	–	1 cm Ø	11,4 cm
M	Kopfdübel	9	–	5,5 mm Ø	2,7 cm
N	Rad für den Kopf-Teil	1	1 cm	2,5 cm	–
O	Dübel für den Kopf-Teil	1	–	6 mm Ø	1,3 cm
P	Schwenkarm	1	–	1 cm Ø	6,7 cm
Q	Auge	1	–	6 mm Ø	2,2 cm
R	Scharniere	4	–	1,9 cm	2,5 cm
S	Stöpsel für die Flossen	4	2 mm	1,3 cm Ø	

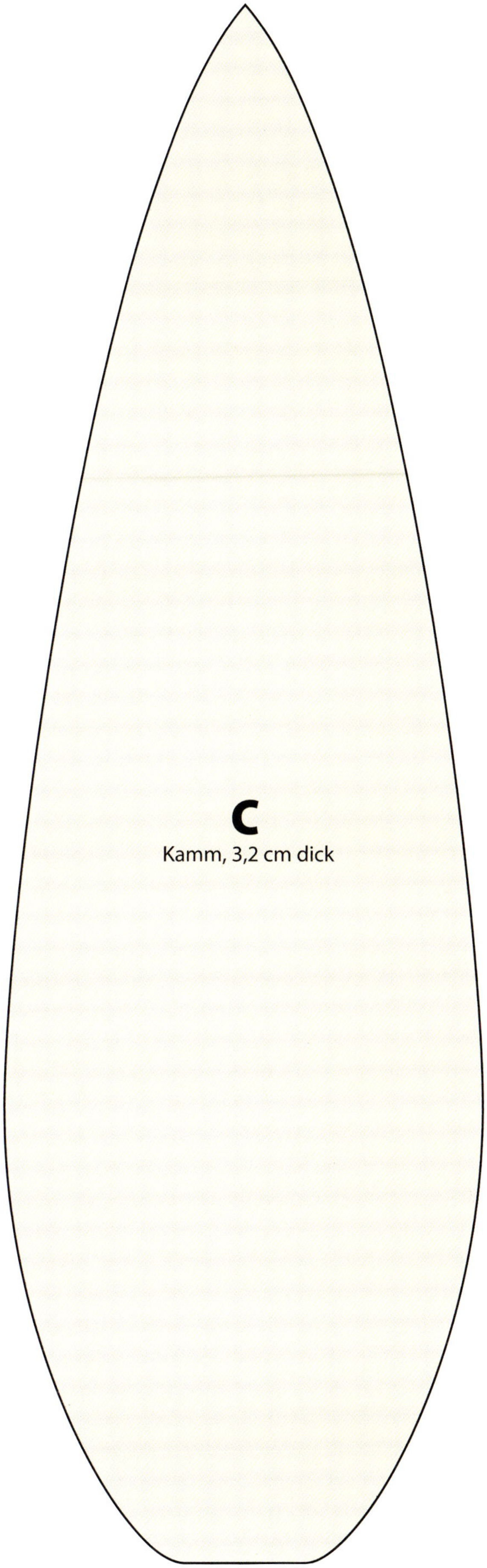
C
Kamm, 3,2 cm dick

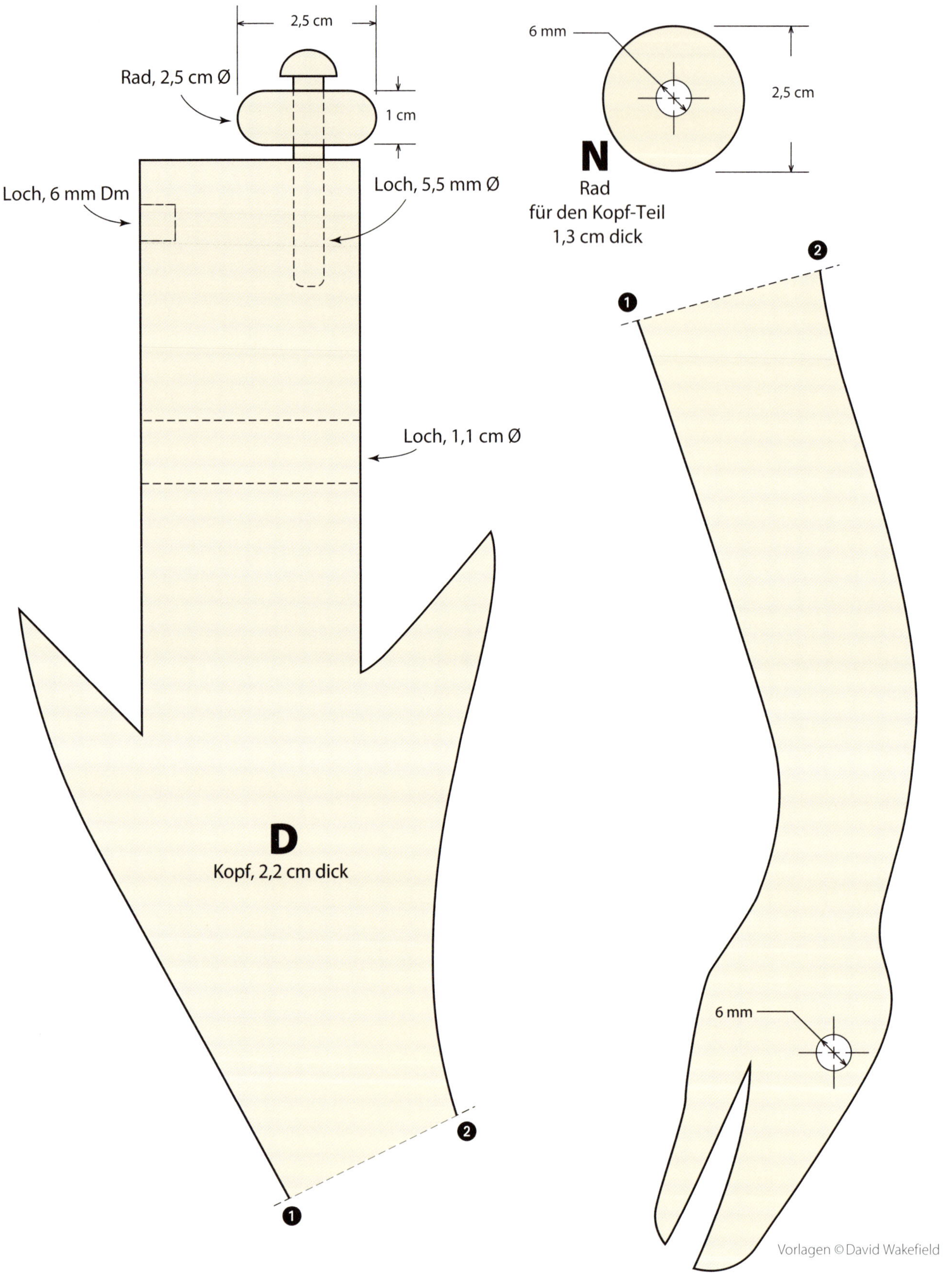

Vorlagen © David Wakefield

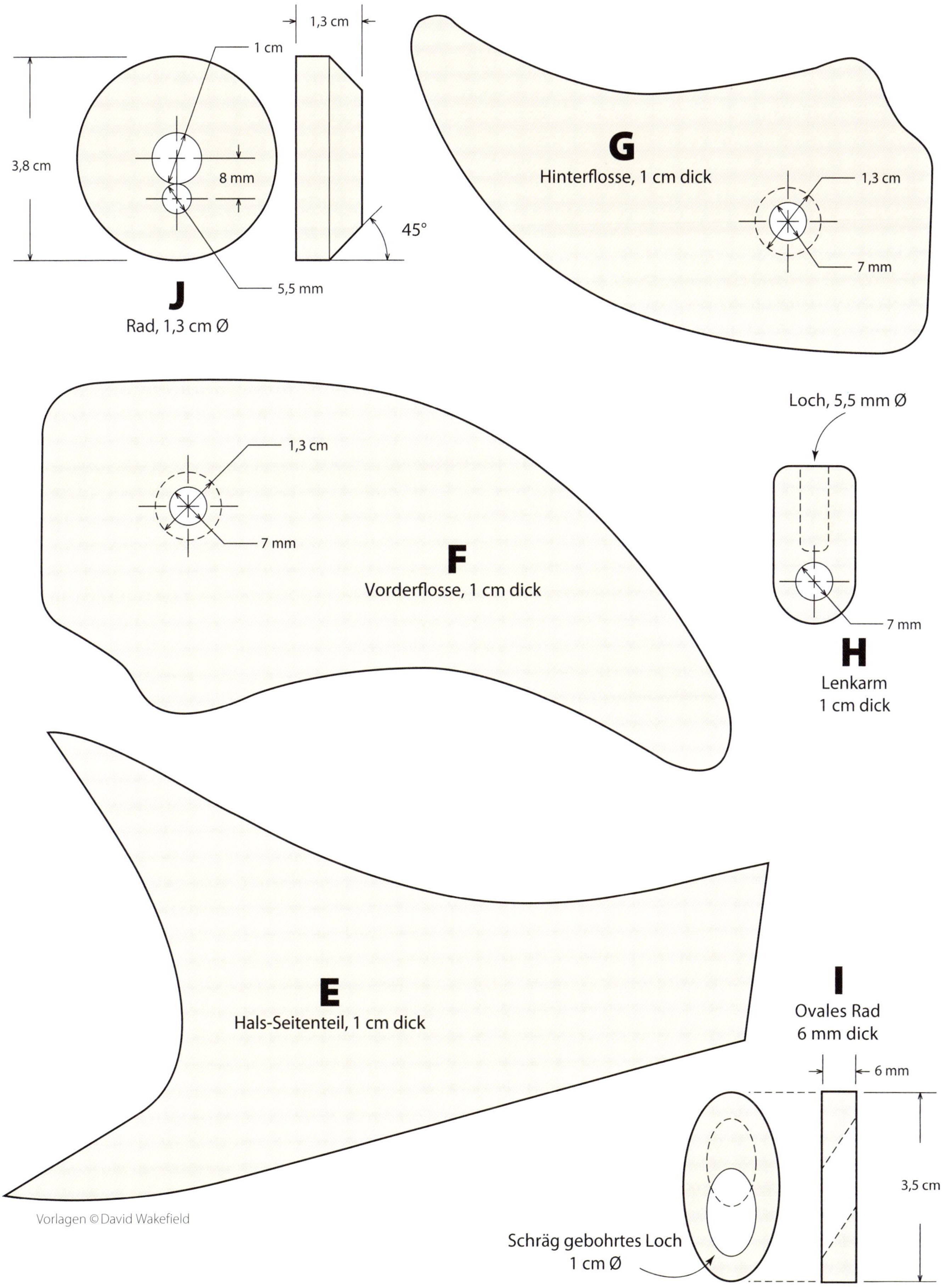
1,3 cm
1 cm
3,8 cm
8 mm
45°
5,5 mm
J
Rad, 1,3 cm Ø
G
Hinterflosse, 1 cm dick
1,3 cm
7 mm
1,3 cm
7 mm
F
Vorderflosse, 1 cm dick
Loch, 5,5 mm Ø
7 mm
H
Lenkarm
1 cm dick
E
Hals-Seitenteil, 1 cm dick
I
Ovales Rad
6 mm dick
6 mm
3,5 cm
Schräg gebohrtes Loch
1 cm Ø

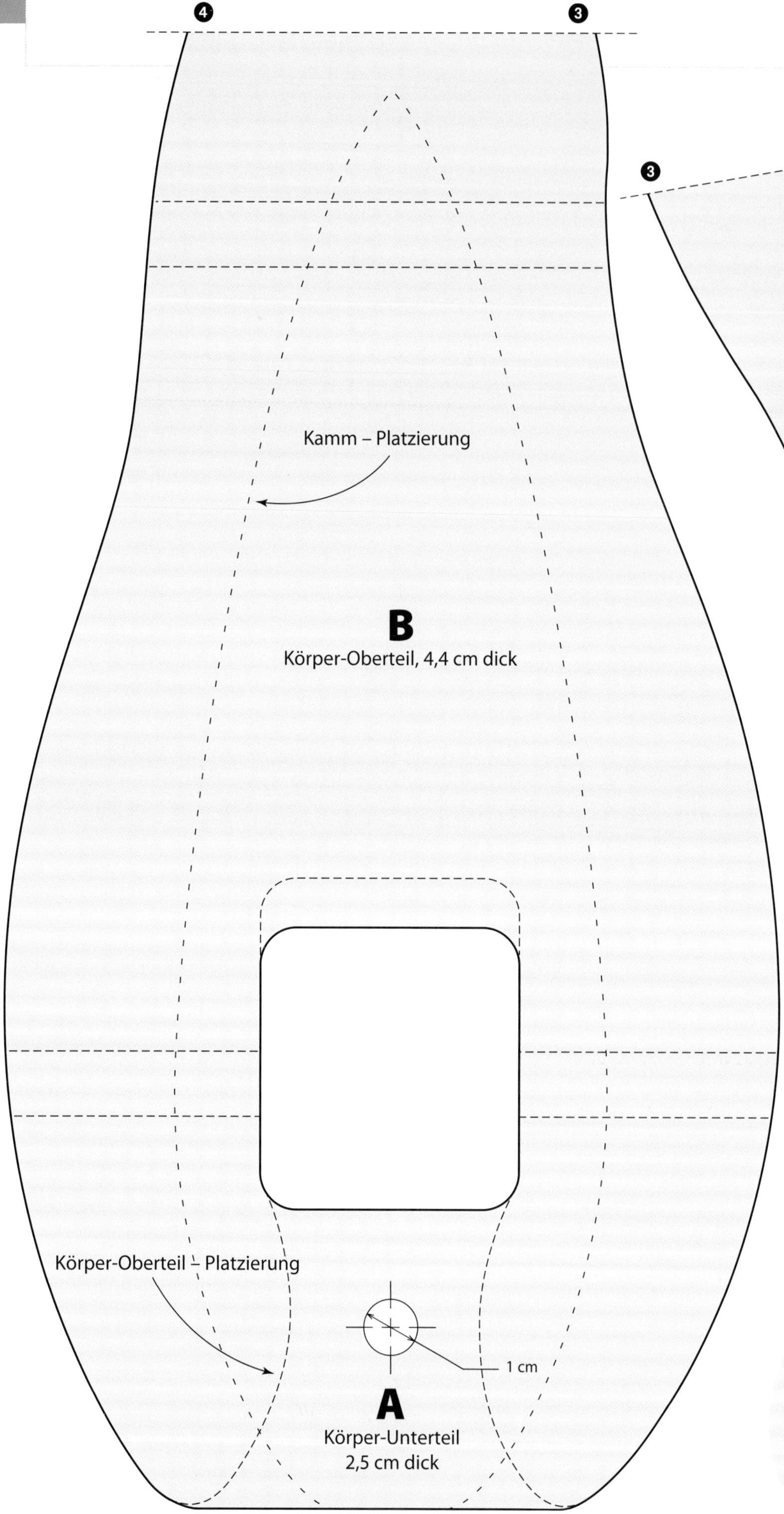

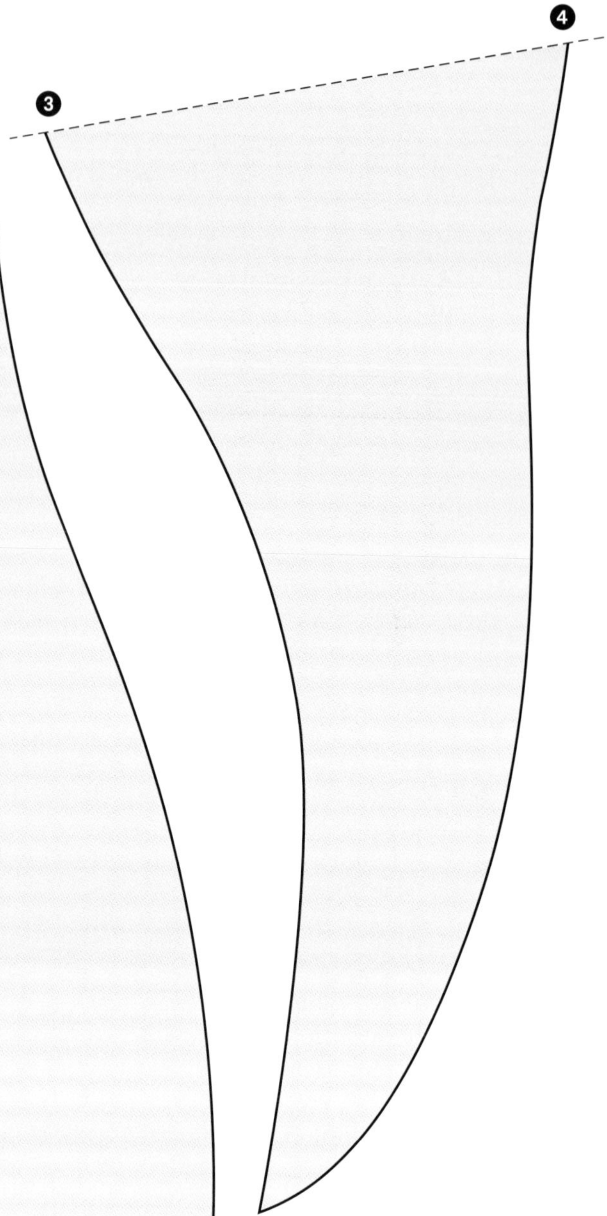

Vorlagen © David Wakefield

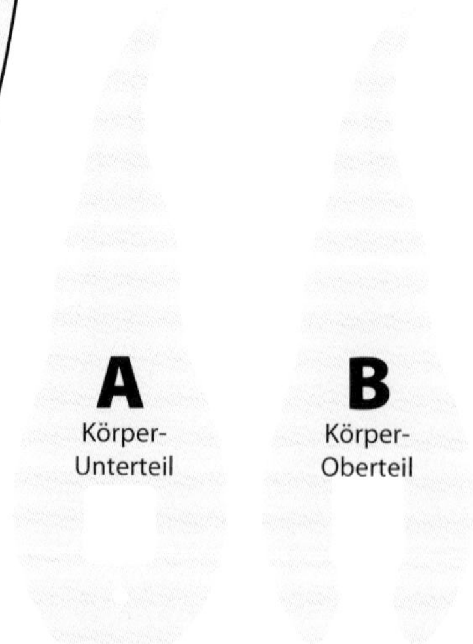

Anhang
Bezugsquellenregister

Für die Projekte in diesem Buch habe ich die folgenden Geräte, Werkzeuge und Materialien verwendet. Die unten angeführten Bezugsquellen bieten meiner Erfahrung nach die beste Qualität zu günstigen Preisen. Ich hoffe, dass diese Auflistung Ihnen Zeit und Geld erspart und bei Ihrer persönlichen Recherche nach leistbaren Bezugsquellen als Starthilfe dienen kann. Wenn Sie mit einem anderen Händler zufrieden sind oder ein anderes Werkzeug den von Ihnen gewünschten Zweck besser erfüllt, dann bleiben Sie dabei. Aber wenn Sie mit Ihrer Suche erst beginnen, können Sie hier ansetzen.

Empfehlungen des Autors

Gesichtsschild
www.trend-usa.com

Schnüre
www.pepperell.com

Weißöl
www.steoil.com

Diverses Material, Werkzeug und Zubehör für Holzarbeiten
www.woodcraft.com

Feuchtigkeitsmesser
www.lignomatusa.com

Holzversiegelung
www.woodguard.com

Räder, Dübel, Dübelstangen und Ziehkugeln
www.craftparts.com

Deutschsprachige Bezugsquellen

Patentanmeldung
Deutschland
Deutsches Patent- und Markenamt
Zweibrückenstr. 12
80331 München
Telefon: 089 2195-1000
Telefax: 089 2195-2221
info@dpma.de | www.dpma.de

Österreich
Österreichisches Patentamt
Dresdner Straße 87
Postfach 95
1200 Wien
Telefon +43 (0)1 534 24 0
Telefax +43 (0)1 534 24 535
info@patentamt.at | www.patentamt.at

Adler Lackfabrik
http://www.adler-lacke.com

Contorion GmbH
https://www.contorion.at/

DICTUM GmbH
www.dictum.com

Schnitz- und Bildhauerschule Geisler-Moroder
http://www.schnitzeisen.at

Magma – Fine Woodworking
https://www.magma-tools.com/de/index.html

Holzprofi Pichlmann
https://holzprofi.com/

Sachseneder GmbH
http://www.sachseneder.at/

Dieter Schmid Werkzeuge GmbH
https://www.feinewerkzeuge.de/

Schreinerhandel HP GmbH
https://www.schreinerhandel.de

Stichwortverzeichnis

Anmerkung: *Kursiv* gesetzte Seitenzahlen weisen auf Entwürfe (Projektarbeiten) hin.

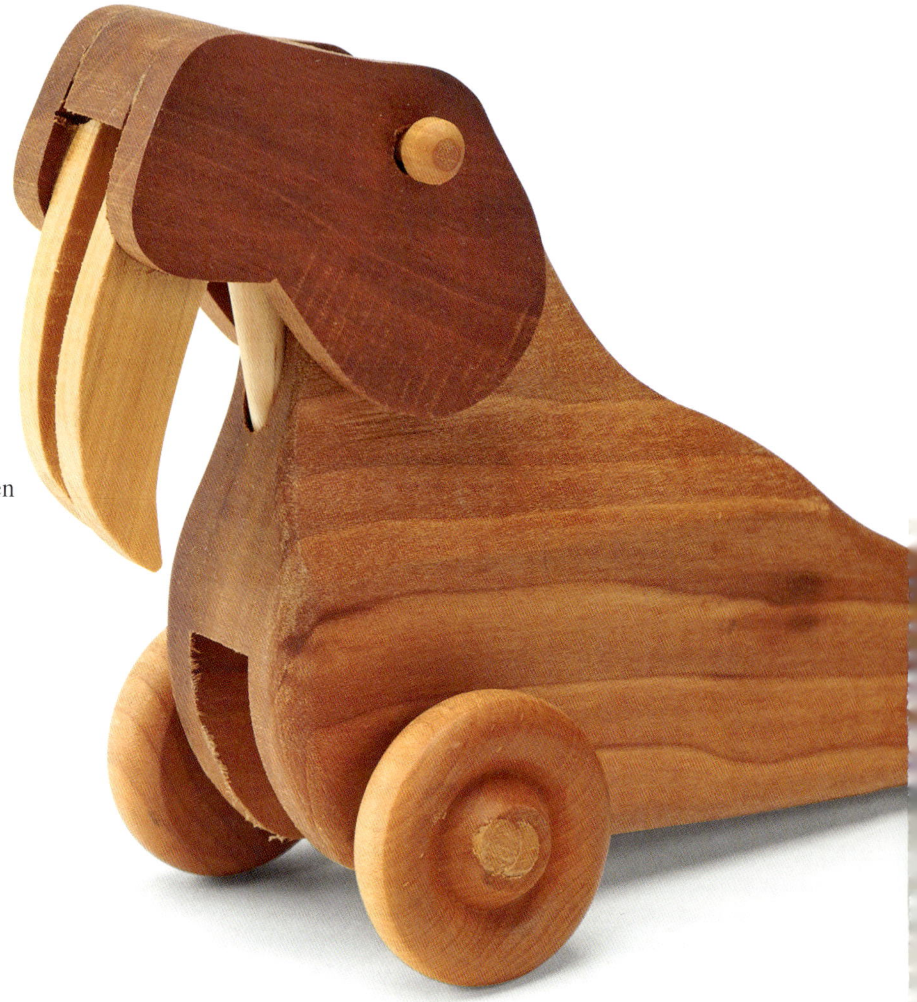

Bildnachweis

American Woodworker: S. 19 (Mike Habermann), S. 21
Delta Machinery: S. 27, S. 33, S. 34, S. 37 (rechts)
Ridgid: S. 37 (links)
Ryobi Tools: S. 31
Tim Hintz: S. 24
Alle anderen Fotos stammen dankenswerterweise von Scott Kriner.